普通高等教育经管类专业系列教材

采购管理实务
（第2版）

马　佳　主编

清华大学出版社
北京

内 容 简 介

本书根据高等院校教学及未来学生从业的实际需要,从培养应用型人才的目标和要求出发,有针对性地设计采购管理课程的知识结构和课程体系内容。全书共有12章,以采购活动流程为线索编写,具体内容包括采购概述、采购组织管理、采购计划与预算管理、采购方式选择、招标采购、供应商选择与管理、采购价格与成本管理、采购谈判与合同管理、采购过程管理、采购信息管理、采购绩效评估、采购管理发展趋势。本书内容叙述深入浅出,体系设置新颖完善,具有较高的实用价值。

另外,每章结合具体内容与特点,配有本章概要、知识目标、能力目标、案例分析、本章小结、复习思考题及实训题等项目,以达到学以致用、强化技能培养的目的。

本书可作为物流管理、供应链管理及相关管理专业高职学生、大专学生、大学本科生及研究生的教学用书,也可作为物流及采购从业人员的培训和自学用书。

本书封面贴有清华大学出版社防伪标签,无标签者不得销售。
版权所有,侵权必究。举报:010-62782989,beiqinquan@tup.tsinghua.edu.cn。

图书在版编目(CIP)数据

采购管理实务 / 马佳主编. —2版. —北京:清华大学出版社,2023.4(2024.9重印)
普通高等教育经管类专业系列教材
ISBN 978-7-302-63163-7

Ⅰ.①采… Ⅱ.①马… Ⅲ.①采购管理—高等学校—教材 Ⅳ.①F253.2

中国国家版本馆 CIP 数据核字 (2023) 第 043869 号

责任编辑:施 猛 王 欢
封面设计:周晓亮
版式设计:孔祥峰
责任校对:马遥遥
责任印制:杨 艳

出版发行:清华大学出版社
    网　　址:https://www.tup.com.cn,https://www.wqxuetang.com
    地　　址:北京清华大学学研大厦A座 邮　　编:100084
    社 总 机:010-83470000   邮　　购:010-62786544
    投稿与读者服务:010-62776969,c-service@tup.tsinghua.edu.cn
    质 量 反 馈:010-62772015,zhiliang@tup.tsinghua.edu.cn
印 装 者:三河市天利华印刷装订有限公司
经　　销:全国新华书店
开　　本:185mm×260mm 印　张:19.25 字　数:468千字
版　　次:2015年3月第1版 2023年4月第2版 印　次:2024年9月第2次印刷
定　　价:68.00元

产品编号:090594-01

前　言

随着经济全球化、"互联网+"技术的迅速发展,企业间的竞争日益激烈,采购管理作为连接社会生产、流通和消费的核心环节和关键职能,在国民经济资源配置和转型发展中发挥着至关重要的作用。因此,企业必须对采购管理给予足够的重视,以科学的采购管理为企业的战略发展提供动力。

为了实现科学合理的采购管理,采购管理者应具备有关经济、技术、管理等方面的专门知识与技能,这就需要采购管理者通过学习和实践不断提高自身素质。基于这种情况,本书的编写具有十分重要的意义。本书自出版以来被多所高校采用,本次修订删除了过于深奥和陈旧的内容,将每章的学习目标分解成知识目标和能力目标,融入思政能力要素,提升了教材的实用性。本次修订增加了采购信息管理(数字化采购)、可持续采购等新内容,既有作者多年来在"采购管理"课程教学中对采购管理的认识和感悟,也有对国外采购管理新理论、新观点、新方法的引入,同时更新了典型案例,在结构体系的设计和素材的选取等方面,都十分适合作为物流管理、供应链管理及相关管理专业高职学生、大专学生、大学本科生及研究生的教学用书,也可作为物流及采购从业人员的培训和自学用书。

本书以采购运作流程为主线进行内容设计,遵循企业采购活动的基本过程和规律,围绕企业采购业务与管理所涉及的工作环节和流程,有针对性地配置学习领域,具体内容包括采购概述、采购组织管理、采购计划与预算管理、采购方式选择、招标采购、供应商选择与管理、采购价格与成本管理、采购谈判与合同管理、采购过程管理、采购信息管理、采购绩效评估及采购管理发展趋势。本书以"理论够用、注重实践"为原则,主要特色表现为:综合国内外采购管理先进的研究成果和知名企业采购与供应管理的实践经验,围绕采购管理应知和应会的核心内容,针对每章的具体内容与特点,配有本章概要、知识目标、能力目标、案例分析、本章小结、复习思考题及实训题;根据课程教学的实际需要,结合大量的实际案例对采购管理理论与实践应用进行了详细说明,较好地将理论与实际应用相结合;根据每章内容特点设计了相应的教学情境实训环节,以达到学以致用、强化技能培养的目的,突出实用技能,具有较高的实用价值。

本书由沈阳航空航天大学的马佳主编,并负责全书大纲制定、内容设计及统稿修订工作。参加编写的人员具体分工:第1章、第2章、第4章、第5章、第6章、第7章、第8章、第12章由马佳编写，第3章、第10章由赵礼强(沈阳航空航天大学)编写，第9章、第11章由荆浩(沈阳航空航天大学)编写。

编者在修订本书的过程中，参阅、借鉴和引用了一些国内外文献及同行专家的有关著作、教材及案例，在此向有关作者表示衷心的感谢。另外，编者在修订本书的过程中，得到了出版社相关领导和编辑的指导和帮助，在此表示感谢。

随着物流业的飞速发展，采购管理的内容和运作方式日趋科学和规范，各种新见解、新应用和新理论层出不穷，加之编者水平有限、编写时间仓促，书中难免有不足和疏漏之处，恳请广大读者批评指正。反馈邮箱：wkservice@vip.163.com。

另外，本书提供课件PPT、案例库、复习思考题答案、教学大纲和教学日历，读者可扫描封底二维码获取。

编　者

2022年10月

前言(第1版)

随着经济全球化和信息技术的发展，企业间的竞争日益激烈，采购管理也越来越引起人们的重视。采购已不仅是企业或部门的独立功能和一般性工作，而且是一种与企业战略决策紧密相关的综合性管理活动。因此，企业必须对采购管理给予足够的重视，以科学的采购管理为企业的战略发展提供动力。

现代采购已经远远超越人们习惯上对"购买"的简单认识，现代采购思想在企业的盈利决策中发挥了独到的作用。为了实现科学合理的采购管理，采购管理者应具备有关经济、技术、管理等方面的专门知识与技能，这就需要采购管理者通过学习和实践不断提高自身素质。在此背景下，本书的编写具有十分重要的意义。本书既包含作者多年从事"采购管理"课程教学的认识和感悟，也有对国外采购管理新理论、新观点、新方法的引入，无论是在结构体系的设计还是在素材的选取等方面，都是慎之又慎，力求精当。

本书以采购运作流程为主线进行内容设计，遵循企业采购活动的基本过程和规律，围绕企业采购业务与管理所涉及的工作环节和流程，有针对性地配置学习领域，具体介绍了采购的基本概念和流程、采购组织管理、采购流程管理、采购计划与预算管理、采购方式选择、招标采购、供应商选择与管理、采购价格与成本管理、采购谈判与合同管理、采购跟催与交期管理、采购绩效评估、采购管理发展趋势。本书以注重实用为原则，主要特色为：综合国内外采购管理的先进研究成果和知名企业采购与供应管理的实践经验，围绕采购管理应知和应会的核心内容，针对每章的具体内容与特点，配有本章概要、学习目标、案例分析、本章小结、复习思考题及实训教学等内容。本书根据课程教学的实际需要，结合大量实际案例对采购管理理论与实践应用进行了比较详细的说明，较好地将理论与实际应用相结合，最终达到学以致用、强化技能培养的目的，因此，本书具有较高的实用价值。

本书由沈阳航空航天大学的马佳主编，并由其负责全书大纲制定、内容设计及统稿修订的工作。参加编写的人员具体分工如下：第1章、第2章、第4章、第5章、第6章、第7章、第8章、第12章由马佳编写，第3章、第10章由赵礼强(沈阳航空航天大学)编写，第9章、第11章由李纪(沈阳大学)编写。

编者在编写本书的过程中，参阅、借鉴和引用了一些国内外文献及同行专家的有关著作、教材及案例，由于篇幅有限，未能一一列出，在此向有关作者表示衷心的感谢。另外，本书在出版过程中得到了出版社相关领导和编辑的指导和帮助，在此表示感谢。

随着物流业的飞速发展，采购管理的内容和运作方式也日趋科学化和规范化，各种新的见解、应用和理论如雨后春笋，此处难以尽收，还望读者见谅。另由于编者水平有限，编写时间仓促，书中难免有不足和疏漏之处，亦恳请广大读者批评指正。

反馈邮箱：wkservice@vip.163.com。

编　者
2014年11月

目　　录

第1章　采购概述 ·········· 001
1.1　采购的基本理论 ·········· 002
1.1.1　采购的定义 ·········· 002
1.1.2　采购的范围 ·········· 003
1.1.3　采购的特点 ·········· 003
1.1.4　采购的分类 ·········· 004
1.1.5　采购的基本流程 ·········· 007
1.2　采购的地位与作用 ·········· 008
1.2.1　采购的地位 ·········· 008
1.2.2　采购的作用 ·········· 009
1.3　采购管理的定义、内容与目标 ·········· 010
1.3.1　采购管理的定义 ·········· 010
1.3.2　采购管理的内容 ·········· 011
1.3.3　采购管理的目标 ·········· 012
1.4　采购管理的发展历程 ·········· 013
1.4.1　采购的起源与发展 ·········· 013
1.4.2　传统采购管理与现代采购管理的区别 ·········· 015
1.4.3　采购管理理念的转变 ·········· 016
1.4.4　采购管理的发展趋势 ·········· 016

第2章　采购组织管理 ·········· 023
2.1　采购组织概述 ·········· 024
2.1.1　采购组织的定义 ·········· 025
2.1.2　采购组织的功能 ·········· 025
2.1.3　影响采购部门地位的因素 ·········· 025
2.1.4　采购部门在企业中的隶属关系 ·········· 026
2.2　采购组织结构类型 ·········· 028
2.2.1　分权式采购组织 ·········· 028
2.2.2　集权式采购组织 ·········· 029
2.2.3　混合式采购组织 ·········· 030
2.2.4　跨职能采购小组 ·········· 031
2.3　采购组织设计 ·········· 032
2.3.1　采购组织设计的原则 ·········· 032
2.3.2　采购组织设计的步骤 ·········· 033
2.3.3　采购组织设计的方法 ·········· 034
2.4　采购组织的职责 ·········· 036
2.4.1　采购部门的职责 ·········· 036
2.4.2　采购人员的职责 ·········· 037
2.4.3　采购人员应具备的素质 ·········· 038

第3章　采购计划与预算管理 ·········· 044
3.1　采购调查 ·········· 045
3.1.1　采购调查的定义 ·········· 045
3.1.2　采购调查的任务 ·········· 046
3.2　采购需求的确定 ·········· 048
3.2.1　确定采购需求的依据 ·········· 048
3.2.2　订购方法 ·········· 049
3.2.3　确定采购数量的方法 ·········· 049
3.3　采购计划的编制与管理 ·········· 051
3.3.1　采购计划的定义 ·········· 051

		3.3.2	编制采购计划的目的 ………… 052
		3.3.3	影响采购计划的因素 ………… 052
		3.3.4	采购计划的编制内容 ………… 054
	3.4	采购预算的编制与管理 …………… 060
		3.4.1	采购预算的定义与作用 ……… 060
		3.4.2	采购预算的类型 ……………… 061
		3.4.3	编制采购预算的方法 ………… 062
		3.4.4	编制采购预算的步骤 ………… 065
		3.4.5	编制采购预算的要点及注意事项 ……………………… 066

第4章　采购方式选择 …………………… 073

4.1　集中采购与分散采购 ………………… 075
　　4.1.1　集中采购 ……………………… 075
　　4.1.2　分散采购 ……………………… 078
　　4.1.3　集中采购与分散采购的区别 … 079
　　4.1.4　选择集中采购或分散采购应该考虑的因素 ………………… 079
4.2　联合采购 ……………………………… 080
　　4.2.1　联合采购的定义 ……………… 081
　　4.2.2　实施联合采购的必要性 ……… 081
　　4.2.3　联合采购的优点 ……………… 081
　　4.2.4　联合采购的方式 ……………… 082
4.3　电子采购 ……………………………… 083
　　4.3.1　电子采购的定义 ……………… 083
　　4.3.2　电子采购的优点 ……………… 083
　　4.3.3　电子采购的模式 ……………… 084
　　4.3.4　电子采购方案的实施 ………… 087
4.4　准时化采购 …………………………… 089
　　4.4.1　准时化采购的基本思想 ……… 089
　　4.4.2　准时化采购与传统采购的区别 ……………………………… 089
　　4.4.3　准时化采购的实施 …………… 091
　　4.4.4　实施准时化采购的风险及防范 ………………………… 092

第5章　招标采购 ………………………… 098

5.1　招标采购概述 ………………………… 099
　　5.1.1　招标采购的定义 ……………… 099
　　5.1.2　招标采购的特点 ……………… 100
　　5.1.3　招标投标的方式 ……………… 100
5.2　招标采购的准备 ……………………… 103
　　5.2.1　资格预审 ……………………… 103
　　5.2.2　招标文件的编制 ……………… 104
　　5.2.3　投标文件的编制 ……………… 106
5.3　招标采购过程管理 …………………… 107
　　5.3.1　招标采购的一般程序 ………… 107
　　5.3.2　评标的方法 …………………… 109
5.4　招标采购中的常见问题 ……………… 111
　　5.4.1　招标采购的两派 ……………… 111
　　5.4.2　标底 …………………………… 112
　　5.4.3　围标 …………………………… 113
　　5.4.4　挂靠 …………………………… 114

第6章　供应商选择与管理 ……………… 119

6.1　供应商调查与开发 …………………… 121
　　6.1.1　资源市场调查 ………………… 121
　　6.1.2　供应商初步调查 ……………… 122
　　6.1.3　供应商深入调查 ……………… 123
6.2　供应商的选择 ………………………… 124
　　6.2.1　供应商选择的重要性 ………… 124
　　6.2.2　供应商选择的原则 …………… 125
　　6.2.3　供应商选择应考虑的因素 …… 126
　　6.2.4　供应商选择的方法 …………… 127
　　6.2.5　供应商选择的一般步骤 ……… 129
6.3　供应商的审核与绩效考评 …………… 133
　　6.3.1　供应商审核 …………………… 133
　　6.3.2　供应商绩效考评 ……………… 135
6.4　供应商关系管理 ……………………… 138
　　6.4.1　供应商关系的演变 …………… 138
　　6.4.2　供应商分类管理的必要性 …… 138
　　6.4.3　供应商关系分类 ……………… 139
　　6.4.4　供应商关系的维护与冲突管理 ………………………… 143

第7章　采购价格与成本管理 …………… 150

7.1　采购价格概述 ………………………… 152
　　7.1.1　采购价格的定义 ……………… 152

7.1.2 采购价格的种类 ……………… 152
7.1.3 影响采购价格的因素 ………… 153
7.1.4 如何确定采购价格 …………… 155
7.2 供应商定价 …………………………… 157
7.2.1 影响供应商定价的因素 ……… 157
7.2.2 供应商定价方法 ……………… 158
7.2.3 影响供应商定价的其他因素 … 161
7.3 采购成本分析 ………………………… 163
7.3.1 采购成本的定义 ……………… 163
7.3.2 采购成本的构成 ……………… 163
7.3.3 影响采购成本的主要因素 …… 165
7.3.4 采购成本分析的意义 ………… 166
7.3.5 学习曲线 ……………………… 167
7.4 采购成本管理 ………………………… 169
7.4.1 控制采购成本的制度措施 …… 169
7.4.2 降低采购成本的途径 ………… 170
7.4.3 降低采购成本的方法 ………… 171

第8章 采购谈判与合同管理 …………… 177
8.1 采购谈判概述 ………………………… 178
8.1.1 采购谈判的定义 ……………… 178
8.1.2 采购谈判的目的、特点与适用条件 ……………… 179
8.1.3 采购谈判的内容 ……………… 180
8.1.4 采购谈判的准备工作 ………… 181
8.2 采购谈判实施 ………………………… 183
8.2.1 采购谈判的指导思想 ………… 183
8.2.2 采购谈判的策略 ……………… 183
8.2.3 采购谈判的技巧 ……………… 186
8.2.4 谈判技巧的应用 ……………… 188
8.3 采购合同管理 ………………………… 189
8.3.1 采购合同的定义与特点 ……… 189
8.3.2 采购合同的分类 ……………… 189
8.3.3 采购合同的内容与格式 ……… 191
8.4 采购合同的执行与跟踪 ……………… 194
8.4.1 采购合同的订立 ……………… 195
8.4.2 采购合同的争议与索赔 ……… 196
8.4.3 采购合同的变更与解除 ……… 199

8.4.4 采购合同的跟踪 ……………… 199

第9章 采购过程管理 ……………………… 204
9.1 采购订单跟踪与进度控制 …………… 205
9.1.1 采购订单跟踪 ………………… 205
9.1.2 采购进度控制 ………………… 207
9.1.3 采购进度控制的措施与方法 … 209
9.2 货物接收与入库检验 ………………… 212
9.2.1 货物接收 ……………………… 212
9.2.2 货物入库检验 ………………… 215
9.3 采购货款结算 ………………………… 217
9.3.1 采购货款的结算流程 ………… 217
9.3.2 采购货款的结算方式 ………… 219
9.3.3 采购结算问题与对策 ………… 220
9.4 采购风险管理 ………………………… 221
9.4.1 采购风险的定义 ……………… 222
9.4.2 采购风险的类型 ……………… 222
9.4.3 防范采购风险的主要对策 …… 223

第10章 采购信息管理 …………………… 229
10.1 企业采购管理信息系统 ……………… 230
10.1.1 企业采购业务中的信息流程 ……………………… 231
10.1.2 企业采购管理信息系统的功能 ………………………… 232
10.2 ERP采购管理 ………………………… 234
10.2.1 ERP采购工作模式 …………… 234
10.2.2 ERP系统的采购管理与传统的采购管理的对比分析 ……… 236
10.2.3 ERP系统的采购流程 ………… 237
10.3 电子订货系统 ………………………… 237
10.3.1 电子订货系统的定义及特点 ……………………… 237
10.3.2 电子订货系统的构成 ………… 237
10.3.3 电子订货系统的业务流程 … 239
10.4 数字化采购 …………………………… 241
10.4.1 数字化采购的内涵 …………… 241
10.4.2 数字化采购的特点 …………… 242

10.4.3 中国企业数字化采购的发展 ⋯⋯⋯⋯ 243

第11章 采购绩效评估 ⋯⋯⋯⋯⋯ 247

11.1 采购绩效评估概述 ⋯⋯⋯⋯⋯ 248
 11.1.1 采购绩效评估的定义 ⋯⋯⋯ 249
 11.1.2 采购绩效评估的目的 ⋯⋯⋯ 249
 11.1.3 影响采购绩效评估的因素 ⋯⋯⋯⋯⋯ 250
 11.1.4 采购绩效评估和考核中存在的问题 ⋯⋯⋯⋯⋯ 251

11.2 采购绩效评估指标 ⋯⋯⋯⋯⋯ 252
 11.2.1 设定采购绩效评估指标 ⋯⋯ 252
 11.2.2 采购绩效评估指标体系 ⋯⋯ 252
 11.2.3 采购绩效评估的标准 ⋯⋯⋯ 255

11.3 采购绩效考核 ⋯⋯⋯⋯⋯ 256
 11.3.1 采购绩效考核的流程 ⋯⋯⋯ 256
 11.3.2 参与采购绩效考核的人员 ⋯ 257
 11.3.3 采购绩效考核的方式 ⋯⋯⋯ 258
 11.3.4 采购绩效考核的方法 ⋯⋯⋯ 258

11.4 改善采购绩效的措施 ⋯⋯⋯⋯ 259
 11.4.1 提升采购绩效的途径 ⋯⋯⋯ 259
 11.4.2 标杆法 ⋯⋯⋯⋯⋯⋯⋯⋯ 260
 11.4.3 建立采购绩效管理机制 ⋯⋯ 262

第12章 采购管理发展趋势 ⋯⋯⋯⋯ 267

12.1 政府采购 ⋯⋯⋯⋯⋯⋯⋯⋯ 269
 12.1.1 政府采购的定义 ⋯⋯⋯⋯⋯ 269
 12.1.2 政府采购的特点 ⋯⋯⋯⋯⋯ 270
 12.1.3 政府采购的主体和客体 ⋯⋯ 271
 12.1.4 政府采购的原则 ⋯⋯⋯⋯⋯ 272
 12.1.5 政府采购的模式 ⋯⋯⋯⋯⋯ 273
 12.1.6 政府采购的方式 ⋯⋯⋯⋯⋯ 274

12.2 全球采购 ⋯⋯⋯⋯⋯⋯⋯⋯ 275
 12.2.1 全球采购的定义 ⋯⋯⋯⋯⋯ 275
 12.2.2 全球采购的特点 ⋯⋯⋯⋯⋯ 276
 12.2.3 全球采购的原因 ⋯⋯⋯⋯⋯ 276
 12.2.4 全球采购的流程 ⋯⋯⋯⋯⋯ 277
 12.2.5 全球采购的风险及防范措施 ⋯⋯⋯⋯⋯⋯⋯⋯ 278

12.3 战略采购 ⋯⋯⋯⋯⋯⋯⋯⋯ 281
 12.3.1 战略采购的定义 ⋯⋯⋯⋯⋯ 281
 12.3.2 战略采购的原则 ⋯⋯⋯⋯⋯ 281
 12.3.3 实施战略采购的基础 ⋯⋯⋯ 282
 12.3.4 战略采购的实施方式 ⋯⋯⋯ 283

12.4 供应链采购 ⋯⋯⋯⋯⋯⋯⋯ 285
 12.4.1 供应链采购的定义 ⋯⋯⋯⋯ 285
 12.4.2 供应链采购的优势 ⋯⋯⋯⋯ 286
 12.4.3 供应链采购管理的实施要点 ⋯⋯⋯⋯⋯⋯⋯⋯ 286

12.5 可持续采购 ⋯⋯⋯⋯⋯⋯⋯ 288
 12.5.1 可持续采购的定义 ⋯⋯⋯⋯ 288
 12.5.2 可持续采购与绿色采购的区别 ⋯⋯⋯⋯⋯⋯⋯⋯ 288
 12.5.3 可持续采购的原则 ⋯⋯⋯⋯ 288
 12.5.4 可持续采购的发展及意义 ⋯ 289

参考文献 ⋯⋯⋯⋯⋯⋯⋯⋯⋯⋯⋯ 295

第1章 采购概述

本章概要

采购管理是企业无法回避的重要管理问题。它对提高企业竞争力以及保持企业正常运转有着重要的现实意义。采购管理作为企业生产经营管理过程中的一个基本环节,越来越受到企业的广泛重视。规范采购与供应环节、提升采购管理的专业化水平、降低采购成本、提高采购效率,将成为企业可持续发展战略的重要内容。

本章主要介绍采购的定义,采购的地位与作用,采购管理的定义、内容与目标,以及采购管理的发展历程。通过对这些内容的学习,读者能够对采购管理有一个基本了解,能够理解采购管理在企业管理中的地位与重要意义,为以后学习采购管理的理论和方法打下良好的基础。

知识目标

- 掌握采购与采购管理的定义。
- 掌握采购的范围与分类。
- 掌握采购管理的内容与目标。
- 了解采购的基本流程。
- 了解采购的地位与作用。
- 了解采购管理的现状及发展趋势。

能力目标

- 熟悉采购的分类,能够根据现实要求进行合理选择。
- 理解采购管理的定义和内容,掌握先进的供应链管理理念。
- 树立采购管理意识,培养爱岗敬业、诚实守信的职业道德素养。

▶ 案例分析1-1:供应链危机　　博世与爱立信

2000年3月,位于美国新墨西哥州阿尔伯克基的飞利浦第22号芯片厂被雷电击中起火,大火虽然只持续10分钟,但由此造成的芯片断货改变了功能手机市场格局。爱立信市场份额一路下滑,最终退出功能手机市场;而诺基亚通过买断货源、更改设计和开发新供应商等一系列事后快速反应策略,一跃成为功能手机市场的龙头。

2017年,博世由于铝制壳体断货造成转向齿轮断供。2017年5月29日,宝马发表声明,数处工厂停工,位于德国、南非以及中国的工厂全部受到影响。博世给出的解释是,此次事故是由一家叫Albertini Cesare的意大利Tier 2(二级供应商)造成的,这家公司此前一直为博世的电子转向系统提供外壳。事后,博世派员工前往意大利解决问题。宝马发言人Michael Rebstock说,供应链断货事件所造成的财务危机正在迅速蔓延，还不清楚何时可以恢复正常生产。

2017年6月1日，博世直接宣布收购意大利供应商Albertini Cesare。这家供应商的总部位于米兰，主要负责制造车用铝制壳体，其中也包括转向系统外壳。博世希望通过对Albertini Cesare的收购来加强对转向部件供应体系的把控。Albertini Cesare约有400名员工。此后，他们全部被纳入博世转向系统事业部。博世这一举措，快速控制了事态的进一步恶化。如果不能迅速控制局面，估计博世付给宝马的赔偿足够买下多个Albertini Cesare公司。

案例思考题：
(1) 面对供应链危机，博世公司在采购管理方面做了哪些工作？
(2) 当危机已经发生，企业采取哪些策略能有效降低负面影响进而化危机为转机？
(3) 通过案例分析采购与供应商管理在企业中的重要性。

从上面的案例可以看出，采购的首要任务是保证物料的供应，其次才是以合理的成本获取物料。在企业运营中，由于断货造成的风险远甚于原材料涨价带来的影响，供应链断货的风险很有可能改变产业的竞争格局。在市场竞争日益激烈的今天，企业之间的联系越来越紧密，供应链上的任何一个企业发生危机都可能引发相关企业的危机。企业如果没有很强的危机管理能力，对采购管理的认识程度不够，就很可能因为供应链上相关企业的危机而陷入困境。

1.1 采购的基本理论

在商品经济条件下，采购是一种常见的经济行为。在日常生活中，人们几乎每天都在进行采购活动，以满足日常的生活和消费需求；而对于企业来讲，采购也是一项重要的管理职能，是企业管理中必不可少的一个环节。企业开展经营活动需要获得各种商品、信息、技术和服务，这些都需要通过采购来实现。一个企业的采购管理水平，对企业的竞争力和经营绩效都会产生重要影响。

1.1.1 采购的定义

不同行业、不同学者对采购有不同的理解。从狭义上来说，采购是指购买货物和服务的行为，它是由买方支付对等的代价，向卖方换取物品的行为过程，即"一手交钱，一手交货"或"银货两讫"。这种以货币换取物品的方式，可以说是最普通的采购途径，而且不受采购主体的限制，无论是个人还是企业机构，具备支付能力就可以换取他人的物品来满足自己的需求。从广义上来说，人们除了以购买的方式占有物品之外，还可以通过租赁、借贷以及交换等途径取得物品的使用权，从而满足自己的需求。

采购包含两个基本意思：一是"采"，二是"购"。"采"，即摘取、挖取、选取、收集，是从众多对象中选择若干之意。"购"，即购买，货币转化为商品的交易过程。选择是采购的本质属性。因此，采购是指买方从外部目标市场(供应商)获得使运营、维护和管理公司的基本活动和辅助活动处于有利位置的货物、服务和知识的活动。也就是说，采购不是单纯的购买行为，而是从市场预测开始，经过商品交易，直到采购的商品到达需求方的全部过程，包括市场调查、市场预测、制订计划、确定采购方式、选择供应商、确定质量、价格、交货期、运输方式,成本控制,广集货源等一系列工作环节。因此,从学术的角度看,采购是比购买更广泛、更复杂的概念。采购与购买的区别如表1-1所示。

表1-1　采购与购买的区别

比较项目	采购	购买
主体	企业、事业单位、政府部门及其他社会团体	家庭或个人
客体	生产及生活资料	生活资料
规模	品种、规格繁多,金额大	品种有限、数量不多
过程	从策划到实施直至任务完成,整个过程十分复杂,是商流、物流、资金流、信息流综合运行的过程	从策划开始到实施完成,相对比较简单易行
风险	风险较大,特别是国际采购,存在一定的自然风险和社会风险	风险较低

1.1.2　采购的范围

采购的范围是指采购的对象或标的。

按照采购对象的不同,采购可分为有形采购和无形采购。

所谓有形采购,就是采购看得见、摸得着的有物质实体的物品,包括原料、半成品、成品、辅助材料、投资品或固定设备及保养、维修与运营;无形采购,是指采购看不见、摸不着,但可以感觉到的满足人们需要的服务功能项目,包括服务、技术采购,或者采购设备时附带的服务。

按照采购对象的不同,采购还可以分为直接物料采购和间接物料采购。直接物料是与最终产品直接相关的物料;间接物料是与最终产品不直接相关的商品或服务。间接物料又可以分为ORM(operating resource management)和MRO(maintenance, repair & operation)。ORM通常是指企业日常采购的办公用品和服务;MRO是指维持企业生产活动的维护、修理、装配等所需的间接物料(包括备品备件、零部件等,如润滑油)。

1.1.3　采购的特点

1. 采购是人们从资源市场获取资源的过程

无论是生活还是生产,采购的意义在于,它能解决人们生产和生活所需要但是自己又缺乏的资源问题。这些资源既包括生活资料,也包括生产资料;既包括物质资源(如原材料、设备、工具等),也包括非物质资源(如信息、软件、技术等)。能够提供这些资源的供应商形成了一个资源市场,采购的基本功能就是帮助人们从资源市场获取他们所需要的各种资源。

2. 采购是商流过程和物流过程的统一

采购就是将资源从资源市场的供应者手中转移到用户手中的过程。在这个过程中,一是要将资源的所有权从供应者手中转移到用户手中,二是要将资源的物质实体从供应者手中转移到用户手中。前者是一个商流过程,主要通过商品交易、等价交换来实现资源所有权的转移。后者是一个物流过程,主要通过运输、储存、包装、装卸搬运、流通加工和配送等手段来实现商品空间位置的转移,使商品到达用户手中。商流和物流过程的实现标志着采购过程的结束,采购过程实际上是商流过程与物流过程的统一。

3. 采购是一种经济活动

采购是企业经济活动的重要组成部分。经济活动既要遵循经济规律，又要追求经济效益。在整个采购过程中，一方面，企业通过采购获取了资源，保证了企业生产经营的顺利进行，这是采购效益；另一方面，企业在采购过程中会产生各种费用，这是采购成本。要追求采购经济效益的最大化，就要不断降低采购成本，以最低的成本获取最高的效益。科学采购是实现企业经济利益最大化的基本保障。

1.1.4 采购的分类

在采购实践工作中，了解采购分类是有针对性地、有效地解决特定采购问题的前提。采购依据不同的标准可以分成不同的类别，下面介绍几种常用的分类方式。

1. 按采购的主体分类

1) 个人采购

个人采购是指个人生活用品的采购，一般是自行决策、品种单一的采购，是一种具有较强的主观性和随意性的采购。个人采购的影响范围不大，通常只对个人产生影响，因此即便出现采购失误，也不会造成太大的损失。

2) 团体采购

团体采购通常是指某些团体通过大批量地向供应商订购，以低于市场价格的成本获得物资或服务的采购行为。

3) 企业采购

企业采购是指企业供应部门通过各种渠道，从外部购买生产经营所需物资的有组织的活动，一般是集体决策的多品种、大批量、多批次、大金额的采购。企业采购的影响较大，不仅关系多人的利益，而且关乎企业的正常运作，如果采购决策失误，会给企业造成较大的损失。

4) 政府采购

政府采购，也称公共采购，是指各级政府及其所属机构为了开展日常政务活动或为了满足服务公众的需要，在财政监督下，以法定的方式、方法和程序，购买货物、工程或服务的过程。政府采购是采购政策、采购程序、采购过程及采购管理的总称，是一种管理公共采购的制度。同时，政府采购也会作为国家宏观调控的手段，对国家宏观经济的运行产生影响。

2. 按采购的范围分类

1) 国内采购

国内采购主要是指在国内市场采购，采购的物资不一定是国内生产的，也可以是通过国外企业设在国内的代理商采购所需物资，只是以本国货币支付货款，不需以外汇结算。

国内采购又分为本地市场采购和外地市场采购两种。通常，采购人员应首先考虑本地市场采购，以节省采购成本和时间，缩短运输距离，保证供应及时性；当本地市场不能满足需要时，再考虑从外地市场采购。

2) 国外采购

国外采购是指国内采购企业直接向国外厂商采购所需物资的一种行为，主要采购对象为成套机器设备、生产线等。

国外采购的优点主要有质量有保证、低价、能利用汇率变动获利，但也存在一些不足，包括交易过程复杂，影响交易效率；需要较大的库存，增加储存费用；催货、纠纷索赔困难，无法满足紧急交货。

国外采购的对象为国内无法生产的产品，如汽车制造商需要的光电控制系统等；无代理商经销的产品，通常只能进行国外采购；在价格上占据优势的国外产品，如某些农产品等。

3. 按采购的时间分类

1) 长期合同采购

长期合同采购是指采购商和供应商为稳定双方的贸易关系，以合同的方式来明确"供需关系"，并要求双方都遵守和履行合同的长期采购行为。合同的期限一般是一年。

长期合同采购主要适用于大量、连续的采购。利用长期合同采购的方式，不仅可以降低洽谈的费用，而且可以增强采购方和供应商之间的信任，建立稳定的供需关系。通过签订合同，还可以切实保障各方利益，有利于实现采购方和供应商之间的"双赢"。但长期合同采购也会带来一些麻烦，如采购价格难以调整、采购数量固定不变、采购方式缺乏创新等。

2) 短期合同采购

短期合同采购是指采购方和供应商通过合同，实现一次交易，以满足生产经营活动的需要。

短期合同采购双方之间关系不稳定，采购产品的数量、品种随时变化，对采购方来讲有较强的灵活性，能够依据市场变化，调整供货量或选择供应商。但是，由于这种关系不稳定，每次交易都需要支付采购费用，采购成本较高，而且由于是短期关系，在价格洽谈、交易过程及售后服务等方面也会存在不足。短期采购适用于采购以下几种物品：非经常性消耗物品，如机器设备、车辆、计算机等；价格波动大的产品，因为这种产品的供应方和采购方都不希望签订长期合同，以免利益受损；质量不稳定的产品，如农产品、新试制产品等。此外，由于供求关系变化，为弥补长期合同造成的供货中断，通常签订短期合同给予补充。

4. 按采购的方法分类

1) JIT采购

JIT(just in time)采购也称准时化采购，是一种完全以满足需求为依据的采购方法。它要求供应商恰好在客户需要的时候，将合适的品种、合适的数量送到客户需求的地点。它以需求为依据，改造采购过程和采购方式，使它们完全适合于客户需求，既能灵敏响应需求的变化，又使得库存向零库存趋近。这是一种比较科学、理想的采购模式。

2) MRP采购

MRP(materials requirements planning，物料需求计划)采购主要应用于生产企业，是生产企业根据主生产计划和主产品结构以及库存情况，逐步推导出生产主产品所需要的零部件、原材料等的生产计划和采购计划的过程。这个采购计划规定了采购品种、采购数量、采购时间和到货时间，计划比较精细、严格。它也是以需求分析为依据、以满足库存为目的的采购模式，其市场响应灵敏度和库存水平较高。

3) 供应链采购

供应链采购就是在供应链机制下的采购模式。在供应链机制下，采购不再由采购方操作，而是由供应商操作。采购方只需要把自己的需求规律信息即库存信息向供应商连续及时传递，供应商则根据采购方的产品消耗情况，及时、连续、小批量补充库存，既保证采购方的需要又使总库存量最小。供应链采购对信息系统、供应商的操作要求都比较高，它也是一种科学、理想的采购模式。

4) 电子商务采购

电子商务(electronic commerce，EC)采购就是网上电子采购，是在电子商务环境下的采购模式。企业间电子商务(business-to-business，B2B)是指不同组织间通过电子商务达成交易，电子采购是中心功能。成功的B2B有助于企业节约大量成本，并提高生产效率。电子采购在降低成本、提高商业效率方面比在线零售和企业资源计划(enterprise resources)更具潜力，将来会彻底改变传统的商业模式。

5. 按采购的对象分类

1) 有形采购

有形采购是指采购对象输出的结果是有形的物品，即具有实物形态的物品，如汽车、计算机、矿石、机床等。我们生活中大部分采购都是有形采购。

2) 无形采购

无形采购是相对于有形采购而言的，其采购的是不具有实物形态的技术和服务等，如服务、软件、技术、保险及工程发包等。

6. 按采购的实践分类

1) 招标采购

招标采购是一种应用越来越广泛的采购方法，受到业界的普遍关注。招标采购是指通过公开招标的方式进行物资和服务采购的一种行为，它是政府及企业采购的基本方式之一。招标采购最突出的特征是公开性，凡是符合资质规定的供应商都有权参加投标。但是，招标采购程序复杂、涉及面广，产生的人、财、物的耗费较高。

2) 议价采购

议价采购是指由买卖双方直接讨价还价实现交易的一种采购行为。议价采购一般不进行公开竞标，仅向固定的供应商直接采购。

议价采购的优点是节省采购费用和时间；采购灵活性强，可依据环境变化灵活调整采购规格、数量及价格；有利于采购方与供应商建立互惠双赢关系，稳定供需关系。议价采购的缺点是价格往往较高(订单通常比较紧急)；缺乏公开性，信息不对称；容易形成不公平竞争，等等。

3) 比价采购

比价采购是指在买方市场条件下，在选定两家以上供应商的基础上，由供应商公开报价，最后选择报价最低的供应商的一种采购方式。实质上，这是一种供应商有限条件下的招标采购。

比价采购的优点是节省采购时间和费用；公开性和透明度较高，能够防止采购"黑洞"，采购过程有规范的制度。比价采购的缺点是在供应商有限的情况下，可能出现"轮流坐庄"或"恶性抢标"的现象。

1.1.5 采购的基本流程

以企业采购为例,一个完整的采购流程大体上包括以下环节。

1. 接受采购任务,制定采购单

这是采购工作的任务来源。通常是企业各个部门把任务报到采购部门,采购部门把所要采购的物资汇总,再分配给部门采购人员,同时下采购任务单。采购部门也可根据企业生产销售的情况,自己主动安排各种物资采购计划,给各个采购人员下采购任务单。

2. 制订采购计划

采购人员在接到采购任务单之后,要制订具体的采购工作计划。首先应进行资源市场调查,包括对商品、价格、供应商的调查分析;其次应选定供应商,确定采购方法、采购日程计划、运输方法及货款支付方法等。

3. 根据采购计划联系供应商

在确认采购计划后,采购部门需要根据供应商评价结果确定供应商的数量和名单,对不同的采购方式,企业应该确定不同的采购数量。确定供应商之后,就需要与供应商取得初步联系,确定其有无合作意向。

4. 与供应商洽谈并签订订货合同

这是采购工作的核心步骤,采购方要和供应商反复磋商谈判、讨价还价,讨论质量保证、送货、服务及风险赔偿等各种限制条件,最后把这些条件以订货合同的形式确定下来。签订订货合同以后,才意味着已经成交。

5. 订单跟踪和催货

订单跟踪和催货主要是为了确保供应商能够及时履行有关货物质量和数量的承诺。采购人员需要经常询问供应商的生产进度,并尽可能走访供应商。这一措施一般用于关键的、大额的和提前期较早的采购。当然,如果对供应商能力及信誉已经做过全面分析,确保它是遵守合约的可靠供应商,就没有必要这样严格,应视情况而定。

6. 到货验收、入库

到货后,采购人员要督促有关人员对货物进行验收和入库。验收包括数量和质量的检验。

7. 支付货款

货物到达后,采购方必须按合同规定支付货款。

8. 绩效评价及售后服务

一次采购完成以后,要进行采购总结、绩效评估,并妥善处理售后事项,督促供应商提供售后服务。

采购的基本流程如图1-1所示。

图1-1 采购的基本流程

1.2 采购的地位与作用

随着经济的发展，企业间的竞争逐渐转变为供应链之间的竞争。企业已不再采用传统的采购模式，采购管理越来越受到人们的重视，它在供应链中沟通生产需求与物资供应，是企业经营管理的核心内容，更是企业利润的重要源泉。

1.2.1 采购的地位

采购在企业经营管理中的地位主要体现在如下几个方面。

1. 采购的供应地位

采购的供应地位，即源头地位。在商品生产和交换的整体供应链中，每个企业既是客户，又是供应商。为了满足最终客户的需求，企业力求以最低的成本将高质量的产品以最快的速度供应到市场，以获取最大利润。在企业中，利润与制造及供应过程中的物流和信息流的流动速度成正比。从整体供应链的角度看，企业为了获取尽可能多的利润，都会想方设法加快物料和信息的流动，这样就必须依靠采购的力量，充分发挥供应商的作用，因为占成本60%的物料以及相关的信息都发生或来自供应商。供应商提高其供应的可靠性及灵活性、缩短交货周期、增加送货频率可以极大地促进企业的运营，从而提高生产效率，减少库存，增强对市场需求的应变能力。

此外，随着经济全球化的发展，市场竞争日趋激烈，客户需求的提升驱使企业按库存生产，而竞争的要求又迫使企业趋向按订单生产，企业要解决这一矛盾，只有将供应商纳入自身的生产经营过程，将采购与供应商的活动看作自身供应链的一个有机组成部分，才能加快物料及信息在整体供应链中的流动，从而将客户所需要的库存成品向前推移为半成品，进而推移为原材料。这样既可以减轻整个供应链的物料及资金负担(降低成本、加快资金周转等)，又可以及时将原材料、半成品转换成最终产品以满足客户的需要。在整体供应链管理中，"即时生产"是缩短生产周期、降低成本和库存、以最快的运货速度满足客户需求的有效做法，而供应商的"即时供应"则是开展"即时生产"的主要内容。因此，从供应商的角度说，采购是整体供应链中"上游控制"的主导力量。

2. 采购的质量地位

质量是产品的生命。采购物料不只涉及价格问题，更多涉及质量水平、质量保证能力、售后服务、综合实力等方面。有些产品表面看起来很便宜，但需经常维修、经常不能正常工作，就会大大增加使用总成本；如果买的是假冒伪劣产品，还会蒙受更大的损失。

一般企业将质量控制按时序划分为采购品质量控制、过程质量控制及产品质量控制。由于产品价值的60%是经采购由供应商提供的，毫无疑问，产品质量在很大程度上受采购品质量控制的影响。也就是说，保证企业产品"质量"不仅要靠企业内部的质量控制，更依赖对供应商的质量控制。这也是"上游质量控制"的体现。上游质量控制得好，不仅可以为下游质量控制打好基础，同时可以降低质量成本，减少企业来货检验费用等。经验表明，一个企业如果能将一部分质量管理精力花在供应商的质量管理上，那么企业自身的质量(过程质量及产品质量)水平将会大大提高。通过采购将质量管理延伸到供应商质量控制，是提高企业自身质量水平的基本保证。

3. 采购的价值地位

采购成本是企业成本管理的主体和核心部分，采购是企业管理中"最有价值"的部分。在工业企业的产品成本构成中，采购的原材料及零部件成本占企业总成本的比例随行业的不同而不同，比例为30%~90%，平均水平在60%。对于一个典型的企业，一般采购成本(包括原材料、零部件)要占60%，工资和福利占20%，管理费用占15%，利润占5%。现实中，许多企业在控制成本时，将大量的时间和精力放在不到总成本40%的企业管理费用及工资和福利上，而忽视了总成本的主体部分——采购成本，往往事倍功半、收效甚微。

4. 采购的战略地位

采购和供应管理在企业内部的地位与企业的发展阶段密切相关。在企业初始阶段，采购被看作相当重大的商务活动。到了发展阶段，采购和供应管理才被认为有战略贡献。采购在某一特定企业的地位取决于企业是将采购这一功能的重点放在交易上、商务上还是战略上。采购管理的重点会渐渐从交易转到战略方面来。采购渗入商务和决策领域的程度越深，其在企业中的最终地位就越重要。

1.2.2 采购的作用

企业在生产经营过程中需要大量的物料，因此采购对企业的生产经营活动有极其重要的作用。组织好企业采购活动，不仅有助于优化企业采购管理，而且可以有效地推动企业其他各项工作的开展。具体来讲，采购的作用主要体现在以下几个方面。

1. 采购是保证企业生产和销售正常进行的前提条件

企业生产经营活动由供应、生产、销售3个环节组成，缺少了供应这个环节，就没有原材料、燃料、零部件、辅助材料及企业所需的一切物资，企业就无法组织生产，产品生产不出来，企业的销售订单就无法实现。没有采购，企业就成了无源之水、无本之木，企业的生产和销售就无法正常进行。另外，采购工作人员必须把握好采购的时间和采购的数量，必须实现与生产等环节的高度统一。这样不但能保证生产和销售的顺利进行，而且能节约资金。否则，如果物料不及时到达，车间就要停工待料，影响生产，影响销售订单的实现，从而影响企业的信誉；如果物料超过需求，就会造成物料库存增加、产品积压、费用增加，从而影响资金周转。

2. 采购是保证产品质量的重要环节

合格的原材料是生产优质产品的基本条件之一，企业必须保证购进原材料的品种、质量符合生产和市场的需要，才能实现商品生产销售和业务经营的高质量、高效率、高效益。企业要通过不断改进采购过程以及加强对供应商的管理，提高采购的原材料的质量，保证和提高产品的质量，从而增强企业的市场竞争力，更好地满足顾客的要求。

3. 采购是控制产品成本的主要手段之一

采购成本是构成产品成本的主要部分，除了原材料成本以外，还包括采购费用、储运费用、沟通费用以及管理费用等。高额的采购成本将会大大降低企业的经济效益，甚至导致亏损。因此，加强采购的组织与管理，对于节约占用资金、压缩存储成本和加快营运资本周转起着重要的作用。

4. 采购决定了企业产品周转的速度

采购是企业生产过程的起点。采购人员必须解决采购中物资的适时和适量问题，否则就会造成产品积压、产品周转速度减缓、库存保管费用增加，从而造成极大的浪费。

5. 采购可以合理地利用物质资源

每一个企业都要合理利用资源、优化配置资源。采购工作是企业生产经营的源头，必须贯彻节约方针，合理利用、优化配置资源。

(1) 通过合理采购，企业可以防止优料劣用、长材短用、浪费资源。

(2) 优化配置资源，企业可以防止优劣混用。在采购工作中，要应用价值工程分析，力求功能与消耗匹配。

(3) 通过采购，企业可以引进新技术、新工艺，提高物资利用率。

(4) 企业要贯彻落实有关经济、技术政策，防止违反政策及法律法规的行为发生，做到合理利用、优化配置资源。

6. 做好采购可以洞察市场的变化趋势

在市场经济的大环境下，企业可通过采购渠道观察市场供求变化及其发展趋势，并借以引导企业投资方向，调整产品结构，确定经营目标、经营方向和经营策略。企业是以市场为导向进行采购活动、生产活动的。采购工作是企业运营过程中的关键环节，并构成生产经营活动的物质基础和主要内容。规范的采购要兼顾经济性和有效性，这样可以有效降低企业成本，促进生产经营活动的顺利实施和按期完成。如果采购的产品不符合设计要求，将直接影响产品质量，甚至导致生产经营活动失败。

1.3　采购管理的定义、内容与目标

在实际工作中，有许多人对采购管理工作认识不清，他们认为采购管理工作等同于采购工作。如果不能认清什么是采购管理，就不可能明确采购管理工作的内容、职能和意义，也就不能明确采购管理在企业中的地位和作用，更不可能做好企业采购管理工作。

1.3.1　采购管理的定义

所谓采购管理，是指为保障企业物资供应而对企业整体采购活动进行计划、组织、指挥、协调和控制的活动。采购管理是企业管理的重要职能，也是企业专业管理的重要领域之一。

采购和采购管理是两个不同的概念。采购是一项具体的业务活动，是作业活动，一般由采购员承担具体的采购任务。采购管理是企业管理系统的一个重要子系统，是企业战略管理的重要组成部分，一般由企业的中高层管理人员承担。企业实施采购管理的目的是保证供应，满足生产经营需要，既包括对采购活动的管理，也包括对采购人员和采购资金的管理等。一般情况下，有采购就必然有采购管理。但是，不同的采购活动，由于其采购环境、数量、品种、规格

表1-2 采购与采购管理的联系与区别

项目	采购	采购管理
区别	➢ 具体的采购业务活动，属于作业活动 ➢ 只涉及采购员个人 ➢ 只能调动采购部门经理分配的有限资源	➢ 属于管理活动，涉及人、财、物 ➢ 面向整个企业 ➢ 一般由高级管理人员承担，可以调动整个企业的资源
联系	采购本身是具体工作，它属于采购管理。采购管理可以直接管理到具体的采购业务的每一个步骤、每一个环节、每一个采购员	

1.3.2 采购管理的内容

企业采购管理主要包括采购决策、采购计划、采购组织和采购控制。企业采购管理的基本任务有三个：一是要保证企业所需的各种物资的供应；二是要从资源市场获取各种信息，为企业物资采购和生产决策提供信息支持；三是要与资源市场供应商建立起友好且有效的关系，为企业营造宽松有效的资源环境。一般而言，采购管理的内容主要有以下几个方面。

(1) 根据销售计划和生产计划的安排，协调采购与生产和销售的关系，加强采购部门与生产和销售部门的沟通，详细了解生产和销售等部门对采购的具体要求。

(2) 分析外部供应市场的状况，掌握各类物料的供应渠道、价格变化、交易条件以及供求关系，就采购方式、采购批量、采购价格等做出决策，编制详细的采购计划。

(3) 做好采购管理的基础工作，制定各类采购定额和标准，明确职责分工和权限，编制采购业务流程和工作手册，提出主要的考核指标，建立采购数据库和采购信息系统。

(4) 按照采购计划确定的采购方式，实施具体的招标、接洽、谈判等工作。根据企业的目的确定其与供应商之间的关系，重点培养稳定的供货渠道，与主要供应商建立战略联盟，培育有效的供应链。

(5) 签订订货或采购合同，加强合同管理，催促供应商及时交货，组织好物料的运输、搬运、验收、分包等具体的物流作业。

(6) 做好结算和信息反馈工作，根据交易关系的不同区别结算方式和政策，将物料供应中存在的问题反馈给供应商，征求生产部门对采购的改进意见。

(7) 做好采购监管与控制工作。采购监管与控制是采购管理工作的一项重要内容，其主要目的是保证实现采购工作的目标和完成采购计划。在采购运作过程中，实际工作与采购计划往往会出现偏差，而采购监管与控制的职责就是纠正偏差，采取各种措施，把不符合要求的采购活动纳入正常的轨道上，使企业稳定地实现采购目标，其目的是实现适时、适质、适量、适价、适地的"5R"采购。

良好的企业采购管理不仅可以保证企业所需物资的正常供应，而且企业通过采购管理，能够从市场上获取支持企业进行物资采购和生产经营决策的相关信息，更重要的是，可以与高品质的供应商建立长期友好的关系，形成企业稳定的资源供应基地。企业采购管理的主要内容如图1-2所示。

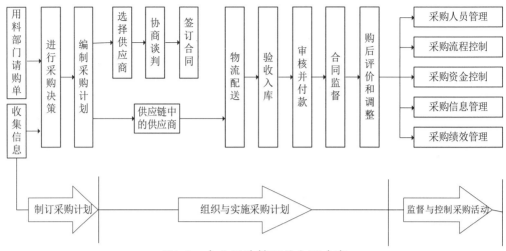

图1-2 企业采购管理的主要内容

1.3.3 采购管理的目标

采购管理的总目标可用一句话表述为：以最低的总成本为企业提供满足其需要的物料和服务，具体有以下5个基本目标。

1. 选择合适的供应商

选择合适的供应商是确保商品和服务品质的重要措施之一，是采购管理的首要目标。选择合适的供应商，才能以适当的价格，得到适当品质和数量的物料和服务。在选择供应商的时候，一般应从品质、价格、交货期限和服务4个方面来考察，建立双方相互信任的长期合作伙伴关系。

2. 适当的质量

质量是产品的生命，使用质量合格的原材料、零部件，才能生产出合格的产品。如果采购的原材料、零部件质量不合格，入库前做退货处理，会造成采购过程中的人力、财力的浪费；如果制造成产品以后推向市场，客户因质量问题退货，会进一步增加生产过程中各种资源的浪费；由于产品的质量问题，会损害到消费者的利益，会影响企业的信誉，不利于企业的长远发展。但并不是采购的原材料、零部件的质量越高越好，因为质量越高，产品的质量成本就会越高，只要合格、够用就可以，也就是满足产品需要即可。

3. 合适的供货时间

企业为了加速资金周转，减少资金占用，对采购时间有着严格的要求，即要选择合适的采购时间。供货时间提前，就会导致产品积压，增加库存成本，占用更多资金；供货时间延迟，将会影响企业的生产经营，产生不利的经济后果。

4. 适当的采购数量

科学地确定采购数量是采购管理的一个重要目标。企业生产经营中需要储备一定数量的原材料、零部件，但是应维持在适当的水平上。储备数量和采购数量是相关的，采购数量过大，会导致库存量过高，进而造成物资积压，占用资金也减缓了流动资金的周转速度，还会导致物资的浪费；采购数量过低，会使库存量过小，可能出现供应中断，从而导致停工待料，影响企业的生产经营。因此，采购数量一定要适当。

5. 合适的采购价格

合适的采购价格是指在满足数量、质量、时机的前提下支付最合理的价格。采购价格是影响采购成本的主要因素。在采购中能够以"合适的价格"完成采购任务是采购管理的重要目标之一。合适的价格能够确保企业的有利竞争地位，并在维持买卖双方共赢的前提下，使供应链朝着健康的方向发展。

▶ **知识链接**

采购中的"5R"原则是指适时(right time)、适质(right quality)、适量(right quantity)、适价(right price)、适地(right place)地从供应商手里购买所需要的商品。5R之间存在"效益悖反"关系，一次采购活动不可能同时满足5R。采购过程中，企业必须综合考虑，一般可根据采购的特点，侧重企业较为关注的一两个方面，而不是面面俱到。

1.4　采购管理的发展历程

面对经济全球化的挑战和日趋激烈的市场竞争环境，企业应随之调整采购与供应策略，尽快适应经济发展步伐，否则难以持续发展。国内外大量成功或失败的例子充分证明，采购作为当今企业生产经营中最重要的环节，在成本控制、新产品开发、提高产品市场竞争力方面起着举足轻重的作用。因此，发展现代采购是企业的必经之路。

1.4.1　采购的起源与发展

1. 采购的起源

最早提出采购重要性的是查尔斯·巴比奇(Charles Babbage)。巴比奇在1832年出版的关于机械和制造经济的书中指出"物料人"(material man)将提供几个不同的功能，并认为负责资源管理的关键职员，是"负责选择、采购、接收和配送一切所需物品的物料人"。在19世纪中期，美国铁路迅速发展，使采购受到了企业的重视。1866年，宾夕法尼亚铁路公司在供应部门中成立了采购部。1887年，芝加哥和西北铁路的审计官出版了第一本涉及采购部门的书《铁路供应的管理——铁路采购和存储》。该书所讨论的采购问题在今天看来仍有重大的意义，例如，作者提出了采购代理商技术专业化的需要，在个人控制下的采购部门中心化的需要，以及采购代理商对选择采购人员缺乏足够重视等问题。

铁路行业的发展主导了早期采购的发展，促进了人们对采购流程的早期认识，也提升了企业的盈利能力。19世纪晚期，采购部门逐步分化为一个具有专业技能的独立职能部门。

2. 采购理论的发展时期

采购发展的第二个比较重要的时期开始于20世纪初，在这个时期，连续出现了具体讨论工业采购功能的文章。其中《机械杂志》对合格的采购人员需求和物流专业的发展给予了关注，促使采购流程和理念得到发展。1905年，第一本针对非铁路行业采购的书《关于采购》出版，这本书介绍了采购的一般原则和不同企业的采购形式和流程。

在第一次世界大战期间，人们对采购越来越重视，这主要是因为采购的核心作用在于原材料订购及获得重要的战争物料。

第二次世界大战期间，采购进入了一个新时期。在战争期间，人们对获得所需(或稀缺)物料的重视促使其对采购的兴趣有了增长，而且企业中的其他部门已经认识到采购部门的重要性，很多大学都开始讲授采购专业课程，对采购理论的发展起到了一定的推动作用。第二次世界大战后，企业经营重点是满足客户需求和不断扩大市场需要，而且企业面对的是稳定的竞争和充足的原材料，使得人们对采购的重视并没有延续到战后。在这一时期，采购没有被列入主要的职能部门，处于平静的发展阶段。

3. 传统采购的发展时期

20世纪60年代后期，采购在美国工业发展中受到重视。在经历了20世纪60年代的越南战争和20世纪70年代的石油短缺之后，美国原材料市场变得相对紧张，企业为了寻求新的成本控制和市场发展途径，开始重视物料的采购和控制，采购活动的重点在于降低系统总成本，而不仅仅是控制所购部件的单位成本。

从20世纪80年代开始，由于美国和欧洲各国开始卷入全球化市场竞争，市场对交货期、质量和价格提出了更高的要求。此时采购部门已被最高领导层视为最重要的业务部门之一。采购部门要通过向企业其他部门及时提供对战略目标可能产生影响的原材料潜在价格和供货信息，来支持并加强企业的竞争优势。

4. 采购的高速发展时期

如今采购已逐步脱胎换骨，走到了令人瞩目的前台，其地位有了较大的提高。经济全球化使采购的理论和实践都发生了巨大的改变，各种新颖理论如雨后春笋，如战略采购、采购竞价、电子采购等。采购地位的不断提高离不开经济大环境和市场竞争的发展趋势。这是因为，一方面，随着竞争的加剧，销售部门的压力越来越大，企业把开源节流、提高效率作为提高利润的重要途径。节省采购成本和提升采购效率对降低生产总成本起着关键的作用。另一方面，技术的快速发展对新品上市的周期要求越来越短，相应的研发费用越来越高。采购部门不但要保证产品供应及时，还要在产品成本控制方面提出最佳供应方案。采购部门已不再是单一的执行部门，而越来越多地参与企业的决策。

21世纪以来，随着市场竞争的白热化，大到企业的董事长、总经理，小到中层的采购部门经理或主管，乃至普通的采购人员都认识到，采购成本及费用的降低对提高企业的竞争力有着极其重要的作用，采购越来越受到人们的重视。采购的4个发展阶段如表1-3所示。

表1-3 采购的4个发展阶段

发展阶段	发展情况	特征
第一阶段：初期 (19世纪中后期)	采购功能还未以策略为指导，而主要是对采购的需求做出初始反映	➢ 无条例、被动 ➢ 采购功能较简单 ➢ 供应商的选择根据价格和获取方便程度而定
第二阶段：发展 (20世纪初期)	采购理论已基本形成，出现了最新的采购技巧和方式，采购职能已经被管理者所重视	➢ 形成较完整的采购理论 ➢ 办公效率提高 ➢ 在采购和技术培训方面建立了联系 ➢ 采购的重要性逐步被认识
第三阶段：成熟 (20世纪60—90年代)	采购职能通过掌握采购技巧和产品信息来支持企业的竞争战略，以此巩固企业的优势地位	➢ 采购工作专业化 ➢ 供应商被看作一种资源，强调其经验、动力和态度 ➢ 市场、产品和供应商的动向时刻被关注和分析
第四阶段：高级 (21世纪以后)	采购以企业整体竞争策略为指导	➢ 与其他职能部门的信息交流渠道畅通无阻 ➢ 运用供应链管理及全球采购等先进管理理念 ➢ 注重产品质量和供应商战略伙伴关系

1.4.2 传统采购管理与现代采购管理的区别

虽然采购过程中的活动基本是固定的，但是传统的采购模式和基于供应链环境的采购模式还是存在很多差别。传统的采购重点放在如何和供应商开展商业交易活动，重视交易过程中供应商价格的比较，通过供应商的多头竞争，从中选择价格最低的作为合作者。在采购过程中，质量、交货期也是重要的考量因素，但都是通过事后把关的办法来进行控制的，如到货验收等，交易过程的重点放在价格谈判上。因此供应商与采购部门之间经常要进行报价、询价、还价等谈判，并且多头进行，最后从多个供应商中选择一个价格最低的供应商签订合同，订单才能确定下来。传统采购模式的主要特点表现在以下几个方面。

1. 传统采购过程是非信息对称的博弈过程

选择供应商在传统的采购活动中是首要任务。在采购过程中，采购方为了能够从多个供应商中选择一个最佳供应商，往往会保留私有信息，因为给供应商提供的信息越多，供应商的竞争筹码就越大，这样对采购方不利。因此采购方尽量保留私有信息，而供应商也在和其他供应商的竞争中隐瞒自己的信息。这样，采购、供应双方都不进行有效的信息沟通，形成了非信息对称的博弈过程。

2. 传统采购质量控制难度大

传统的采购模式下，采购部门的验收检查是事后把关工作，对质量与交货期的控制难度大。因为采购方很难参与到供应商的生产组织过程和有关质量控制活动中，相互的工作是不透明的，所以需要依据各种有关标准，如国际标准、国家标准等，进行检查验收。缺乏合作的质量控制会导致采购部门对采购物品质量控制的难度增加。

3. 传统供需关系是买卖关系，缺乏合作

在传统的采购模式中，供应与需求之间的关系是临时性的或者短时性的。由于缺乏合作与协调，采购过程中各种抱怨和扯皮的事情比较多，很多时间被消耗在解决日常问题上，没有时间用来做长期性的预测与计划工作,这种缺乏合作的气氛增加了许多运作中的不确定性。

4. 响应用户需求的能力迟钝

由于供应与采购双方在沟通过程中缺乏及时的信息反馈,在市场需求发生变化的情况下,采购方也不能改变供应方已有的订货合同,导致采购方在需求减少时库存增加,需求增加时供不应求。而重新订货需要增加谈判过程,因此供需之间对用户需求的响应没有同步进行,缺乏应付需求变化的能力。

1.4.3 采购管理理念的转变

在不同的社会经济环境中,企业的采购理念也是不一样的。在计划经济时期,企业生产产品所需的原材料由国家统一计划分配,因此采购部门在工厂中是不受重视的。然而,在市场经济环境中,采购的模式和渠道都发生了重大的转变。

1. 采购的职能是寻找资源,而不仅仅是采购

采购的性质和角色在不断地演变,最早的采购部门只是一个独立于企业产销之外、专门处理供应文件和实施采购的职能部门。现在,采购已能够直接影响其他部门的运作。采购部门为企业"寻找资源",同时可对企业资源的运用、监测等提出专业性意见,帮助企业创造整体竞争优势。

2. 从为库存而采购转变为为订单而采购

采购由客户需求拉动,采购人员应该了解并满足企业客户的需求。内部和外部的客户通过资源采购来实现价值。市场部门的客户订单驱动制造订单,制造订单驱动采购订单,而采购订单驱动供应商。这种准时化的订单驱动模式可以准时响应客户需求,从而降低库存成本,加快物流速度,提高库存周转率。

3. 从对采购商品的管理转变为对供应商的管理

供应商应当被视为外部资源,而非一般交易关系的卖者。卖者只不过是按照购货企业的订单提供所需货物,双方保持基本的交易关系。而供应商应能提供适当可靠的供货来源,供需双方建立的是一种长期、互利的合作关系。采购部门应从对采购商品的管理转变为对供应商的管理,及时把质量、服务和交货期的信息提供给供应商,使供应商严格按要求提供产品与服务并参与生产过程,了解所供产品的使用情况并提出调整意见。供应商能够带来好建议、好技术,还可以为企业节省时间和金钱等资源。企业要提高生产效率,就必须精简供应商,选择一些具有互补性的供应商,形成互惠网络。通过联合成本管理,来削减供应链中的成本,以求互利。

1.4.4 采购管理的发展趋势

面对经济全球化和竞争国际化的压力和挑战,跨国公司在采购理念、采购方法、采购手段和采购平台上不断创新,使采购领域出现了很多新趋势。了解采购管理的发展趋势可以帮助企业调整采购策略,并为企业获取更大的利益。

1. 采购需求协同

拥有数家制造厂的企业可以通过合并共同采购需求来形成采购优势。国际上很多这种类型的企业都显现出协同采购的趋势。以前，这种情况在原料采购业务中很普遍；现在，相似的方法广泛应用于计算机硬件和软件、产成品和部件的采购中。

2. 物流供应链中采购业务的整合

采购管理一体化要求生产计划、库存控制、质量检查和采购之间紧密合作，各部门不能只遵循自身的工作路线。为了确保不同部门工作的有效整合，可以统一的物流、信息流和资金流为纽带，将采购业务与企业内部、外部工作环节的整合逐渐纳入供应链管理。

3. 采购管理中心化

在商品经济的竞争环境下，价格是由市场决定的，绝不是企业可以左右的。同类产品在市场上的价格相差无几，企业的利润取决于成本控制。如果企业对成本控制不力，成本居高不下，企业利润就很难保证，甚至亏损。一旦亏损，企业也就失去了竞争力，无力开发新品种、开拓新市场，无法应付竞争对手的进攻(如降价)，将会处于不利的竞争地位。

采购管理中心化可以集中企业的采购力，对整个供应市场产生影响，使企业采购处于有利地位，便于企业对供应商的管理，便于企业主体资源管理的明晰和优化，从而增强企业的核心竞争力，推动企业的发展。

4. 采购管理专业化

传统采购组织中，采购人员发挥不了很大作用。实际上，采购人员需要了解所购产品的原理、性能，了解市场行情、价格走势，了解供应商的实力、报价的合理性，实地考察供应保证能力，还需要具备极强的谈判能力和计划能力，才能在保证供应的同时保证价格和质量标准。总体来说，作为专业采购人员(commodity buyer, purchasing engineer, commodity management)，需要至少掌握一门符合企业实际需要的采购专业知识。采购人员需要有能力与其他国家或地区的相同采购物品组(commodity council)进行沟通，了解世界市场变化和供应商的表现，因此具备英语表达和沟通能力、掌握计算机网络知识也很重要。资深采购专家则应具备项目管理、财务管理、供应链管理等方面的专业技能。

5. 采购方式电子化

企业采购是基于网络技术的电子采购。电子采购能从根本上重新构架企业的采购模式，彻底改变企业的供应链，在企业与供应商之间形成无缝的订单履行信息流，从而优化采购流程、提高工作效率、缩短采购周期、减少过量库存、降低采购管理成本、降低采购产品价格、增进企业间的合作，使交易双方均能获得长期的收益。而且，电子采购的过程是与企业其他系统优化整合的过程，可有效节约成本、改进过程效益。

6. 绿色采购

在许多国家和地区，环境问题越来越普遍，各国(地区)政府制定的环境法规越来越严格。环境问题向采购提出了全新的挑战，在此种情况下，绿色采购的理念应运而生。

绿色采购要求政府和企业经济主体在采购政策的制定、实施过程中考虑到原料获取过程对环境的影响，以对人和环境的负面影响最小化为前提，尽可能减少资源的消耗，减轻对环境的影响，以适当的价格从外部获取适销对路的商品，从经济性和环境保护两个角度进行采购活动，使资源得到充分利用。随着全球经济的快速发展，越来越多的国家和地区重视绿色采购。德国早在1979年就规定了政府机构绿色采购相关原则；日本在2000年通过了《绿色采购法》；欧盟于2004年发布《政府绿色采购手册》，以指导成员国如何在采购决策中考虑环境问题。总体而言，绿色采购在政府采购中的占比相对比较大，执行效果相对较好。

7. 可持续采购

可持续采购是一种社会和环境导向的采购模式，它比绿色采购的范围更加宽泛。可持续采购在执行中寻求环境、经济和社会三个要素发展的某种平衡，其最终目标是服务于人类可持续发展。在全球范围内考虑产品生产与采购的地域平衡，摆脱以成本效益优先的全球采购已经成为一种新趋势。

8. 智能化采购

智能化采购将人工智能、大数据、云计算等新一代信息技术应用于采购管理活动中，通过全域覆盖、稳定高效、安全可靠的信息交互平台，把采购管理部门、采购代理机构与采购管理活动连接成一个巨大的网络，实现时空一致、连续精确的态势感知、信息共享和智能运作，推进采购管理最大限度地向"自主适应、自主行动"发展。例如，京东已经进入采购4.0时代，将人在中间过程的干预成分降到更低。智能选品基于算法将商品推荐给用户或企业采购决策者，当用户或企业采购决策者需要某个商品时，只需单击按钮就可以下单，商品信息便会自动传递到上游最匹配的供应商那里，这就是智能化采购。

▶ 案例分析1-2：中国香港利丰集团全球供应链管理模式发展演变历程

近几年来，越来越多的企业将供应链管理的概念纳入战略议程，国际上一些知名大企业在供应链管理实践中都取得了瞩目的成绩，中国香港利丰集团(以下简称利丰集团)无疑是其中的佼佼者。利丰集团是一家以中国香港为基地的全球性商贸企业，主要经营出口贸易、经销及零售三项核心业务，迄今已有100多年的历史。

利丰集团于1906年在广州成立，是中国当年首批从事对外贸易的华资公司。从1906年至今，利丰集团的采购业务角色经历了从简单的采购代理到全球性的供业链管理者的演变。

供应链的演变与发展造就了现在的利丰模式，正是依靠这种有效的"供应链管理"，利丰集团能够比竞争对手更快、更准确、更灵活、更低成本地为客户提供产品，并将来自供应链的收益最大化。

利丰集团的采购业务模式转变经历了以下5个阶段。

一、采购代理

利丰集团初成立时，只扮演买卖中介的角色。由于利丰集团的创办人精通英语，利丰集团成为厂家与境外买家间交易的桥梁。随后，利丰集团逐渐扩展业务范围，不再局限于简单的采购代理。

二、采购公司

在这个阶段，利丰集团扮演的是采购公司，即地区性货源代理商的角色，通过在亚洲的不同地区开设办事处来拓展业务。除了不时提供市场最新信息给买家之外,利丰集团所提供的服务还包括对不同的厂家做出产品、生产力及质量方面的评估,然后向买家提供适合的供货商。利丰集团还代表买家与供应商洽谈价格并负责品质管理工作,使双方能以合理的价格成交。另外,利丰集团也能协助供应商做生产管理,帮助买家监控供应商,使其在劳工法例、生产环境及环保方面符合国际标准。总体而言,作为一家采购公司,利丰集团主要的目标是帮助供应商及买家建立长期伙伴关系,从而达到双赢的局面。利丰集团在发展过程中不断引进一些先进的业务管理理念,从而进入了一个新的发展阶段。

三、无疆界生产

20世纪80年代,利丰集团向前迈进一步,成为无疆界生产计划管理者与实施者。客户提出一个初步的产品概念,包括产品的设计、外形、颜色和质量方面的要求等,利丰集团负责为客户制订一个完整的生产计划。然后,利丰集团根据客户市场及设计部门提出的草案进行市场调查,在各地采购合适的配件,筛选合适的成品制造商。在生产过程中,利丰集团也会对生产工序做出规划,并确保产品质量和交货期。在这种无疆界生产模式之下,利丰集团将业务重点转移到设计和质量控制规划等高附加值的业务上,而将附加值较低的业务分配给给其他适合的部门,使整个生产流程实现真正的全球化。

四、虚拟生产商

在推行无疆界生产计划及管理的基础上,利丰集团又发展了另外一种业务模式,称为虚拟生产商。在这种模式下,利丰集团不再是一个中介人或者代理采购者,而是客户的供应商。利丰集团直接和境外买家签订合同,把生产任务外包给有实力的工厂,同时负责统筹并密切参与整个生产流程,从事产品设计、采购、生产管理与控制以及物流配送等其他支持性工作。

五、整体供应链管理

虚拟生产企业实际上是某个产品全面的供应链管理者。在虚拟生产模式的基础上,为了使整条供应链的运作更加合理与顺畅,利丰集团继续开发更全面的供应链服务。除了负责市场调查、产品设计与开发、原材料采购、选择供应商、生产监控等以产品为中心的工作外,利丰集团还负责监管一系列进出口清关手续和物流安排,包括准备进出口文件、办理清关手续、安排出口运输和当地运输等。另外,利丰集团也会有针对性地对有潜质的原材料供应商、工厂、批发商和零售商等进行挑选,对这些在供应链中占据关键位置的企业进行融资,使供应链上供求双方的各个节点企业能够以最佳状态运作。在供应链的整体规划上,利丰集团通过分解整条供应链对每个环节进行分析与计划,如制定策略性的库存安排和库存补充方案,力求不断优化供应链的运作。简单归纳,利丰集团实施供应链管理主要是为了帮助境外买家以合理的价格采购合适的产品并缩短交付周期。可以说,利丰集团实施供应链管理的原动力来自客户的订单。利丰集团能够根据客户的需求,为每一份订单创造一条最有效益的供应链,为客户提供具有成本竞争力的产品。

在不断演变中,利丰集团已经发展成为一个全球商贸供应链的管理者,在多个国家和地区设有分公司和办事处。利丰集团的客户包括许多著名的品牌,如玩具反斗城、迪士尼、锐步、可口可乐等。部分客户如可口可乐和迪士尼都把其部分采购业务外包给利丰集团,这种做法体现了企业把非核心业务外包给专业产品公司的供应链管理理念,这样做有助于本企业专注发展其核心业务，提升竞争力。

资料来源：中国物流与采购网. 利丰的全球供应链管理模式[EB/OL]. (2015-03-25)[2023-01-03]. http://www.chinawuliu.com.cn.

案例思考题：

(1) 试结合利丰集团从采购代理到供应链管理发展演变历程，分析案例中体现的采购管理理念有什么特点？

(2) 结合案例分析，利丰集团的供应链管理模式对我们有哪些借鉴作用？

本章小结

采购是企业经营的开始，也是企业利润的重要来源。采购管理是指为保障企业物资供应而对企业的整个采购过程进行计划、组织、指挥、协调和控制的过程。组织好企业的采购活动，不仅有助于优化企业采购管理，而且可以有效地推动企业各项工作的开展。通过实施科学的采购管理，企业可以合理地选择采购方式、采购品种、采购批量、采购频率和采购地点，可以以有限的资金保证生产经营的需要。采购管理在企业降低成本、加速资金周转和提高产品质量等方面发挥着重要作用。

随着国内市场经济体系的逐步完善以及企业竞争的日趋激烈，人们对采购与供应管理问题的关注也在逐渐升温。规范采购与供应环节能够提升采购管理的专业化水平、降低采购成本、提高采购效率，将成为企业可持续发展战略的重要内容。

复习思考题

一、单项选择题

1. 关于采购的定义，说法错误的是(　　)。
   A. 采购是从资源市场获取资源的过程
   B. 采购是商流过程和物流过程的统一
   C. 采购是一种经济活动
   D. 采购就是一种购买过程

2. 某公司计划采购一款物料管理软件，按照采购对象分类，该项采购业务属于(　　)。
   A. 有形采购　　B. 无形采购　　C. 招标采购　　D. 议价采购

3. (　　)主要应用于生产企业，是生产企业根据主生产计划、主产品结构及库存情况，逐步推导出生产主产品所需要的零部件、原材料等的生产计划和采购计划的过程。
   A. JIT采购　　B. 电子采购　　C. MRP采购　　D. 供应链采购

4. 对采购管理和采购之间的关系，表述不正确的是(　　)。
   A. 采购本身涉及具体操作工作
   B. 采购属于采购管理
   C. 采购管理可直接管到具体的采购业务
   D. 采购和采购管理涉及的范围一样

二、多项选择题

1. 按照采购的实践分类，可以将其分为（　　）。
   A. 电子采购　　B. 招标采购　　C. 议价采购
   D. 比价采购　　E. JIT采购
2. 采购管理的基本目标包括（　　）。
   A. 保证质量　　B. 采购人员最少　　C. 费用最省
   D. 适时适量、保证供应　　　　E. 协调供应商、管好供应链

三、判断题

1. "购买"和"采购"在概念上是一样的。（　　）
2. 在实际的采购活动中，采购主体一般只使用一种采购方式。（　　）
3. 工程发包属于有形采购。（　　）
4. 采购管理是一项具体的业务活动，一般由采购员承担具体的采购任务。（　　）
5. 在采购分类中，按照采购范围，可以将其分为国内采购和国外采购。只要是从国外采购商品，都属于国外采购。（　　）
6. 国外采购的对象为国内无法生产的产品、无代理商经销的产品、在价格上占优势的国外产品。（　　）

四、思考题

1. 简述采购的定义与分类。
2. 分析采购在企业中的地位与作用。
3. 简述采购管理的内容与目标。
4. 采购管理的基本职能有哪些？
5. 传统采购存在哪些问题？问题的根源是什么？
6. 传统采购管理与现代采购管理有哪些区别？
7. 根据采购管理的发展趋势，结合你所了解的情况，谈谈我国企业在采购方面所面临的问题。

▶实训题：了解企业采购

1. 实训目的

(1) 通过实训使学生加深对所学采购基础知识的理解。
(2) 了解企业的采购内容和采购理念。
(3) 了解不同企业中采购的地位与作用。
(4) 熟悉采购管理的基本职能与目标。
(5) 培养学生的团队合作精神，增强分析及沟通能力。

2. 实训组织及要求

(1) 将班级学生按4~6人分为一组，选定1名组长，负责整理并统计各成员的发言及数据。
(2) 各小组成员通过实地调研或网上调研收集数据及资料，了解企业的采购活动、采购运

作流程及采购理念。

(3) 汇总资料并进行小组讨论，得出结论。

(4) 尽可能地调动学生的参与积极性，然后进行班级讨论。

3. 实训题目

(1) 各小组成员总结对采购定义和职能的理解，并在组内讨论，评出最准确的采购定义并进行汇报。

(2) 了解企业的采购活动、采购运作流程及采购理念。

(3) 各小组讨论我国企业采购中存在的问题，分析问题产生的根源，结合成功企业的采购经验和采购管理发展趋势，形成结论并汇报。

4. 实训考核

实训成绩根据个人表现和团队表现进行综合评定，考评内容包含以下几项。

(1) 资料收集是否全面，包括企业采购现状、采购的地位与作用、采购相关规定。

(2) 相关资料是否通过实地调查获得，哪些是一手资料，哪些是二手资料，是否收集到企业采购的实际数据。

(3) 小组内部分工是否明确，组员是否有协作精神，组长根据个人任务完成情况进行评分。

(4) 小组总结汇报思路是否清晰、内容是否充实、重点是否突出，由教师对各小组进行评分。

(5) 实训报告是否按规范格式完成，由教师对个人报告或各小组报告进行评分。

(6) 根据个人得分和小组综合评分，最终确定每个学生的实训成绩。

第2章　采购组织管理

📋 本章概要

对于企业来说，无论其核心竞争力是来自服务、销售还是生产研发，为了获得竞争优势，管理好采购与供应资源的配置和成本支出都是非常必要的。通常情况下，一家企业50%以上的销售收入会用于采购支出，而采购组织正是保证这些采购支出重新流回企业并最终形成更多利润的关键部门。因此，为了实现最终目标，企业必须按一定的方式规划其内部组织分工，并分别授予相关的权利，明确相关的责任和义务，这样，就形成了采购组织。现代企业已经逐步认识到采购组织的重要性，不再把采购部门看作一个简单的业务部门，而是将其纳入企业战略的重要组成部分，并将其直接与财务目标相联系，希望它能为企业绩效做出卓越的贡献。合理构建采购组织，不仅能满足企业运营的要求，还能帮助企业建立竞争优势。

本章主要介绍采购组织结构类型和设计、采购组织的职责以及采购人员的职责。通过对这些内容的学习，读者能够对采购部门在企业中的位置有一个基本了解，能够理解加强采购组织管理的重要意义。

📋 知识目标

- 掌握采购组织的定义及功能。
- 掌握采购部门在企业中的地位及隶属关系。
- 掌握采购组织结构类型。
- 了解采购组织设计的原则及步骤。
- 了解采购部门与采购员的职责。
- 了解采购人员应具备的素质。

📋 能力目标

- 掌握集权式与分权式采购组织的区别及适用范围。
- 树立采购组织理念，培养规范的组织意识。
- 明确责任与担当，树立良好的职业道德规范。

▶ 案例分析2-1：A公司采购组织设计不合理影响采购效率

A公司属于电子产品制造业，其采购管理分两部分：供应商管理组和采购执行组。其中，采购执行组负责采购的原材料主要包括生产物料、外协物料和MRO。外购生产物料多为电子料，外协物料以金属原材料机加工为主，MRO则为生产辅料、设备及其余公司用度杂项。A公司采购部组织架构如图2-1所示。

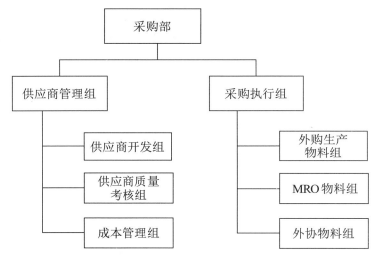

图2-1 A公司采购部组织架构

供应商管理组下设三个组：供应商开发组、供应商质量考核组和成本管理组。具体工作分别由供应商开发工程师、供应商质量工程师和成本管理员承担。供应商开发工程师主要负责供应开发、审批、档案管理、样品认证跟踪等工作。供应商质量工程师则负责供应商质量问题处理、跟进、质量审核及考核工作。成本管理员负责招标、份额分配、价格谈判、新物料价格核准等工作，但该项工作往往由供应商开发人员兼任。

采购执行组由采购员组成，按物料分类，共分三个组：外购生产物料组、MRO物料组、外协物料组。采购执行组的职责被简化，基本上变成下单、跟单、对账、结算，如供应中出现任何关于供应商的问题，都将由供应商管理组负责解决，如供方涨价、货源不足、质量问题、新样品试用等。当然，一般供货送货的问题，采购员在跟单时会沟通解决。

在此架构下，出现了一些混乱和职责不清的状况。例如，采购执行组的人不参与供应商开发，常常抱怨供应商管理组开发的供应商不好沟通、交货服务不及时等。而供应商管理组的人也不了解日常供货的问题及供方的表现，所以开发决策与供应商实际绩效关联不大。至于供应商半年考核，也是由供应商管理组的人召集相关部门提交一些数据，据此来评定，往往流于形式。因此，经常出现采购物料质量低、交货期拖延、价格缺乏竞争力等问题，严重影响了企业的整体绩效水平。

资料来源：世界经理人网.采购管理的组织架构[EB/OL]. (2017-02-19)[2023-01-03]. http://www.ceconline.com.

案例思考题：

(1) 通过A公司采购部的组织架构可以看出该公司在管理上存在哪些问题？

(2) 结合案例，根据实际情况谈谈采购组织设计的重要性。

(3) 结合案例，谈谈你对构建高效采购组织的想法与思路。

2.1　采购组织概述

采购组织部门面临的主要问题是如何配合企业的生产经营目标以及与其他部门协调合作。采购组织开展业务活动时，不仅要了解业务的特质，还应随时注意各部门间的协调配合，以便能及时获得有效的采购信息。因此，企业设计采购组织时，应特别注意协调不同业务部门间的关系，要依据规范，参照实际需要，建立整体关系，并进行适当管理，以期提升整体效益。

2.1.1 采购组织的定义

"组织"通常有两层含义：一是指作为实体本身的组织，即按照一定的目标、任务和形式建立起来的社会集体，如企业、政府、大学、医院等；二是指管理的组织职能，即通过组织机构的建立运行和变革机制来实现组织资源的优化配置，完成组织任务和实现组织目标。可以说，组织是实现目标的重要保证。

采购管理组织是指为了完成企业的采购任务，保证生产经营活动顺利进行，由采购人员按照一定的规则组建的一种采购团队。无论是生产企业还是流通企业，都需要建立一个高效的采购团队，通过科学采购，降低采购成本，保证企业生产经营活动的正常进行。

2.1.2 采购组织的功能

1. 凝聚功能

凝聚功能体现为采购组织凝聚力。凝聚力来自目标的科学性与可行性。采购组织要发挥其凝聚功能，必须做到以下3点：明确采购目标及任务；建立良好的人际关系，培养群体意识；采购组织中领导发挥导向作用。

2. 协调功能

采购组织的协调功能是指正确地处理采购组织中复杂的分工协作关系。协作功能包括两个方面：一是组织内部的纵向、横向关系的协调，使组织内部密切协作、和谐一致；二是组织与环境关系的协调，采购组织能够依据采购环境的变化，调整采购策略，以提高对市场环境变化的适应能力和应变能力。

3. 制约功能

采购组织是由一定的采购人员构成的，每一个成员应承担相应的职能，有相应的权利、义务和责任。通过权利、义务、责任组成的结构系统，对组织内的每一个成员的行为都有制约作用。

4. 激励功能

采购组织的激励功能是指在一个有效的采购组织中，应该创造一种良好的环境，充分激励每一个采购人员的积极性、创造性和主动性。因而，采购组织应高度重视采购人员在采购中的作用，通过物质和精神激励，使其潜能得到最大限度的发挥，以强化采购组织的激励功能。

2.1.3 影响采购部门地位的因素

采购组织定位非常依赖管理层对采购职能的看法，当管理层将采购职能仅仅看作一种业务活动时，采购部门在组织中的地位就比较低；反之，当管理层将采购职能看作一个重要的竞争因素，对组织具有战略重要性时，采购部门在组织中的地位就比较高，组织就可能委派副总裁一类的角色担任采购总监或者采购总经理，采购部门就有机会直接向董事会或者其他领导机构汇报工作。影响采购在组织中最终地位的因素按重要程度来分有以下几个。

1. 货物和服务的总价值

采购物的货值占销售额的比重是影响采购部门在企业中的地位的主要因素。例如,在汽车行业中,本田和戴姆勒-克莱斯勒公司一般会花费60%~70%的销售额来购买产品和服务。在计算机和通信行业,如北电网络、旭电、IBM、思科(Cisco)、惠普和太阳公司(Sun),每年的采购费用在公司总销售额中占有很大比重,这意味着采购部起着关键性作用。一般来说,一个花费10%~20%销售额来购买所需产品和服务的服务企业,与花费60%销售额来购买所需产品和服务的企业相比,对采购部的态度会完全不同。

2. 企业采购的原料在当前市场的供应情况

如果企业采购的原料在供应市场中处于垄断或者寡头垄断地位,管理层对采购部门的直接关注会比较多。

3. 企业的财务状况

在企业财务状况良好的情况下,管理层对采购部门或者物流部门的要求会比较宽松;相反,当企业发生严重的财务问题时,管理层会对采购部门提出比较高的要求。从管理层的角度来看,采购部门是一个直接花钱的部门。

4. 管理层的知识和认识水平

如果管理层的知识和认识水平比较高,把采购职能提升到战略的高度,那么采购部门也会得到比较多的关注。因此,采购部门在企业中的地位,会受到企业管理层素质的影响。

2.1.4 采购部门在企业中的隶属关系

采购部门直接隶属于哪个部门直接体现了采购在整个企业中的作用和地位,换句话说,采购经理顶头上司职务的高低反映了采购部门在企业机构中受重视的程度高低。一般情况下,企业设置采购部门主要有以下4种情况。

1. 采购部门隶属于生产部门

采购部门隶属于生产部门,那么它的主要职责就是协助生产工作顺利进行。采购工作的重点就是提供物料,满足生产需求,其他职能处于次要地位。如图2-2所示,物流仓储、生产控制、产品管理等另归其他部门,说明了该采购部门职能单一化。将采购部门隶属于生产部,比较适合"生产导向"的企业,其采购功能比较简单,而且物料价格比较稳定。

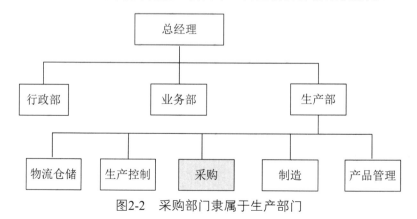

图2-2 采购部门隶属于生产部门

2. 采购部门隶属于行政部门

采购部门隶属于行政部门，有助于其获得较有竞争力的价格与付款方式，以达到企业财务目标。如图2-3所示，由于采购部与生产部联系得不紧密，有时采购部会因为注重获得有竞争力的交易价格而延误满足生产部的物料需求，或者购入的物料品质不够理想。但由于采购部独立于生产部，可以不受生产部的制约，充分发挥采购谈判与议价的优势，对于规模较大、采购物品种类繁多的制造型企业是件好事。该类型的采购部门适合于生产规模庞大、物料种类繁多、价格经常调整、采购工作必须兼顾整体产销利益均衡的企业。

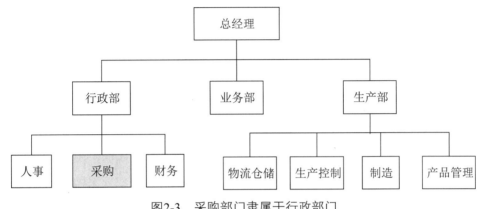

图2-3 采购部门隶属于行政部门

3. 采购部门隶属于总经理

采购部门隶属于总经理，这是采购部门地位提升的一个标志。如图2-4所示，采购部的主要职责在于发挥降低成本的作用，使采购部成为企业利润的另一个来源。该种类型的采购部门比较适合于生产规模不大，但物料或商品在制造成本中所占比重较高的企业，采购直接关系企业利润的实现。

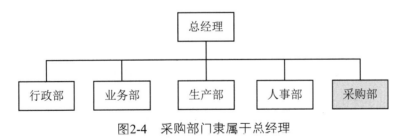

图2-4 采购部门隶属于总经理

4. 采购部门隶属于物料管理部门

采购部门隶属于物料管理部门，其主要功能在于配合制造与仓储单位，起到物料补给的作用，无特别的角色与职责。如图2-5所示，这种结构使得采购部降为附属支持性部门，没有体现出采购的主要职能。这种类型比较适合于物料需求不容易管理、需要采购部门经常与其他相关部门沟通的企业。

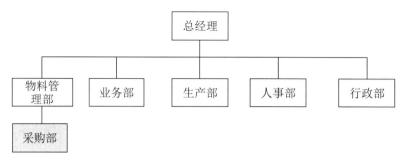

图2-5　采购部门隶属于物料管理部门

2.2 采购组织结构类型

在现代化企业中，采购组织结构多种多样，但是某个特定企业的组织结构很少能够被其他企业所复制，因此，确定采购组织结构时，必须考虑不同组织结构的特点及其适应性，同时还要充分考虑到企业战略与竞争环境。但是不论采取哪种组织结构类型，采购组织的主要任务就是按照企业的战略部署和计划，确保企业的生产、营销和财务的协调运作，共同参与市场竞争，增强企业的竞争力。目前，企业采购组织结构主要有4种：分权式采购组织、集权式采购组织、混合式采购组织和跨职能采购小组。

2.2.1 分权式采购组织

在分权式采购组织中，与采购相关的职责和工作分别由不同的经营单位来执行，如图2-6所示。各个经营单位负责完成自己的采购任务，无须向企业总部汇报。在这种结构下，企业总部没有统一集中的采购部门，而是在企业总部下属的各个经营单位设立相应的采购中心，按照规定完成所属经营单位的采购任务。

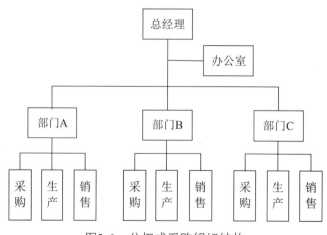

图2-6　分权式采购组织结构

1. 分权式采购组织的优缺点

这种组织结构广泛应用于一个公司的不同分公司或者跨行业公司的不同经营单位，每一个分公司或者经营单位拥有自己的采购部门，采购部门对这个分公司或经营单位的所有采购活动负完全责任。同时，这个分公司或经营单位的经理对本单位的财务后果负完全责任，也就是权利和责任是统一的。分散化的组织可自行制定政策以及控制供应与采购决策。在分权的情况下，各个业务运营部门或者工厂负责供应决策和采购的具体执行。这种结构能更好地满足各地独特的需求，并且避免了集中采购过程中的官僚主义和形式主义。

但是，分权式采购负面影响也不小。分散化的模式优化了各个分公司的采购管理，但无法控制全集团的支出，无法达成业务整体目标。不同经营单位可能会与同一个供应商就同一种产品进行谈判，结果达成不同采购条件，导致重叠工作，无法达成规模效益。当供应商能力受限时，不同经营单位之间就成为竞争对手。在这种情况下，可能导致全集团范围内业务运营成本增加、供应成本与业绩不均衡。

2. 分权式采购组织适用范围

分权式采购组织适用于经营单位结构跨行业，每一个经营单位所采购的产品都是唯一的，并且与其他经营单位所采购的产品有显著不同的情况。采用分权式采购组织，规模经济只能提供有限的优势或便利。

2.2.2 集权式采购组织

在集权式采购组织中，由一个部门统一组织本部门、本系统的采购活动，也就是将采购相关的职责或工作集中授予一个部门执行，采购工作在战略和战术层次上进行运作。集权式采购组织是建立在职能一体化基础上的，通常是在董事会的领导之下，这种结构下的采购部门是一个整体。企业内分支机构的采购活动都要接受总部的管理，总部是专业技能、档案和权力的聚集地。集权式采购组织结构如图2-7所示。

大多数跨国企业的采购管理是建立在集中采购概念基础上的，以便获得最有竞争力的价格和服务，并且调节全球的供应资源。福特、施乐、西门子和卡特彼勒采用的都是集权式采购组织。

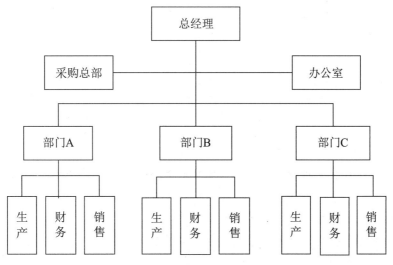

图2-7 集权式采购组织结构

1. 集权式采购组织的优缺点

集权式采购组织的优点有很多，主要优势是企业能够协调采购量，通过累计采购数量争取优惠的价格；可以减少重复性工作，提高工作效率；能够帮助企业协调采购计划和战略，协调和管理整个企业的采购系统，供应商的选择、合同的准备、谈判工作都可以集中进行，从而提升采购的专业化水平，降低采购成本。

但集权式采购组织也存在一定的缺点。集权式采购有可能造成企业决策与实际需求脱节、市场反应滞后等问题；请购程序太过复杂，缺乏灵活性；有一些物料因受场地的限制不利于集中采购，缺乏对特殊物料的处理措施；当工厂分散布置时，集中采购后再分运，对仓储管理造成不便，对于分散布置的工厂不太适用。

2. 集权式采购组织适用范围

这种采购组织结构适用于几个经营单位购买相同产品，同时该产品对于这些单位具有战略意义的情况，如计算机、办公用品等。

2.2.3 混合式采购组织

混合式采购组织结合分权式采购组织和集权式采购组织的特点。在这种组织结构下，在公司一级的层次上存在中心采购部门，同时独立的经营单位也可进行采购活动，如图2-8所示。通常，企业中心采购部门主要负责政策性采购、技术性采购、大批量采购和国际采购等工作，各分公司或部门的采购组织负责除总公司采购外的零星采购、地区性采购和紧急采购。

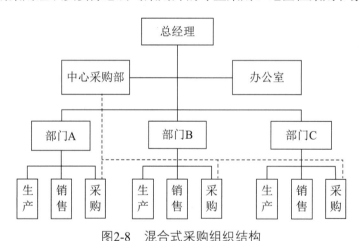

图2-8 混合式采购组织结构

1. 混合式采购组织的优缺点

混合式采购组织有利于企业根据特殊需要和业务重点，对所采购的各类物资有选择性地采用不同的管理方式，灵活性较强，还可以根据外部环境和业务活动的变化及时进行调整。

但是，混合式采购组织结构复杂，容易造成管理上的混乱，各经营单位的采购部门之间差异很大，不利于协调与合作，也不利于树立完整的企业形象。对于一些新成立的企业，或者基础设施不是很完善的企业来说，实施起来比较困难。

2. 混合式采购组织适用范围

混合式采购组织一般适合企业规模较大、企业下属各经营单位分布地域比较广且设立在同地域、采购物资的种类差别较大的物资采购。

▶ **相关资料：沃尔玛连续三年对采购体系"动手术"**

2014年末，沃尔玛的人事和公司管理架构调整引起了外界高度关注。有分析者指出，这已经是沃尔玛连续三年在第四季度对采购体系"动手术"。此争议的焦点可追溯至沃尔玛中国2014年12月2日的公告，公告称，沃尔玛将取消位于大连的区域办公室，将原先的全国六大营运区缩减为五个，这意味着沃尔玛在东北营运区的管理岗位将进行一次大调整：大连的区域办公室及该区域的门店管理职能都将转移到北京。

据沃尔玛中国区发言人介绍，在之前的架构下，位于北京和大连的采购办公室分别服务华北和东北两个区域及周边地区。近两年，沃尔玛对原有的大卖场采购体系进行了改革，扩展中央集中采购范围。虽然沃尔玛方面否认管理结构调整，尤其针对采购部门，但若梳理沃尔玛近几年来持续的调整动作，可以看出沃尔玛对采购办公室和供应商的调整力度尤其之大，其背后是关于应该采用"中央集权"还是"分权"的困惑。

沃尔玛自进入中国市场以来，一直采取中央集权式的总部直管运营模式。近年来，沃尔玛对"区域放权"时有调整，2010年前后，沃尔玛中国区实行"区域放权"新政，将采购权下放。但近两年，从提高效率的角度出发，采购大权又回到深圳采购总部手中。

据华尔街日报的消息，沃尔玛中国区2014年第三季度的销售额下降0.8%，沃尔玛需要努力削减在华成本，以改善销售额下滑趋势。有学者认为，像沃尔玛、家乐福这样的外资大超市，在采购方面存在"过度本地化"的问题，没有形成差异化经营。沃尔玛的优势在中国没有发挥出来，优秀的商品管理模式没引进来。美国和欧洲的沃尔玛和中国的沃尔玛完全不一样。中国的沃尔玛过于本地化采购，但本地化采购的效益肯定不如我国的本土商超品牌。面对这样的局势，沃尔玛又将何去何从？

2.2.4 跨职能采购小组

跨职能采购小组是采购组织中比较新的形式。跨职能采购小组由来自不同部门的人员构成，而且越来越多的企业开始将供应商纳入采购小组中，以共同完成采购或供应链的相关工作。跨职能采购小组的具体工作包括产品设计或供应商选择，以及更广义的工作，如降低采购成本和改进质量等。这里以IBM公司的采购小组为例。IBM的新采购组织采用与供应商的单一联系点(商品小组)，由这个小组为整个组织提供整合全部部件需求的服务。

跨职能采购小组的优点是能减少完成一项采购任务花费的时间；能更好地识别和解决问题，提高创新能力，以保持竞争优势；能加强部门或组织间的交流，实现协同效应，有利于找到更好地解决问题的方法。

跨职能采购小组的缺点是各部门共享决策权容易造成决策混乱。

> **相关资料：IBM采购部重组——跨职能采购组织**

1992年，IBM公司出现巨额财务亏损。因此，IBM的采购职能被加以重组。IBM的新采购结构采用了与供应商的单一联系点(商品小组)，由这一商品小组为整个组织提供整合全部部件需求的服务。合同的订立是在总公司层次上集中进行的，然而，采购活动中的业务活动都是分散的。

采购部件和其他与生产相关的货物由分布在全球的采购经理组织。这些经理需要对零部件的组合采购、物料供应和供应商的选择负责，他们需要向首席采购官(CPO)和他们的经营单位经理汇报。经营单位经理要向CPO汇报采购与供应的相关事宜及采购决策，CPO单独与每一个经营单位经理沟通，以使得公司的采购战略与单独的部门和经营单位的需要相匹配。这保证了组织中的采购和供应商政策能够彻底整合。IBM通过这种方法将各种采购力量灵活地结合在一起。

对于与生产相关的物料的采购，IBM追求的是全球范围内的统一采购程序，供应商选择和挑选遵循统一的模式，并与主要供应商签订合同，这些供应商提供高水平的产品和服务并且在全球范围内存在。更低的价格、更好的质量、更短的交货周期实现了更低的库存。IBM通过精减供应商，可以更多地与价值链中的供应商加强联系，并可以发展以持续的绩效改善为基础的合作关系。

2.3 采购组织设计

采购组织设计与企业对采购职能的看法有关。若企业将采购看作业务活动，采购组织在企业中将会处于较低的地位；若企业将采购视为一个重要的竞争因素，并且对企业具有战略意义，那么采购组织将处于较高的地位。

2.3.1 采购组织设计的原则

采购组织设计应遵循以下原则。

1. 精简的原则

企业采购组织设计应遵循精简的原则。这个"精"指人员精干；"简"指机构简化，只有人员精干，机构才能简化。如果人员素质差而过分强调简化机构，应该开展的工作开展不起来，应该完成的工作完成不了，同样是不可取的。

2. 责、权、利相结合的原则

"责"指责任，起约束的作用；"权"指权力，是履行职责的保证；"利"指利益，起激励作用。责、权、利相结合，才能充分调动采购队伍的积极性，发挥其聪明才智。如果有权无责，必然会出现瞎指挥、盲目决策甚至损公肥私的现象；如果有责无权，什么事情都要请示汇报才能决策，也难以真正履行责任，还会贻误时机、影响效率；同样，如果没有相应的利益刺激，也难以保证采购工作的高效、准确。只有责、权、利有机地结合起来并发挥各自的作用，才能保证采购组织工作的有效性。

3. 统一的原则

企业采购组织要顺利地完成采购任务，必须上下一心、齐心协力，遵循统一的原则。统一的原则包括三个方面：目标要统一；命令要统一；规章制度要统一。

4. 高效的原则

采购工作要高效开展，离不开高效运转的组织机构，这种组织机构应确定合理的管理幅度与层次。横向方面，各部门、各层次、各岗位应加强沟通，各负其责、相互扶持、相互配合；纵向方面，上情下达要迅速，同时领导要善于听取下级的合理化建议，解决下级之间的矛盾。这样才能形成一个团结严谨、战斗力强的采购队伍，才能使采购工作高效地开展。

2.3.2 采购组织设计的步骤

一般来说，企业建立采购组织，应根据具体情况，深入分析采购管理的职能、任务与内容，根据精干和高效的原则，明确职能、岗位、责任或权利，配备合适的人，并帮助相关人员建立关系。采购组织设计的步骤如图2-9所示。

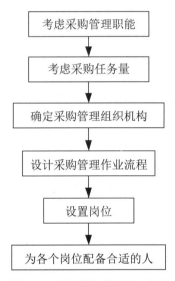

图2-9 采购组织设计的步骤

1. 考虑采购管理职能

首先要确定赋予采购管理什么职能，不只是采购，还是要再赋予一些其他职能。例如，要不要做需求分析，要不要建立供应商管理体系，要不要完善市场信息，要不要管理进货，要不要管理入库、验收、仓库，等等。赋予不同的职能，则采购管理组织的结构就不一样。

2. 考虑采购任务量

职能确定后，就要确定任务量。任务量包括采购职能和每项职能下的工作量两个方面。采购工作量越大，采购工作就越复杂。

3. 确定采购管理组织机构

采购管理组织机构是采购管理幅度和管理层次的总体组织结构框架，也就是采购管理系统的职能部门构成。该机构的设置规模取决于采购管理组织的工作量。采购管理组织的工作量越大，采购管理组织机构规模相应就越大；反之，则规模越小。

4. 设计采购管理作业流程

设计采购管理作业流程，即根据管理职能，针对每一项任务设计作业流程，并对流程进行充分论证和流程化分析。流程越短，工作效率越高。

5. 设置岗位

根据具体的管理职能、管理机制和管理任务的作业流程设置岗位。设置岗位内容包括岗位责任和权利、岗位人数、工作条件等。完成岗位设置后要形成文件，或者明确管理规范，作为招聘条件予以公布。

6. 为各个岗位配备合适的人

选人是非常关键的一环，要非常谨慎，特别是各级经理人员，更要用心选择。在人员配备完成以后，把所配备的人员和岗位职责、规章制度、管理职能等结合起来，就可以构建一个有效的采购管理组织系统。

2.3.3 采购组织设计的方法

1. 按采购地区设计

企业采购的货源来自不同的地区，可按照采购地区的不同，分别设立部门。这种分工方式主要是基于国内、国外采购手续及交易对象有显著的差异，因而对采购人员的工作条件和素质都有不同的要求。由于国内、国外采购作业方式不同，分别设立采购部门有利于管理。同时上级主管部门必须就所购买的物品比较国内、国外采购的优劣，判定采购事务应交给哪个部门承办，才能事半功倍。按采购地区设计的采购组织如图2-10所示。

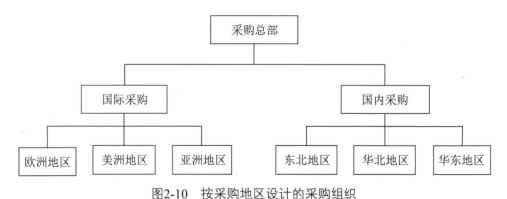

图2-10 按采购地区设计的采购组织

2. 按物品类别设计

按物品类别将采购部门划分为不同的采购小组，每个小组承担某一物品采购的计划制订、询价、招标、比价、签订合同、货款结算等一系列采购业务。这种采购组织设计方式有助于提高采购人员的专业水平，产生"熟能生巧"以及"触类旁通"的效果。按物品类别设计采购组织是较为常用的方式，适合于采购物品品种繁杂的企业采用，其具体形式如图2-11所示。

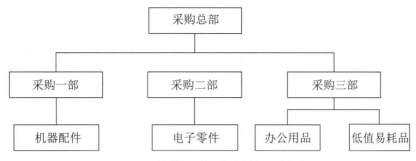

图2-11 按物品类别设计的采购组织

3. 按采购物料重要性设计

为加强对物品的管理,一般将采购对象按其价值和品种分为A、B、C三类,如表2-1所示。A类物品采购次数少、物品价值高,属重要物品,其采购质量将直接影响企业经营风险和成本,一般应由采购部门经理负责。而采购次数多但价值不高的B、C类物品,则交给基层采购人员负责。

按照采购物料重要性设计采购组织,主要是为了保障采购经理能够集中精力处理重大的采购项目,从而降低成本、确保货源。此外,也可使采购经理有更多的时间,对采购部门的人员与工作绩效加以管理。

表2-1 物料的价值与负责人对应关系

物品	价值	次数	负责人员
A	70%	10%	经理
B	20%	30%	主管
C	10%	60%	职员

另外,可以依据产品对企业的重要性,将策略性项目(利润影响程度高,供应风险大)的决策权交给采购总监,将瓶颈类项目(利润影响程度低,供应风险大)的决策权交给采购经理,将杠杆类项目(利润影响程度高,供应风险小)的决策权交给采购主管,将非紧要项目(利润影响程度低,供应风险小)的决策权交给采购职员,如表2-2所示。

表2-2 项目重要性与负责人对应关系

类别	利润影响程度	供应风险	负责人员
策略性项目	高	大	总监
瓶颈类项目	低	大	经理
杠杆类项目	高	小	主管
非紧要项目	低	小	职员

4. 按采购功能设计

按照采购功能,将采购计划的制订、询价、比价、签订合同、催货、提货、货款结算等工作交给不同人员办理,也就是说,不同的采购人员负责采购过程中的某一项工作。这种设计要求部门内各成员密切配合,适合采购量大、采购物料品种较多、作业过程复杂、交货期长以及采购人员众多的企业采用,可以避免由一名采购人员负责全部工作而造成的不利情况。按采购功能设计的采购组织如图2-12所示。

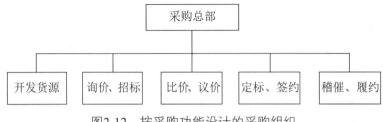

图2-12　按采购功能设计的采购组织

5. 混合式设计

不同企业有不同的特点,在许多稍微具有规模的企业或机构中,通常会兼有以物品、地区、价值、业务等为基础来建立采购部门的内部组织,从而形成混合式组织形式。如图2-13所示,先按地区将采购总部划分为外购科及内购科,分设科长掌管;然后按物料类别将采购工作交由不同的采购人员承办;同时以价值为基础,另外设立原料科,由副总经理兼任科长来掌管。因主要原料约占整个部门采购金额的70%,由采购经理直接洽商决定,交由原料科人员办理有关交易手续。混合式设计的采购组织如图2-13所示。

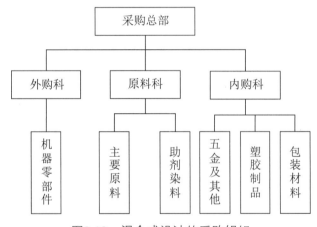

图2-13　混合式设计的采购组织

2.4　采购组织的职责

采购部是企业面向供应商的窗口,也是能对企业客户产生极大作用的组织,它是联结企业客户和供应商的纽带。从总体而言,它具有对内和对外两类不同的职责。对外职责是选择和管理供应商,控制并保证价格优势;对内职责是控制采购流程,保证采购质量和交货周期,满足企业生产和市场的需要。

2.4.1　采购部门的职责

每个职能部门代表企业履行不同的职责,采购部门同样要履行其职责,并在其权限范围内拥有一定的决策权。采购部门的职责包括以下几个方面。

1. 掌握供应市场现状

采购部门要明确所要采购的产品，掌握采购对象的市场价格，及时了解市场走势，保证企业在采购价格上的优势。在市场发生明显变化时，采购部门应妥善利用供应商的资源，并采取适当的策略，以降低风险，取得竞争优势。

2. 评估和选择供应商

采购部门的重要职责是评估和选择供应商，这也是采购人员应该掌握的主要技能，该职能能够避免产品买卖分离。非采购部门人员不能单独对供应商做出承诺，或者在没有采购部门的参与下与之签订采购合同。目前，选择供应商通常由采购团队来完成，采购团队由采购部门代表和非采购部门代表组成，包括研发和工程技术人员。采购团队选择的供应商必须得到所有组员的一致认可。

3. 制订采购计划、设计合理的采购流程及签订合同

采购部门主要负责制订企业的总体采购计划，并且要设计合理的采购流程，规范采购程序，因为采购环节最容易出现问题。采购部门还有一项重要的职责是编制采购协议与合同。采购部门应明确是采取招标方式还是谈判方式或者两者相结合的方式来编制采购协议与合同。

4. 作为主要联络对象和供应商联系

对于采购部门来说，传统的政策是供应商与采购人员签合同。从控制权的角度来看，这合情合理，但现在有些企业逐渐放宽了这一政策，把很多工作交由供应部门去做。现在我们意识到，采购部门必须作为主要的联络对象与供应商联系，而其他部门在必要的情况下也要能够与供应商直接联系，这样能够促进买卖双方的信息交流。

5. 提高采购效率、控制采购风险

采购部门应站在企业整体的角度合理规划采购活动，提高采购效率，控制采购过程中的风险。

6. 负责部门内部的行政管理和人事管理

采购部门对内主要负责管理部门行政及人事相关事项，包括提出采购目标、制定部门预算、甄选专业的采购人员等。

2.4.2 采购人员的职责

一般来讲，采购人员的职责与其职位相关，不同职位应承担不同的职责。

1. 采购经理的工作职责

(1) 拟定采购部门的工作方针与目标。

(2) 负责主要原材料与物料的采购。

(3) 编制年度采购计划与预算。

(4) 签订、审核订购单与合约。

(5) 建立与完善采购制度。

(6) 编制部门周报与月报。

(7) 主持采购人员培训。

(8) 建立与供应商良好的伙伴关系。

(9) 主持或参与与采购相关的业务会议,并做好部门间的协调工作。

2. 采购科长的工作职责

(1) 向采购员及助理分派日常工作。

(2) 负责次要原材料或物料的采购。

(3) 协助采购员与供应商协商采购价格、付款方式、交货日期等。

(4) 跟踪采购进度。

(5) 督导保险、公证、索赔等事项。

(6) 审核一般物料采购方案。

(7) 进行市场调查与分析。

(8) 对供应商进行相应的考核。

3. 采购员的工作职责

(1) 经办一般性物料的采购。

(2) 查访厂商。

(3) 与供应商协商采购价格、付款方式、交货日期等。

(4) 督促供应商执行价值工程的相关工作。

(5) 确认交货日期。

(6) 处理一般索赔案件。

(7) 处理退货并收集价格信息及替代品资料。

4. 采购助理的工作职责

(1) 登记请购单、验收单。

(2) 做好交货记录及跟催。

(3) 安排与接待访客。

(4) 申请与报支采购费用。

(5) 办理进出口文件及手续。

(6) 整理与统计各种采购单据与报表。

(7) 承办保险、公证事宜。

2.4.3 采购人员应具备的素质

采购工作是企业经营的开端,采购工作的质量直接影响企业经营的连续性和产成品的质量,因此,做好采购工作是非常重要的。那么,采购人员应该具备哪些素质呢?采购人员主要应该具备以下三方面素质:职业道德素质、知识素质和能力素质。

1. 采购人员的职业道德素质

采购人员的行为将会影响企业的长期利益和企业形象,职业道德素质是采购人员应该具备的基本素质。采购人员应该胸怀坦荡、大公无私,有很强的工作责任心和敬业精神,能够树立良好的职业道德形象。

(1) 公正廉洁。采购工作成功与否，主要取决于供应商是否合适。因此，采购人员必须以公平、公开、公正的方式来评选供应商，不可心存偏见、厚此薄彼，与供应商来往时，必须以实事求是的态度相待，不得利用工作之便牟取私利，不得接受供应商的任何个人馈赠。

(2) 诚实守信。采购人员要具有正直高尚的品质，维持平常心，不受权力威逼和金钱诱惑。

(3) 爱岗敬业。因采购的原因造成企业停工断料是采购人员最大的失职。虽然造成原料短缺的原因很多，但采购人员仍应尽所能调度企业所需的物料，避免因物料短缺给企业造成损失。

(4) 谦虚谨慎。采购人员要善于与供应商合作，对待供应商应做到公平互惠。与供应商谈判或议价的过程，可能相当艰辛与复杂，采购人员应保持良好的心态，才能顺利完成工作。

2. 采购人员的知识素质

在采购工作中，一方面，采购人员要与不同类型的供应商打交道；另一方面，采购的物资品种繁多、规格不一，且市场上物资供求变化快。为此，采购人员应该具备承担采购任务所需要的相关知识。这些知识包括政策及法律知识、市场学知识、业务基础知识、社会心理知识、文化基础知识、自然科学知识。

(1) 政策及法律知识。政策及法律知识包括国家出台的相关法律、价格政策等，采购人员应确保维护国家与企业的利益。

(2) 市场学知识。采购人员了解消费者需要，掌握市场细分策略以及产品、价格、渠道、促销方面的知识，才能合理选择采购物资的品种，从而保证采购的物资适销对路。

(3) 业务基础知识。业务基础知识包括谈判技巧、物资知识(物资功能、用途、成本、品质)、签约基本知识等。这是做好采购工作的关键。采购人员掌握这些知识，有助于与供应商顺利沟通，也有助于采购人员主动进行价值分析，开发新供货来源或替代品，降低采购成本。

(4) 社会心理知识。采购人员了解客户的心理活动，把握客户的心理需求，能够提高采购工作的针对性。

(5) 文化基础知识。文化基础知识是其他知识的基础，没有文化基础知识的采购人员很难做好采购工作。

(6) 自然科学知识。自然科学知识包括自然条件、地理、气候、环境变化以及数理和计算机知识。将现代科技知识应用于采购过程，有助于采购人员把握市场变化规律，从而提高采购工作的效率与准确性。

3. 采购人员的能力素质

掌握知识不等于具备能力，要办好一件事，专业知识起的作用往往没有能力起的作用大，可见能力更为重要。因此，要做好采购工作，采购人员更应具备相应的能力，这些能力包括市场分析能力、团结协作能力、语言表达能力、成本分析和价值分析能力、前景预测能力。

(1) 市场分析能力。首先，采购人员应能够分析企业产品在市场上的需求状况及其发展趋势；其次，采购人员应能够分析供应商的销售心理以及消费者的购买心理，从而在采购工作中做到知己知彼、有的放矢。

(2) 团结协作能力。采购过程是一个与人协作的过程。一方面，采购人员要与企业内部各部门打交道，如与财务部门打交道以解决采购资金、报销等问题，与仓储部门打交道以了解库存现状及变化等；另一方面，采购人员要与供应商打交道，如询价、谈判等。采购人员应处理好与企业内部各方面和供应商的关系，为采购工作的顺利开展打好基础。

(3) 语言表达能力。采购人员是用语言、文字与供应商沟通的，因此，应能正确、清晰地表达采购条件和要求，如规格、数量、价格、交货期限、付款方式等。如果表达不清，将会浪费时间，导致交易失败。采购人员的表达能力尤为重要，平时应锻炼表达技巧，提高表达能力。

(4) 成本分析和价值分析能力。采购人员应具备成本分析能力，能够精打细算。采购品质太好的商品，物虽美，但价更高，增加成本；若盲目追求"价廉"，则要支付品质低劣的代价或可能伤害其与供应商的关系。因此，对于供应商的报价，要结合其提供的商品的品质、功能、服务等因素综合分析，以便买到适宜的商品。

(5) 前景预测能力。在市场经济条件下，商品的价格和供求在不断变化，采购人员应根据各种产销资料及供应商的态度等方面来预测未来市场上该种商品的供给情况，如商品的价格、数量等。

▶案例分析2-2：康利食品公司的采购组织改革

康利食品公司主要生产面食、糖果及其他食品杂货。在过去几年中，为适应不断变化的外部采购环境，康利食品公司针对本公司采购原材料的特点，对采购业务流程进行了改革，促使采购部门远离事务处理而转向战略供应管理，使供应商管理与康利食品公司的经营战略相结合。康利食品公司采购业务流程改革的关键在于以下几个方面。

(1) 整合采购流程，使采购业务集中化。
(2) 重新整合供应商，发展更紧密的供应商关系。
(3) 采购部门远离事务处理，业务重点转向战略供应管理。
(4) 将关键供应商垂直整合到康利食品公司的业务之中，双方建立更加紧密的合作关系。

3年前，康利食品公司就开始对采购业务进行改革，将全部事务集中化，包括商品、包装、设备以及服务的采购等方面。康利食品公司拥有很多规模较小的采购部门，其中包括公司层次的商品小组，也包括分公司层次的商品小组，不同产品的原材料由各自的采购小组负责采购。这种做法导致采购小组或部门的数量过多，以至于采购效率低下。因此，采购业务集中化是康利食品公司的改革目标之一。

"采购存在于每一个运营部门——销售、市场、制造及其他供应链业务中，"康利食品公司的采购经理说，"我们要在概念(发展)阶段开始努力寻找恰当的供应商。"整合供应商、开展集中化采购是康利食品公司需要解决的首要问题，采购部门需要获得其他部门的支持。

为了长期节约成本，康利食品公司的采购部门建立了跨职能小组，与供应商共同工作，通过商谈寻求从系统中削减成本的方法。跨职能小组的目标是通过一系列改革为康利食品公司降低采购成本，提高生产效率，为供应商的产品增加价值。

案例思考题：

(1) 你认为康利食品公司采取的是哪种采购方式？与以往的采购方式相比，康利食品公司的采购方式有什么优点？

(2) 为了更有效地实施采购管理，康利食品公司采购组织做出了哪些改变？

(3) 康利食品公司的改革对提高我国企业采购效率有哪些启示？

本章小结

采购组织是负责为整个企业的采购活动提供支持的一个中心组织，在企业中具有举足轻重的作用。无论是生产企业还是流通企业，都需要建立一个高效的采购团队，通过降低成本，保证企业生产经营活动的正常进行。企业所选择的组织结构种类往往与其规模有关，大型企业和小型企业在经营范围、复杂程度及可获得资源等方面都有所不同。但无论企业规模有多大，采购经理都应认识到组织设计和采购效率之间的重要关系。企业采购组织结构无论是集权式还是分权式，都应更具灵活性、响应性。

复习思考题

一、单项选择题

1. 企业规模较大、企业组织机构分布地域比较广且设立在不同地域、物资种类差别较大的物资采购适合采用(　　)。

　　A. 集权式采购组织　　　　　　B. 混合式采购组织
　　C. 分权式采购组织　　　　　　D. 跨职能采购组织

2. (　　)适用于经营单位结构跨行业，每一个经营单位所采购的产品都是唯一的，并且与其他经营单位所采购的产品有显著不同的情况。

　　A. 集权式采购组织　　　　　　B. 混合式采购组织
　　C. 分权式采购组织　　　　　　D. 跨职能采购组织

3. 采购部门隶属于行政管理部门，其主要职责是(　　)。

　　A. 协助生产工作顺利进行
　　B. 配合生产制造与仓储部门，完成物料整体的补给作业
　　C. 降低成本，使采购部门成为企业利润的另一个来源
　　D. 兼顾产销利益，争取较佳的价格和付款方式，实现财务目标

4. 在按采购物资价值或重要性设计的采购组织结构中，采购经理负责采购的物资的价值占总采购物资价值的(　　)。

　　A. 70%　　　　B. 80%　　　　C. 60%　　　　D. 50%

二、多项选择题

1. 采购经理的职责包括(　　)。

　　A. 拟定采购部门的工作方针与目标　　B. 负责主要原料与物料的采购
　　C. 编制年度采购计划与预算　　　　　D. 跟踪采购进度
　　E. 建立与供应商良好的伙伴关系

2. 影响采购部门在组织中最终地位的因素包括(　　)。
   A. 货物和服务的总价值
   B. 企业的财务状况
   C. 市场波动情况
   D. 采购的原材料在当下市场的供应情况
   E. 管理层的知识和认识水平
3. 分权式采购组织的优点是(　　)。
   A. 问题反馈快，针对性强，方便灵活
   B. 利于采购资金的统一管理
   C. 减少了内部物资调拨手续，决策效率高
   D. 能充分调动分厂的积极性，有较强的激励作用
   E. 占用资金少，库存空间小，保管简单、方便

三、判断题

1. 集权式采购组织适合市场上供应资源比较有保障的物资采购。　　　　　　　　(　　)
2. 采购部门隶属于总经理，主要是为了配合生产顺利进行，起到物料补给的作用。(　　)
3. 跨职能采购组织适用于企业紧急采购项目。　　　　　　　　　　　　　　　　(　　)
4. 采购次数少但价值高的物资由基层采购人员负责采购。　　　　　　　　　　　(　　)
5. 采购经理应熟悉所负责物资的规格和型号，熟悉所负责物资的相关标准，并掌控采购订单的要求、交期。(　　)
6. 采购业务应实行分工操作，部门之间相互制约，形成有效的激励机制和约束机制。(　　)

四、思考题

1. 简述采购组织的定义与功能。
2. 简述采购部门在企业中的地位和隶属关系。
3. 比较分权式采购和集权式采购的优缺点及适用范围。
4. 简述采购组织结构的类型，举例说明这些结构的具体应用。
5. 简述采购组织设计的原则及步骤。
6. 阐述企业采购组织部门的职责。
7. 阐述采购人员的职责及应具备的素质。

▶实训题：设计采购组织

1. 实训目的

(1) 通过实训加深学生对各种采购组织类型的认识。
(2) 根据不同企业的具体情况设计不同的采购组织，并举例分析。
(3) 了解采购人员的职责及其需要具备的能力，明确不同采购组织层次的职责。
(4) 培养学生的团队合作精神，增强归纳总结、分析及人际交往与沟通能力。

2. 实训组织及要求

(1) 将4～6名学生划分为一组，选定1名组长，负责整理并统计各成员的发言及数据。

(2) 各小组成员自主选择目标企业，根据企业采购的特点、任务量选择合适的采购组织结构，设计采购流程，再设计岗位，确定岗位职责，配备人员。

(3) 将设计好的采购组织与企业已有的采购组织进行比较，汇总资料得出结论，并进行班级汇报。

(4) 根据需要将实训目的分为课堂和课后两部分，实训目的(1)和实训目的(3)在课堂实施，实训目的(2)在课后实施。

3. 实训题目

(1) 各小组对选定的企业进行调查，收集相关资料，确定采购任务量。

(2) 各小组对所设计的采购组织进行分析，阐述该采购组织适合的企业类型，分析该采购组织的优缺点，并用文字说明为配合该采购组织企业应做出哪些改革。

(3) 分析调研企业采购部门各岗位职责要求，从采购道德、观念、知识、能力等方面了解有关岗位人员的综合素质。

4. 实训考核

实训成绩根据个人表现和团队表现进行综合评定，考评内容包含以下几项。

(1) 在实训过程中，是否将所学的采购组织相关理论应用于企业实际。

(2) 在实训过程中设计的采购组织是否适应企业采购管理的实际情况，提出的改善方案是否具有可操作性。

(3) 小组内部分工是否明确，组员是否有协作精神，组长根据个人任务完成情况进行评分。

(4) 小组总结汇报思路是否清晰、内容是否充实、重点是否突出，由教师对小组进行评分。

(5) 实训报告是否按规范格式完成，由教师对个人报告或小组报告进行评分。

(6) 根据个人得分和小组综合评分，最终确定每个学生的实训成绩。

第3章　采购计划与预算管理

本章概要

编制采购计划与预算是采购运作的第一步，也是开展其他采购工作的基础。企业在进行采购时，首先需要解决采购什么、采购多少、什么时间采购的问题，也就是要解决需求者究竟需求什么、需求多少、什么时间需求的问题。企业依据采购需求分析结果编制采购计划，并计算和确认采购数量，以此作为编制企业采购预算的基础。

本章重点介绍了采购调查的定义和任务、采购需求的确定方法、采购计划的编制和采购预算的编制，要求学生了解采购需求、采购调查、采购计划、采购预算的基本知识和内涵，掌握采购需求分析的基本方法和采购数量的计算方法，了解采购计划、采购预算的编制过程和应注意的问题。

知识目标

- 掌握采购调查的定义及任务。
- 掌握确定采购需求的方法。
- 掌握采购计划的定义及目的。
- 掌握编制采购预算的方法及各种方法的优缺点。
- 了解采购调查的方法。
- 了解编制采购计划与预算的注意事项。

能力目标

- 掌握采购计划与采购预算之间的联系与区别。
- 掌握编制采购计划的技巧，树立计划是管理首要职能的理念。
- 培养按需采购的理念，提高采购的经济效益。

案例分析3-1：红海公司——从采购计划开始

原材料成本占总成本70%以上，采购数量永远算不准，无法明确原材料在库还是在途，产品质量出了问题却无法查明原材料是哪批……这样的企业管理现状实在令人担忧。

红海公司过去采用手工方式编制采购计划，为此付出了高昂的代价！一位采购人员因为在做采购计划时出现差错(型号填写错误)，导致价值50多万元的原材料只能堆积在仓库中，无法转换成产品。公司物流部部长对此感慨万千："面对近3000种原材料采购，再熟练的采购人员也不能保证不出错。"

针对这一情况，用友ERP-U8V860基于采购标准，结合制造业的行业特点，为红海公司提供了针对装备制造业的ERP产品。ERP-U8V860正式上线后，该公司实现了生产计划到采购计划的系统自动生成，甚至连主机厂的订单到生产计划的产生都无须人员手工完成。以前，一张主机厂的订单流转到公司，需要2~3天的时间，才能将订单转化成生产计划，再将生产计划转化为采购计划。应用ERP-U8V860之后，完成上述两个流程只需2个小时。更重要的是，自从ERP-U8V860正式上线以来，还没有发生过一起因为采购计划出错导致的企业经济损失事件。面对临时性订单越来越多的情况，公司利用ERP-U8V860提升了对采购计划、库存调拨、生产优先级等方面的管理能力，提升了对临时性订单的掌控能力。

通过这个案例，我们可以看出，采购计划的准确性对于企业来说是非常重要的。有效的采购计划不但可以降低企业运营成本，而且可以加强企业组织机构的管理。

案例思考题：
(1) 通过这个案例分析企业编制采购计划的重要性。
(2) 作为一名管理者，你认为该如何编制采购计划？

3.1 采购调查

采购计划应在采购调查的基础上编制而成。通过调查，收集相关数据进行分析，并依据数据分析结果进行采购决策。

3.1.1 采购调查的定义

采购调查是为更好地制订采购计划而进行的系统的数据收集、分类和分析工作，是编制采购计划的基础环节。如图3-1所示，数据为采购决策提供了必要的条件和依据，科学的调查能有效改善采购计划。采购调查的内容主要包括所购材料、产品及服务(价值分析)、供应商、采购系统等方面。

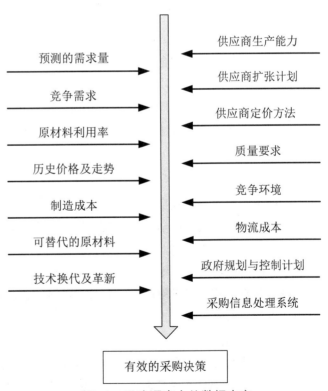

图3-1 采购调查中的数据内容

3.1.2 采购调查的任务

采购调查是采购工作的第一步，采购调查的任务包括价值分析、商品调查和供应商调查。

1. 价值分析

1) 价值分析的定义

价值分析最初是由通用电气采购部门的劳伦斯·德路斯·迈尔斯创造的，这种方法在美国工业界被广泛接受，并且被日本引进，成为日本成本—效率生产系统的基石。在价值分析理论中，对于任何产品或机器零部件，我们都可以用一个动宾词组定义其功能。也就是说，消费者购买的不是产品本身，而是产品的某种功能。例如，一只装软饮料的易拉罐的功能可以被定义为"装液体"，钢笔的功能可以被定义为"写字"。价值分析就是在分析各种零部件或物料的功能的基础上，寻求一种能满足其功能要求且成本较低的替代品。例如，铅笔可以替代钢笔，肥皂可以替代洗衣粉。因此，价值分析是削减采购成本的一种有效方法。企业可以根据所需采购物料各方面的详细信息，针对替代品做出采购预算，做出明智的选择，从而更有效地利用采购资金。可见，价值分析是采购管理过程中不可缺少的部分。

2) 价值分析的内容

价值分析的内容主要包括以下几个方面。

(1) 投资回收。分析处理方法(包括回收)、渠道及技术可以为企业创造多少利润。

(2) 租借或采购。收集每一种替代品优缺点的相关数据，据此制定最佳决策。

(3) 自制或外购。比较每一种方案的经济性及管理效果，以便做出明智的选择。

(4) 包装方式。调查工序及原材料，以便确定能以最低成本满足要求的包装方法。

(5) 产品规格。对现有规格进行分析，以确保其能满足需要，避免采购具有不必要属性或不必要高性能的商品，确保企业竞争力。

(6) 标准化。考察产品的用途，考虑用一种通用货物来满足众多要求的可能性。

(7) 替代品。选择不同的货物代替现在所采购的货物，对其技术及经济效果进行分析。

(8) 更换供应商。比较分析不同的供应商，选择能够增加效益的供应商。

2. 商品调查

1) 商品调查的对象

采购调查的第二个任务是商品调查，商品调查有助于采购部门对未来长期及短期的采购环境做出预测，并且可以为最高管理部门提供有关货物的供应与价格信息，这些信息构成了正确决策及实施采购管理的基础。

通常，商品调查的焦点集中在那些大宗采购的代表性货物上，以及那些被认为供应严重短缺的小批量货物中的主要原材料，例如钢、铜或锌等稀缺资源。另外，一些产成品，如发动机或半导体设备，也可能成为调查对象。

2) 商品调查的内容

商品调查的结果应该能为采购部门做出合理的采购决策提供依据，同时也应该能够向采购主管及最高管理层提供有关货物未来的供应与价格信息。商品调查的内容主要包括以下几个方面。

(1) 所购货物现在及未来的状况,包括商品描述、现有用途、需求预测、供应商、价格、期限、费用、交通运输方式及现有合同。

(2) 生产工艺,包括该货物是如何制造的、材料是如何使用的、这些材料的供应及价格情况、现在及将来的劳动力状况、替代品的生产工艺及制造此产品的可能性等。

(3) 货物的用途,包括主要用途、次要用途、可能的替代品及替代品的经济性。

(4) 需求,包括公司现在及未来的需求、库存状况、信息来源及提前期、行业情况、产成品用途及各公司当前及预计的需求。

(5) 供应,包括现有生产商的地点、可靠性、货物质量、劳动力情况、生产能力、分销渠道及每个供应商的优势与弱点、当下及未来的供应情况、外部因素,如进口情况、政府规定、技术更新预测、政治及生态的发展趋势等。

(6) 价格,包括生产行业的经济结构、历史价格和未来预测、价格决定因素、生产及运输成本、关税和进口限制、质量影响因素和价格的商业周期变化、每个供应商的利润空间、供应商的价格目标、潜在的最低价、同行的价格变动。

(7) 削减成本的战略,包括预测的供应量、用途、价格、效益、供应商的强项与弱项、自身在市场上的位置、降低成本的计划等。

(8) 附录,包括货物规格、质量要求、运输方式及运输成本、库存及管理要求及其他统计数据,如价格、生产情况或采购趋势等。

▶ **相关资料**

一些企业做了非常复杂的商品调查,制订了一份相当有战略眼光的采购计划。一般标准是制订5~10年的计划,有些企业则制订长达15年的计划,每年更新。如果企业制订了15年的战略性市场计划,还可以附带一份战略性供应及计划。因为长期来看,保证关键原材料的充足供应可能是企业成功实现其市场目标的决定性因素。企业需要对价格趋势做出符合实际的预测,以便制订并调整原材料供应的战略计划。

3. 供应商调查

价值分析与商品调查主要是对所购商品的调查和研究,也就是调查"采购了什么",而供应商调查则是调查"商品来自谁",强调的重点是采购源头。采购人员对现有及潜在的供应商了解得越多,创造供应源的能力越强,与供应商谈判的能力也会越强。供应商调查主要包括两部分,分别是初步供应商调查和深入供应商调查。

1) 初步供应商调查

所谓初步供应商调查,是指对供应商基本情况的调查。主要了解供应商的名称、地址、生产能力、能提供什么产品、能提供多少、价格如何、质量如何、市场份额有多大、运输条件如何。

(1) 初步供应商调查的目的。初步供应商调查的目的是了解供应商的一般情况,而了解供应商一般情况的目的包括:一是为选择最佳供应商做准备;二是了解并掌握整个资源市场的情况,因为许多供应商基本情况的汇总就是整个资源市场基本情况的汇总。

(2) 初步供应商调查的特点。一是调查内容浅显,只需了解一些简单的、基本的情况;二是调查面广,最好能够对资源市场中所有供应商都有所调查、有所了解,从而掌握资源市场的基本状况。

(3) 初步供应商调查的方法。初步供应商调查一般可以采用访问调查法,通过访问有关人员而获得信息。例如,可以访问供应商单位市场部有关人员,或者访问有关用户、有关市场主管人员,或者其他知情人士。

2) 深入供应商调查

深入供应商调查,是指经过初步调查后,对准备发展为自己的供应商的企业进行的更加深入仔细的考察活动。企业进行深入供应商调查主要是为了防止供应中断,影响产销活动;避免材料储存过多,占用资金;配合企业生产计划与资金调度。

深入供应商调查需深入供应商企业的生产线以及各个生产工艺、质量检验环节甚至管理部门,对现有的设备工艺、生产技术、管理技术等进行考察,看看所采购的产品能不能满足本企业的生产工艺条件、质量保证体系和管理规范要求。有时甚至要根据所采购产品的生产要求,进行资源重组和样品试制,试制成功以后,才算考察合格。通过深入供应商调查,有助于企业发现可靠的供应商,建立比较稳定的物资供需关系。

进行深入供应商调查需要花费较多的时间和精力,调查成本高,并非对所有供应商都是必需的,通常适用于对以下供应商进行考察。

(1) 准备发展成紧密关系的供应商。例如,在进行准时化(JIT)采购时,供应商应能确保产品供应准时、可免检、可直接送上生产线进行装配。这时,供应商更像企业的一个生产车间。如果企业要选择这种关系紧密的供应商,就必须进行深入供应商调查。

(2) 寻找关键零部件产品的供应商。如果企业采购的是一种关键零部件,特别是精密度高、加工难度大、质量要求高、在企业产品中起核心作用的零部件产品,企业在选择供应商时,就需要特别小心,要反复认真地深入考察审核,只有深入调查并证明供应商确实能够达到要求,才能将其发展为供应商。

除以上两种情况外,对于一般关系的供应商,或者非关键产品的供应商,一般不必进行深入调查,只要进行初步调查即可。

3.2 采购需求的确定

采购非生产性的日常消耗品相对比较简单,因为这些物品由内部使用,并且在企业的可控范围之内。采购生产性物品则相对复杂,因为企业对这类物品的需求因受外部市场环境影响而时常出现波动,量化这类物品的需求存在一定的难度。正确预测采购需求对于企业来说非常重要。

3.2.1 确定采购需求的依据

企业主要依据生产计划、用料清单以及存量管制卡确定采购需求量,计算公式为

$$本期应购数量 = 本期生产需用量 + 本期末预订库存量 - 前期已购未入库数量$$

式中:本期生产需用量是根据生产计划得出的;本期末预订库存量是指本期生产完成后需要为下一期生产预留的数量;前期已购未入库数量是指前期已经下订单,但是还未到货的物料数量。

1. 生产计划

生产部门对物料的需求，是制订采购计划的根本依据。编制物料采购计划要从了解生产需求开始，一般都是首先由生产部门根据生产计划或即将签发的生产通知提出请购单，也可以由生产部门根据生产计划编制用料申请表，报送采购部门。

2. 物料清单

物料清单(bill of materials，BOM)是制造企业的核心文件，是产品结构的技术性描述文件，它表明了产品组装件、子件、零件和原材料之间的结构关系，以及每个组装件所需要的各下属部件的数量。采购部门要根据物料清单确定物料采购需求计划，并可据此精确计算制造某一种产品的用料需求数量。

3. 存量管制卡

根据生产计划和物料清单计算出的物料采购需求量并不一定就是实际采购数量，因为企业可能还有库存，如果有足够的库存数量，有可能不需要采购。因此，企业一般会设置存量管制卡，以记录各种物料的库存状况。在计算实际采购数量时，必须考虑目前的库存状况，以及安全存量标准等因素。

3.2.2 订购方法

采购数量表示在某时期应订购某一物料的总量。订购方法主要有定期订购法和定量订购法两种。

1. 定期订购法

定期订购法是指按预先确定的订货时间间隔进行订货，以补充库存的一种库存控制方法。对于进口的物料以及少数价值很高的物料，可以选择每季、每月或每周订购一次。采用这种方法时，必须对物料未来的需求数量做出合理估计，以避免存货过多，造成资金积压。

2. 定量订购法

定量订购法是指当库存量降低到某一确定的数值时，开始订购预先确定的物资补充库存，订货间隔期不同的一种库存控制方法。对于价格低廉、临时性需求及非直接生产用途的物料，比较适合采用定量订购法，也就是按照订购点来决定采购的时间点。

3.2.3 确定采购数量的方法

采购量受生产与销售的顺畅程度与资金调度的影响。物料采购量过大，会造成过高的仓储成本与物料积压；物料采购量过小，则会增加采购成本。因此，确定适当的采购量是非常必要的。确定采购量有以下几种方法：经济订货批量法、固定数量法、批对批法、固定期间法、物料需求计算法。

1. 经济订货批量法

经济订货批量(economic ordering quantity，EOQ)是指订购成本和存储成本总和最低的一次订购批量。经济订货批量法的特点：最经济的订货数量应能使与发出订单次数有关的成本与所

发订单的订货量的有关成本达到平衡。当这两种成本达到平衡时,使总成本最低的订货量就是经济订货批量,其计算公式为

$$\mathrm{EOQ} = \sqrt{\frac{2DS}{H}}$$

式中:D 表示年需求量;

S 表示每次订货费或调整准备费;

H 表示单位产品存储成本,可用单价的百分比表示。

【例1】某电子企业对晶体管的年需求量为4000个,订货费用为50元/次,晶体管价格为25元/个,保管费用为单价的10%,求经济订货批量。

【解】已知$D = 4000$个,$S = 50$元/次,$H = 0.1 \times 25 = 2.5$元/个

$$\mathrm{EOQ} = \sqrt{\frac{2DS}{H}} = \sqrt{\frac{2 \times 4000 \times 50}{2.5}} = 400(个)$$

2. 固定数量法

固定数量(fixed ordering quantity,FOQ)法是每次订购相同数量的一种订购方法。固定数量法的特点:每次发出的数量都相同,订购数量是由经验或直觉确定的,确定订购数量时也可能考虑某些设备产能限制、模具寿命的限制、包装或运输方面的限制、储存空间的限制等,而且此法在使用的时候不像经济订货批量法需要考虑订购成本和储存成本。该方法的具体应用如表3-1所示。

表3-1 固定数量法订购计划

周	1	2	3	4	5	6	7	8	9	10	11	12	合计
净需求		10	10		14		7	12	30	7	15	5	110
计划订货		40					40		40				120

3. 批对批法

批对批(lot for lot,LFL)法是按照实际需求量来订货的一种订购方法。批对批法的特点:发出的订购数量与每一期净需求的数量相同,而且每一期均不留库存数。对于大多数订购成本不高且没有特殊要求的物料,此法最实用。如表3-2所示,批对批法就是按照每期的净需求来订货的方法,只要有需求就订货,订货数量等于净需求量。

表3-2 批对批法订购计划

周	1	2	3	4	5	6	7	8	9	10	11	12	合计
净需求		10	10		14		7	12	30	7	15	5	110
计划订货		10	10		14		7	12	30	7	15	5	110

4. 固定期间法

固定期间(fixed period requirement,FPR)法是指每次订购期间固定但订购数量不同的订购方法。固定期间法的特点:每次订货期间固定(每个月的第一周下订单),但是订购数量变动。这种方法一般适合于订购成本较高的情况,期间长短的选择可依据经验或主观判断。采用此

法，每期会有些剩余。如表3-3所示，按固定期间发出订货，每次订货的数量不同。

表3-3　固定期间法订购计划

周	1	2	3	4	5	6	7	8	9	10	11	12	合计
净需求		10	10		14		7	12	30	7	15	5	110
计划订货	25				30				60				115

5. 物料需求计算法

为了解决传统生产及物流过程中的种种问题，人们提出了物料需求计划(material requirement planning，MRP)思路。在20世纪60年代，计算机信息技术逐渐被应用到库存管理领域中，标志着制造业的生产管理从此走进了一个崭新的时代。实现减少库存、优化库存的管理目标。据统计，使用MRP可使采购成本降低5%。通过该方法和供应商建立长期稳定的合作关系，可大大提高采购效率。

采购部门首先根据市场需求预测和客户订单确定主生产计划，主生产计划是MRP系统的主要输入信息；然后对产品进行分解，列出物料清单，按物料独立和相关需求理论对物料清单进行分析，明确基本零部件和原材料不同的需求时间，从而确定物料的采购品种、数量和时间。在这个过程中，要不断地进行信息反馈，适时地做出调整，使整个系统处于动态优化的状态。

物料需求的计算分为以下两步。

(1) 按材料用料表计算毛需求，计算公式为

$$毛需求 = 主生产计划 \times 用料表$$

(2) 计算净需求，计算公式为

$$净需求 = 毛需求 - 可用库存数 - 预期到货数$$

3.3　采购计划的编制与管理

计划是管理的首要职能，任何组织都不能没有计划。所谓计划，就是根据组织内外部的实际情况，权衡客观需要和主观可能，通过科学预测，提出在未来一定时期内组织所要达成的目标以及实现目标的方法。编制采购计划是采购员工作的起点，其重点在于确定什么时间采购多少物料，从而起到指导采购部门实际工作、保证产销活动正常进行和提高企业经济效益的作用。

3.3.1　采购计划的定义

采购计划是对未来采购行动的安排。它包括明确的目标、考核的指标、实现目标的手段选择、战略制定以及进度安排等。它是一项基本的、先导性的管理活动，并且先于组织，从自己做起和控制工作，因此，从某种程度来说，采购计划是企业通过生产或营销，完成战略目标的支持和保障，是行动方案实行的"标准文件"。

采购计划编制依赖于从每年的销售预测、生产预测、经济预测中获得的信息。销售预测提供关于材料需求、产品情况及采购后获得的服务等信息；生产预测提供关于所需材料、产品、

服务的信息；经济预测提供用于预测价格、工资和其他成本总趋势的信息。采购计划是指企业管理人员在了解市场供求的情况下，在认识企业生产经营活动过程和掌握物料消耗规律的基础上，对计划期内物料采购活动所做的预见性安排和部署。

3.3.2 编制采购计划的目的

编制采购计划是采购作业的第一步。采购计划是为了维持正常的产销活动，在某一特定时期内，确定应在何时购入何种物料的估计作业，在企业的产销活动中具有重要作用。编制采购计划具有如下目的。

1. 预估物料或商品需用时间和数量，保证连续供应

企业在生产过程中，必须能够在需要的时间获得生产所需的物料，否则就会因物料供应不上或供应不足导致生产中断。因此，编制采购计划时，必须根据企业的生产计划、采购环境等估算物流需用的时间和数量，在恰当的时间进行采购，保证生产的连续进行。

2. 配合企业生产计划与资金调度

制造企业的采购活动与生产活动是紧密关联的，是直接服务于生产活动的。因此，采购计划一般要依据生产计划来制订，确保采购适合的物料满足生产的需要。

3. 避免物料储存过多，占用资金

在实际的生产经营过程中，库存是不可避免的，有时还是十分必要的。库存实质上是一种闲置资源，不仅不会在生产经营中创造价值，反而还会因占用资金而增加企业的成本。也正因为如此，准时生产和零库存管理成为一种先进的生产运作和管理模式。

4. 督促采购部门事先准备，选择有利时机购入物料

在瞬息万变的市场上，要抓住有利的采购时机并不容易。只有事先制订完善、可行的采购计划，才能使采购人员做好充分的采购准备，在适当的时候购入物料，而不至于临时抱佛脚。

5. 确定物料耗用标准，以便管制物料采购数量以及成本

基于经验及市场预测制订采购计划，能够明确所需物料的规格、数量、价格等标准，便于采购人员对采购成本、采购数量和质量进行控制。

3.3.3 影响采购计划的因素

由于影响采购计划的因素很多，采购部门在拟订好采购计划以后，还应与生产部门保持联系，并根据实际情况的变化做出必要的调整与修订，以保证维持企业正常的产销活动，协助财务部门妥善规划资金收支。通常在编制采购计划之前应掌握企业的年度销售计划、年度生产计划、物料清单、存量管制卡、物料标准成本的设定、生产效率等信息。

1. 年度销售计划

销售计划是各项计划的基础。年度销售计划是在参考过去年度自身和竞争对手的销售业绩的基础上，确定自己的销售计划及生产经营规模。当市场没有出现供不应求的现象时，企业年度计划多以销售计划为起点；而销售计划的拟订，又受到销售预测的影响。

2. 年度生产计划

年度生产计划规定企业在计划期内(年度)所生产的品种、质量、数量和生产进度以及对生产能力的利用程度,它以销售计划为主要依据。年度生产计划的计算方法是预计销售数量加预计期末存货量减预计期初存货量。年度生产计划决定采购计划,采购计划对生产计划的实现起到保证物料供应的作用。

3. 物料清单

通过年度生产计划,企业可以明确所生产的产品数量,但还无法明确生产某一种产品所需要的原材料或零部件数量。要确定采购数量,还要借助物料清单。物料清单是由产品设计部门或研发部门制定的,根据物料清单可以精确地计算出每一种产品的物料需求数量。但物料清单有时会因设计变更等原因而发生变更,所以要想制订准确的采购计划,应参考最新、最准确的物料清单。

4. 存量管制卡

由于应购数量必须扣除库存数量,存量管制信息的记载是否正确,将影响采购计划是否准确。存量管制卡记录了某一种材料的库存状况,包括账目和物料数量是否一致、存量物料是不是符合要求的高品质产品。记载正确的存量管制卡是采购计划准确性的重要保证。

5. 物料标准成本的设定

在编制采购预算时,由于受市场价格波动的影响,对拟采购物料的价格不易预测,多以标准成本替代。标准成本是指在正常和高效率运转的情况下制造产品的成本,而不是实际发生的成本。它是在有效经营条件下发生的一种目标成本,在预算控制方面得到广泛应用,但出于多种原因很难保证其准确性,因此,标准成本与实际购入价格的差额,即采购预算正确性的评估指标。

6. 生产效率

生产效率的高低,将使预计的物料需求量与实际的耗用量产生差异。生产效率降低,会导致原物料的单位耗用量增加,而使采购计划中的数量无法满足生产所需。过低的产出率也会导致经常进行修改作业,使得零部件损耗超出正常需用量。所以,当生产效率有降低趋势时,编制采购计划时必须将此额外的耗用率计算进去,才不会出现物料短缺的情况。

7. 价格预期

在编制采购预算时,需要对物料价格涨跌幅度、市场景气或萧条、汇率变动等进行预测,并将其列为调整预测的影响因素。

8. 采购环境

采购活动发生在一个具有很多变化因素的环境中,这些因素包括外界的不可控因素,如国家经济增长、人口增长、政治体制、文化环境等;还包括企业内部的一些不可控因素,如企业的财务状况、技术水平、厂房设备等。这些因素的变化都会对企业的采购计划与预算产生一定的影响。以纺织企业的棉花采购为例,由于受供求关系、国际市场变化以及棉花收获季节性等因素的影响,其市场价格波动往往很大,这就造成了棉花采购成本的差价比较大。为了节省成本,采购棉花时除了要按照订单要求满足必要的生产需求,还要根据棉花市场的价格波动情况,选择恰当的采购时机。这就要求采购人员能够预测环境的变化,并提前做出反应。

3.3.4 采购计划的编制内容

采购计划是组织计划体系的重要组成部分。制订采购计划的目的是根据市场和内部的需求、采购方的生产能力或经营能力、采购环境等因素编制采购清单和采购日程表。采购计划的制订需要由具有丰富的采购经验、开发经验、生产经验的复合型知识人才来完成,并且要和认证单位等部门协作进行。

编制采购计划是采购管理运作的前提,主要包括两部分内容:一是采购认证计划的编制;二是采购订单计划的编制。这两部分应做到综合平衡,才能保证物料的正常供应,同时减少库存、降低成本。

1. 采购认证计划

采购认证计划是指企业采购人员对采购环境进行考察并建立采购环境的过程。采购认证计划的编制包括4个方面:准备认证计划、评估认证需求、计算认证容量、制订认证计划。

1) 准备认证计划

准备认证计划是编制采购认证计划的第一步,也是非常重要的一步,它包括4个环节。

(1) 接收开发批量需求。在整个采购过程中,开发批量需求是供应程序流动的牵引项。因此,在制订比较准确的认证计划前,首先必须熟悉开发需求计划。开发批量需求通常有两种情形:一种情形是在以前或者是目前的采购环境中能够挖掘到的物料供应,例如,若是以前接触的供应商的供应范围比较大,就可以从这些供应商的供应范围中找到企业需要的批量物料;另一种情形是企业需要采购的是新物料,原来形成的采购环境不能提供,需要企业采购部门寻找新物料的供应商。

(2) 接收余量需求。余量需求的产生主要有两个方面的原因:一是随着企业规模的扩大,市场需求也会变得越来越大,过去的采购环境容量不足以支持企业的物料需求;二是因为采购环境呈现萎缩的趋势,从而导致物料的采购环境容量逐渐缩小,这样就无法满足采购需求。余量需求的产生促使企业对采购环境进行扩容。采购环境容量的信息一般由认证人员和订单人员来提供。

(3) 准备认证环境资料。通常来讲,采购环境包括认证环境和订单环境两个部分。有些供应商的认证容量比较大,但是其订单容量比较小;有些供应商的情况恰恰相反,其认证容量比较小,但是其订单容量比较大。产生这些情况的原因是认证过程本身是对供应商样件的小批量试制过程,这个过程需要强有力的技术力量支持,有时甚至需要与供应商一起开发。而订单实现过程是供应商规模化的生产过程,其突出表现就是自动化机器流水作业及稳定的生产,技术工艺固化在生产流程之中。因此,可以看出认证容量和订单容量是两个完全不同的概念。企业对认证环境进行分析的时候,一定要分清这两个概念。

(4) 编制认证计划说明书。编制认证计划说明书时,应把认证计划所需要的材料准备好,主要内容包括物料项目名称、需求数量和认证周期等,同时附有开发需求计划、余量需求计划和认证环境资料等。

准备认证计划的过程如图3-2所示。

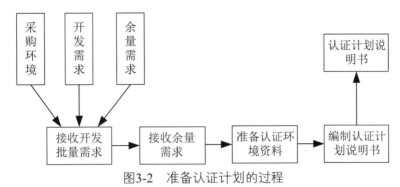

图3-2 准备认证计划的过程

2) 评估认证需求

认证需求制定出来以后，需要对其进行评估。评估认证需求是编制采购认证计划的第二个步骤，其主要内容包括三个方面，即分析开发批量需求、分析余量需求和确定认证需求。

(1) 分析开发批量需求。分析开发批量需求不仅需要分析量的需求，而且要掌握物料技术特征等信息。开发批量需求主要包括以下几种。

① 按照需求的环节，可以分为研发物料开发认证需求和生产批量物料认证需求；

② 按照供应情况，可以分为可直接供应物料和需要订做的物料；

③ 按照采购环境，可以分为环境内物料需求和环境外物料需求；

④ 按照国界，可以分为国内供应物料和国外供应物料等。

对于如此复杂的情况，计划人员应该对开发物料需求做出详细分析，有必要时还应该与开发人员、认证人员一起研究开发物料的技术特征，按照已有的采购环境及认证计划经验进行分类。从以上分析可以看出，认证计划人员需要具备计划知识、开发知识和认证知识等，具有从战略高度分析问题的能力。

(2) 分析余量需求。分析余量需求时，应首先对余量需求进行分类，前面已经说明了余量认证的来源：一是市场销售需求的扩大；二是采购环境订单容量的萎缩。这两种情况都导致采购环境的订单容量难以满足用户的需求，因此需要扩大采购环境容量。对于因市场需求造成的余量需求，可以通过市场及生产需求计划得到各种物料的需求量及需求时间；对于因供应商萎缩造成的余量需求，可以通过分析现实采购环境的总体订单容量与原订单容量之间的差别明确需求量及需求时间。这两种情况的余量需求相加即可得到总的需求容量。

(3) 确定认证需求。认证需求是指通过认证手段，获得具有一定订单容量的采购环境。认证需求可以根据开发批量需求及余量需求的分析结果来确定。

3) 计算认证容量

编制采购认证计划的第三个步骤是计算认证容量，它主要包括4个方面的内容：分析认证资料、计算总体认证容量、计算承接认证容量和确定剩余认证容量。

(1) 分析认证资料。分析认证资料是计划人员的一项重要事务，不同的认证项目，其认证过程及认证周期有天壤之别。机械、电子、软件、设备、生活日用品等物料项目，它们的加工过程各种各样，非常复杂。简单情况下，企业需要认证的物料项目可能是上千种物料中的某几种,这时熟练分析几种物料的认证资料是可能的。更多情况下,企业需要认证的项目并不是简单的几种,尤其是规模比较大的企业,分析上千种甚至上万种物料的难度则要大得多。

(2) 计算总体认证容量。在采购环境中,供应商订单容量与认证容量是两个不同的概念,有时可以互相借用,但绝不能等同。通常订单容量是采购方向供应商发出的订单上的数量,而认证容量经常用在认证供应商的过程中,它是指为了保证供应的物品的质量及其他各方面工作的顺利进行而要求供应商提供一定的资源用于支持认证操作,有些供应商只做认证项目。总之,在供应商认证合同中,要说明认证容量与订单容量的比例,防止供应商只能做批量订单,而不愿意做样件认证。计算采购环境的总体认证容量的方法是把采购环境中所有供应商的认证容量叠加,但对于有些供应商的认证容量,需要赋予适当的权重。

(3) 计算承接认证容量。供应商的承接认证容量等于当前供应商正在履行认证的合同量。认证容量的计算是一个相当复杂的过程,各种各样的物料项目的认证周期也是不一样的,一般要求计算某一时间段的承接认证量。最恰当、最及时的处理方法是借助电子信息系统,模拟显示供应商已承接的认证量,以便认证计划决策使用。

(4) 确定剩余认证容量。某一物料所有供应商群体的剩余认证容量的总和,称为该物料的"认证容量",计算公式为

$$物料认证容量 = 物料供应商群体总体认证容量 - 承接认证量$$

这个计算过程也可以电子化,一般MRP系统不支持这种算法,可以单独创建系统。

认证容量是一个近似值,仅作为参考,认证计划人员对此不可过高估计,但它能指导认证过程的操作。

认证容量不仅是采购环境的指标,而且是企业不断创新、持续发展的动力源。源源不断的新产品问世是认证容量价值的体现,由此能生产出各种各样的产品新部件。

4) 制订认证计划

制订认证计划是编制采购认证计划的第4个步骤,它的主要内容包括:对比需求与容量、综合平衡、确定余量认证计划、制订认证计划。

(1) 对比需求与容量。认证需求与供应商对应的认证容量之间一般都会存在差异,如果认证需求小于认证容量,则没有必要进行综合平衡,直接按照认证需求制订认证计划;如果认证需求量大大超出认证容量,就要进行认证综合平衡。对于剩余认证需求,需要制订采购环境之外的认证计划。

(2) 综合平衡。综合平衡是指从全局出发,综合考虑生产、认证容量、物料生命周期等要素,判断认证需求的可行性,通过调节认证计划来尽可能地满足认证需求,并计算认证容量不能满足的剩余认证需求。对于这部分剩余认证需求,需要到企业采购环境之外的社会供应群体之中寻找容量。

(3) 确定余量认证计划。确定余量认证计划是指对于采购环境不能满足的剩余认证需求,应提交采购认证人员分析并提出对策,用以确认采购环境之外的供应商认证计划。采购环境之外的社会供应群体如果没有与企业签订合同,那么制订认证计划时要特别小心,并由具有丰富经验的认证计划人员和认证人员联合操作。

(4) 制订认证计划。制订认证计划是开展认证计划的主要目的,是衔接认证计划和订单计

划的桥梁。只有制订好认证计划,才能根据该认证计划做好订单计划。认证物料数量及开始认证时间的计算公式为

$$认证物料数量=开发样件需求数量+检验测试需求数量+样品数量+机动数量$$
$$开始认证时间=要求认证结束时间-认证周期+缓冲时间$$

2. 采购订单计划

采购订单计划是采购计划的执行计划,是物料在采购业务中流动的起点。通过对采购订单的管理跟踪,采购业务的处理过程一目了然。采购订单计划编制包括4个环节:准备订单计划、评估订单需求、计算订单容量、制订订单计划。

1) 准备订单计划

准备订单计划主要分为4个方面的内容:了解市场需求、了解生产需求、准备订单环境资料和制订订单计划说明书。准备订单计划的过程如图3-3所示。

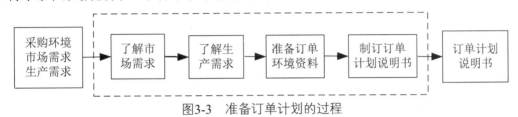

图3-3 准备订单计划的过程

(1) 了解市场需求。首先要弄明白什么是市场需求,市场需求的才是生产企业要生产的,否则经过多方努力制造出来的产品是没有价值的。要想制订比较准确的订单计划,首先必须熟知市场需求计划,或者市场销售计划,进一步分解市场需求便得到生产需求计划。企业年度销售计划一般在上半年底制订,并报送至各个相关部门,同时下发到销售部门、计划部门和采购部门,以便指导全年的供应链运转,相关部门根据年度计划制订季度、月度的市场销售需求计划。

(2) 了解生产需求。对采购来说,生产需求可以称之为生产物料需求。生产物料需求的时间是根据生产计划确定的。通常生产物料需求计划是订单计划的主要来源。为了便于理解生产物料需求,采购计划人员需要熟知生产计划及工艺常识。在MRP系统之中,物料需求计划是主生产计划的细化,它主要源于主生产计划、独立需求预测、物料清单文件和库存文件。编制物料需求计划的主要步骤包括确定毛需求、确定净需求、对订单下达日期及订单数量进行计划。

(3) 准备订单环境资料。准备订单环境资料是准备订单计划中一项非常重要的内容。订单环境是在完成订单物料认证计划之后形成的。订单环境资料主要包括:①订单物料的供应商信息;②订单比例信息,对于多家供应商的物料来说,每一个供应商分摊的下单比例由认证人员给出并给予维护;③最小包装信息;④订单周期,即从下单到交货的时间间隔,一般以"天"为单位。订单环境资料一般使用信息系统管理,订单人员根据生产需求的物料项目,从信息系统中查询了解该物料的采购环境参数及其描述。

(4) 制订订单计划说明书。制订订单计划说明书也就是准备好订单计划所需要的资料,主要内容包括:①订单计划说明书,如物料名称、需求数量、质量、到货日期、付款方式等;②市场需求计划、生产需求计划、订单环境资料等。

2) 评估订单需求

评估订单需求是编制采购订单计划中非常重要的一个环节,只有准确地评估订单需求,才能为计算订单容量提供参考依据,才能制订出合理的订单计划。它主要包括3个方面的内容:分析市场需求、分析生产需求和确定订单需求。评估订单需求的过程如图3-4所示。

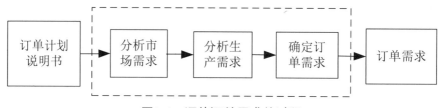

图3-4 评估订单需求的过程

(1) 分析市场需求。市场需求和生产需求是评估订单需求的两个重要方面。订单计划不仅源于生产计划,一方面,订单计划首先要考虑的是企业的生产需求,生产需求的大小直接决定了订单需求的大小;另一方面,制订订单计划还要兼顾企业市场战略及潜在市场需求。此外,制订订单计划还需要分析市场要货计划的可信度,必须仔细分析市场签订合同的数量与还没有签订合同的数量(包括没有及时交货的合同)等一系列数据;同时研究其变化趋势,全面考虑要货计划的规范性和严谨性;还要参照相关的历史订货数据,找出问题所在。只有这样,才能对市场需求有一个全面的了解,才能制订出一个同时满足企业远期发展与近期实际需求的订单计划。

(2) 分析生产需求。分析生产需求是评估订单需求首先要做的工作。要分析生产需求,首先需要研究生产需求的产生过程,然后分析生产需求量和要货时间。例如,某企业根据生产计划大纲,对零部件清单进行检查,得到零部件的毛需求量。在第1周,现有的库存量是80件,毛需求量是40件,那么剩下的现有库存量为80-40=40件。到第3周时,库存量为40件,此时预计入库120件,毛需求量为70件,那么新的现有库存为40+120-70=90件。每周都有不同的毛需求量和入库量,于是就产生了不同的生产需求,对企业不同时期产生的不同生产需求进行分析是很有必要的。

(3) 确定订单需求。根据对市场需求和对生产需求的分析结果,可以确定订单需求。然后通过订单操作手段,在未来指定的时间内,将指定数量的合格物料采购入库。

3) 计算订单容量

计算订单容量是编制采购订单计划的重要环节。只有准确地计算订单容量,才能对比需求和容量,经过综合平衡,最后制订出正确的订单计划。计算订单容量主要有4个方面的内容:分析项目供应商资料、计算总体订单容量、计算承接订单容量及确定剩余订单容量。计算订单容量的过程如图3-5所示。

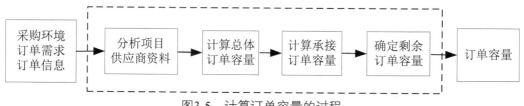

图3-5 计算订单容量的过程

(1) 分析项目供应商资料。在采购过程中,物料和项目是整个采购工作的操作对象。在采购环境中,物料供应商信息是非常重要的一项信息资料。如果没有供应商供应物料,那么无论是满足生产需求还是紧急的市场需求都无从谈起。可见,供应商的物料供应是满足生产需求和满足紧急市场需求的必要条件。做好供应商资料分析,在进行零部件采购时才能有的放矢。

(2) 计算总体订单容量。总体订单容量一般包括两方面内容:一方面是可供给的物料数量;另一方面是可行的物料交货时间。例如,供应商甲在12月31日之前可以供给10万个特种按钮(A型4万个,B型6万个),供应商乙在12月31日之前可以供给9万个特种按钮(A型5万个,B型4万个),那么在12月31日之前,A、B两种按钮的总体订单容量为19万个,其中B型按钮的总体订单容量为10万个。

(3) 计算承接订单容量。承接订单容量是指某供应商在指定的时间内已经签下的订单量。承接订单容量的计算过程较为复杂,例如,供应商甲在12月31日之前可以供给8万个特种按钮(C型5万个,D型3万个),若是已经承接C型特种按钮4万个、D型2万个,那么对C型和D型物料已承接的订单量就比较清楚,即4万个(C型)+2万个(D型)=6万个。

(4) 确定剩余订单容量。剩余订单容量是指某物料所有供应商群体的剩余订单容量的总和,计算公式为

$$物料剩余订单容量=物料供应商群体总体订单容量-已承接订单量$$

4) 制订订单计划

制订订单计划是编制采购订单计划的最后一个环节,也是最重要的环节,它主要包括4个方面的内容:对比需求与容量、综合平衡、确定余量认证计划及制订订单计划。制订订单计划的过程如图3-6所示。

图3-6 制订订单计划的过程

(1) 对比需求与容量。对比需求与容量是制订订单计划的首要环节,只有比较出需求与容量的关系才能有的放矢地制订订单计划。如果经过对比发现需求小于容量,即无论需求多大,容量都能满足需求,则企业要根据物料需求来制订订单计划;如果供应商的容量小于企业的物料需求,则要求企业根据容量制订合适的物料需求计划,这样就产生了剩余物料需求,需要对剩余物料重新制订认证计划。

(2) 综合平衡。综合平衡是指综合考虑市场、生产、订单容量等要素,分析物料订单需求的可行性,必要时调整订单计划,计算容量不能满足的剩余订单需求。

(3) 确定余量认证计划。在对比需求与容量的时候,如果容量小于需求,就会产生剩余需求,要提交给认证计划制订者处理,并确定能否按照物料需求的时间及数量交货。为了保证物料及时供应,此时可以简化认证程序,由具有丰富经验的认证计划人员操作。

(4) 制订订单计划。制订订单计划是编制采购计划的最后一个环节，订单计划做好之后就可以按照计划开展采购工作了。一份订单通常包含下单数量和下单时间两个方面，计算公式为

$$下单数量=生产需求量-计划入库量-现有库存量+安全库存量$$

$$下单时间=要求到货时间-认证周期-订单周期-缓冲时间$$

▶**相关资料：机械公司采购计划作业程序**

(1) 营业部于每年度开始时，向主管单位提供有关各型机种的每季、每月销售预测数据。销售预测经会议通过，并配合实际库存量、生产需要量、市场状况，由主管单位编制每月的采购计划。

(2) 主管单位将采购计划的副本送至采购中心，采购中心据此编制采购预算，经会议审核通过，将副本送交管理部财务单位，编制每月的资金预算。

(3) 营业部变更销售计划或有临时销售决策(如紧急订单)时，应与生产单位和采购中心协商，以排定生产日程，并据此修改采购计划及采购预算。该机械公司的采购计划格式如表3-4所示。

表3-4 机械公司的采购计划

材料号	品名规格	适用产品	上旬		中旬		下旬		库存量	订购量
			生产单号	用量	生产单号	用量	生产单号	用量		

填表人：

3.4 采购预算的编制与管理

在企业中，管理的职能包括计划和控制，而要执行这两项职能就无法离开预算。采购预算实际上就是将企业计划或活动以货币金额来表示。

3.4.1 采购预算的定义与作用

1. 采购预算的定义

采购预算是一种用采购数量表示的计划，是将企业未来一定时期内的采购决策目标通过有关数据系统地反映出来，是采购决策具体化、数量化的表现。一般来说，企业编制采购预算主

要是为了促进企业采购计划工作的开展与完善，降低企业的采购风险，合理安排有限的资源，保证资源分配的效率性并进行成本控制。

采购预算与采购计划是密不可分的，采购预算是在采购计划的基础上编制的。在编制采购预算时，必须体现科学性、严肃性、可行性，克服随意性，绝不可用"拍脑袋"的方法来做预算。为此，必须高度重视采购预算决策活动，了解本年度预算的实施情况，了解市场，只有做到知己知彼，才能百战不殆。同时，要从实际出发，瞄准影响企业采购成本的关键问题，从而保证编制的预算合理、正确。

传统采购预算的编制是用本期应购数量(订购数量)乘各项物料的购入单价，或者用物料需求计划列明的请购数量乘标准成本。为了使预算对实际的资金调度具有意义，采购预算应以现金为基础来编制，也就是说，采购预算应依据付款金额来编制，而不是依据采购数量来编制。预算的时间范围要与企业的计划期保持一致，长于计划期的预算没有实际意义，浪费人力、财力和物力；而过短的预算期又不能保证计划的顺利执行。企业不仅要赚取合理的利润，还要保证有充沛的资金流，完善的预算既要注重实际，又要强调财务业绩。

2. 采购预算的作用

采购人员开展采购工作一定要做到心中有"数"，这里的"数"就是指预算。一般来说，企业编制采购预算具有以下作用。

(1) 保障战略计划和作业计划的执行，确保组织向良好的方向发展。
(2) 协调组织经营资源。
(3) 在部门之间合理安排有限的资金，保证资金分配的效率。
(4) 通过审批和拨款过程以及差异分析控制支出。
(5) 将当下的收入和支出与预算的收入和支出相比较，对企业财务状况进行监控。

3.4.2 采购预算的类型

1. 预算的种类

预算的种类不同，所起的作用也不同。根据不同的分类标准，可以把预算分为不同的种类。

1) 根据预算时间，可以将预算分为长期预算和短期预算

长期预算是指时间跨度超过1年的预算，主要涉及固定资产的投资问题，是一种规划性质的资本支出预算。长期预算对企业战略计划的执行有着重要意义，其编制质量的好坏将直接影响企业的长期目标能否实现，影响企业能否长期发展。

短期预算是指企业对1年内经营财务等方面所做的总体规划说明。短期预算是一种执行预算，对业务计划的实现影响重大。

2) 根据预算范围，可以将预算分为全面预算和分类预算

全面预算又称为总预算，是短期预算的一种，涉及企业产品或服务的现金收支等各方面的问题。总预算由分类预算综合而成。分类预算种类多样，有基于具体活动的过程预算，有各分部门的预算(对于分部门来说，该预算又是总预算，因此分预算与总预算的划分是相对的)。

总预算根据内容的不同可分为财务预算、决策预算和业务预算3类。财务预算是指企业在计划期内有关现金收支、经营成果以及财务状况的预算，主要包括现金预算、预计损益、预计资产负债情况等；决策预算是指企业为特定投资决策项目或一次性业务所编制的专门预算，其目的是帮助管理者做出决策；业务预算是指计划期间日常发生的各种经营性活动的预算，包括销售预算、成本预算、管理费用预算等。采购预算是业务预算的一种，直接影响企业的材料预算、制造费用预算等。

2. 采购涉及的预算类型

采购涉及的预算有原材料预算，维护、修理和运作物品预算，固定资产预算及采购费用预算。

1) 原材料预算

原材料预算从预算经营行为开始，它的根据是销售预测和计划。销售预测和计划可以用来推断用于采购原材料的资金额。原材料投资非常关键，一旦资金短缺就有可能导致物料短缺，造成很大的损失。预算的主要好处是能够分析清楚现金流动情况，并且提前发现问题。

原材料预算的主要目的是确定用于生产既定数量的产品或者提供既定水平的服务的原材料的成本。原材料预算的时间通常是1年或更短。预算依据是生产或销售的预期水平以及未来原材料的估计价格，这就意味着实际费用有可能偏离预算。因此，很多企业采用灵活的预算(灵活的预算要反映条件的变化，比如产品的增加或减少)来调整实际的采购支出。

2) 维护、修理和运作物品(maintenance repair operation，MRO)预算

MRO预算针对维护、修理及辅助用料提出采购计划，通常为12个月。MRO项目主要有办公用品、润滑油、机器修理用零配件等。由于每一个系列货品的数目可能很大，对每一项都做出预算是不可行的。MRO采购预算通常是按以往的比例来确定，然后根据库存和一般价格水平的预期变化来进行调整。

3) 固定资产预算

固定资产采购通常占采购支出的较大部分，做好相关的采购和谈判组织工作能为企业节省很多资金。通过研究资源市场以及与关键供应商建立密切的关系，也可以为企业节省很多资金。固定资产预算不仅要考虑初始成本，还要考虑维护、能源消耗以及辅助零部件成本等的生命周期费用。由于这些支出具有长期性质，通常用净现值算法进行预算和做出决策。

4) 采购费用预算

采购费用预算包括采购业务中发生的各项费用。通常，这项预算是根据预期的业务和行政工作量来制定的。这些花费包括工资、供热费、电费、通信费、差旅费以及购买办公用品等的费用。采购费用预算应该反映组织的总体目标。例如，如果组织的总体目标是减少间接费用，那么间接费预算就应该体现这一点。

3.4.3 编制采购预算的方法

编制采购预算的方法很多，这里主要介绍几种常用的方法，如固定预算、零基预算、弹性预算、概率预算和滚动预算。

1. 固定预算

固定预算又称为静态预算，是以预算期内正常的、可能实现的某一业务量水平为固定基础，不考虑可能发生的变动因素而编制预算的方法。它是一种传统且基本的预算编制方法，其优点是简便易行，较为直观；缺点是不论预算期内业务量水平发生怎样的变动，都要按照事先确定的某一个业务量水平作为编制预算的基础，过于机械呆板，可比性较差，编制的预算不利于正确地控制、考核和评价企业预算的执行情况。因此，这种方法适用于在一定范围内相对稳定的采购项目，比如采购金额变化比较小、金额相对固定的采购项目，以及业务量较为稳定的企业或非营利性组织。

2. 零基预算

零基预算是指在编制预算时，对所有的预算项目均不考虑以往的情况，一切以零为起点，完全根据未来一定时期生产经营活动的需要和每项业务的轻重缓急，如实确定每项预算是否有支出必要和支出数额大小的一种预算编制方法。它是由维恩·刘易斯于20世纪60年代提出的，被西方国家广泛采用。

传统的预算编制方法，往往把原来不合理的费用开支继续保留，造成预算的浪费或者预算的不足。零基预算的编制方法与传统的预算编制方法截然不同，它在确定任何一项预算时，完全不考虑前期的实际水平，只考虑该项目本身在计划期内的重要程度，以零为起点确定具体的预算数据。

零基预算的编制方法大致可分为以下3步：①拟定预算目标，各相关部门根据企业的目标和本部门的具体任务，对可能发生的费用项目逐一考证其支出的必要性和需要额，针对各个费用项目编写方案。②进行成本—效益分析。这里所说的成本—效益分析，主要是指对所提出的每一个预算项目需要的经费和获得的收益进行计算和对比，利用对比结果来衡量各预算项目的经济效益，然后权衡其重要性，列出各项目的先后次序。此项工作一般由企业的主要负责人、总会计师等人员完成。③按照上一步确定的结果，分配计划期内可动用的资金，落实预算。

零基预算的特点是一切费用预算额以零为起点，不受现行预算框架的束缚，能充分调动各级管理人员的主观能动性，把有限的资金切实用到最需要的地方，以保证整个企业的良性循环，提高整体的经济效益。但是，采用该预算编制方法时，由于对一切支出均以零为起点来进行分析和研究，工作量太大，而且一个企业把许多不同性质的业务按照其重要性进行排序是很困难的，不可避免地会带有某些主观随意性。因此，在实际预算工作中，可若干年进行一次零基预算，以后几年内则略做适当调整。

3. 弹性预算

弹性预算又称变动预算，它是考虑到计划期间各种可能变动因素的影响而编制的一套适应多种业务量的预算。这种预算随着业务量的变化而做出相应的调整，具有伸缩性，所以称为弹性预算。由于弹性预算是以多种业务量水平为基础而编制的一种预算，它比只以一种业务量水平为基础编制的预算(一般称之为固定预算或静态预算)具有更好的适应性和实用性。即使企业在计划期内的实际业务量发生了一定的波动，也能找出与实际业务量相适应的预算数，使预算与实际工作业绩可以进行比较，从而有利于企业对有关费用的支出进行有效控制。

在编制弹性预算时，首先，要确定在计划期内业务量的可能变化范围。在具体的编制工作中，对一般企业而言，其变化范围可以确定为企业正常生产能力的70%～110%，其间隔取5%或10%，也可取计划期内预计的最低业务量和最高业务量作为其下限和上限。其次，要根据成本性态，将计划期内的费用划分为变动费用和固定费用。在编制弹性预算时，固定费用在相关范围内不随业务量的变动而变动，因而不需要按照业务量的变动来进行调整。对于变动费用，则要按照不同的业务量水平分别进行计算。

弹性预算能够提供一系列生产经营业务量的预算数据，基于一系列生产业务量水平编制而成，因而当预算项目的实际业务量达到任何水平时都有一套适用标准。弹性预算的优点是能够适应不同经营活动的变化，能更好地发挥预算的控制作用；缺点是操作比较复杂，工作量大。这种方法一般适用于采购量随着业务量变化而变化的采购项目，适用于市场价格和市场份额都不是很确定的企业，多用于编制采购成本预算。

4. 概率预算

概率预算是在识别企业预算期内各预算项目不确定的基础上，结合它可能发生的概率，分别计算其期望值后所编制的一种预算。在编制预算过程中，涉及的变量很多，如业务量、价格、成本等。企业管理者不能十分精确地预见这些因素在将来会发生何种变化，以及变化到何种程度，只能估计它们发生变化的可能性(即概率)、变化趋势、变化范围，然后对各种变量进行调整，计算出可能值的大小。概论预算属于不确定预算，一般适用于难以准确预测变化趋势的预算项目，如开拓新业务等。

概率预算的基本特征：影响预算对象的各因素具有不确定性，因而存在多种发展可能性，并且这些可能性能够计量；对影响预算对象的所有变量都做了客观的估计和测算，拓展了变量的范围，改善了预算指标的准确程度。

概率预算必须根据不同的情况来编制，大体上可分为以下两种情况：第一，销售量的变动与成本的变动没有直接联系，这时只要利用各自的概率分别计算出销售收入、变动成本、固定成本的期望值，然后直接计算利润的期望值；第二，销售量的变动与成本的变动有直接联系，这时用计算联合概率的方法来计算利润的期望值。

5. 滚动预算

滚动预算又称为连续预算或永续预算，是指按照"近细远粗"的原则，根据上一期的预算完成情况，调整和具体编制下一期预算，并将编制预算的时期逐期连续滚动向前推移，使预算总是保持一定的时间跨度，也就是根据上一期的预算指标完成情况，调整和具体编制下一期的预算，并将预算期连续滚动向前推移的一种预算编制方法。

滚动预算的特点是预算期随着时间的推移而自行延伸，始终保持一定的期限(通常为1年)。

滚动预算的编制，可采用长计划、短安排的方式进行，即在编制预算时，可先按年度分季，并将其中第一季度按月划分，编制各月的详细预算。其他三个季度的预算可以粗略一些，只列各季总数，到第一季度结束前，再将第二季度的预算按月细分，第三、四季度及下个年度第一季度只列各季总数，以此类推，使预算不断地滚动下去。例如，在实施2021年计划的时候，当实施完第一季度计划以后，就需要对后面的计划进行调整和修改，比照第一季度的预算数据与实际数据，调整相应的经营方针，并开始做下一个季度也就是2022年第一季度的计划。

滚动预算的编制流程如图3-7所示。

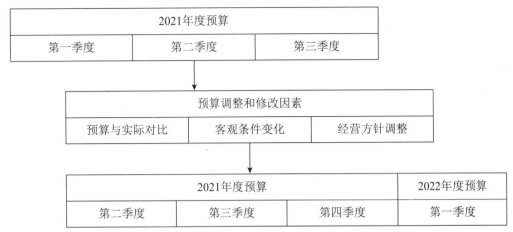

图3-7 滚动预算的编制流程

滚动预算的理论根据：企业的生产经营活动是连续不断的，因此预算也应该全面地反映这一连续不断的过程。另外，现代企业的生产经营活动是复杂的，随着时间的推移，它将产生难以预料的结果。滚动预算在执行过程中可以结合新的信息，对其不断进行调整与修订，可使预算更好地适应实际情况，有利于充分发挥预算的指导和控制作用。因此，滚动预算适用于一些规模较大、时间较长的工程类或大型设备采购项目。

3.4.4 编制采购预算的步骤

预算过程应从采购目标的审查开始，接下来是预测满足这些目标所需的资源，然后制订计划或预算。采购预算编制一般包括以下几个步骤，如图3-8所示。

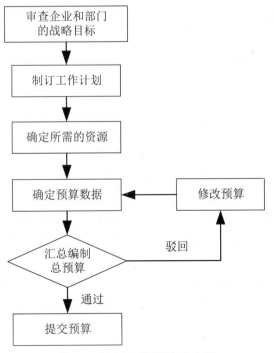

图3-8 编制采购预算的步骤

1. 审查企业和部门的战略目标

采购部门作为企业的一个部门，在编制预算时要从企业总体发展目标出发，审查本部门和企业的目标，确保两者之间的相互协调。

2. 制订工作计划

采购主管必须了解本部门的业务活动，明确它的特性和范围，制订详细的工作计划。

3. 确定所需的资源

有了详细的工作计划，采购主管要对业务支出做出切合实际的估计，确定实现目标所需要的人力、物力和财力资源。

4. 确定预算数据

确定预算数据是企业编制预算的难点之一。企业普遍的做法是将目标与历史数据相结合来确定预算数据，即对历史数据和未来目标逐项分析，使收入和成本费用等各项预算切合实际、合理可行。

5. 汇总编制总预算

对各部门预算草案进行审核、归集、调整、汇总，据此编制总预算。

6. 修改预算

由于预算总是或多或少地与实际情况有所差异，必须根据实际情况选定一个偏差范围。偏差范围的确定可以根据行业平均水平，也可以根据企业的经验数据。设定了偏差范围以后，采购主管应比较实际支出和预算的差距，以便控制业务的进展。如果偏差超过允许范围，就有必要对具体的预算做出修订。

7. 提交预算

将编制好的预算提交企业负责人批准。

3.4.5 编制采购预算的要点及注意事项

1. 编制采购预算的要点

编制采购预算的目的是提高企业经济效益。为了实现这个目的，采购预算应体现科学性、严肃性和可行性，避免随意性。因此，采购部门在做预算的时候要非常重视决策的过程，广泛收集数据和资料，而且要从实际出发，找准影响企业效益的关键问题。为了减小预算误差，企业在编制采购预算过程中应当注意以下几点。

(1) 在编制采购预算时，传统做法是用本期应购数量(订购数量)乘该物料的购买单价，或者用物料需求计划(material requirement planning，MRP)的订购数量乘标准成本，即可获得采购金额(预算)。为了使预算对实际的资金调度具有意义，采购预算应以现金为基础编制，而非采用传统的应用统计，换句话讲，采购预算应依据付款金额来编制，而不以采购金额来编制。

(2) 编制预算时，采购预算目标应与企业总目标保持一致，且最大限度地实现企业总目标。预算的时间范围要与企业的计划期保持一致，不能过长或过短。长于计划期的预算没有实际意义，徒然浪费人力、财力和物力，而短于计划期的预算又不能保证计划的顺利执行。

(3) 确立恰当的假定，以便预算指标建立在一些未知而又合理的假定因素的基础上，便于预算编制和采购管理工作的开展。预算编制中最令人头疼的问题是，预算编制人员不得不面对一些不确定因素，也不得不预定一些预算指标之间的关系。例如，在确定采购预算的现金支出时，必须先预定各种商品价格的未来走向。因此，在编制预算时，要根据历史数据和对未来的预测确立合理的假定，确保采购预算的合理性、可行性。

(4) 每项预算应尽量做到具体化、数量化。在编制采购预算时，对每一项支出，都要写出具体数量和价格。相关数据越具体，越能准确地判断预算做得对还是不对，从而促使部门在采购时精打细算，节约开支。但也要避免对细微支出做出过于严苛的规定，导致某些部分缺乏应有的自由，从而影响企业运营效率。所以，预算也不是越细越好，而应抓住预算中的关键环节，以免主次难辨、轻重不分。

(5) 应强调预算的广泛参与性，让尽可能多的员工参与预算编制，这样既可以提高员工的积极性，也可以促进信息在更大的范围内交流，使预算编制中的沟通更为细致，增强预算的科学性和可操作性。

2. 编制采购预算的注意事项

为了使预算更具灵活性和适应性，企业在编制采购预算的过程中，应当注意以下几点。

(1) 改变绩效评估方式。为了鼓励采购部门提出更具挑战性的预算报告，企业有必要对采购部门的绩效评估方式进行改善。采购预算是在战略目标框架之内提出的，在从设置目标到提交预算这一连续的动态过程中，不仅要仔细审查影响预算实现的内部不可控因素，还要详细研究外部不可控因素，并进一步识别影响预算实现的关键成功因素。对于那些不可控因素，人力资源部门在进行业绩评估时必须有所考虑，并向管理者提出建议。企业高层管理者应解决部门主管对绩效评估的后顾之忧，使他们的预算编制更趋于合理。

(2) 采取合理的预算形式。现金流对于企业来说是最重要的，它是企业的"血液"。因此，企业各部门选择预算形式时应把重点放在现金流上，而不是收入或利润上。当然，选择何种预算形式最终还是取决于组织的具体目标。

(3) 建立趋势模型。预算面向的是未来，所有代表期望行为的数字都是估计值，采购预算提供的是代表采购支出情况的数字预报。为了确保这些数字有价值，企业应当建立一个趋势模型。模型应以已有的数据资料为基础，具有时间敏感性，能够反映材料需求、市场行情的变化。

(4) 采用滚动预算的方法。企业经营是一个连续不断的过程，只是为了分析方便才在时间上对预算进行了划分。为了能够使预算与实际过程更紧密地结合在一起，预算应尽可能采用滚动的方法。在编制当期预算时，应根据实际情况同时对未来几期的业务进行预算，从而保证企业活动在预算上的连续性。预算活动的滚动性要求采购部门管理人员投入大量精力，工作过程可以采取"两步走"的方式：第一步是整体思考，要求管理者从总体战略出发，构建预算框架，制定必要的行动方案，如果预算结果出现偏差要及时修改；第二步进入细化阶段，采购部门管理人员完善最终预算的细节。

无论是何种类型的预算，只要满足上述要求，都可以最大限度地发挥其潜能，保障组织计划的顺利实施。

▶ 案例分析3-2：耐奇苹果公司采购预算编制

一、公司背景

耐奇苹果公司是纽约北部的一家苹果加工厂，主要生产苹果酱和苹果派的馅。该公司向当地果农采购麦克考斯和格兰尼斯两种苹果。公司的主要客户是机构类购买者，如医院、学校等。公司设有两个部门：生产部门和市场营销部门。每个部门都由一名副总裁进行管理，并直接向公司总裁汇报。公司的财务副总裁主要负责公司所有财务领域的工作，包括归集数据和编制预算。公司的总裁和三名副总裁构成了公司的行政主管委员会，对预算的编制过程实施监督。

公司与当地许多果农签订了长期采购合约，如果当地苹果的生产量低于预期值，公司将在现货市场上进一步采购；如果苹果产量多于公司所能处理的数量，多余的苹果也可以在现货市场上售出。公司总裁和财务副总裁负责与当地果农签订长期采购合约和在现货市场上进行苹果购销活动。

收购来的苹果将被储存在耐奇苹果公司的冷库中，或存放在其他公司的库房中，直到耐奇苹果公司将其用于生产。公司的生产工作从每年10月开始到次年6月，7—9月工厂停产，因而公司的财务年度为第一年的10月1日到次年的9月30日。

二、编制预算过程

耐奇苹果公司每年从8月开始编制下一年预算，而下一个财务年度是从14个月后开始的。在8月，公司的总裁和副总裁将依据公司签订的长期契约对下一年的苹果收购情况进行预算，在随后的14个月中，每2个月公司就要根据最新的消息，对市场营销、生产以及苹果采购的预算情况进行调整，并且总裁、三位副总裁还将召开晨会，对这些调整进行讨论。在每年的6月，下一个财务年度的财务预算终稿经行政主管委员会一致通过后，将提交董事会进行审批。行政主管委员会还需要集中对当年的经营状况进行回顾，并将实际的经营情况与预算情况进行比较。

耐奇苹果公司的预算过程包括三个关键的构成部分，即苹果采购、销售和生产。这三项要素所涉及的数据与采购的各品种苹果的数量及生产销售的产品数量相一致。一旦关于这三项要素的预算得以确定，即可确定最终存货的预算数。在已知生产预算的前提下，可以编制直接人工及制造费用预算，而直接人工预算、制造费用预算和直接材料预算可决定销售产品成本预算。

三、采购预算的确定

表3-5反映了公司的生产预算，表中后两栏是生产预算中相应数量的产品所耗用的麦克考斯苹果和格兰尼斯苹果的数量。

表3-5 耐奇苹果公司财务年度的生产预算

名称	预算数/箱	麦克考斯苹果/磅	格兰尼斯苹果/磅
苹果酱	130 000	7 800 000	5 200 000
苹果派的馅	63 000	3 150 000	1 890 000
总计		10 950 000	7 090 000

在已知苹果采购数及生产计划的前提下,公司行政主管委员会计划再购入50 000磅(1磅=0.4536千克)麦克考斯苹果,同时出售910 000磅格兰尼斯苹果。预计苹果的总成本为637.15万美元,麦克考斯苹果的平均成本为380.32万美元/千磅,格兰尼斯苹果的平均成本为311.28万美元/千磅,苹果采购预算如表3-6所示。

表3-6 耐奇苹果公司财务年度的苹果采购预算

项目	数量/千磅		售价/美元		成本/万美元		总计/万美元
	麦克考斯苹果	格兰尼斯苹果	麦克考斯苹果	格兰尼斯苹果	麦克考斯苹果	格兰尼斯苹果	
长期采购合约	10 900	8000	380	310	414.2	248	662.2
市场采购	50	(910)	450	300	2.25	(27.3)	(25.05)
总计	10 950	7090			416.45	220.7	637.15
耗费/磅					10950	7090	
成本/万美元/千磅					380.32	311.28	

对照表3-5与表3-6可以看出,苹果采购预算中的数据与计划耗用每种苹果的总数量(10950千磅麦克考斯苹果和7090千磅格兰尼斯苹果)一致,这充分反映了预算工作的相互协调性。

案例思考题:

(1) 对照案例中的两个表,能否看出采购预算中的数据与实际耗用每种苹果的总数量的关系?它反映了什么?

(3) 说明该公司的采购预算编制过程。

(2) 通过案例分析说明采购计划和采购预算编制的重要性。

本章小结

合理制订采购计划和编制采购预算是采购活动顺利开展的前提。采购计划和采购预算是企业根据企业总目标制订的企业年度计划的一部分。采购计划是指根据市场的需要、企业的生产能力和采购环境容量等制定采购清单和采购工作日程表。采购计划包含认证计划和订单计划两部分内容。

采购预算是采购计划的数量体现,采购预算是采购部门为配合年度销售预测或者生产计划,对所需的原料、物料、零件等的数量及成本所做的计划。预算的时间和范围要与企业的计划期保持一致。

复习思考题

一、单项选择题

1. 对于价格低廉、临时性需求及非直接生产用途的物料，比较适合采用(　　)。
   A. 定期订购法　　B. 定量订购法　　C. 经济订购法　　D. 复仓订购法

2. 供应商的(　　)等于当前供应商正在履行认证的合同量。
   A. 项目认证资料　B. 总体认证容量　C. 承接认证容量　D. 剩余认证容量

3. (　　)是指在编制预算时，对所有的预算项目均不考虑以往的情况，一切以零为起点，完全根据未来一定期间生产经营活动的需要和每项业务的轻重缓急，如实确定每项预算是否有支出的必要和支出数额大小的一种预算编制方法。
   A. 零基预算　　B. 概率预算　　C. 弹性预算　　D. 滚动预算

4. 在弹性预算的编制工作中，其变化范围可以确定在企业正常生产能力的(　　)。
   A. 60%~110%　　B. 80%~120%　　C. 70%~120%　　D. 70%~110%

5. 购买机器修理用零部件的费用要列入(　　)中。
   A. 原材料预算　　B. MRO预算　　C. 资金预算　　D. 采购费用预算

二、多项选择题

1. 在采购调查中，主要的调查任务包括(　　)。
   A. 价值分析　　B. 市场环境调查　　C. 采购系统调查
   D. 商品调查　　E. 供应商调查

2. 编制采购计划时，确定采购商品需求量的主要依据是(　　)。
   A. 销售预测　　B. 生产计划　　C. 用料清单
   D. 采购环境　　E. 存量管制卡

3. 下列编制采购预算需要注意的事项中，描述正确的是(　　)。
   A. 采购预算的时间范围要与企业的计划期保持一致
   B. 每项预算应尽量做到具体化、数量化
   C. 编制采购预算前应进行市场调查并收集资料
   D. 编制采购预算时，应尽可能详细，而且越详细越好
   E. 采购预算同采购计划一样，应不断修改和调整，以达到预期目标

三、判断题

1. 采购计划决定生产计划，生产计划对采购计划的实现起供应保证作用。(　　)
2. 生产计划、用料清单及存量管制卡是决定采购数量的主要依据。(　　)
3. 企业采购的总目标是实现及时准确采购，满足经营需要，降低采购费用，提高经济效益。(　　)
4. 购买办公用品的费用要列入资本预算中。(　　)
5. 采购余量需求的产生来源：一是市场销售需求的扩大；二是采购环境订单容量的萎缩。(　　)

四、思考题

1. 简述采购调查的定义和主要任务。
2. 简述确定采购需求的依据。
3. 试说明确定采购需求的方法有哪些。
4. 简述采购计划的目的及影响因素。
5. 简述采购计划的编制流程及内容。
6. 简述采购预算的定义及目的。
7. 编制采购预算的方法有哪些？它们各自的优缺点是什么？
8. 讨论编制采购预算的要点及注意事项。

实训题：采购计划与预算的编制

1. 实训目的

(1) 加深学生对采购需求的认识。
(2) 了解采购计划和预算的编制过程及具体方法。
(3) 认识采购计划和预算编制对整个采购流程的重要意义。
(4) 培养学生的分析能力、组织能力、沟通能力和团队协作能力。

2. 实训组织及要求

(1) 在教师的指导下，将4～6名学生划分为一组，小组中合理分工，每组选定1名组长。
(2) 各小组成员自主选择目标企业，实地调研或上网查找资料，分析采购计划与采购预算的编制过程。
(3) 结合资料分析企业编制采购计划和预算存在的问题，小组内讨论得出结论，并进行汇报。

3. 实训题目

由于编制采购计划及预算所涉及的数据较多，而且对数据的准确性要求较高，各小组在收集数据时要保证数据的准确性及完整性，最好能进入企业采购部门获取所需要的最新数据。各小组要熟悉编制流程并对编制流程有较全面的认识，能按照理论要求将数据有效地整合在一起，编制符合要求的采购计划和预算。

(1) 由于编制企业采购计划比较复杂，教师可以先指导各小组模拟编制一个班级活动的采购计划和预算，让学生先熟悉简单的计划和预算的编制过程。
(2) 学生经过实例分析后，各小组讨论分析各类采购计划与预算编制的流程与方法，明确数据及流程，然后进入企业采购部门获取所需要的最新数据。
(3) 学生以小组为单位，根据相关的数据编制合理的采购计划与预算，并与企业实际采购计划及预算做比较，分析其中的差别。
(4) 针对采购计划与预算编制中存在的问题，提出具体的解决方案，并比较各种解决方案的优缺点。
(5) 由各组组长组织总结采购计划与预算编制的一般流程，并形成总结报告。

4. 实训考核

根据个人表现和团队表现综合评定实训成绩，考评内容包含以下几项。

(1) 相关资料是否通过实地调查获得(如果不是，资料来源的渠道及可信度如何)，资料收集是否全面。

(2) 采购调查、采购需求分析、采购计划与预算编制是否规范，相应的方法是否应用得当。

(3) 小组内部分工是否明确，组员是否有协作精神，由组长根据个人任务完成情况进行评分。

(4) 小组总结汇报思路是否清晰、内容是否充实、重点是否突出，由教师对小组进行评分。

(5) 实训报告是否按规范格式完成，由教师对个人报告或小组报告进行评分。

(6) 根据个人得分和小组综合评分，最终确定每个学生的实训成绩。

第4章　采购方式选择

本章概要

采购方式是采购主体获取物品资源、服务的途径与方法。当采购计划与预算确定以后,采购方式的选择格外重要。它决定着企业能否有效地组织、控制物品资源,以保证其正常的生产和经营并获得较高的利润。采购方式选择是指采购部门根据相关要求,通过一定的程序和标准选定采购项目合同订立方式的一系列有组织的活动。各种采购方式各有利弊,在实际操作时应该综合运用各种方式,取长补短。只有科学分析各种采购方式的特点和运作模式,才能实现科学选择采购方式,最终实现有效降低采购成本、保证交付进度、提高采购质量的采购目标。

本章介绍了几种常见的采购方式,通过对本章的学习,学生能够全面了解企业采购方式,合理选用集中采购、分散采购、联合采购、电子采购和准时化采购。

知识目标

- 掌握集中采购的定义及适用范围。
- 掌握分散采购的定义及适应范围。
- 掌握集中采购与分散采购的区别及选择依据。
- 掌握联合采购的定义及特点。
- 了解联合采购与集中采购的区别。
- 了解电子采购的特点及实施步骤。
- 了解准时化采购实施的条件及方法。

能力目标

- 能够根据采购物资的特点和要求,科学地选择采购方式。
- 能够掌握先进的采购理念,并贯彻在采购管理实际工作中。

案例分析4-1:三种不同的采购理念

从20世纪80年代开始,为了顺应国际贸易高速发展的趋势,以及满足客户对服务水平的更高要求,企业开始将采购环节视为供应链管理的一个重要组成部分,通过对供应链实施管理,对采购手段进行优化。在全球经济一体化的大环境下,采购管理作为提高经济效益和市场竞争能力的重要手段之一,在企业管理中的战略地位日益受到国内企业的关注。但由于现代采购理念在发展过程中遭遇的"阻力来源"不同且企业解决问题的方法各异,被做出不同的诠释。

一、胜利油田采购理念

(1) 现状和问题。胜利油田每年物资采购总量约为85亿元，涉及钢材、木材、机电、仪器仪表等56个大类，12万项物资，采购管理存在一定难度。胜利油田有9000多人从事物资供应管理，庞大的体系给采购管理造成了许多困难。

在胜利油田每年采购资金85亿元中，有45亿元的产品由与胜利油田有各种隶属和"姻亲"关系的工厂生产，很难将其产品的质量和市场同类产品比较，而且价格一般要比市场价高。例如，供电器这一产品，采购价格比市场价贵20%，但由于这是一家由胜利油田长期供养的残疾人福利厂，只能本着人道主义精神接受其供货，强烈的社会责任感让企业背上了沉重的包袱。通过这些信息可以看出胜利油田的管理人员过于冗余和复杂，缺乏竞争机制，企业核心竞争力不强。

(2) 改革措施。在采购体系改革方面，许多国有企业和胜利油田境遇相似，虽然集团购买、市场招标的意识慢慢培养起来，但企业内部组织结构给革新的实施带来了极大的阻碍。在这样的压力下，胜利油田能做到的就是逐步过渡，拿出一部分采购商品来实行市场招标，一步到位是不可能的。胜利油田的现象说明，封闭的体制是中国国有企业更新采购理念的严重阻碍。中国的大多数企业，尤其是国有企业，采购管理薄弱，计划经济、短缺经济下粗放的采购管理模式依然具有强大的惯性，采购环节漏洞带来的阻力难以消除。

二、海尔集团采购理念

与大型国有企业相比，一些已经克服了体制问题，全面融入国际市场竞争的企业，较容易接受全新的采购理念，在这类企业中，海尔走在最前沿。

(1) 海尔的采购策略。海尔利用全球化网络，集中购买，以规模优势降低采购成本，同时精简供应商队伍。据统计，海尔的全球供应商数量由原先的2336家降至840家，其中国际化供应商的比例达到71%，在世界前500强企业中，有44家是海尔的供应商。

(2) 对供应商的管理。海尔采用SBD模式，即共同发展供应业务。海尔有很多产品设计方案直接交给厂商来做，对于很多零部件，由供应商提供今后两个月市场的产品预测并将待开发的产品形成图纸，这样一来，供应商就真正成为海尔的设计部和工厂，可加快开发速度。许多供应商的厂房和海尔的仓库之间甚至不需要汽车运输，工厂的叉车可直接开到海尔的仓库，大大节约运输成本。海尔本身则侧重核心的买卖和结算业务。这与传统的企业与供应商关系的不同之处在于，它从供需双方简单的买卖关系，成功转型为战略合作伙伴关系，是一种共同发展的双赢策略。

(3) 效果。1999年，海尔的采购成本为5亿元；由于业务的发展，到2000年，采购成本为7亿元；通过对供应链的管理优化整合，2002年，海尔的采购成本控制在4亿元左右。可见，利益的获得是一切企业行为的原动力，成本降低、与供应商双赢关系的稳定发展带来的经济效益，促使众多企业以积极的态度引进和探索先进、合理的采购管理方式。

与胜利油田相似，由于企业内部尤其是大集团企业内部采购权的集中，使海尔在进行采购环节的革新时，也遇到了涉及"人"的观念转变和既得利益调整的问题。然而与胜利油田不同的是，海尔在管理中已经建立起适应现代采购和物流需要的扁平化模式，在市场竞争的自我施压过程中，海尔有足够的能力去解决有关"人"的两个基本问题：一是企业首席执行官对现代采购观念的接受和推行力度；二是示范模式层层贯彻与执行，彻底清除采购过程中的"暗箱"。

三、通用集团采购理念

通用全球集团采购策略和市场竞标体系自公司诞生之日起，就自然而然地融入通用汽车全球采购联盟系统中。据统计，通用在美国的采购量每年为580亿美金，全球采购金额为1400亿～1500亿美元。1993年，通用汽车提出全球化采购思想，并逐步将各分部的采购权集中到总部统一管理。目前，通用下设4个区域的采购部门：北美采购委员会、亚太采购委员会、非洲采购委员会、欧洲采购委员会。4个区域的采购部门定时召开电视会议，把采购信息放在全球化的平台上来共享，在采购过程中充分利用联合采购组织的优势，协同杀价，并及时通报各地供应商的情况，把某些供应商的不良行为在全球采购系统中备案。

(1) 策略。在资源得到合理配置的基础上，通用开发了一整套供应商关系管理程序，对供应商进行评估。对好的供应商，采取持续发展的合作策略，并针对采购中出现的技术问题与供应商一起协商，寻找解决问题的最佳方案；而在评估中表现糟糕的供应商，则请其离开通用的业务体系。同时，通过对全球物流路线的整合，通用将各个公司原来自行拟定的繁杂的海运路线集成为简单的洲际物流路线。采购和海运路线经过整合后，不仅使总体采购成本大大降低，而且使各个公司与供应商的谈判能力也得到了质的提升。

(2) 效果。与从计划模式寻求蜕变的胜利油田和已经艰难蜕变出来的海尔相比，通用汽车公司的采购体系最让人称赞——全球集团采购策略和市场竞标体系与公司同时诞生，没有必要经历体制、机构改革后的阵痛。相对于尚在理论层次彷徨的胜利油田而言，通用的采购已经完全上升到企业经营策略的高度，并与企业的供应链管理密切结合。

案例思考题：
(1) 胜利油田采购模式存在哪些问题？问题的根源是什么？
(2) 与胜利油田相比，海尔集团采取了哪些先进的采购模式？
(3) 通用汽车的采购经验有哪些值得我国企业在采购改革中借鉴？
(4) 对比案例中三个企业的采购模式，分析其利弊。

4.1 集中采购与分散采购

企业采购可以集中进行，也可以分散进行。集中采购是指采购任务由一个专门的部门负责；分散采购是指企业各部门自行处理各自的采购业务。集中采购与分散采购各有其优缺点，企业在选择采购方式时，一方面，要认真分析各自的优缺点，本着扬长避短、切合实际的原则做出合理的选择；另一方面，采购方式必须符合采购业务的特征要求。

4.1.1 集中采购

1. 集中采购的定义

集中采购是相对于分散采购而言的，它是指企业在核心管理层建立专门的采购机构，统一组织企业所需物品的采购业务。跨国公司的全球采购部门的建设是集中采购的典型应用，它以组建内部采购部门的方式，来统一管理其分布于世界各地的分支机构的采购业务，减少采购渠道，通过批量采购获得价格优惠。

随着连锁经营、特许经营和外包制造(original equipment manufacturer，OEM)模式的增加，集中采购体现了经营主体的权力、利益、意志、品质和制度，是经营主体赢得市场，保护产权、技术和商业秘密，提高效率，取得最大利益的战略和制度安排。因此，集中采购将成为未来企业采购的主要方式，具有很好的发展前景。例如，IBM、恒基伟业、麦当劳等企业都在这一层面上通过集中采购实现了自身的利益。

集中采购的"集中"功能主要体现在以下4个方面。

1) 体现在财政预算的安排上

财务部门应尽量集中在一个月里统筹安排相同的采购项目，避免多次重复安排相同项目的采购而产生降低工作效率、丧失采购效益等弊端。具体来说，对于各个预算单位想要采购的相同或功能相近的项目，应尽量统一调度或筹集资金进行一次性安排，否则，每个月都安排几个相同项目的采购，不但浪费时间、精力，还无法得到规模采购的效益。例如，在实际工作中，有一些财务部门不会科学地调度和合理地安排预算资金，从而造成每个月都安排几个预算单位去采购几台计算机或其他办公耗材等，这就明显地失去了科学性和合理性，人为地增加了工作量。因此，集中采购的集中功能，首先就要体现在财务部门的预算安排上，要有相对集中的科学性。

2) 体现在采购项目的委托上

采购人对有关采购项目，应集中一次进行委托，不得人为拆分、多次采购。对采购人来说，有些采购项目是批量的，或是有"关联"的，或是可相互"配套"的整体项目。例如，学校里的"电教"项目，既有"网络工程"项目，也有电视、计算机等物资采购项目。对此，就"电教"项目而言，其本身就是一个整体采购项目，无须再拆分或细化。同样，对原来就是一个整批的采购项目，更不可化整为零，分次采购，例如将10台计算机分几次采购等。因此，对财政预算已经安排的采购项目，采购人员必须不折不扣地实施集中采购，不得化整为零，不得私自采购。

3) 体现在采购项目的具体操作上

采购部门对功能相同或相近的受托采购项目，应尽量集中在一次进行采购，以减少采购次数，提高工作效率和经济效益。集中采购机构能采取"定期、汇总"的采购方式，将采购人员委托的采购项目进行归类，或按功能进行衔接、配套，每类项目每个月只集中采购一次，这样可增大批次采购规模，既可以减少工作量，又能获得更大的规模采购效益。

4) 体现在采购项目的调试和验收上

集中采购部门应统一组织技术专家、采购人员等进行集中验收把关，以节约人力、财力等。集中采购部门购进的一批采购项目涉及多个采购人员的委托，如果要求采购人员各自去找专家验收，势必会增加困难，也会耗费更多的时间、精力和财力等；而如果由集中采购部门出面组织一个专家验收小组，将整批采购项目一次性验收完毕再交付采购人员，就会减少采购人员的验收工作量，节省大量的时间、人力等。同时，集中验收也会增强对验收人员的监督，更便于对采购项目的质量把关。

2. 集中采购的特点

1) 集中采购的优点

(1) 有利于形成采购规模，获得供应商的价格折扣，降低进货成本和物流成本，争取主动权，获得价格优势。

(2) 易于稳定本企业与供应商之间的关系，得到供应商在技术开发、货款结算、售后服务等诸多方面的支持与合作。

(3) 有利于采购决策中专业化分工和专业技能的发展，同时有利于提高工作效率，控制采购物品质量。

(4) 集中采购无须每一个部门负责人填采购订单，只需采购部门针对公司的全部需求填一张订单就可以了，减少了管理上的重复劳动。

(5) 集中采购责任重大，采取公开招标、集体决策的方式，可以有效制止腐败。

2) 集中采购的缺点

集中采购的缺点是由于权力过分集中到总部，有可能损失采购的灵活性，导致供应链管理的低效率。

3. 集中采购的适用对象

1) 集中采购主体

(1) 集团范围实施的采购活动。

(2) 跨国公司的采购。

(3) 连锁经营、OEM厂商、特许经营企业的采购。

2) 集中采购客体(对象)

(1) 大宗或批量物品，价值高或总价高的物品。

(2) 关键零部件、原材料或其他战略资源，保密程度高、产权约束多的物品。

(3) 容易出问题的物品。

(4) 最好是定期采购的物品，以免影响决策者的正常工作。

4. 集中采购的模式

为实现集团采购业务集中管控的需求，集中采购可采取以下几种典型模式：集中定价，分开采购；集中订货，分开收货付款；集中订货，分开收货，集中付款；集中采购后调拨。具体采用哪种模式，取决于集团对下属公司的股权控制、税收、物料特性、进出口业绩统计等因素，一个集团内可能同时存在几种集中采购模式。下面介绍两种常用的采购模式。

1) 集中订货，分开收货，集中付款模式

集团总部或采购公司负责管理供应商及制定采购价格等采购政策，并且负责采购订货工作；分支机构提出采购申请，集团总部或采购公司进行汇总、调整，并根据调整结果下采购订单，发收货通知单给分支机构；分支机构根据收货通知单或采购订单进行收货及入库；集团总部或采购公司汇集分支机构的入库单，据此与外部供应商结算货款，并根据各分支机构的入库单与分支机构分别进行内部结算。

2) 集中采购后调拨模式

集团总部或采购公司负责管理供应商及制定采购价格等采购政策，并且负责采购订货工作；分支机构提出采购申请，集团总部或采购公司进行汇总、调整，并根据调整结果下采购订单；集团总部或采购公司完成后续的收货、入库、外部货款结算处理；之后，根据各分支机构的采购申请，集团总部或采购公司启动内部调拨流程，制定调拨订单并调拨出库，分支机构根据调拨订单做入库处理，两者最后做内部结算处理。

4.1.2 分散采购

1. 分散采购的定义

与集中采购相对应，分散采购是指由企业下属各单位，如子公司、分厂、车间或分店实施的满足自身生产经营需要的采购。这是集团将采购权利分散的采购活动。分散采购是集中采购的完善和补充，有利于采购环节与存货、供料等环节的协调配合，有利于增强基层工作责任心，使基层工作富有弹性和成效。

2. 分散采购的特点

1) 分散采购的优点

(1) 批量小，价值低，开支少。

(2) 过程短，手续简便，决策层次低。

(3) 问题反馈快，针对性强，方便灵活。

(4) 占用资金少，库存空间小，保管简单方便。

2) 分散采购的缺点

(1) 各部门各自为政，容易出现交叉采购，造成人员及费用上的浪费。

(2) 缺乏规模经济。

(3) 对供应商的态度不一致，对不同的经营单位可能存在不同的采购条件。

3. 分散采购的适用对象

1) 分散采购主体

(1) 二级法人单位、子公司、分厂、车间。

(2) 离主厂区或集团供应基地较远，其供应成本低于集中采购成本的情况。

(3) 异国、异地供应的情况。

2) 分散采购客体(对象)

(1) 小批量、单件、价值低、总支出在产品经营费用中所占比重较小的物品(各厂情况不同，自己确定)。

(2) 分散采购优于集中采购的物品，包括费用、时间、效率、质量等因素均有利，不影响正常的生产与经营情况。

(3) 市场资源有保证，易于送达，物流费用较少的物品。

(4) 分散后，各基层有相关的采购与检测能力的物品。

(5) 产品开发研制、试验所需的物品。

4.1.3 集中采购与分散采购的区别

1. 采购项目特征

从采购项目特征看，列入集中采购的项目往往是一些大宗、通用性的项目，一般采购单位都会涉及并需要采购，或者是一些社会关注程度较高、影响较大的特定商品、大型工程和重要服务类项目。而列入分散采购的项目往往是一些在限额标准之上、专业化程度较高或单位有特定需求的项目，一般不具有通用性的特征。

2. 采购执行主体

从采购执行主体看，在集中采购中，采购单位必须委托集中采购机构进行代理采购，采购单位不得擅自组织采购，其中部门集中采购可以由主管部门统一组织。而在分散采购中，采购单位可以按照规定自行组织采购，也可以委托集中采购机构或其他具有采购代理资格的社会中介机构进行代理采购。委托集中采购机构采购的，采购单位不需支付任何采购代理费用；而委托社会中介机构代理采购的，则需要按规定支付一定的采购代理费用。

3. 采购的目的和作用

从采购的目的和作用来看，集中采购具有采购成本低、操作相对规范和社会影响大的特点，可以发挥采购的规模优势和政策作用，体现采购的效益性和公共性原则，也有利于集中监管，对分散采购具有良好的示范作用。分散采购可以借助单位的技术优势和社会中介代理机构的专业优势，充分调动采购人员的积极性和主动性，提高采购效率，同时也有利于实现"扩面增量、稳步渐进"的采购目标。

4. 采购操作模式

从采购操作模式来看，分散采购容易存在采购机构重复设置、导致腐败现象发生等问题。集中采购可使企业采购倾向于专业化、规模化、规范化。国内企业纷纷建立集中采购部门、采购中心或物资装备中心，特别是大型企业集团更加重视集中采购，采取"统一管理、集中采购、统一储备"的模式，对集团的生产性物资及非生产性物品进行统一管理，从而降低了成本，同时满足生产建设的需要。分散采购是集中采购的完善和补充，有利于采购环节与存货、供料等环节的协调配合，有利于增强基层工作人员的责任心，使基层工作富有弹性和成效。

当然，集中采购和分散采购并不是完全对立的。客观情况是复杂的，仅采用一种采购方式是不能满足生产需要的，大多数企业都会采取两种方式相结合的采购模式，充分发挥集中采购与分散采购的优势，使企业在市场竞争中处于有利的地位。

4.1.4 选择集中采购或分散采购应该考虑的因素

集中采购的优势就是分散采购的劣势，分散采购的优点也正是集中采购的不足。在实际采购中，要趋利避害、扬长避短，根据企业自身的条件、资源状况、市场需要，灵活地做出制度安排，并积极创新采购方式和内容，使企业在市场竞争中处于有利的地位。在决定采购是集中还是分散进行时，应该考虑以下因素或标准。

1. 采购需求的通用性

经营单位对产品通用性的要求越高，采用集中采购得到的好处就越多。这也是大型企业的原材料和包装材料的采购通常集中在一个地点的原因。

2. 地理位置

当经营单位位于不同的国家或地区时，就可能会极大地阻碍集中采购。例如，欧洲和美国之间的贸易和管理实践存在较大的差异，甚至欧洲不同国家也存在重大的文化差异，在此背景下，一些大型企业已经将全球的协作战略转为地区的协作战略。

3. 供应市场结构

企业有时会在供应市场上选择一个或几个大型供应商组织。在这种情况下，分散采购对供应商更有利，而集中采购有助于企业获得更有利的谈判地位。

4. 潜在的节约

一些原材料的价格与采购数量高度相关。在这种情况下，集中采购可节约成本，对于标准商品和高技术部件都是如此。

5. 所需的专门技术

有时有效的采购需要专业技术的支持，例如对高技术半导体和微芯片的采购。因此，大多数电子产品制造商对这些产品实施集中采购。

6. 价格波动

如果物资(例如果汁、小麦、咖啡)价格对政治、经济、气候的敏感程度很高，集中采购就会受到偏爱。

7. 客户需求

有时，客户会向制造商指定其所需产品应具备的条件。这种现象在飞机制造工业中非常普遍。这些条件是与负责产品制造的经营单位商定的，在这种情况下，不适于采取集中采购模式。

除了以上需要考虑的因素外，企业选择集中采购时，还应该以有利于资源合理配置、减少交易环节、加速周转、提高综合利用率、促进企业整体目标的实现等为原则。当然，集中采购和分散采购并不是完全对立的，仅靠一种采购方式不能满足生产需要，大多数企业会在两种采购模式之间进行平衡。

4.2 联合采购

联合采购是一种能够降低成本的采购方法。企业为增强防范风险的能力，通常会联合多家企业，集小订单成大订单，增强集体谈判实力，获取采购规模优势，以此来实现提高规模经济效益和降低采购成本的目标。

4.2.1 联合采购的定义

联合采购是指同质型企业中需要购买同一产品的客户企业联合在一起,使其采购产品的数量达到可以取得价格折扣的规模,而后向供应商提出采购的行为。由于集中采购是企业或集团企业内部的集中化采购管理,而联合采购是多个企业之间的采购联盟行为,可以认为联合采购是集中采购在外延上的进一步拓展。随着市场竞争日益激烈,不同企业在采购过程中实施联合采购已经成为降低成本、提高效益的重要途径之一。

4.2.2 实施联合采购的必要性

如果从企业外部去分析我国企业的现行采购机制,其特征是各企业(无论是国内还是国外)的采购基本上仍是"各自为政",相互之间缺乏在采购及相关环节的联合和沟通,或采购政策不统一,采购效率低下,很难实现经济有效的采购目标,由此导致以下几个主要问题。

1. 采购机构多,采购成本高

各企业都设有采购及相关业务的执行和管理部门,如从企业群体、行业乃至国家的角度看,采购机构重叠,配套设施重复建设,造成采购环节的管理成本和固定资产投入大幅度增加。

2. 多头对外,分散采购

对于通用和相似器材,无法统一归口和合并采购,无法获得大批量采购带来的价格优惠,使各企业的采购成本居高不下。采购管理政策完全由企业自行制定,其依据为企业自身的采购需求和采购环境条件,与其他企业基本没有横向联系,不了解其他企业的采购状况和需求。

3. 库存成本高

各企业自备库存,缺乏企业间库存资源的信息交流和统一协调,使通用材料的储备重复,造成各企业的库存量增大,沉淀和积压的物资日益增多。

4. 管理费用高

采购环节的质量控制和技术管理工作重复进行,管理费用居高不下。各企业在质量保证体系的建立和控制、供应商评审和管理、器材技术标准和验收规范等各类相关文件的编制和管理上未实现一致化和标准化。各企业重复进行编制和管理等工作,相关的管理费用难以降低。

5. 采购应变能力差

以外包生产为例,由于产品设计的改进、制造方法的改进等原因造成的材料紧急需求不可避免,但是由于从国外采购周期比较长,器材的紧急需求难以满足。

因此,在采购工作中,需要突破现行采购方式的束缚,从采购机制上入手,探索新形势下企业间的合作模式。利用采购环节的规模效益是从根本上解决上述问题的方法之一。

4.2.3 联合采购的优点

企业实施联合采购可降低采购及相关环节的成本,为企业创造可观的效益。联合采购的优点主要体现在以下几个方面。

1. 采购环节

材料采购的单价与采购的数量成反比，即采购的数量越大，采购的价格越低。例如，对于飞机制造用器材，此种价差有时可达90%。企业间联合采购，可合并同类器材的采购数量，通过统一采购使采购单价大幅度降低，使各企业的采购费用相应降低。

2. 管理环节

管理落后是我国企业普遍存在的问题，而管理水平的提高需要企业付出巨大的代价。对于一些生产同类产品的企业，如果在采购及质量保证的相关环节要求相同、需要的物品相同，就可以在管理环节上实施联合，归口管理相关工作。联合后的费用可以由各个企业分担，从而使费用大大降低。

3. 仓储环节

通过实施各企业库存资源的共享和统一调拨，可以大幅度减少备用物资的积压和资金占用，提高各企业的紧急需求满足率，减少因材料供应短缺造成的生产中断损失。

4. 运输环节

材料单位重量运费率与单次运输总量成反比，国际运输在这一点上体现得更为明显。多家企业在运输环节联合，可通过合并小重量的货物运输，增加单次运量，从而可以较低的运费率计费，减少运输费用支出。

4.2.4 联合采购的方式

一些跨国企业为了降低采购成本，发展了一些联合采购的具体形式，常见的有如下几种。

1. 采购战略联盟

采购战略联盟是指两家或两家以上企业出于对全球市场的预期目标和企业总体经营目标的考虑，采取的一种长期联合与合作的采购方式。这种联合是自发的，非强制性的，联合各方仍保持采购独立性和自主权，依据达成的协议并出于经济利益的考虑联结成"松散"的整体。现代信息技术和网络技术的发展，开辟了一个崭新的企业合作空间，企业之间可通过网络保证采购信息的即时传递，使处于异地甚至异国的企业间实施联合采购成为可能。一些跨国企业为充分利用规模效益、降低采购成本、提高企业的经济效益，正在向采购战略联盟发展。

2. 通用材料的合并采购

这种方式适用于存在竞争关系的企业之间，通过合并通用材料的采购数量和统一归口采购来获得大规模采购带来的低价优惠。在这种联合方式下，每一项采购业务都交给采购成本最低的一方去完成，使联合体的整体采购成本低于各方单独采购的成本之和，这是这些企业的联合准则。这种合作的组织策略可分为虚拟运作策略和实体运作策略。虚拟运作策略的特点是组织成本低，它可以不断强化合作各方最具优势的功能和弱化非优势功能。

例如，美国施乐公司(Xerox)、史丹利公司(Stanley Works)和联合技术公司(United Technologies)组成了钢材采购集团。虽然施乐公司的钢材用量仅是其他两家用量的1/4，但是它通过这种方式获得了这两家公司大规模采购带来的低价好处。又如，美国波音公司为降低其零部件采购成本，提高其民用飞机的竞争实力，根据其零部件生产商原材料采购状况，制定了在全球范围内(约750个生产商)统一的原材料采购和运输业务规范，以整合这些生产商的原材料采购渠道及价格，其目的是通过降低生产商的原材料采购成本，降低其零部件的采购成本和飞机整机成本，提高竞争能力。

联合采购正在世界范围内盛行，已超出企业界限、行业界限，甚至国界。目前，我国一些企业为解决采购环节存在的问题，正在探讨联合采购的可能性，联合采购将为企业降本增效、提高竞争力开创良好的前景。

4.3 电子采购

采购作为满足社会需求的一种重要手段，对整个社会的生产与生活产生了极其重要的影响。对企业来说，采购直接影响生产经营过程及企业效益，并构成企业竞争力的重要方面；采购也会带来很大的经济风险，存在所谓的采购漏洞，如何控制这些漏洞成为摆在现代企业面前的一项重要任务。电子商务采购作为一种新的采购模式，充分利用了现代网络的开放性、信息的多样性、交易的便捷性和低成本等特点，可以有效解决企业和政府所面临的这些问题。

4.3.1 电子采购的定义

电子采购就是用计算机系统代替传统的文书系统，通过网络支持完成采购工作的一种业务处理方式，如网上招标、网上竞标、网上谈判等。英国皇家采购与供应学会(chartered institute of purchasing and supply，CIPS)将电子采购定义为"通过互联网完成从特定服务或产品的询价、授权、下订单、接受订单到支付的操作过程"。它的基本特点是在网上寻找供应商、商品，在网上洽谈贸易，在网上订货甚至在网上支付货款。电子采购是企业实现电子商务的一个重要环节，它已成为B2B市场中增长最快的一部分，它不仅能完成采购行为，而且能利用信息和网络技术对采购全程的各个环节进行管理，有效地整合企业资源，帮助供求双方降低成本，从而提高企业的核心竞争力。企业采购电子化是企业运营信息化不可或缺的组成部分。

电子采购兴起于美国，它的最初形式是一对一的电子数据交换系统，即EDI，这种连接供需双方的电子商务系统确实大幅度提高了采购效率，但早期的解决方式价格昂贵、耗费庞大，且由于其封闭性，仅能为一个买家服务，令中小供应商和买家望而却步。近年来，全方位综合电子采购平台出现，平台服务商通过充分整合买卖双方信息，使中小企业也可以便捷地使用电子采购。

4.3.2 电子采购的优点

电子采购将从根本上改变商务活动的模式，它不仅将商品和服务采购过程自动化，极大地提高了效益、降低了采购成本，而且使企业在一定程度上避免因信息不对称而引起的资源浪费，有利于社会资源的有效配置，便于企业以更具有战略性的眼光进行采购。电子采购的优点(对采购方而言)包括以下几个方面。

1. 节省采购时间，提高采购效益

企业实施电子采购是提高效率最直接、最易于实现的手段。计算机代替手工，减少了简单劳动的工作量，加快了速度，消除了邮寄或其他形式文件传递的时间，提高了效率。电子采购实现了采购信息的数字化、电子化以及数据传递自动化，减少了人工重复录入的工作量，使人工失误的可能性降到了最低限度。电子采购实施过程中的流程再造简化了业务流程，以东风集团为例，以前需要5个计划员做半个月的工作，应用电子采购供应系统后只需要2天就能完成，并且降低了错误率，减少了损失。

2. 采购成本显著降低

电子采购为用户和商家直接建立了沟通和比选的平台，减少了中间环节，节省了时间，从而使采购成本明显降低。据美国采购管理协会称，使用电子采购系统可以为企业节约大量成本。例如，采用传统方式生成一份订单所需要的平均费用为150美元，采用电子采购系统则可以将这项费用降低到30美元。企业通过竞价采购商品的价格平均降幅为10%，最高时可达到40%。通用电气公司估计，通过电子采购每年将节约100亿美元。

3. 优化了采购及供应链管理

电子采购管理能够提供有效的监控手段。很多大型企业和企业集团都会面临这样的矛盾：由于企业规模大、部门多，采购物资种类庞杂，需求不定，严格监控必然导致效率低下；反之，则会导致管理混乱。电子采购在提高效率的同时，使各部门甚至个人的任何采购活动都在实时监控之下，有效堵住了管理漏洞，减少采购的随意性，变事后控制为过程控制，同时提高了企业供应链管理水平。

4. 加强了对供应商的评价管理

电子采购扩大了供应商资源。采购信息的公开化，能够吸引更多的供应商。企业之间可以共享信息，不但可以了解当时采购、竞标的详细信息，还可以查询以往的交易活动记录，这些记录包括中标、交货、履约等情况，可帮助采购方全面了解供应商，帮助企业及时准确地掌握供应商的变化，同时也为企业选择供应商提供了决策支持。由于电子采购的计划性强、周期短，货物能够根据计划时间到达现场，有助于企业实现零库存生产。

5. 增强了服务意识，提高了服务质量

质量可靠的原材料、零部件是企业产品质量的基本保证。由于电子采购杜绝人情、关系、回扣等因素的影响，能够促进供应商的公平竞争。对供应商管理的完善也将促使供应商重视质量和服务管理，以免在客户的供应商档案中留下不好的记录。

6. 增加交易的透明度，减少"暗箱操作"

电子采购为采购管理提供了有效的控制手段，实现了公开、公平、公正的规范化采购。通过公平竞争，可以形成市场良性循环，为市场的发展带来积极的影响。

4.3.3 电子采购的模式

电子采购是在网络平台上进行的，不同的企业可根据网络环境和自身情况选择合适的模

式。电子采购的模式主要有以下3种。

1. 卖方一对多模式

卖方一对多模式是指供应商在互联网上发布其产品目录，采购方则通过浏览取得所需的商品信息，以做出采购决策并下订单。卖方一对多模式如图4-1所示。

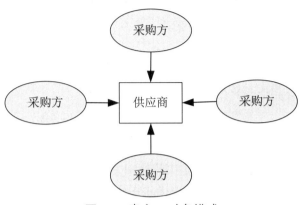

图4-1　卖方一对多模式

在卖方一对多模式中，有些供应商为增加市场份额，会开发自己的网站，允许大量采购方浏览和在线采购自己的产品。采购方登录供应商系统通常是免费的。

对采购方而言，这种模式的优点在于容易访问，并且不需要任何投资；缺点是难以跟踪和控制采购开支。采购方仍然不得不寻找供应商的网站，登录之后，手工输入订单，每次都必须输入所有相关信息，如公司名称、通信地址、电话号码、账户等。很明显，对于拥有几百家供应商的企业来说，就需要访问几百个网站，不停地重复输入信息，然后更新内部ERP系统，效率低下。

2. 买方一对多模式

买方一对多模式是指采购方通过互联网发布所需采购产品的信息，供应商在采购方的网站上登录自己的产品信息，供采购方评估，而后双方进一步沟通信息，完成采购业务的全过程。买方一对多模式如图4-2所示。

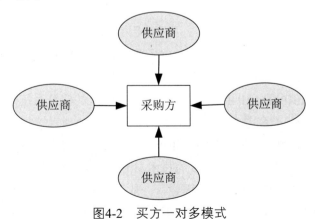

图4-2　买方一对多模式

与卖方一对多模式不同，买方一对多模式中的采购方(买方)承担了建立、维护和更新产品目录的工作，采购方需要投入大量资金维护系统，并且需要主导谈判和合作。虽然这样花费较多，但采购方可以更好地控制整个采购流程。它可以限定目录中所需产品的种类和规格，甚至可以给不同的员工在采购不同产品时设定采购权限和数量限制。另外，员工只需通过一个界面就能了解所有可能的供应商的产品信息，并能进行对比和分析。同时，由于供求双方是通过采购方的网站进行文档传递的，采购网站与采购方信息系统之间的无缝连接将使这些文档流畅地被后台系统识别并处理。

在买方一对多模式中，采购方负责维护当前产品的可获得性、递送周期和价格说明等信息。买方一对多模式适合大企业的直接物料采购。

3. 第三方市场模式

第三方市场模式是指供应商和采购方通过第三方建立的网站开展采购业务。在这种模式里，无论是供应商还是采购方都只需在第三方网站上发布并描述自己提供或需要的产品信息，第三方网站负责产品信息的归纳和整理，以便于用户使用。第三方市场模式如图4-3所示。现在这种模式比较流行，例如，淘宝、阿里巴巴、易趣以及我国对外贸易中心主办的"网上广交会"等，都采用这种模式来交易。

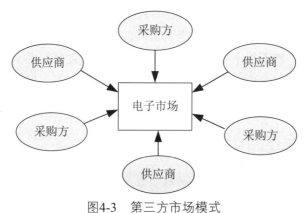

图4-3　第三方市场模式

4. 企业选择电子采购模式的影响因素

企业究竟选择何种采购模式，主要取决于两个因素。

(1) 企业规模。大型企业由于规模较大、财力雄厚，通常拥有较成熟的ERP系统或MRP Ⅱ系统，有实力进行更深入、更广泛的信息系统开发。相对来讲，中小企业规模较小、财力薄弱，一般不具有整套的ERP或MRP Ⅱ系统，无能力进行深入的信息系统开发。

(2) 企业采购物料的种类和数量。企业采购的物料主要分为直接物料和MRO物料。直接物料是指与生产直接有关的物料，如原材料、生产设备等，特点是数量大、价值高，需求有一定的周期性和可预测性，采购时要分析较多的技术参数，供应商选择过程也比较复杂。因此，直接物料的供应商数目通常较少，且比较固定，一般不轻易更换。MRO (maintenance, repair & operations)物料通常是指一些低值易耗商品，其种类繁杂而且采购量不定，MRO物料采购必须考虑运输时间和成本，尤其是对运输时间的把握。由于MRO物料大部分是低价值产品，长途运输将增加采购成本，有时甚至超过物料本身的价值，采购MRO物料应尽量选择本地采购。

▶ **相关资料：海尔的电子采购**

有了BBP采购平台(电子商务采购平台)，海尔的供应商均在网上接收订单，并通过网络查询计划与库存状态，及时补货，实现JIT供货；供应商还可在网上接收图纸与技术资料，大大缩短技术资料的传递时间。另外，海尔与招商银行联合，与供应商实现网上货款支付(实现网络结算的供应商占70%～80%)，这一方面使付款及时率与准确率达到100%，另一方面使供应商每年可节约上千万元费用。

电子采购不仅使海尔供应商的网络管理能力迅速提高，而且实现了公平、公开、公正的招标原则，提高了招标过程的透明度，使海尔广纳全球网络管理资源，提升了企业的核心竞争力。

4.3.4 电子采购方案的实施

电子采购是一种可行且有较高价值的商业运作方式，在电子商务和软件技术的推动下，电子采购得以广泛应用。尽管电子采购系统可以促进企业的进步和发展，但电子采购不仅仅是信息网络和信息技术的简单应用。企业必须有明确的应用目标和必要的成本效益规划，选择适当的应用形式，并进行详细论证后，确定电子采购的实施方案。

1. 实施电子采购的技术支持

电子采购集计算机技术、多媒体技术、数据库技术、网络技术、安全技术及管理技术等多种技术于一体。企业实施电子采购，必须依靠下列技术支持。

(1) 数据库技术。企业实施电子采购需要快速准确地获得相关信息、数据，建立完善的数据库。对采购活动进行数据库管理，有助于企业快速查找信息。数据库的作用在于存储和管理各种数据、支持决策，因此数据库技术在电子商务和信息系统中占有重要的地位，是实现电子采购必不可少的技术条件。

(2) EDI技术。实施电子采购，企业与企业之间的交易谈判、交易合同的传送、商品订货单的传送等都需要EDI技术。EDI(electronic data interchange，电子数据交换)是指具有一定结构特征的数据信息在计算机应用系统之间进行的自动交换和处理，这些数据信息称为电子单证。EDI的目的就是以电子单证代替纸质文件，进行电子贸易，达到提高商务交易的效率并降低费用的目的。在EDI中，计算机系统是生成和处理电子单证的实体；通信网络是传输电子单证的载体；生成的电子单证必须经过标准化处理，即按规定格式进行转换，以适应计算机应用系统之间的传输、识别和处理。

(3) 金融电子化技术。电子采购过程涉及交易双方在网上进行货款支付和交易结算，金融电子化为企业之间进行网上交易提供保证。在全球供应链网络中，交易双方可能相隔很远，双方货款只能通过银行系统进行结算，银行在企业间的交易中起着重要的作用，其处理业务的效率将直接影响企业的资金周转，构成影响供应链资金流动的因素之一。

(4) 网络安全技术。实施电子采购时，必须考虑以下安全问题：①现在的电子采购活动大多是通过互联网进行的，所以首先涉及提供服务的供应商网站的网络安全问题。一旦"黑客"攻入服务器，就会篡改各种数据(如银行账户等)，企业将遭到巨大损失。②买卖双方之间通常需要交换大量的关键数据,在互联网上如果没有特殊的保护措施就很容易失密。电子商务系统运作的一个至关重要的问题就是维护网络安全。

网络安全是指网络系统的硬件、软件及其系统中的数据受到保护,不因偶然的或者恶意的原因而遭到破坏、更改、泄露,保证系统连续、可靠、正常地运行,网络服务不中断。

网络安全技术涉及计算机网络的各个层面,解决电子商务安全问题主要采取访问控制、授权、身份认证、防火墙、加密存储及传送、内容控制等措施,主要涉及的技术包括防火墙、加密技术、密钥分配、数字签名技术、认证技术和虚拟专用网等。

(5) 计算机及网络技术。电子采购和企业内部相关信息传递及处理都离不开计算机。计算机硬件性能的增强,加快了信息处理速度、提高了准确性;软件功能的完善不但大大方便了操作,也使其操作界面更加友好。

电子采购的网络基础包括局域网技术、广域网互联、接入技术和网络通信协议。在局域网方面,一般参考和引用ISO/OSI模型,结合本身特点制定模式和标准。广域网互联是把跨国家、跨地区的计算机和局域网连接起来,所涉及的技术有ISDN(integrated services digital network,综合业务数字网)、宽带、ATM(asynchronous transfer mode,异步传输模式)等。ISDN是一种公用电信网络,与使用modem(调制解调器)设备接入相比,其传输速率具有不可比拟的优势,ISDN传输速率高达数百比特率甚至数百兆位每秒。随着宽带网络技术的成熟,数据传输的瓶颈问题逐步得到解决。接入技术是负责将用户的局域网或计算机与公用网络连接在一起,对于企业来说就是企业的内部局域网同Internet连接。它要求有较高的传输效率,随时可以接通或迅速接通,且价格便宜。目前,比较现实的技术有电缆modem和ADSL(asymmetric digital subscriber line,非对称数字用户线路),modem为企业实现接入创造了条件。

2. 实施电子采购的步骤

企业实施电子采购一般包括以下几步。

(1) 提供培训。任何一个新系统的实施都离不开技术人员和操作人员,在实施电子采购之前,应先对使用者进行培训,这是电子采购成功实施的关键因素之一。

(2) 建立数据源。建立数据源的目的是通过网络实现采购与供应管理的功能并积累数据,其内容包括供应商目录、供应商的原料和产品信息、各种文档样本、与采购相关的其他网站、可检索的数据库、搜索工具等。

(3) 成立正式项目小组。项目小组由高层管理者直接领导,其成员包括项目实施过程所涉及的各个部门的人员,包括信息技术、采购、仓储、生产、计划等部门,甚至包括网络服务商、应用服务提供商、供应商等外部组织的成员。成员应对方案的选择、风险、成本、程序安装和监督程序运行的职责分配等进行充分交流和讨论,以取得共识。实践证明,做好组织准备是保证电子采购顺利进行的前提。

(4) 广泛调研,收集意见。为完善电子采购系统,应广泛听取各方面的意见,包括技术人员、管理人员、软件供应商等。同时要借鉴其他企业行之有效的做法,在统一意见的基础上,制定和完善有关技术方案。

(5) 建立企业电子采购网站。在企业电子采购网站中，应设置电子采购模块，以使在整个采购过程中，管理层、相关部门、供应商及其他相关内外部人员始终保持动态的联系。

(6) 应用之前测试所有功能模块。在电子采购系统正式应用之前，必须对所有的功能模块进行测试，因为如果任何一个功能模块存在问题，都会对整个系统的运行产生很大的影响。

(7) 网站发布。利用电子商务网站和企业内部网收集企业内部各个部门的采购申请，对这些申请进行统计整理，形成采购招标计划，并在网上发布信息。

4.4 准时化采购

准时化(just in time，JIT)采购是在20世纪90年代，受准时制生产管理思想的启发而出现的。准时制生产方式由日本丰田汽车公司在20世纪60年代率先使用。在1973年爆发的石油危机中，这种生产方式使丰田公司渡过了难关，因此受到日本和其他国家生产企业的重视，并逐渐引起欧洲和美国的日资企业及当地企业的重视。近年来，JIT模式不仅作为一种生产方式，也作为一种采购模式开始流行起来。

4.4.1 准时化采购的基本思想

准时化生产的基本思想是"杜绝浪费""只在需要的时间、按需要的量生产所需要的产品"。这种生产方式的核心是追求一种零库存生产系统，或是使库存量达到最低的生产系统。准时化管理思想已经被运用到采购、运输、储存以及预测等领域。

准时化采购是一种先进的采购模式，它的基本思想是在恰当的时间、恰当的地点，以恰当的数量、恰当的质量提供恰当的物品。它是从准时制生产发展而来的，是为了消除库存和不必要的浪费而进行持续性改进的采购模式。要进行准时化生产必须保证准时供应，因此准时化采购是准时化生产管理模式的必然要求。准时化采购不但可以减少库存，还可以加快库存周转、缩短提前期、提高采购质量，从而提高交货满意度。

JIT是一种典型的需求导向的供应链管理思想，具有监测环境的重要属性，能帮助企业迅速适应市场和顾客需求的变化。JIT的一个核心目标是尽可能地降低库存，最终实现企业的零库存运行，这样可以减少资金占用，大大降低库存成本。

4.4.2 准时化采购与传统采购的区别

准时化采购与传统采购有着本质的区别，主要体现在以下几个方面。

1. 采用较少的供应商，甚至单源供应

传统的采购模式一般是多头采购，形成卖方竞争和买方市场，供应商的数目相对较多。但从理论上讲，单源供应比多源供应好。一方面，管理供应商比较方便，也有利于降低采购成本；另一方面，有利于供需之间建立长期稳定的合作关系，质量有保证。但是，采用单源供应也有风险，比如供应商可能因意外中断交货、供应商缺乏竞争意识等。

2. 选择供应商的标准不同

在传统的供应模式中，供应商和企业之间的关系是短期的合作关系，企业通过价格竞争来选择供应商。在准时化采购中，这种短期的合作关系变成了长期的合作关系，这时供应商的合作能力将影响企业的长期经济利益，因此对供应商的要求比较高。企业在选择供应商时不仅要比较供应商的价格因素，而且要对供应商进行综合评估。其中，质量是最重要的评估标准，具体包括产品质量、工作质量、交货质量和技术质量等多方面。

3. 对交货准时性的要求不同

准时化采购的一个重要标准是交货准时，这是实施精细生产的前提条件。交货准时取决于供应商的生产和运输条件。作为供应商，要准时交货，可从以下两个方面入手。

(1) 不断改进企业的生产条件，提高生产的可靠性和稳定性，减少延迟交货或误点现象。在准时化采购中，作为准时化供应链管理的一部分，供应商同样应该采用准时化生产管理模式，以提高生产过程的准时性。

(2) 为提高交货准时性，要重视运输问题。在物流管理中，运输问题是一个很重要的问题，它决定准时交货的可能性，特别是全球供应链管理系统，运输过程长，而且要先后使用不同的运输工具，需要中转运输，因此要进行有效的运输计划与管理，使运输过程准时化。

4. 对信息交流的需求不同

准时化采购要求供应商与企业双方信息高度共享，保证供应与需求信息传递的准确性和实时性。由于供需双方的战略合作关系，企业应及时与供应商交流生产计划、库存、质量等各方面的信息，以便出现问题时能够及时处理。只有供需双方进行可靠而快速的双向信息交流，才能保证所需的原材料和外购件的即时供应。同时，充分的信息交换可以增强供应商的应变能力。所以，实施准时化采购，必须保证供应商和制造商之间进行有效的信息交换。信息交换的内容包括生产作业计划、产品设计、工程数据、质量、成本、交货期等。现代信息技术的发展为高效的信息交换提供了有力的支持。

5. 制定采购批量的策略不同

小批量采购是准时化采购的一个基本特征。准时化采购和传统采购模式的重要不同之处在于：准时化生产需要减少生产批量，因此应采用小批量采购。从另一个角度看，由于企业生产对原材料和外购件的需求是不确定的，而准时化采购又旨在消除原材料和外购件库存，为了保证及时且按质按量供应企业所需的原材料和外购件，采购必然是小批量的。

6. 对送货和包装的要求不同

由于准时化采购消除了原材料和外购件的缓冲库存，供应商交货失误和送货延迟必将导致企业生产线停工待料。因此，可靠的物流是实施准时化采购的前提条件。送货的可靠性通常取决于供应商的生产能力和运输条件，一些不可预料的因素，如恶劣的气候条件、交通堵塞、运输工具故障等，都可能引起送货迟延。当然，最理想的送货方式是直接将货送到生产线上。

传统采购与准时化采购的区别如表4-1所示。

表4-1 传统采购与准时化采购的区别

项目	传统采购	准时化采购
供应商数量	数量较多,多头采购	较少的供应商,甚至单源供货
供应商选择标准	通过价格竞争选择,短期合作	综合选择标准,长期合作关系
交货准时性	无特殊要求,不耽误生产	要求交货准时
信息交流的需求	一般无共享	双方信息高度共享
采购批量的策略	大批量订货,易获得价格折扣	小批量采购
送货和包装的要求	普通包装,送货延迟较多	标准化容器包装,准时送货

4.4.3 准时化采购的实施

1. 实施条件

准时化采购的成功实施需要具备一定的前提条件,具体包括如下几个方面。

(1) 供应商与企业的距离越近越好。距离太远,操作不方便,发挥不了准时化采购的优越性,很难实现零库存。

(2) 企业和供应商建立互利合作的战略伙伴关系。准时化采购策略的推行,有利于制造商和供应商之间建立长期互利合作的新型关系,双方相互信任、相互支持、共同获益。

(3) 注重基础设施的建设。良好的交通运输和通信条件是实施准时化采购策略的重要保证,企业基础设施建设的标准化,对准时化采购的推行至关重要。所以,要想成功实施准时化采购策略,企业和供应商都应注重基础设施的建设。当然,这些条件的改善不仅仅取决于企业和供应商的努力,各级政府也应加大投入。

(4) 强调供应商的参与。准时化采购不只是企业采购部门的事,它也离不开供应商的积极参与。供应商的参与,不仅体现为准时、按质、按量供应企业所需的原材料和外购件,还体现在积极参与企业产品开发设计过程。与此同时,企业有义务帮助供应商改善产品质量,提高劳动生产率,降低供货成本。

(5) 建立实施准时化采购策略的组织。企业管理人员必须从战略高度来认识准时化采购的意义,并建立相应的组织来保证该采购策略的成功实施。该组织应包括采购部门、产品设计部门、生产部门、质量部门、财务部门等。它的任务:提出实施方案,具体组织实施,对实施效果进行评价,督促相关部门做出改进。

(6) 企业向供应商提供综合、稳定的生产计划和全面、准确的作业数据。综合、稳定的生产计划和全面、准确的作业数据有助于供应商及早准备,精心安排生产,确保准时、按质、按量交货;否则,供应商就不得不求助于缓冲库存,从而增加其供货成本。有些供应商在企业工厂附近建立仓库以满足其准时化采购要求,这不是真正的准时化采购,只是库存负担转移。

(7) 注重教育和培训。教育和培训可以使企业和供应商充分认识到实施准时化采购的意义,并使其掌握准时化采购的技术和标准,以便对准时化采购进行改进。

(8) 加强信息技术的应用。准时化采购建立在有效信息交换的基础上,信息技术的应用可以保证企业和供应商之间实现信息共享。因此,企业和供应商都应加强对信息技术的投资,以便更加有效地推行准时化采购策略。

2. 实施步骤

开展准时化采购同其他工作一样，需遵循计划、实施、检查、总结、提高的基本思路，具体包括以下步骤。

(1) 创建准时化采购班组。世界一流企业的专业采购人员的责任包括：寻找货源，商定价格，发展与供应商的协作关系并不断改进。专业化的高素质采购队伍对实施准时化采购至关重要。为此，应成立两个班组：一个班组专门处理供应商事务，具体任务是认定和评估供应商的信誉、能力，与供应商谈判并签订准时化订货合同，向供应商发放免检签证，同时还要负责供应商的培训与教育；另一个班组专门从事消除采购过程中的浪费现象。这些班组人员对准时化采购的方法应有充分的了解和认识，必要时要进行培训。如果班组人员本身缺乏对准时化采购的认识和了解，就无法与供应商合作。

(2) 制订计划。为确保准时化采购策略有计划、有步骤地实施，应做好以下几项工作：制定采购策略，改进当前的采购方式，减少供应商的数量，正确评价供应商，向供应商发放免检签证。在这个过程中，企业要与供应商商定准时化采购的目标和有关措施，保持信息沟通。

(3) 精选少数供应商，建立伙伴关系。选择供应商应从产品质量、供货情况、应变能力、地理位置、企业规模、财务状况、技术能力、价格、与其他供应商的可替代性等几个方面考虑。

(4) 进行试点工作。先从某种产品或某条生产线开始，进行零部件或原材料的准时化供应试点。在试点过程中，取得企业各个部门的支持是很重要的，特别是生产部门的支持。通过试点，总结经验，为正式实施准时化采购打下基础。

(5) 做好供应商的培训工作，确定共同目标。准时化采购是供需双方共同的业务活动，单靠采购部门的努力是不够的，需要供应商的配合。供应商能理解准时化采购的策略和运作方法，才能支持和配合企业，因此需要对供应商进行教育培训。通过培训，双方确立一致的目标，相互之间就能够很好地协调，做好准时化采购工作。

(6) 向供应商颁发产品免检合格证书。准时化采购和传统采购方式的不同之处是，企业对采购产品的检验手续比较简单。要做到这一点，需要供应商提供百分之百的合格产品。当供应商达到这一要求时，企业即可向其发放免检合格证书。

(7) 实现配合准时化生产的交货方式。准时化采购的最终目标是实现企业生产准时化，为此，要实现从预测交货方式向准时化适时交货方式的转变。

(8) 继续改进，扩大成果。准时化采购是一个不断完善和改进的过程，需要企业在实施过程中不断总结经验教训，从降低运输成本、提高交货准确性和产品质量、降低供应商库存等各个方面进行改进，不断提高准时化采购的运作效果。

4.4.4 实施准时化采购的风险及防范

实施准时化采购虽然可以给企业带来降低库存、提高采购质量、降低采购价格等好处，但有时也存在一定风险。从企业自身角度观察，在供应链中实施准时化采购主要有以下4个方面的风险。

1. 质量风险

准时化采购要求企业采用较少的供应商，甚至单源供应，这意味着一旦供应商出现质量问题，将导致采购方生产的产品全部存在质量问题。在准时化采购中，采购方会给供应商发免检合格证书，可能会导致有质量问题的原材料进入生产车间，最终生产出质量有问题的产品。这些情况都会给采购方带来质量风险。

为了控制质量风险，采购方在选择供应商时除了考虑短期供应因素，应更多地考虑供应商长期供货的影响因素。例如，供应商的质量认证体系、供应商生产的稳定性、供应商资质认证和准入的更高要求等。同时，采购方应建立起供应商日常监测机制，监测供应商的质量情况是否稳定，通过对供应商的过程监控降低质量风险。

2. 断货风险

在准时化采购中，采购方或者供应商都有可能出现生产中断的意外情况。如果采购方的生产中断，会产生在制品库存增多的风险；而如果供应商的生产中断，则会使采购方面临缺货的风险。

为了降低断货风险的影响，采购方应进行风险分析，制订应急计划，与供应商改善关系以确保供应；也可以通过改进产品标准和设计规格，尽可能使用标准化程度高、供应来源广的部件或材料；还可以尝试某种资源的多轨制供应，例如，选择双供应源。

3. 信息泄露风险

供应链管理和准时化采购都有信息共享和交流的需求，包括采购方向供应商提供的生产计划和作业数据等信息。这些是企业得以生存和维持竞争力的重要私密信息，与合作伙伴共享会产生信息泄露的风险。

为了防范信息泄露，一方面要加强供应商管理，利用双方签订的协议约束供应商；另一方面要给予供应商合理的利益分配，也可以考虑进行垂直整合，在一定程度上控制供应商。

4. 合作风险

在供应链环境下，采购方和供应商是互利的合作战略伙伴关系，这导致供应商对提升自身业务水平的兴趣下降；同时，准时的采购品交付总是会增加供应商的库存成本，使采购方的库存成本相应减少，因而供应商缺乏必要的主动性，这给采购方带来了合作风险。

为了降低合作风险，可以引入动态的供应商考核、激励和惩罚机制；还可以拉近与供应商之间的距离，以降低供应商库存。

▶案例分析4-2："欧冶采购"的电子商务平台

一、企业基本情况

上海欧冶采购信息科技有限责任公司(以下简称欧冶采购)起步于宝钢内部电子商务平台，拥有15年专注为大中型制造企业提供策划、研发、应用、运营全流程服务所形成的采购信息化及电商行业经验。2015年，宝钢集团整合原有钢铁电子交易相关资源，斥资20亿元以全新商业模式建立钢铁服务平台——欧冶云商股份有限公司(以下简称欧冶云商)。2015年12月，欧冶云商斥资8000万元成立欧冶采购，面向工业制造领域，打造"互联网+工业品采购"服务。

欧冶采购的定位是"诚信企业俱乐部、优质产品展示厅",构建先进的B2B电子商务平台,辅以欧冶云商的金融、数据、物流、资讯等优质服务,为传统制造企业的采购供应提供商务、金融、物流、仓储、售后的全生命周期服务,为用户创造价值,与用户共享成果,致力于构建面向工业4.0的全产业链采购供应共享生态圈,成为中国制造领域示范工业品采购服务平台。

二、"互联网+采购"是企业电子商务发展的必然趋势

(1) 传统采购的难与"痛"。过去很多年,传统采购的难与"痛"主要体现在以下几个方面:①供需关系的竞争性和短期性导致缺乏战略合作和协同;②流程繁复,效率低下;③缺乏数据积累和经验固化的有效手段;④缺乏廉政监督和控制机制。

(2) 电子商务采购的发展。近几年,中国电子商务交易规模一直保持较快增速,年平均增速为GDP(7%~9%)的2~3倍。2018年,企业网购市场规模达到28.6万亿元。"互联网+采购"也是各级政府大力倡导的发展方向。

三、欧冶采购助力传统制造企业转型"互联网+采购"

欧冶采购基于海量优质供应商的资源及管理能力,以及对大型制造企业采购供应全流程的理解和服务能力,提供一站式、覆盖企业采购全生命周期的服务。欧冶采购电子商务平台支持可参数化流程配置的多采购寻源方式,提供包括核价竞价、公开竞价、综合竞价、组合竞价在内的丰富、标准的采购服务产品,可满足不同组织架构、不同采购品种的互联网采购管理需求。在企业自主采购交易的基础上,平台还着力建设一站式企业采购网上超市,方便用户便捷采购,降本增效。

欧冶采购电子商务平台拥有30 000多家优质供应商,提供从备品备件到维修工程等广域的供应物料和服务,形成近60大类、200多个中类等齐全、严谨的供应物料目录。欧冶采购平台的优质供应商由宝钢集团等大型采购组织用户向平台引入其合格供应商队伍,并结合平台10余年对供应商的严格管理所构成。

欧冶采购对供应商的管理涵盖供应商注册、注册信息和业务资质的审核和认证、向采购组织推荐、供应商信息展示和搜索、供应商业务过程、供应商评价、质量异议处理、优秀供应商服务等全流程,突出"真实、优质"的管理原则,为采购组织提供放心产品和服务,并帮助采购组织解决供应商寻源和管理的难点,大幅降低采购成本。

资料来源:中国物流与采购网.欧冶采购电子商务平台助力传统制造企业"互联网+采购"转型升级[EB/OL].(2016-11-23)[2023-01-03]. http://www.chinawuliu.com.cn.

案例思考题:

(1) 欧冶电子商务采购有哪些优点?
(2) 与传统采购模式相比,电子采购的特点主要体现在哪些方面?
(3) 结合案例分析我国企业应用电子采购的现实意义。

本章小结

企业根据自身特点选择合适的采购方式能够缩短采购时间,并且能节约采购成本,为企业以后的发展打下良好的基础。不同的企业要根据自己的情况和所采购产品的特点,采用不同的

采购方式。本章主要介绍了几种常用的采购方式,简要说明了不同采购方式所适应的采购领域,反映了采购业的发展趋势。

复习思考题

一、单项选择题

1. 可以实现规模效益,降低成本,获取主动权,尤其适合连锁经营、特许经营企业的采购模式是( )。
   A. 集中采购　　　　　　　　B. 联合采购
   C. JIT采购　　　　　　　　　D. 电子采购

2. 关于联合采购的描述,不正确的是( )。
   A. 联合采购是指多个企业之间的采购联盟行为
   B. 联合采购可以有效减少运输费用,降低物流成本
   C. 联合采购是企业或集团企业内部对同一种产品的集中化采购
   D. 联合采购一般是指有竞争关系的同行之间对通用材料的合并采购

3. 供应商和采购方通过第三方设立的网站进行采购业务的是( )。
   A. 卖方电子采购　　　　　　B. 第三方电子商务采购
   C. 买方电子采购　　　　　　D. 以上都不是

4. 企业采购原材料时,采购处于产品开发研制阶段的物品时应采取( )。
   A. 集中采购　　　　　　　　B. 联合采购
   C. 准时化采购　　　　　　　D. 分散采购

二、多项选择题

1. 采购( )时,应采用集中采购方式。
   A. 小批量、价值高的物品
   B. 产品开发研制、试验所需的物品
   C. 保密程度高、产权约束多的物品
   D. 价值高的关键性零部件
   E. 容易出问题的物品

2. 分散采购方式的优点是( )。
   A. 问题反馈快,针对性强,方便灵活
   B. 有利于采购资金的统一管理
   C. 减少了内部物资调拨手续,决策效率高
   D. 能充分调动分厂的积极性,有较强的激励作用
   E. 占用资金少,库存空间小,保管简单、方便

3. 准时化采购和传统采购方式有许多不同之处,主要表现在( )。
   A. 对供应商的选择标准不同　　B. 对交货准时性的要求不同
   C. 对信息交流的需求不同　　　D. 制定采购批量的策略不同
   E. 采用较少的供应商,甚至单源供应

4. 对电子采购理解正确的是( )。
   A. 电子采购是信息技术和通信技术的综合应用
   B. 电子采购是通过电子的方法提升采购和供应水平的管理过程
   C. 电子采购是在因特网上以B2C模式进行的
   D. 电子采购将推动采购和供应管理的改进
   E. 电子采购是企业通过第三方交易平台开展的采购形式

三、判断题

1. 相对于传统采购，电子采购具有价格透明、效率高、竞争性强、节约成本等优势。( )
2. 集中采购的优点就是规模效益能够降低采购成本，方便灵活，响应速度快。( )
3. 电子采购通过对采购功能和流程的电子重组，将采购功能布置在企业每个雇员的桌面上，从而提高间接采购的速度和效率，降低成本。( )
4. 分散采购是集中采购的完善和补充，有利于增强基层工作责任心，使基层工作富有弹性和成效，有利于统一调拨资金管理。( )
5. 准时化采购策略体现了供应链管理的协调性、同步性和集成性，而供应链管理也需要准时化采购来保证其整体同步化运作。( )
6. 企业间采用联合采购方式，则这些企业一定是同质性企业，即生产相同产品的企业。
( )

四、思考题

1. 简述集中采购的定义及特点。
2. 简述分散采购的定义及特点。
3. 简述集中采购与分散采购的区别及选择依据。
4. 什么是联合采购？联合采购有哪些好处？哪些措施可以推动企业间联合采购？
5. 简述电子采购的特点及实施步骤。
6. 简述电子采购的基本模式及其适用范围。
7. 简述准时化采购的优势及实施条件。

▶实训题：采购方式调查

1. 实训目的

通过网络调查或实地考察的方式，了解几种主要采购方式的采购过程，分析各种采购方式的特点，并了解这些采购方式在实际采购中的应用情况。

2. 实训组织及要求

(1) 在教师的指导下，将4～6名学生划分为一组，选定1名组长。

(2) 各小组成员通过网络调查或实地考察的方式自主选择目标企业，了解企业采购方式的选择及应用情况。

(3) 各小组相互协商，尽量调查不同行业、不同产品以及不同的采购方式，以便各组进行对比分析。

(4) 对比不同企业的采购方式，讨论各种采购方式的特点，将讨论结果形成报告并提交。

3. 实训题目

各小组通过讨论确定自己熟悉或感兴趣的产品或行业，选择实地考察的小组，进入采购部门了解采购方式时要详细记录各类采购物品的特点，对所采用的采购方式要进行必要的描述，并将采购物品与采购方式的特点联系起来，分析其中的关系。各采购小组在收集资料时，主要针对以下几个方面。

(1) 采购物品有何特点？
(2) 企业在实际采购中应用了什么采购方式？这种采购方式的特点是什么？
(3) 企业选择的采购方式是否恰当？是否有不合理之处？
(4) 对比不同企业的不同采购方式，结合企业实际分析不同采购方式的优缺点。
(5) 对改进方案进行选择。

4. 实训考核

实训成绩根据个人表现和团队表现进行综合评定，考评内容包含以下几项。

(1) 资料收集是否全面，是否通过实地调查获得资料，获得的资料是否真实有效。
(2) 获得企业采购方式的相关资料后是否进行总结和分析，是否能够做到理论联系实际。
(3) 小组内部分工是否明确，组员是否有协作精神，由组长根据个人任务完成情况进行评分。
(4) 小组总结汇报思路是否清晰，内容是否充实，重点是否突出。由教师对小组进行评分。
(5) 实训报告是否按规范格式完成，由教师对个人报告或小组报告进行评分。
(6) 根据个人得分和小组综合评分，最终确定每个学生的实训成绩。

第5章 招标采购

本章概要

招标采购是一种应用越来越广泛的采购方式，是企业或政府采购原材料、设备、零部件和办公用品时常用的一种采购方式。招标采购是一种开放式的采购方式，能够真正体现公开、公平、公正和择优的原则。对于买卖双方而言，招标采购能够增加透明度，客观上有效防止采购腐败和不公平竞争，有助于实现市场的优胜劣汰，从而保证采购物品的质量，降低采购成本。

本章首先介绍招标采购的定义、特点及方式；其次介绍招标采购的准备工作，重点介绍招标及投标文件的编制；再次介绍招标采购过程管理，主要涉及招标采购程序与评标方法两个方面；最后介绍招标采购中的常见问题。

知识目标

- 掌握招标采购的定义和特点。
- 掌握公开招标和邀请招标的区别。
- 掌握招标采购的一般程序及注意事项。
- 掌握招标采购的评标方法及适用范围。
- 掌握招标采购的运作程序。
- 了解招标及投标文件的编制方法及主要内容。
- 了解标底的定义及作用。
- 了解招标采购中的常见问题。

能力目标

- 能够根据要求编制招标文件、投标文件。
- 能够根据招标采购的程序组织招标采购。
- 树立诚实守信、公正廉洁的职业标准，强化可持续发展的理念。

案例分析5-1：采购中的"低价中标，后来提刀"

2020年，某城市经历了一场洪水的洗礼，城市管理者决定对城市下水系统进行改造。该项目是市政基础设施建设项目，具有金额较大、实施范围广的特点，准备采用招标采购的方式。

按照招标采购的流程，完成发布公告、资格预审、招标、投标和开标工作后，进入评标环节。在评标会上，评审专家发现，招标文件中没有标示铺设地下管道之前要加一层防漏层，如果不加,万一管道泄漏,就会造成无法挽回的后果。而所有投标人中,只有沙茂公司在投标文件中提及防漏层,但评标标准中并没有这一项,无法给沙茂公司加技术分,而且因为沙茂公司考虑到防漏层的成本,价格自然比其他公司高。有人估计,其他公司是故意将错就错,等着签合同后再提出来,趁机将招标的低价用防漏层的加价补回来,这在投标技巧中称为"低价中标,后来提刀"法。大概是沙茂公司在投标方面经验不足,但也不排除他们没有考虑到这个因素,或完全按照采购方的招标文件要求投标。

在商务标评比中,沙茂公司的报价为826万元,排名第三。大家做了一个估算,如果去掉防漏层的成本,沙茂公司的报价为796万元,比排名第一的公司报价低9万元。

现在要做出的决策是:

(1) 要求除沙茂公司以外的投标人做出澄清,加上防漏层的报价,并重新报价。
(2) 要求沙茂公司做出澄清,减去防漏层的报价。
(3) 将错就错,只能让排名第一的投标人中标,然后再增加防漏层的报价。
(4) 中标者为沙茂公司。
(5) 废标,重新编制招标文件,再次招标。

案例思考题:
(1) 按照招投标法规定,正确的处理方式应是什么?
(2) 本次招标采购存在哪些问题?
(3) 如何避免今后再次发生这种情况?你有哪些建议?

5.1 招标采购概述

招标采购是一种国内外广泛采用的采购方式,受到人们越来越多的关注,许多领域采用这种方式,并逐步形成了许多国际惯例。从发展趋势看,招标和投标的适用领域还在继续拓宽,规范化程度也在进一步提高。

5.1.1 招标采购的定义

所谓标,即标书,就是任务计划书、任务目标。招标采购是通过招标方式进行采购,通过在一定范围内公开采购信息,说明拟采购物品或项目的交易条件,邀请供应商或承包商在规定的期限内提出报价,经过比较分析后,按既定标准选择条件最优惠的投标人,并与其签订采购合同的一种采购方式。

招标采购是在众多供应商中选择最佳供应商的有效方法。它体现了公平、公开和公正的原则。通过招标程序,招标企业可以在最大程度上吸引和扩大投标方之间的竞争,从而使招标方有可能以更低的价格采购到所需要的物资或服务,更充分地获得市场利益。

招标采购方式通常用于比较重大的建设工程项目、新企业寻找长期物资供应商、政府采购或采购批量比较大的场合。从招标业务活动来看,我国建设工程的招标较多一些,开展得早一些。在采购领域,机电设备的招标采购走在前头,而企业在物资采购中使用招标的方式相对比较少。政府采购为招标采购提供了一个广阔的市场,因为政府采购的批量大,要求公开、公正和公平。

5.1.2 招标采购的特点

招标采购最大的特点是公开性,凡是符合资质规定的供应商都有权参加投标。招标采购主要的特点是公开性、公平性和竞争性。

1. 招标程序的公开性

招标程序的公开性有时也称透明性,是指将整个采购程序全部公开:公开发布招标邀请(网络、报纸、媒体等);公开发布招标商资格审查标准和最佳投标商评选标准;公开开标,公布中标结果;公开采购法律,接受公众监督,防止暗箱操作、徇私舞弊和腐败违法行为。

2. 招标程序的公平性

所有对招标感兴趣的供应商、承包商和服务提供者都可以参与投标,并且地位一律平等,不允许招标方歧视任何投标商(是不是名牌企业);评选中标商是根据事先公布的标准进行的;招标是一次性的,并且不能与投标商进行谈判。这些措施既保证了招标程序的完整,又可以吸引优秀的供应商来投标。

3. 招标过程的竞争性

招标是一种引发竞争的采购程序,是竞争的一种具体方式。招标活动是若干投标商公开竞标的过程,是一场实力大比拼。招标的竞争性体现了现代竞争平等、诚信、正当和合法等基本原则。招标也是一种规范的、有约束的竞争,有一套严格的程序和实施方法。企业通过招标活动,可以最大限度地吸引投标商参与竞争,从而有可能以更低的价格采购到所需的物资或服务,更充分地获得市场利益。

5.1.3 招标投标的方式

根据《中华人民共和国招标投标法》的规定,招标方式分为公开招标和邀请招标两种。从国际招标类型来看,除了这两种方式,还有议标、两阶段招标等方式。下面简单介绍一些主要的招标方式。

1. 公开招标

1) 公开招标的定义

公开招标又称竞争性招标,是指由招标人在国家指定的报刊、信息网络或其他媒体上发布招标公告,邀请不特定的企业单位参加投标竞争,招标人从中选择中标单位的招标方式。一般政府招标和重点项目招标都需要采用公开招标的方式。

2) 公开招标的类型

按照竞争程度,公开招标可分为国际竞争性招标和国内竞争性招标。

(1) 国际竞争性招标。这种方式是在世界范围内进行招标,国内外合格的投标商均可以投标,要求制作完整的英文标书,在国际上通过各种宣传媒介刊登招标公告。国际竞争性招标的特点是高效、经济、公平，特别是采购合同金额较大、国外投标商感兴趣的货物工程必须采用国际竞争性招标。世界银行根据不同地区和国家的情况，规定凡采购金额在一定限额以上的货物和工程合同都必须采用国际竞争性招标。对一般借款国来说，合同金额超过25万美元的货物采购合同，大中型工程采购合同，都应采用国际竞争性招标。我国利用世界银行贷款的工业项目合同金额在100万美元以上的，也应采用国际竞争性招标。

(2) 国内竞争性招标。在国内进行招标，可用本国语言编写标书，在国内媒体上登出广告，公开出售标书，公开开标。这种招标方式通常用于合同金额较小(世界银行规定一般在50万美元以下)、采购品种比较分散、分批交货时间较长、劳动密集型、商品成本较低而运费较高、当地价格明显低于国际市场价格等类型的采购。从国内采购货物或者工程建筑可以大大节省时间，而且这种便利对项目的实施具有重要的意义。在国内竞争性招标的情况下，如果外国企业愿意参加，则应允许其按照国内竞争性招标参加投标，不应人为设置障碍，妨碍其公平参加竞争。国内竞争性招标的程序与国际竞争性招标大致相同。由于国内竞争性招标限制了竞争范围，通常国外供应商不能得到有关投标的信息，这与招标的原则不符，所以有关国际组织对国内竞争性招标都加以限制。

3) 公开招标的优点

(1) 公平。公开招标使对该招标项目感兴趣又符合投标条件的投标者都可以在公平竞争条件下，享有中标的权利与机会。

(2) 价格合理。基于公开竞争，各投标者凭其实力争取合约，而不是由人为或特别限制规定售价，价格比较合理。而且各投标者自由竞争，招标方可获得最具有竞争力的价格。

(3) 改进品质。各竞争投标的产品规格或施工方法不同，公开招标可使双方了解相关技术水平与发展趋势，促进品质改进。

(4) 减少徇私舞弊。各项资料公开，办理人员难以徇私舞弊，可避免人情关系的干扰。

(5) 扩大来源。通过公开招标可获得更多投标者的报价，扩大供应来源。

4) 公开招标的缺点

(1) 采购费用较高。公开登报、招标文件制件与印刷、开标场所布置等，均需要花费大量财力与人力，万一出现中标无效的状况，花费更大。

(2) 手续烦琐。从招标文件设计到签约，每一个阶段都必须周详准备，并且要严格遵循有关规定，不允许发生差错，否则会造成纠纷。

(3) 可能产生串通投标。金额较大的招标项目，投标者之间可能串通投标，做不实报价或任意提高报价，给招标者造成困扰与损失。

(4) 可能造成抢标。报价者因有现货急于变现，或有特权掩护，或基于销售或业务政策等原因，而报出不合理的低价，可能造成恶性抢标，以致带来偷工减料、交货延迟等风险。

(5) 衍生其他问题。事先无法了解投标企业或无法做有效的信用调查，可能会衍生意想不到的问题，如倒闭、转包等。

5) 公开招标的适用范围

(1) 需求相对简单并且能在招标文件中描述清楚。

(2) 有许多相互之间公开竞争的供应商，并且任何一个供应商都不比其他人有明显优势。

(3) 企业评估大量投标的成本很可能低于增进竞争而带来的价格降低。

(4) 价格是最重要的评估标准。

(5) 一些规模较小的项目、维修工程及某些专业性较强的特殊项目。

2. 邀请招标

1) 邀请招标的定义

邀请招标也称为有限竞争性招标或选择性招标，是指由招标单位选择一定数目的企业，向其发出投标邀请书，邀请其参加竞争。一般选择3~10家企业较为适宜，不能少于3家，要视具体的招标项目的规模而定。由于被邀请参加的投标竞争者有限，不仅可以节约招标费用，而且增加了每个投标者的中标机会。然而，由于邀请招标限制了充分的竞争，招标投标法规一般都规定招标人应尽量采用公开招标。

2) 邀请招标的优点

(1) 因无须登报或公告，投标人数有限，能减少评标工作量，可以节省时间和费用。

(2) 由于基于同一条件邀请单位投标竞价，机会均等。虽然邀请招标不像公开招标那样不限制投标单位数量，但公平竞争的本质相同，只是竞争程度较低而已。

(3) 能减少徇私舞弊，防止串通投标现象。

3) 邀请招标的缺点

(1) 由于竞争对手少，招标人获得的报价可能并不十分理想。

(2) 由于招标方对供应市场了解不够，可能会遗漏一些有竞争力的供应商或承包商。

4) 邀请招标的适用范围

下列情形之一，经财政部门同意，可以采用邀请招标。

(1) 公开招标后，没有供应人或无合格标。

(2) 出现紧急需求或突发情况，无法按招标方式得到所需的货物、工程或服务。

(3) 采购项目因其复杂性和专门性，只能在有限范围内选择供应商。

(4) 公开招标成本过高，与采购项目的价值不相称。

(5) 不宜进行公开招标的项目，如涉及国家安全、军事机密等项目。

(6) 经财政部门认定的其他情况。

在实际采购过程中，两种招标方式各有优势，两者主要区别如表5-1所示。

表5-1 两种招标方式对比

对比项目	公开招标	邀请招标
发布信息的方式	采用公告的形式	采用招标邀请书
选择的范围	一切潜在的供应商	针对已经了解的供应商
竞争的范围	范围较广	范围有限
公开的程度	所有程序均公开	部分程序公开
时间和费用	时间较长、费用较高	参与的供应商较少，耗时较短、费用低

3. 议标

1) 议标的定义

议标也称为谈判或指定招标,是由招标方直接选定一家或几家供应商进行协调谈判,确定交付条件的方式。

2) 议标的优点

(1) 可及早选定供应商或承包商,有利于后续工作开展。

(2) 能促使项目早日开工。

(3) 采购方的招标费用可大大降低。

(4) 采购方是根据其价格及技术要求来选定供应商的,因而可以物色到自己较为满意的供应商或承包商。

(5) 可以充分利用供应商或承包商所拥有的专业技术知识和工作经验。

3) 议标的缺点

(1) 采购方接受的合同价格可能并非真正的竞争性价格,不能反映供应市场的真实价格和最低价格。

(2) 对政府部门来说,可能满足不了公众参与项目财务审核、透明度高的要求。

(3) 许多国家法律不允许政府投资项目采用议标方式,适用范围较小。

5.2 招标采购的准备

招标采购有一套完整的、统一的程序,这套程序不会因国家、地区和组织的不同而存在太大的差别。在招标之前需要做大量的基础性工作,如招标的分标、资格预审通告的发布、招投标文件的准备、招标通告的发布、招标文件的发售等,具体工作可由采购单位自行办理。如果采购单位因人力或技术原因无法自行办理,可以委托给社会中介机构办理。

5.2.1 资格预审

在正式组织招标以前,需要对供应商的资格和能力进行预先审查,即资格预审,尤其是一些大型或复杂的土建工程或成套设备的招标。通过资格预审,可以缩小供应商的范围,避免不合格的供应商做无效劳动,减少他们不必要的支出,同时也可以减少采购单位的工作量,节省时间,提高办事效率。

1. 资格预审的内容

资格预审包括两大部分,即基本资格预审和专业资格预审。

(1) 基本资格是指供应商的合法地位和信誉,包括是否注册、是否破产、是否存在违法违纪行为等。

(2) 专业资格是指已具备基本资格的供应商履行拟定采购项目的能力,具体包括:①经验和以往承担类似合同的业绩和信誉。②为履行合同所配备的人员情况。③为履行合同而配备的机械、设备以及施工方案等情况。④财务状况。⑤售后维修服务的网点分布、人员结构等。

2. 资格预审的程序

(1) 编制资格预审文件。一个国家或组织通常会对资格预审文件的格式和内容进行统一，制定资格预审文件范本。资格预审文件可以由采购实体编写，也可以由采购实体委托的研究、设计或咨询机构协助编写。

(2) 邀请潜在的供应商参加资格预审。资格预审通告一般在官方媒体上发布。实行政府采购制度的国家、地区或国际组织，都有专门发布采购信息的媒体，如官方刊物或电子信息网络等。资格预审通告的内容一般包括采购实体名称、采购项目名称、采购(工程)规模、主要工程量、计划采购开始(开工)日期及交货(完工)日期、发售资格预审文件的时间和地点及售价、提交资格预审文件的最迟日期。

(3) 发售资格预审文件和提交资格预审申请。资格预审通告发布后，采购单位应立即开始发售资格预审文件。资格预审申请书的提交必须按资格预审通告中规定的时间，截止期后提交的申请书一律拒收。

(4) 资格评定，确定参加投标的供应商名单。采购单位在规定的时间内，按照资格预审文件中规定的标准和方法，对提交资格预审申请书的供应商进行资格审查，只有经审查合格的供应商才有权继续参加投标。

5.2.2 招标文件的编制

招标文件是招投标活动的核心文件，是招标方开展全部工作的依据，也是招标方的智慧与知识的载体。高水平的招标文件，是做好招标采购的关键。招标文件没有严格不变的格式，招标企业可以根据具体情况灵活编制招标文件。

招标文件通常包括3个部分：通用部分、标书的技术部分、商务合同。一份完整的招标文件应当包括以下8项内容。

1. 招标邀请书

招标邀请书也称招标书，其内容因项目而定，主要是向未定的投标方说明招标的项目名称和简要内容，发出投标邀请，说明采购者的名称和地址、采购内容、投标截止时间、投标地点、联系电话、传真、电子邮件地址等。招标书应当简短、明确，让读者一目了然，了解基本信息。

2. 投标人须知和投标资料表

投标人须知是招标文件的重要组成部分，是采购企业面向投标人的投标指导性文件。投标人须知包括投标条件、资金来源、对投标商的资格要求、货物产地要求等。

投标资料表是关于拟采购货物的具体资料，是对投标人须知的具体补充和修改。两者如果有矛盾，则应以投标资料表为准。投标人须知和投标资料表都是指导投标商编制投标文件的重要依据，都不包含在采购企业与投标商签订的合同中。

3. 合同条款

合同条款包括一般(通用)合同条款和特殊(专用)合同条款，它是采购企业与供应商签订合同的基础。一般合同条款适用于没有被本合同其他部分的条款所取代的范围，特殊合同条款是对一般合同条款的补充。一般合同条款内容包括双方履行的义务、运输验收方式、支付方式、售后服务等，具体内容如表5-2所示。

表5-2 招标采购合同条款内容

一般合同条款	特殊合同条款
➢ 买卖双方的权利和义务	➢ 交货条件
➢ 价格调整程序	➢ 验收和测试的具体程序
➢ 不可抗力因素	➢ 履约保证金的具体金额和提交方式
➢ 运输、保险、验收程序	➢ 保险的具体要求
➢ 付款条件、程序以及支付货币规定	➢ 解决争端的具体规定
➢ 延误赔偿和处罚程序	➢ 付款方式和货币要求
➢ 合同中止程序	➢ 零配件和售后服务的具体要求
➢ 合同适用法律的规定	➢ 对一般合同条款的增减等
➢ 解决争端的程序和方法	
➢ 履约保证金的数量、货币及支付方式	
➢ 有关税收的规定	

4. 技术规格

技术规格是招标文件和合同文件的重要组成部分，它规定了所要采购的设备和货物的性能、标准及物理和化学特征。如果是特殊设备，要附上图纸，规定设备的具体型号。采购货物的技术规格一般采用国际或国内公认的标准。

5. 投标书的编制要求

投标书是投标供应商对其投标内容的书面声明，包括投标文件构成、投标保证金金额、总投标价和投标书的有效期等。投标书中的总投标价应分别以数字和文字表示。投标书的有效期是投标商确认受其投标书约束的期限，应与投标须知中规定的期限一致。

6. 投标保证金

投标保证金的作用是防止投标商在投标有效期内任意撤回其投标，或中标后不签订合同，或不缴纳履约保证金，使采购方蒙受损失。投标保证金不宜过高，以投标价的1%～5%为宜，也可以选择一个固定数额。由于按比例确定投标保证金的做法很容易导致报价泄露，采用固定投标保证金的做法较好，它有利于保护各投标商的利益。国际性招标采购的投标保证金的有效期一般为投标有效期加上30天。

投标商有下列行为之一的，应没收其投标保证金：投标商在投标有效期内撤回投标；投标商在收到中标通知书后，不按规定签订合同或不缴纳履约保证金；投标商在投标有效期内有违规违纪行为等。

7. 供应一览表、报价表和工程量清单

供应一览表应包括采购商品品名、数量、交货时间和地点等。

报价表中，境内提供的货物要填写商品品名、商品简介、原产地、数量、出厂单价、出厂价境内增值部分所占的比例、总价、中标后应缴纳的税费等；境外提供的货物要填写商品品名、商品简介、原产地、数量、离岸价单价及离岸港、到岸价单价及到岸港、到岸价总价等。

工程量清单由分部分项清单、措施项目清单和其他项目清单组成。

8. 投标文件格式

这部分通常称为"附件",就是告诉投标者,投标文件应包括哪些文件,每种文件的格式应当如何。

5.2.3 投标文件的编制

投标与招标是一个过程的两个方面,它们的具体程序和步骤是相互衔接和对应的。投标一般包括以下3个阶段:申请投标资格、编制投标文件、递交投标文件。在招标企业实行资格预审时,投标商应及时向招标企业提出资格预审申请。如果申请通过,投标商应认真编写投标文件并及时递交投标书。投标书的递交是投标商参与投标程序的关键所在,采购企业应保证投标商有充足的时间来编写投标书。

1. 申请投标资格

如果招标企业没有要求进行资格预审,投标商可以直接购买投标文件,并进行投标准备。但是,大多数招标企业都要求进行资格预审,因此,投标商应及时向招标企业购买投标资格申请书,经认真研究后填写。投标资格申请书格式一般由招标企业拟定,并作为资格预审文件的组成部分提供给投标商。投标资格申请书的格式如图5-1所示。

投标资格申请书

注册营业名称
注册营业地址
电话
电传
谨致(招标机构名称)
  先生:
  (1) 我们兹向××(招标机构名称)申请作为××(项目及合同)的投标人。
  (2) 我们授权××(招标机构名称)或其授权代表,为查证我们提交的报告书、文件及资料,并澄清本申请书提供的财务和技术情况而进行任何调查。为此目的,我们授权××(任何官方官员、工程师、银行、存托人、制造商、分配人等)或任何其他人员或企业向××(招标机构名称)提供它所需要并要求提供的有关材料,以查证本申请书所提出的报告书和资料或我方是否能够胜任。
  (3) 如有需要,可向下列人员进一步了解情况。
  ① 技术方面(姓名及职务)。
  ② 财务方面(姓名及职务)。
  ③ 人事方面(姓名及职务)。
  (4) 我们声明,在慎重完成的本申请书中所提供的报告书和资料,其细节都完整、真实而正确。

                (申请人授权代表) 谨上
                     ××××年×月×日

图5-1 投标资格申请书的格式

2. 编制投标文件

投标书也叫投标文件，是投标商投标的全部依据。投标书的基本内容是以投标方授权代表的名义，表明对招标方招标项目进行投标的意愿，说明项目投标的底价和主要条件。除此之外，还要对投标文件的组成及附件清单、正本、副本做出说明，并且声明愿意遵守哪些招标文件给出的约定、规定和义务，最后要有授权代表的签字和盖章。

3. 递交投标文件

投标文件经密封后，在封口处签名盖章，在截止时间之前递交到指定地点，递交方式可以是邮寄或派专人送交。

5.3 招标采购过程管理

招标采购是在众多的供应商中选择最佳供应商的有效方法，它体现了公平、公开和公正的原则。通过招标程序，招标企业可以在最大程度上吸引和扩大投标方之间的竞争，获得最大的收益。招标采购过程管理是保证招标顺利进行的基本保障。

5.3.1 招标采购的一般程序

招标采购是一个复杂的系统工程，它涉及各个方面、各个环节。一个完整的招标采购流程基本上可以分为策划、招标、投标、开标、评标、定标6个阶段。招标采购流程如图5-2所示。具体实施时，通常包括以下环节。

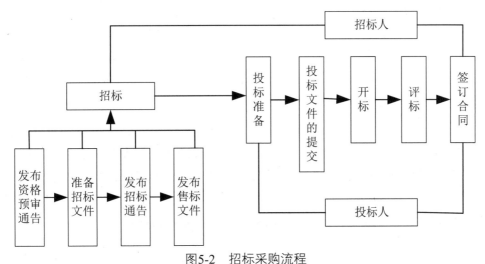

图5-2 招标采购流程

1. 策划

招标活动涉及范围较广，需要进行认真、周密的策划。招标策划主要应当做好以下几项工作。

(1) 明确招标的内容和目标，对招标采购的必要性和可行性进行充分研究和探讨。

(2) 仔细研究并确定招标书的标的物。

(3) 对招标方案、操作步骤、时间进度等进行研究并做出决策。例如，是采用公开招标还是邀请招标；是亲自主持招标还是请人代理招标；招标分为哪些步骤，每一步怎么进行；等等。

(4) 讨论研究评标方法，成立评标小组。

(5) 把通过上述讨论形成的方案计划组织成文件，交由企业决策层审查，取得企业决策层的同意和支持，有些甚至还要取得公司董事会的同意和支持。

以上策划活动有很多诀窍，有些企业为了慎重起见，会邀请咨询公司代理策划。

2. 招标

招标是指采购方根据已经确定的采购需求，提出招标采购项目的条件，向潜在的供应商或承包商发出投标邀请的行为。招标是由招标方单独操作的。在这一阶段，采购方需要做好以下几项工作。

(1) 形成招标书。确定采购机构和采购要求，编制招标文件。招标书是招标活动的核心文件，要认真起草招标书。

(2) 对招标书的标底进行仔细研究，有时需要召开专家会议，甚至邀请一些咨询公司代理共同确定标底。

(3) 发布招标信息。采用公开招标方式采购的，应在政府采购监督管理部门指定的媒体上发布招标公告。采用邀请招标方式采购的，应通过随机方式从符合相应资格条件的供应商名单中确定不少于3家供应商，并向其发出投标邀请函。

(4) 投标资格预审。做好投标资格预审的准备工作，通知投标商参加投标并向其出售标书，组织召开标前会议等。

(5) 招标书发送。采用适当的方式将招标书传送到潜在的投标人手中。例如，对于公开招标，可以在媒体上发布；对于选择性招标，可以用挂号信或特快专递直接送交所选择的投标人。有些标书需要投标者花钱购买，有些标书需要投标者先交一定的保证金才能得到。

3. 投标

投标人在收到招标书以后，如果愿意投标，就要进入投标程序。其中，投标书的编制、投标报价的确定要经过认真研究、详细论证。这些内容是要和许多供应商竞争评比的，既要领先，又要合理，还要有利可图。投标人必须在规定的时间提交投标文件，投标文件包括一份正本、若干份副本，分别封装并签名盖章(公司和法人)，信封上注明"正本""副本"字样，直接送给或寄到招标单位。投标人不能少于3个，否则应当重新招标。

4. 开标

开标是指招标方在规定的时间和地点将投标人的投标文件正式启封揭晓的行为。开标由招标人组织，邀请所有投标人参加。开标时，由投标人或者其推选的代表检查投标文件密封情况，经确认无误后，由工作人员当众拆封，宣读投标人名称、投标价格和投标文件的其他主要内容。开标结束后，由开标组织者编写一份开标纪要，并存档备查。

如参与投标的厂商不足3家，通常不得开标，并宣布延期开标，退还报价单及押金。在有些情况下，可以暂缓或推迟开标时间，例如，招标文件发售后对原招标文件做了变更或补充；

开标前，发现有足以影响采购公正性的违法或不正当行为；采购单位接到质疑或诉讼；出现突发事故；变更或取消采购计划；等等。

5. 评标

招标方收到投标书后，直到招标会举行那天，不得事先开封。只有当招标会开始，投标人到达会场，将投标书邮件交投标人检查签封完好后，才能当面开封。开封后，投标人可以向全体评标小组宣读自己的投标书，并且接受全体评委的咨询甚至参加投标辩论。陈述及辩论完毕，投标者退出会场，全体评标人员进行分析评比，最后投票或打分，选出中标人。

评标由招标人依法组建的评标委员会负责。评标委员会由招标人代表和有关技术、经济等方面的专家组成，成员人数为5人以上单数，其中技术、经济等方面的专家不得少于成员总数的2/3。与投标人有利害关系的人不得进入相关项目的评标委员会，已经进入的应当更换。评标委员会成员的名单在中标结果确定前应当保密。招标人应当采取必要的措施，保证评标是在严格保密的情况下进行的。任何单位和个人不得非法干预、影响评标的过程和结果。评标委员会可以要求投标人对投标文件中含义不明确的内容做出必要的澄清或者说明，但是澄清或者说明不得超出投标文件的范围或者改变投标文件的实质性内容。

评标委员会应当按照招标文件确定的评标标准和方法，对投标文件进行评审和比较，设有标底的，应当参考标底。评标主要是从技术和商务两个角度进行审核。技术评审的目的是确认参与投标企业的技术能力以及方案的可靠性。商务评审的目的是从成本、财务和经济分析等方面评定投标报价的合理性和可靠性。

评标委员会成员不得私下接触投标人，不得收受投标人的财物或者其他好处。评标委员会成员和参与评标的有关工作人员不得透露对投标文件的评审和比较、中标候选人的推荐情况以及与评标有关的其他情况。

6. 定标

中标人确定后，招标人应当向中标人发出中标通知书，同时将中标结果通知所有未中标的投标人，并对他们表示感谢。中标通知书对招标人和投标人具有法律效力。我国法律规定，招标人和中标人应当自中标通知书发出之日起30日内，签订书面合同。

5.3.2 评标的方法

评标是招标采购过程中的一个关键环节。评标必须以招标文件为依据，必须在招标文件中明确规定评标的原则和方法。评标的方法有很多，具体选择哪种评标方法取决于采购单位对采购对象的要求，货物采购和工程采购的评标方法是不同的。常用的评标方法有4种：最低评标价法、综合评估法、寿命周期成本法和打分法。

1. 最低评标价法

最低评标价法是价格法的一种，即在满足招标文件各项要求的前提下，投标价格最低的投保者为中标人。最低评标价法一般适用于简单的商品、半成品、原材料以及其他性能质量相同或容易进行比较的货物采购，这些货物技术规格简单，技术性能和质量标准可采用国际(国家)标准，此时价格可以作为评标考虑的唯一因素。以价格为尺度时，不是指最低报价，而是指最低评标价,最低评标价是指在报价的基础上加合理利润的价格。

报价有特定的计算口径:①如果采购的货物是从国外进口的,报价应以包括成本、保险、运费的到岸价为基础;②如果采购的货物是国内生产的,报价应以出厂价为基础。

2. 综合评估法

在采购机械、成套设备、车辆以及其他重要的固定资产(如工程)时,如果仅仅比较各投标人的报价或报价加商务部分,则无法对竞争性投标之间的差别做出恰如其分的评价。因此,在这些情况下,必须根据价格和其他因素综合评标,即应用综合评估法评标,其主要参考因素包括价格、技术、财务状况、信誉、业绩、服务及对招标文件的相适应程度等。以综合评估法评标,一般做法是将各个评审因素在同一基础或者同一标准上进行量化,即采用折算为货币的方法或者其他方法,使各投标文件具有可比性;然后对技术部分和商务部分的量化结果进行加权,计算出每一份投标的综合评估价或者综合评估分,以此确定候选中标人。最大限度地满足招标文件规定的各项综合评价标准的投标人,应当推荐为中标候选人。

3. 寿命周期成本法

以寿命周期成本为基础的评标方法,亦称寿命周期成本法。这种方法主要适用于整套厂房、生产线或设备、车辆等在运行期内各项后续费用(零配件、油料、燃料、维修等)很高的货物采购的评标。

在计算寿命周期成本时,可以根据实际情况,在标书报价的基础上加上一定运行年限的各项费用,再减去一定年限后的设备残值,即扣除折旧费后的设备剩余值。在计算各项费用或残值时,都应按标书规定的贴现率折算净现值。

4. 打分法

打分法是指评标委员会按预先确定的评分标准,对各投标书需评审的要素(报价和其他非价格因素)进行量化、评审记分,以投标书综合分的高低确定中标单位的评标方法。由于项目招标需要评定比较的要素较多,且各项内容的计量单位又不一致,如工期的计量单位是"天"、报价的计量单位是"元"等,综合评分法可以较全面地反映投标人的素质。

使用打分法时,在确定评审要素后,首先将需要评审的内容划分为几大类,并根据招标项目的性质、特点以及各要素对招标人总投资的影响程度来具体分配分值权重。评标时,对投标人的每一项指标进行符合性审查与核对,并给出分数值,最后汇总比较,取分数值最高者为中标人。评标时各个评委独立打分,互相不商讨,最后汇总分数。世界银行贷款采购项目通常采用的评标权重如表5-3所示。

表5-3 世界银行贷款采购项目评标权重

序号	项目	分数
1	设备材料投标报价	60~70分
2	标准备件价格	0~20分
3	技术性能、维修及运行费	0~20分
4	服务和设备的提供	0~20分
5	设计标准化等	0~20分
	总计	100分

打分法的好处是简便易行，评标考虑因素更全面，可以将难以用金额表示的各项要素量化后进行比较，从中选出最合适的投标人；缺点是各评标人独立给分，受评标人主观随意性的影响可能比较大。为了保证评标的客观性和准确性，评标人应具有较高的专业水平和广博的知识储备。采用打分法评标，评分因素和各因素的权重分配均应在招标文件中说明。

▶ 案例分析5-2：采购招标细微之处决胜负

一、招标背景

某商贸公司采购项目于2020年11月24日开标，5家供应商参加投标，其中2家投标报价超过采购预算，有效投标商为3家。在合格供应商中，其中2家投标商所投的服务器设备为某型号的华为产品，另一家投标商所投的服务器设备为某型号的IBM产品。最后代理IBM产品的丙供应商中标，但中标公告刚在网上公布，代理华为产品的甲、乙供应商就提出疑问，因对质疑答复不满，后又向监管部门投诉。

二、细微之处决胜负

本项目采用打分法，经过评委独立打分，评审结果：第1名为丙公司(总分92.16)，第2名为乙公司(总分90.54)。其中，丙公司报价298 000元(价格分28.98)，乙公司报价287 000元(价格分28.35)。乙公司认为，自己报价比丙公司还低，但得分却没有丙公司高，这不合理。

本项目采用打分法，价格分的计算办法：按照平均价最优的原则打分，平均报价得分为基准分，低于或高于平均报价均按一定幅度减分。按评审得分由高到低的顺序排列；得分相同的，按投标报价由低到高的顺序排列；得分与投标报价均相同的，按技术指标优劣排列。同时，招标文件标明了报价的得分计算公式。监管部门认为，因为招标文件规定的价格分计算方法不是"最低价优先"，所以报价低者未必得高分。但同时监管部门也向代理机构指出，招标文件中规定的得分排序方法容易引发歧义，以后应确保招标文件表述严谨。

甲、乙公司没有认真分析投标文件中关于价格的计算原则，导致投标失败。通过这个案例我们知道，在招投标过程中，价格并不是唯一的影响因素。参加投标的单位应认真阅读招标指南，做到有的放矢。

案例思考题：
(1) 结合本案例分析甲、乙公司失败的主要原因。
(2) 结合本案例分析企业参与招标采购项目时应注意哪些问题。

5.4 招标采购中的常见问题

5.4.1 招标采购的两派

国内企业在招标操作中大体分为两派——"过程合规派"和"结果导向派"。一般国有企业注重"过程合规"，民营企业多以"结果"为导向。两者相比，"过程合规"和"结果导向"需要平衡，流程设置过于严谨可能会使企业丧失一些成本优化的机会，而过分偏重"结果"则会让供应商难以准确把握报价。

1. 过程合规派

"过程合规派"的出发点是过程监管。《中华人民共和国招投标法》《中华人民共和国政府采购法实施条例》等均对企业招标设立了很多规范要求，国家相关部门也会根据这些要求核查企业的招标管理水平。实践中，参标企业往往是依据招标企业的各种文件和要求提交方案，一般在开标现场就可以形成初步决议。企业应充分发挥组织决策效果，保证整个过程是公平、公正、透明、合规的。极端的"过程合规派"会过分强调"过程"的重要性，出现不关心性价比、不关心招标是否按时完成、不愿意承担招标责任等问题。

2. 结果导向派

"结果导向派"重视成本、质量、交期等实际能力的比较，流程往往不是很规范，招标结束后一般还有领导谈判或商务谈判，谈判中还要澄清一些不明确的细节。在招标过程中，招标人员主要着眼于供应商能力的比较，注重分析供应商成本差异、技术能力差异、服务能力差异等。招标的目标是在采购的各个维度都得到较好的服务。"结果导向派"倾向于只关注结果，招标人会充分利用采购人员的主导地位，通过各种技巧来压低供应商的报价，为企业争取更大的权益。对于招标投标相关流程和制度，"结果导向派"认为那些都是为结果服务的，久而久之，企业招标就演变成价格谈判的一个步骤。

5.4.2 标底

1. 标底的定义

标底是招标单位对招标工程、货物、服务的预期价格，是由招标单位或委托经有关部门批准的具有编制标底资格的单位根据设计图纸和有关规定计算，并经本地工程造价管理部门核准审定的发包造价。标底并不是决定投标能否中标的标准价，而只是对投标进行评审和比较时的参考价。

2. 标底的作用

(1) 使招标单位预先明确自己对拟建工程应承担的财务义务。

(2) 给上级主管部门提供核实建设规模的依据。

(3) 作为衡量投标单位标价的准绳，也是评标的主要尺度。

标底在招标采购中有非常重要的作用，但是标底也有消极的作用，主要表现：标底的存在有局限性，它使得投标人在报价时想方设法掌握标底并刻意向标底靠拢，这样一来，使得投标人的投标报价无法反映真实的质量水平，在竞争性方面大打折扣，不能节省投资。

3. 编制标底的程序

规范的标底编制程序是保证标底质量的重要条件。编制标底一般按下列程序进行。

(1) 确定编制标底的人员。编制标底一般由2～3名工作人员进行，参与标底编制的人员应当熟悉采购业务，客观公正，有较强的责任心。

(2) 进行市场调查。无论采购项目的情况如何，编制标底必须进行必要的市场调查，这是编制标底的必经程序。

(3) 编制和确定标底。标底一般应确定采购项目总价格，但对持续一定时间的制造、修理、加工、买卖、供给、使用等合同可以以单价作为标底。

4. 编制标底的依据

编制标底要以招标项目批准的预算为基本依据,如果编制的标底高于预算,则采购人必须按照法定程序变更预算,方可委托招标。实践中,标底一般根据以下原则确定。

(1) 正常交易时,以市场价格作为编制标底的基本依据。市场价格一般以权威机构统计的价格为准,同类产品如果有几个品牌且价格不同,可选择居中的一个品牌价格作为市场价格。

(2) 依法管制价格时,以管制价格为标底。

(3) 无法确定市场价格时,参考交易实例价格编制标底。

(4) 因新开发品、特殊规格品等特殊物品以及劳务的特殊性,无市场价格和适当的交易实例价格时,可以成本加利润的方法确定标底。

(5) 编制标底时,应当考虑合同数量、履行前景、履行期限、供给状况、合同条件与其他有关情况。

5.4.3 围标

1. 围标的定义

围标也称为串通招标投标,它是指几个投标人之间相互约定,一致抬高或压低投标报价进行投标,通过限制竞争,排挤其他投标人,使某个利益相关者中标,从而牟取利益的手段和行为。

围标行为的发起者称为围标人,参与围标行为的投标人称为陪标人。围标是不成熟的建筑招投标市场发展到一定阶段所产生的。围标成员达成攻守同盟,通常在整个围标过程中陪标人严格遵守合作协议要求,以保证围标人能顺利中标,并对围标活动全程保密。围标成功后,围标人按照事先约定支付陪标人好处或互换利益。有时候围标全程由围标人一手操办,陪标人提供资质、人员和必要条件予以协助。有时候投标人入围后将入围资格卖给围标人,围标人借用入围投标人资格操纵投标,而陪标人则保持沉默。

2. 围标的形式

围标的形式多种多样,比较典型的有以下两种。

(1) 招标者与投标者之间串通。主要表现形式:实施排挤竞争对手、有违公平竞争的行为,招标者在开标前开启标书,并将投标情况告知其他投标者,或者协助投标者撤换标书,更换报价;招标者向投标者泄露标底;投标者与招标者商定,在招标投标时压低或者抬高标价,中标后再给投标者或者招标者额外补偿;招标者预先内定中标者。

(2) 投标者之间串通。主要表现形式:投标者之间相互约定,一致抬高或者压低投标报价;投标者之间相互约定,在投标项目中轮流以高价或低价中标;投标者之间先进行内部竞价,内定中标人,然后参加投标。

3. 围标的预防

围标行为在招标采购中的影响是不可忽视的,预防围标的方法主要有以下几种。

(1) 广泛发布招标信息。如果投标的供应商超过10家,投标人想通过"围标"来实现中标，"围标"的成本增加，中标的难度将增大。

(2) 完善评标方法。比如，如果采用综合评分法，就应在招标文件中规定一个报价幅度，不合理的投标报价将被拒绝。

(3) 做好招标保密工作。根据《中华人民共和国政府采购法》，招标采购单位不得向他人透露已获取招标文件的潜在投标供应商的名称、数量以及可能影响公平竞争的有关招标投标的其他情况。

(4) 合同条款一定要详尽。在合同中明确和强调违规参与招标采购应承担怎样的风险，在履约中出现违反招标文件中的有关规定应承担怎样的责任等。

(5) 建立投标人信誉体系。招投标管理部门对投标人建立诚信档案，制定诚信评价标准，对诚信度低的投标人除依法给予必要的处罚外，还应禁止其参加政府投资项目和重点工程建设项目的投标活动。如投标人"围标"提供虚假数据和材料，一经核实，无论中标与否均没收其投标保证金，并承担法律责任。

(6) 加强对招标人的监督管理。加强招投标法律、法规的宣传，强化依法办事的意识，使招标人自觉遵守法律法规。

(7) 加强招标代理机构的管理，禁止任何形式的挂靠、出借、借用资质的行为，对代理机构违反管理规定的行为，应从严处理。

(8) 以招投标有形市场为依托，加大投入，加快网络建设，积极开展网上招投标。

5.4.4 挂靠

1. 挂靠的定义

从法律的层面上讲，挂靠是指一些自然人、合伙组织利用企业法人的资格和资质，规避了国家法律政策对企业法人以外的个人和团队在税收、贷款、业务范围等方面的限制，并且利用所挂靠的企业法人的资格和资质获得了自身难以取得的交易信用与经济利益的经营活动。

挂靠现象在建筑工程项目中尤为普遍，法律规定，承揽建筑工程的单位必须持有依法取得的资质证书，并在其资质等级许可的业务范围内承揽工程。于是，就出现了许多不具有施工资质的单位、团队或个人，挂靠到某些具有资质等级的施工单位，以便承揽相应的建筑工程，被挂靠单位收取挂靠单位一定数额的管理费。

2. 解决挂靠问题的措施

虽然法律规定了"挂靠"行为的非法性，但它还是以各种各样的形式存在。为解决挂靠问题，可以从以下几个方面入手。

(1) 严格投标人资格身份审查，要求"八一致"，"八"即投标人营业执照、资质证书、安全许可证、投标保证金银行出票单位、中国人民银行基本户许可证、投标文件印章、项目经理及项目部和购买招标文件人员一年以上劳动合同甲方单位、养老保险手册缴款单位。达不到以上要求的，资格审查不予通过。

(2) 严格投标保证金结算管理，明确保证金和工程款一律通过中标人银行基本户结算。

(3) 执行中标公示期实地考察制度，主要考察中标人是否具备履约能力、在投标时提供的业绩证明材料是否属实、项目班子成员有无在建工程等。

(4) 建立不出借资质承诺金制度，投标保证金在中标后转成不出借资质承诺金，如在对招标人现场检查和常规考勤中，发现进场人员与中标项目部人员不符，其承诺金一律不予退还，同时按规定处理。

(5) 进一步明确招标人对施工单位入场检查的责任，招标人对进场施工管理人员的身份进行核查是堵住借资质挂靠的实质性关口。

(6) 对项目部的人员实行签到制度，在合同中明确缺勤的扣罚标准。

案例分析5-3：某医院住院综合楼招标

某医院决定投资1亿余元，兴建一幢现代化住院综合楼。由于时间紧迫，医院自行采用邀请招标的方式选定施工单位来负责其中的土建工程，但招标文件对省内的投标人与省外的投标人提出了不同的要求，也明确了投标保证金的数额，并说明本次招标采购的评标方法采用打分法。

2020年10月6日，招标公告发出后，有A、B、C、D、E、F共6家省内建筑单位参加了投标。10月30日为提交投标文件的截止时间，11月10日举行开标会。其中，E单位在10月30日提交了投标文件，但11月1日才提交投标保证金。C单位于10月25日提交投标文件并缴纳了投标保证金，但是由于自身原因，于10月29日向招标单位发出撤标通知。开标会由该省建委主持，评标时发现A单位投标文件无法定代表人签字和委托人授权书，但投标文件均已有项目经理签字并加盖了单位公章，故评标人员认为其也具有同样的法律效力。评标委员会由7人组成，其中当地招标监督管理办公室1人、公证处1人、招标人1人、技术和经济方面的专家4人。评标委员会于11月15日提出了书面评标报告。B、D单位分列综合得分第1名、第2名。由于B单位投标报价高于D单位，11月20日招标人向D单位发出了中标通知书，并于12月24日签订了书面合同。

案例思考题：
(1) 上述招标程序中，确定采购模式有哪些不妥之处？说明理由。
(2) E单位和A单位的投标文件是否有效？为什么？
(3) 对C单位撤回投标文件的要求应当如何处理？为什么？
(4) 请指出评标委员会成员组成的不妥之处，说明理由。
(5) 招标人确定D单位为中标人是否违规？说明理由。
(6) 合同签订的日期是否违规？说明理由。
(7) 结合案例总结我国招标采购中主要存在哪些问题，并说明解决这些问题的关键措施。

本章小结

招标采购是一种应用广泛的采购方式。本章详细介绍了招标采购的特点及方式，重点讲述了招标采购的程序，分析了评标方法，最后介绍了招标采购中的常见问题，为从事招标采购工作奠定理论基础。

复习思考题

一、单项选择题

1. 开标阶段,如参与投标的厂商不足(　　)家,通常不得开标,并宣布延期开标,退还报价单及押金。
   A. 2家　　　　B. 3家　　　　C. 5家　　　　D. 7家

2. 邀请招标一般选择(　　)家供应商参加投标较为适宜。
   A. 5～10　　　B. 10～15　　　C. 3～10　　　D. 1～5

3. (　　)阶段是指采购方根据已经确定的采购需求,提出招标采购项目的条件,向潜在的供应商或承包商发出投标邀请的行为。
   A. 策划　　　B. 招标　　　　C. 开标　　　　D. 投标

4. 在招标采购中,评标委员会人数应为(　　)以上单数,其中技术和经济方面的专家不得少于总数的2/3。
   A. 7人　　　　B. 9人　　　　C. 3人　　　　D. 5人

二、多项选择题

1. 招标采购的特点包括(　　)。
   A. 竞争性　　　B. 公平性　　　C. 公开性
   D. 合法性　　　E. 有序性

2. 招标作为采购的基本方式,主要有(　　)。
   A. 两阶段式招标　B. 谈判招标　　C. 议标
   D. 公开招标　　　E. 邀请招标

3. 投标程序一般包括(　　)。
   A. 申请投标资格　B. 编制投标文件　C. 审核投标文件
   D. 递交投标文件　E. 封装投标文件

4. 在招标采购过程中,常用的评标方法有(　　)。
   A. 直观判断法　　B. 最低评标价法　C. 打分法
   D. 综合评估法　　E. 寿命周期成本法

三、判断题

1. 完整的招标采购流程包括招标、投标、开标、评标和定标。(　　)
2. 招标采购最大的特征是公开性,所有符合条件的供应商都有权参加投标。(　　)
3. 招标采购一般适宜小批量物资采购和规模比较小的建设工程。(　　)
4. 投标保证金的作用是防止投标商在投标有效期内任意撤回投标,或者中标后不签订合同,或者不缴纳履约保证金,使采购方蒙受损失。(　　)
5. 投标书的基本内容是以投标方授权代表的名义,明确对招标方招标项目进行投标的意愿,简要说明项目投标的底价和主要条件。(　　)
6. 在世界银行贷款项目中,凡工业项目采购金额在10万美元以上的,都必须采取国际竞争性招标的方式进行采购。(　　)

7. 标底的主要作用是使招标单位预先明确自己在拟建工程上应承担的财务义务,也是评标的主要尺度。( )

四、思考题

1. 简述招标采购的定义和特点。
2. 简述公开招标和邀请招标的区别。
3. 简述招标文件和投标文件的主要内容。
4. 简述招标采购的主要程序及具体要求。
5. 常用的评标方法有哪些?各种方法的适用范围是什么?
6. 什么是标底?它有什么作用?

实训题:学校招标采购计算机

1. 实训目的

学校准备采购一批计算机,请结合所学知识,以小组为单位,模拟招标采购全过程,学生通过扮演不同的角色体验招标采购的具体操作步骤,加深学生对招标采购的认识。

2. 实训组织及要求

(1) 由学生分组扮演不同的角色,角色共分为3类:①招标方(学校);②投标方(3~4个,如联想、戴尔、IBM等);评标小组。

(2) 对学生进行分组,每组4~6人,选定1名组长,并为每组确定所要扮演的角色。

(3) 各小组成员调查、收集有关信息,结合所学知识,在教师的指导下确定招标流程,并制作招投标文件。

(4) 评标小组由各组选定1名代表和教师组成。

(5) 在教师的指导下,组织完成开标、评标及定标全过程,并形成评标报告。

3. 实训题目

以小组为单位,抽签决定扮演的角色,教师负责组织各小组进行课堂模拟,现场开标、评标、定标,并宣布中标结果。在模拟招标采购的过程中,要求各小组根据所扮演的角色收集资料,并讨论、思考,完成以下内容。

(1) 简述本次招标采购采用哪种方式并说明原因。
(2) 简述在制作招投标文件时需要注意哪些问题。
(3) 简述评标小组采用何种评标方法并说明原因。
(3) 各小组结合所学知识,讨论招标采购中的关键环节。

4. 实训考核

实训成绩根据个人表现和团队表现进行综合评定,考评内容包含以下几项。

(1) 资料收集是否全面,调查资料是否翔实、准确、具体。

(2) 招标方编写的招标文件是否全面,格式是否正确,能否充分体现招标方的意愿,由教师对其评分。

(3) 投标方是否能够根据招标企业的要求编制投标文件，文件格式是否正确，小组汇报思路是否清晰、内容是否充实、重点是否突出，由各组组长及教师评分。

(4) 评标小组成员组成是否合理，评标过程是否规范，由各组组长及教师评分。

(5) 小组内部分工是否明确，组员是否有协作精神，由组长根据个人任务完成情况进行评分。

(6) 实训报告是否按规范格式完成，对个人报告或小组报告进行评分。

(7) 根据个人得分和小组综合评分，最终确定每个学生的实训成绩。

第6章 供应商选择与管理

本章概要

供应商选择与管理是采购与供应环节的核心,关系整个采购部门的业绩,是采购与供应战略管理中非常重要的组成部分,也是企业成功实施竞争战略的关键。有效的供应商管理可以降低企业的成本和风险,使之顺利完成采购任务并促进企业战略目标的实现。供应商选择和管理的内容包括寻找合适的供应商、评估潜在的供应商、合同条款的谈判、最终供应商的选择、供应商关系管理、供应商绩效管理等。

本章系统地介绍供应商选择和管理的相关知识,重点介绍了供应商调查开发,还介绍了供应商的审核、绩效考评和供应商关系管理等知识,读者通过对本章的学习,能全面掌握供应商管理的基本知识和工作要点。

知识目标

- 掌握供应商选择的重要性。
- 掌握选择供应商应考虑的因素。
- 掌握选择供应商的程序和方法。
- 掌握供应商的绩效考评方法和指标。
- 掌握建立供应商伙伴关系的相关内容。
- 了解供应商调查的内容。
- 了解选择供应商的原则。
- 了解供应商分类管理的意义与必要性。

能力目标

- 能够运用所学知识选择供应商。
- 理解企业发展与供应商关系的意义,树立发展与管理供应商的意识。
- 重视集体利益,培养合作共赢、责任与奉献的理念。

案例分析6-1:国际采购是如何选择供应商的

出口企业无论是在做电子商务,还是在做其他海外推广的时候,都会遇到很多困扰。例如,发出了很多邮件,却没有得到任何回复;与采购方沟通得一直很好,最后却不了了之;收到很多有质量的询盘,最终却没有成交……为什么会出现这些问题呢?

暂且抛开营销和推广技巧不谈,下面我们从国际采购商的角度来分析和探讨选择供应商的影响因素。

一、价格不是评判供应商的唯一标准

对于欧美市场的采购商，质量是永远排在第一位的。国际采购商要求供应商具有良好的认证标准、管理体系、生产工艺及检验机制等。由于欧洲的契约文化和严谨的法律制度，质量不好的产品是无法被市场接受的。一旦发生问题，产品就会被无条件地召回，并且要支付高额赔偿金。所以，质量是欧美市场的核心和灵魂。

排在第二位的是准确的交货期。只有交货期准确才能保证整个供应链的稳定性和可靠性，使每个环节都能够及时、准确地交付和运转。

排在第三位的是服务理念。供应商具有良好的服务理念，才能为将来的合作提供更完善的服务，而这一潜在的价值要远远高于单价的差别。

二、供应链的稳定可靠性

国际采购商希望自己面对的是制造商或者拥有工厂的贸易商，尽可能地减少中间环节，来获取最优的价格和最好的服务。这是买家选择最终合作伙伴的一个必要审核环节。

三、规模化的出口能力

国际采购商希望合作伙伴具有提供大批量产品的潜力。制造商的出口额、销售额客观说明了其产品价值到底有多高、产品消费群有多大以及可开辟的潜在市场还有多大，许多采购商习惯且信任具有一定出口能力的企业。

四、供应商已经进入的市场

对于国际采购商来说，除了价格、交货期等基础因素，了解供应商已经进入的市场及其在相关的目标市场的销售记录是至关重要的。

五、完善的认证体系

国际采购商希望与通过国际认证的企业合作，相关认证体系如ISO、SGS、DNV等。认证体系对企业资质及质量检验的认证机制也有专业要求，由第三方进行认证的机制是一种公正的、独立的、应用广泛的检验机制。

六、丰富的外贸经验和专业的人才

国际采购商需要合作伙伴有丰富的外贸经验和成熟的运作团队，团队不仅具备专业的外贸知识，而且熟悉出口流程中的相应操作，能够拟定规范的商业文件，具有多方语言沟通能力等。这样能够保证产品顺利地销售到海外市场。

七、诚信的商业作风

国际采购商可以承受产品质量上的瑕疵，因为可以研究改进；也可以承受产品设计上的不足，因为可以探讨完善。但是，国际采购商不能承受欺骗，一旦发现自己受到欺骗，就意味着绝对不会有下一次合作机会。

总而言之，为了把我国企业的海外推广做得越来越好，我们应该经常反思，在与国际采购商的沟通和营销过程中还有哪些不足及需要改进的地方。只有做到知己知彼，才能百战不殆！

案例思考题：

(1) 通过案例分析，除价格外，对供应商的评价标准还包括哪些方面。

(2) 在国际采购中选择供应商应注意哪些问题？

6.1 供应商调查与开发

对于采购工作来说,合理选择供应商是非常重要的一步,它是企业降低采购成本的关键,是保证物料准确、准时供应的前提,是企业生产顺利进行的保证。企业选择供应商,应了解供应商,了解资源市场。而要了解供应商,就要进行供应商调查。在不同的阶段,企业选择供应商往往会有不同的要求。供应商调查基本上可以分为3种,即资源市场调查、供应商初步调查和供应商深入调查。

6.1.1 资源市场调查

1. 资源市场调查的内容

资源市场调查是指对整个资源市场进行调查和分析。企业针对所采购的商品或服务,对资源市场进行调查,其目的是把握供应商的整体情况。这一阶段需要调查的内容主要有以下几个方面。

(1) 资源市场的规模和需求容量。调查资源市场在过去几年的销售总额,现在市场的需求量及其影响因素,要重点做好购买力调查、购买动机调查和潜在需求调查,从而掌握资源市场的规模和需求容量。例如,资源市场究竟有多大范围?有多少资源量?有多少需求量?进而了解整个资源市场的性质。比如,是卖方市场还是买方市场?是完全竞争市场、垄断竞争市场还是垄断市场?是一个新兴的成长的市场还是一个陈旧的没落的市场,等等。

(2) 资源市场的环境。政策环境和经济环境的变化、行业法律法规的实施,都对资源市场有重大影响。例如,资源市场的管理制度、法制建设、税收政策、银行信用情况、行业限制、规范化程度、发展前景等。这也是资源市场调查的重要组成部分。

(3) 资源市场中供应商的情况。通过对众多供应商的调查资料进行分析,可以评估资源市场的总体水平。例如,资源市场的生产能力、技术水平、管理水平、质量水平、价格水平、主要销售渠道、广告及推销方式等情况。

2. 资源市场调查的目的

资源市场调查的目的,就是分析资源市场。资源市场分析对于企业制定采购策略、产品策略、生产策略等都有重要的指导意义。资源市场分析的内容主要包括以下几方面。

(1) 要确定资源市场是紧缺型市场还是富余型市场,是垄断性市场还是竞争性市场。对于垄断性市场,企业将来应当采用垄断性采购策略;对于竞争性市场,企业应当采用竞争性采购策略,如采用投标招标制、一商多角制等。

(2) 要确定资源市场是成长型市场还是没落型市场。如果是没落型市场,企业要趁早准备替换产品,不要等到产品被淘汰再去开发新产品。

(3) 要确定资源市场的总体水平,并根据市场水平来选择合适的供应商。通常,企业要选择在资源市场中处于先进水平的供应商,即产品质量优且价格低的供应商。

6.1.2 供应商初步调查

供应商初步调查是指对供应商基本情况的调查,主要了解供应商的名称、地址、生产能力、能提供什么产品、能提供多少产品、价格如何、质量如何、市场份额有多大、运输条件如何等。

1. 供应商初步调查的目的

供应商初步调查的目的是了解供应商的一般情况,而了解供应商一般情况的目的包括以下两点。

(1) 为选择最佳供应商做准备。
(2) 掌握整个资源市场的情况。

供应商管理的首要工作,就是了解供应商和资源市场,许多供应商基本情况的汇总就能反映整个资源市场的基本情况。

2. 供应商初步调查的特点

(1) 调查内容浅,只需要了解一些简单的、基本的情况。
(2) 调查面广,最好能够对资源市场中各个供应商都有所调查、了解,从而掌握资源市场的基本情况。

3. 供应商初步调查的方法

供应商初步调查一般可以采用访问调查法,通过访问有关人员而获得信息。例如,可以访问供应商单位市场部有关人员,或者访问有关用户、有关市场主管人员和其他知情人士。通过访问建立供应商卡片,卡片格式内容如表6-1所示。

表6-1 供应商卡片

公司全称:		法人代表:	
公司性质:		成立时间:	
营业执照号:		注册资本:	
联系人:		职称职务:	
联系电话:		传真:	
公司网址:		E-mail:	
地址:			邮编
公司简介:			
产品情况(包括产品名称、规格、质量、价格、市场份额等):			
资质和认证:			
运输方式:			

(续表)

过去3年的主要经营业绩：
备注：

收集供应商卡片的信息，是采购管理的基础工作。当然，供应商卡片也要根据情况的变化，经常维护、修改和更新。在实施计算机信息管理的企业中，供应商管理应当纳入计算机管理之中，把供应商卡片的内容输入计算机管理系统，利用数据库进行操作、维护和利用。计算机管理系统有很多优越性，它不但可以方便地储存、增添、修改、查询和删除信息，而且可以方便地统计汇总和分析相关数据，实现不同子系统之间的数据共享。

4. 初步供应商分析的内容

在对供应商初步调查的基础上，利用初步调查的资料进行分析，比较各个供应商的优势和劣势，选择适合企业的供应商，具体应分析以下几个方面。

(1) 供应商产品的品种、规格和质量水平是否符合企业需要？价格水平如何？只有供应商产品的品种、规格、质量水平都适合企业，才有必要进行下面的分析。

(2) 供应商的企业实力、规模如何？供应商的生产能力、技术水平、管理水平如何？企业信用度如何？企业信用度是指企业对客户、银行等的诚信程度。供应商的信用度表现为对自己的承诺和义务认真履行的程度，特别是在产品质量保证、按时交货、往来账目处理等方面，能否以诚相待、一丝不苟地履行自己的责任和义务？

(3) 供应商的产品是竞争性商品还是垄断性商品？如果是竞争性商品，则供应商的竞争态势如何？产品销售情况如何？市场份额如何？产品的价格水平是否合适？

(4) 供应商相对于本企业的地理交通情况如何？分析运输方式、运输时间、运输费用，明确运输成本。

在进行以上分析的基础上，得出供应商初步调查结论，为选定供应商提供决策支持。

6.1.3 供应商深入调查

在完成供应商初步调查之后，企业会选择其中一些供应商做进一步的深入调查，企业需深入供应商企业的生产线、各个生产工艺环节、质量检验环节甚至管理部门，对现有的设备工艺、生产技术、管理技术等进行考察，有的甚至要根据采购产品的生产要求进行资源重组并进行样品试制，试制成功以后，才算考察合格。进行深入调查时，采购方企业可以邀请质量部门和工艺工程师一起参与，他们不仅会带来专业的知识与经验，共同审核的经历也会有助于企业内部的沟通和协调。通过供应商深入调查，有助于发现可靠的供应商，建立比较稳定的物资采购供需关系。

供应商深入调查需要花费较多的时间和精力，调查成本高，适用于以下几种供应商。

1. 准备发展成紧密关系的供应商

例如，在进行JIT采购时，要求供应商的供应准时、产品免检，能直接送上生产线进行装配。这时，供应商已经与企业建立了如企业中一个生产车间一样的紧密关系。对于这样的供应商，就必须进行供应商深入调查。

2. 寻找关键零部件产品的供应商

如果需要采购一种关键零部件，特别是精密程度较高、加工难度较大、质量要求高的零部件，或在产品中起核心作用的零部件，选择供应商时就需要特别小心，要反复认真地深入考核，只有经过深入调查证明其确实能够达到要求，才确定发展它为本企业的供应商。

除以上两种情况以外，对于一般关系的供应商，或者是非关键产品的供应商，通常不必进行深入调查，采用初步调查即可。

6.2 供应商的选择

在现代采购中，选择优质的供应商是采购管理非常重要的任务，供应商是否优质在很大程度上决定了采购管理是否成功。供应商选择是供应链合作关系运行的基础。如今，供应商的业绩对企业的影响越来越大，在交货、产品质量、价格、提前期、库存水平、产品设计、服务等方面都影响着企业经营。因此，供应商的选择与管理对于企业是至关重要的。

6.2.1 供应商选择的重要性

供应商管理的一个重要任务就是选择供应商，供应商的选择就是要从无到有地寻找新的供应商，建立起满足企业需要的供应商队伍。虽然供应商选择的标准因产业、企业规模和经营模式的不同而不同，但是对于供应商的生产能力及绩效水平等方面的要求还是一致的。因此，研究供应商选择的标准和方法仍具有普遍意义。

1. 供应商的评价与选择是供应链合作关系运行的基础

供应商的业绩对企业的影响越来越大，在交货、产品质量、提前期、库存水平、产品设计等方面都影响着企业的效益。传统的供应关系已不再适应全球竞争加剧、产品需求日新月异的环境，企业为了实现低成本、高质量、柔性生产、快速反应，就必须重视供应商的评价与选择。供应商的评价与选择对于企业来说是多目标的，包含可见和不可见的多层次因素。

2. 选择供应商是供应链管理的关键环节

企业的供应商数量较多，质量参差不齐，如果供应商选择失误，会对其生产带来不利，造成中断生产计划、增加存货成本、缺货、成品运送延迟等不良后果。因此企业应建立完整的供应商选择与评价体系，掌握供应商的生产情况和产品价格信息，从而获取合理的采购价格及最优的服务，确保采购物资的质量和按时交货。企业可以对供应商进行综合、动态的评估，甚至让供应商参与产品生产流程，与供应商建立长期的交易伙伴关系，以达到效益最优化。

3. 优质供应商将成为企业的战略合作伙伴

选择优质供应商不仅是为了保障日常物资的供应，更多是从战略的角度考虑和供应商的关系。供应链管理思想的发展和越来越多的外包使得采购的地位日益突出，促使企业将供应商管理水平作为企业的竞争优势之一，因此在选择供应商时考虑的因素也随之增加。在传统的关系模式中，供应商和企业是一种简单的买卖关系；而现在，很多企业都把供应商视为伙伴，与少数可靠供应商保持稳定关系，建立一种战略伙伴关系，即双赢关系模式。企业与供应商的关系已经成为影响企业竞争优势的重要因素。

6.2.2 供应商选择的原则

许多成功企业的实践经验表明，目标明确、深入细致的调查研究、全面了解每个候选供应商的情况、综合平衡、择优选用是开发新供应商的基本要点。一般来说，企业选择供应商应遵循以下几项原则。

1. 目标定位原则

选择新供应商的评审人员应当注重考察供应商的广度和深度，应依据所采购商品的品质特性、采购数量和品质要求去选择供应商，以减少采购风险，促使产品顺利打入目标市场，让客户对企业生产的产品充满信心。

2. 优势互补原则

供应商应当在经营方向和技术能力方面符合企业预期要求，在某些领域应具有比企业更强的优势，在日后的合作中能在一定程度上实现优势互补。尤其是在建立关键、重要零部件的采购渠道时，更需要对供应商的生产能力、技术水平、优势所在、长期供货能力等方面有所把握，要清楚地知道之所以选择这家厂商作为供应商，是因为它具有其他厂家所没有的某些优势。只有那些在经营理念和技术水平等方面达到规定要求的供应商，才能成为企业忠实和坚强的合作伙伴。

3. 择优录用原则

在相同的报价及相同的交货承诺下，毫无疑问要选择那些企业形象好、可以给世界知名企业供货的厂家作为供应商，信誉好的企业更有可能兑现承诺。企业应综合考察、平衡利弊后择优选用供应商，而不是盲目选用。

4. 共同发展原则

如今市场竞争越来越激烈，如果供应商不以全力配合企业的发展规划，企业在实际运作中必然会受到影响。若供应商能以荣辱与共的精神来支持企业的发展，把双方的利益捆绑在一起，更有助于企业在面对市场的风云变幻时做出快速、有效的反应，从而以更具竞争力的价位争夺更大的市场份额。

▶ **相关资料：国内面皮供应商与肯德基失之交臂**

肯德基推出的"墨西哥鸡肉卷"在中国近700家餐厅一上市，就大受欢迎。很多人不知道，这个看似简单的洋肉卷除调料需要进口，连外面那层薄薄的面皮也需要进口。实际上，肯德基一直致力于在国内寻找供应商，然而却找不到一家合格的面皮供应商。肯德基要求所有的面皮大小、厚度、规格、韧性、温度控制一致，而且要求保证每日供应数量稳定、质量稳定，其背后更深层次的要求是供应商应确保所有生产环节和物流过程标准、高效、精确和安全，因而要求供应商有长期的战略考虑。这对国内面皮供应商而言是一个很好的机会，但遗憾的是，国内很多供应商更看重短期利润，不能致力于长期的稳定发展，不愿下功夫整合供应链系统。肯德基在国内找不到的供应商，不得不从美国和澳大利亚进口面皮。

6.2.3 供应商选择应考虑的因素

选择供应商时，有许多因素值得考虑，各因素的重要性因企业而异，甚至在同一企业因不同产品或服务而异。

1. 质量因素

质量主要是指供应商所供给的原材料、初级产品或消费品组成部分的质量。产品的质量是供应链生存之本，产品的使用价值是以产品的质量为基础的。如果产品的质量低劣，该产品将会缺乏市场竞争力，并很快退出市场。供应商所供产品的质量是消费品质量的关键之所在，因此，在对供应商的产品质量要求上，应该强调适合和稳定。考察质量因素时，应重点考察供应商是否有一套有效执行的产品检验制度，即是否具备控制质量的能力。在对供应商的质量管理要求上，考虑的因素主要包括质量管理方针和政策、质量管理制度的执行及落实情况、有无质量管理制度手册、有无质量保证的作业方案和年度质量检验目标、有无评价机构的评鉴等级、是否通过ISO9000质量体系认证。

2. 价格因素

价格主要是指供应商所供给的原材料的价格。供应商的产品价格决定了最终产品的价格和整条供应链的投入产出比，对生产商和销售商的利润率会产生一定程度的影响。供应商应该能够提供有竞争力的价格，这并不意味着必须是最低的价格。这个价格是在考虑供应商提供产品或服务的时间、数量、质量后确定的。

3. 交货能力因素

供应商的交货能力包括两个方面：一是供应商的准时交货能力；二是供应商的持续改善能力。交货准时性是指供应商按照企业的要求，将指定的产品准时送到指定的地点。如果供应商的交货准时性较低，必然会影响企业的生产计划和销售商的销售计划。因此，交货准时性也是较为重要的因素。供应商的持续改善能力取决于供应商是否有改进产品的意愿及能力，应考察供应商的新产品开发计划以及供应商的研发部门和人员的情况。持续改善能力是增强企业竞争能力的一个重要方面。

4. 服务因素

选择供应商时，特殊服务也非常重要。例如，更换残次物品、指导设备使用、修理设备以及类似的服务等。在考察这一因素时，要注意两个问题：一是当产品或服务改变时，供应商是否预先通知；二是如果服务发生变化，采购方需要增加多少投入。

5. 柔性因素

供应商面临数量、交付时间与产品品种改变时，有多大的灵活性，是否能及时应对需求的改变，这也是企业应予以重点考虑的因素。企业还要了解供应商生产线的柔性能力以及生产品种的转变能力。反映柔性的一个指标是交货提前期，对于企业或供应链来说，市场是外在系统，它的变化或波动都会引起企业或供应链的变化或波动。由于交货提前期的存在，必然造成供应链各级库存变化的滞后性和库存的逐级放大效应。交货提前期越短，库存量的波动越小，企业对市场的反应速度越快，对市场反应的灵敏度越高。由此可见，交货提前期也是考察供应商的重要因素之一。

6. 位置因素

供应商所处位置对送货时间、运输成本、紧急订货与加急服务的回应时间等都有影响。在分工日益精细化的今天，供应商的位置直接决定了产品的物流成本和管理成本。地理位置近，送货时间短，这就意味着紧急缺货时，可以快速送到。供应商与企业同处于一个区域也有利于形成产业积聚效应，增强整个产业链的竞争力。

7. 供应商存货政策

如果供应商的存货政策要求自己随时持有备件存货，将有助于突发故障的解决。供应商的库存设置以及库存地理位置也会影响产品可得性。对此，企业应予以考虑。

8. 信誉与财务状况稳定性

供应商信誉及财务状况是否令人满意，供应商是否严重依赖其他采购主导致企业承担供应商优先满足其他采购主需要的风险，这也是企业在选择供应商时需要考虑的因素。

9. 其他

除了以上因素外，企业还应考察供应商的售后服务能力、供应能力以及关系经营能力等因素。不同的企业的考察侧重点也不同，企业可以根据自己的实际情况，对这些影响因素赋予一定的权重，制定相应的选择原则。

6.2.4 供应商选择的方法

选择供应商的方法较多，一般要根据供应商的多少、对供应商的了解程度以及对物资需要的紧迫程度等来确定，国内外较常用的方法主要有以下几种。

1. 直观判断法

直观判断法是根据征询和调查所得的资料并结合个人的分析判断，对供应商进行分析、评价的一种方法。这种方法主要是倾听和采纳有经验的采购人员的意见，或者直接由采购人员凭经验做出判断。这种方法的应用效果取决于供应商资料是否准确、齐全，以及决策者的分析判断能力与经验。直观判断法主要依靠经验来做出选择，简单、快速和方便，但是缺乏科学性，常用于选择非主要原材料的供应商。

2. 招标法

当订购数量大、合作伙伴竞争激烈时，可采用招标法来选择供应商。企业提出招标条件，各供应商竞标，然后由企业决标，与提出最有利条件的供应商签订合同或协议。企业可以采用公开招标，也可以采用邀请招标。招标法的优点是竞争性强，企业能在更广泛的范围内选择适合的供应商,以获得供应条件便利、便宜且适用的物资。但招标法手续较繁杂,所需时间长,不能适应紧急订购的需要;订购机动性差,有时会因为企业对投标者了解不够,或者双方未能充分协商而造成货不对路或不能按时到货的后果。

3. 协商选择法

当供应商较多、企业难以抉择时,也可以采用协商选择法,即由企业先选出供应条件较为有利的几个供应商,与其分别协商,再确定适合的供应商。与招标法相比,采用协商选择法时,由于供需双方能充分协商,在物资质量、交货日期和售后服务等方面较有保证。但由于选择范围有限,不一定能得到价格最合理、供应条件最有利的供应来源。当采购时间紧迫、投标单位少、竞争程度低、订购物资规格和技术条件复杂时,协商选择法比招标法更为合适。

4. 评分法

评分法是指依据供应商评价的各项指标,按供应商的优劣档次,分别对各供应商进行评分,选得分最高者为最佳供应商。

例如,某采购单位列出了评选供应商的10个影响因素,将评分标准分为5个档次并赋予不同的分值,即极差(0分)、差(1分)、较好(2分)、良好(3分)、优秀(4分),满分40分,具体如表6-2所示。采购单位在表上为供应商评分,根据评分情况对各个供应商进行比较,最后确定供应商,并据此要求选定的供应商对不足之处进行改进。表6-2中该供应商的得分为:4+4+2+3+3+3+4+4+3+2=32。

表6-2 某采购单位对某供应商的评分

序号	项目	极差 0分	差 1分	较好 2分	良好 3分	优秀 4分
1	产品质量					√
2	技术服务能力					√
3	交货进度情况			√		
4	对用户需求做出快速反应的能力				√	
5	供应商的信誉				√	
6	产品价格				√	
7	延期付款期限					√
8	销售人员的才能和品德					√
9	人际关系				√	
10	产品说明书及使用手册的质量			√		

5. 采购成本比较法

对于能满足质量和交货期要求的供应商,则需要通过计算采购成本来进行比较分析。采购成本一般包括售价、采购费用、运输费用等各项支出。采购成本比较法是通过计算分析不同供应商的采购成本,以选择采购成本较低的供应商的一种方法。使用该方法以前必须对备选供应商进行评估,确定质量和交货期都能满足要求。

例如,某电子企业计划采购某种物料200吨,A、B供应商供应的物料质量均符合企业要求,信誉也比较好。距离企业比较近的A供应商的报价为每吨280元,运费每吨5元,订货费用

(采购中的固定费用)支出为300元;距离企业比较远的B供应商的报价为每吨260元,运费为每吨30元,订购费用支出为600元。

根据以上资料,可以计算得出企业从A、B供应商采购所需支付的成本。

A供应商:200吨×280元/吨+200吨×5元/吨+300元 = 57 300(元)

B供应商:200吨×260元/吨+200吨×30元/吨+600元 = 58 600(元)

在交货时间与质量都能满足企业需求的情况下,该企业应选择A供应商。

6. ABC成本法(作业成本法)

ABC成本法的指导思想是"成本对象消耗作业,作业消耗资源"。该方法针对单一订单,在一组供应商中选择最佳者,其基本思想是供应商所供应物资的任何因素的变化都会引起采购企业总成本的变动,价格过高、质量达不到要求、供应不及时等都会增加采购企业的成本,因此需要通过分析供应商总成本来选择供应商。由于作业成本法要求供应商能够提供详细信息,其成本比传统方法高,但其成本计算更准确,能够为管理者提供更有用的成本信息。

7. 层次分析法

层次分析法的基本原理是根据具有层次结构的目标、子目标、约束条件等来评价方案,采用两两比较的方法确定判断矩阵,然后把判断矩阵的最大特征值所对应的特征向量的分量作为相应的系数,最后综合给出各个方案的权重(优先程度)和供应商各自的权重(优先程度),通过比较优先程度来选择供应商。

8. 人工神经网络算法

人工神经网络算法通过建立接近于人类思维模式的定性与定量相结合的综合评价选择模型,并学习给定样本模式,来获取评价专家的知识、经验、主观判断及对目标重要性的倾向。当企业对供应商进行综合评价时,可再现并运用评价专家的经验、知识和直觉思维,从而实现定性分析和定量分析的有效结合,也可以较好地保证供应商选择的客观性。

6.2.5 供应商选择的一般步骤

供应商选择就是从众多的候选供应商中,选择几家可以长期打交道的供应商,并与之建立合作伙伴关系,具体的选择流程如图6-1所示。但这个架构是理论性的,能起到一定的指导作用,企业需结合自己的实际情况来运用。

1. 分析市场的竞争环境和企业的需求特点

市场需求是企业一切活动的驱动源。要建立基于信任、合作、开放性交流的供应链长期合作关系,必须首先分析市场竞争环境,同时分析现有供应商的情况,并总结企业存在的问题。

2. 确定选择供应商的目标

企业必须确定供应商评价程序如何实施,必须明确实质性的目标,其中降低成本是主要目标之一。供应商评价、选择不仅仅指简单的评价、选择过程,它本身也是企业自身和企业与企业之间进行业务流程重构的过程。该流程实施得好,可为企业带来一系列利益。

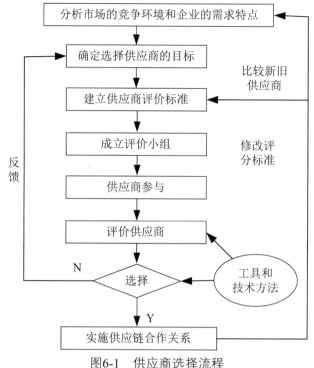

图6-1 供应商选择流程

3. 建立供应商评价标准

供应商综合评价的指标体系是企业对供应商进行综合评价的依据和标准,是反映企业本身和环境所构成的复杂系统不同属性的指标,按隶属关系、层次结构有序组成的集合。

4. 成立评价小组

企业应成立一个小组以控制和实施供应商评价,组员以来自采购、质量、生产、工程等与供应链合作关系密切的部门为主,组员必须有团队合作精神,具有一定的专业技能。

5. 供应商参与

一旦企业决定实施供应商评价,评价小组应与初步选定的供应商取得联系,以确认它们是否愿意与企业建立供应链合作关系,是否有获得更高业绩水平的愿望。企业应尽可能让供应商更早参与到评价体系的设计过程中来。

6. 评价并选择供应商

评价供应商的一项主要工作是调查、收集有关供应商的生产运作等信息。在全面收集供应商信息的基础上,利用一定的工具和技术方法对供应商进行评价。

7. 实施供应链合作关系

在实施供应链合作关系的过程中,市场需求将不断变化,可以根据实际情况及时修改合作伙伴评价标准,或重新选择供应商。在重新选择合作伙伴的时候,应给予合作伙伴足够的时间,使其适应变化。

案例分析6-2：俄亥俄工具公司选择供应商的过程

一、背景

俄亥俄工具公司设计了一种新机器，该机器比市场上同类型的机器都要好，估计机器投产后年销售额约20万美元。该机器的最大优点是有一个独特的凸轮部件，使得操作者能够快速调整设备。为了实现机器设计方案的优势，每台机器需要的两个凸轮的制造公差要求很小(工件样图省略)，加工方法会限定铸件的类型，或者需要用到粉末冶金工艺，因此需要选择能够应用粉末冶金工艺的供应商。为此，俄亥俄工具公司确定了3家候选供应商，分别是供应商A、供应商B和供应商C。

二、选择

(1) 供应商A。供应商A位于1000英里以外，是粉末冶金领域的巨头之一，技术实力比较雄厚。对于本批工件，供应商A提出的报价如表6-3所示，但俄亥俄工具公司曾向这家公司采购过其他零部件，该公司不能如期交货，造成了很大的经济损失。

表6-3　供应商A的报价

数量/件	单价/美元
5 000	0.186
10 000	0.185
20 000	0.144

注：模具成本为1968美元，交货周期约为10周。以上报价不包括每件0.012美元的运输成本，也不包括每件约为0.05美元的凸轮机械加工成本。

(2) 供应商B。供应商B距俄亥俄工具公司300英里，相对来说，是粉末冶金领域的新手。供应商B曾经表示退出报价，因为其生产能力有限，不能按照公差制造，达不到俄亥俄工具公司的精度要求。但是供应商B在之前与俄亥俄工具公司有比较好的合作，所以在俄亥俄工具公司的帮助下，供应商B能够进一步提高中心孔的精度，满足公差要求。俄亥俄工具公司工程部也适当放宽对公差的要求。供应商B提出新一轮报价，如表6-4所示。该报价包含对零部件图的相应修改，也就是供应商B负责零件机加工，加工成本已包含在报价中。

表6-4　供应商B的报价

数量/件	单价/美元
5 000	0.5
10 000	0.4
20 000	0.32
50 000	0.275

注：模具成本为1350美元，交货周期为10~12周。以上报价不包括每件为0.005美元的运输成本，但包括零件的机械加工成本。

(3) 供应商C。供应商C距离俄亥俄工具公司900英里，俄亥俄工具公司以前没有同它做过生意，但这次也希望它报价。供应商C的报价如表6-5所示。供应商C是一家大型汽车公司的一个附属公司，在技术上有很好的声誉。

表6-5 供应商C的报价

数量/件	单价/美元
5 000	0.186
10 000	0.185
20 000	0.183

注：模具成本为890美元，交货周期约为10周。以上报价不包括每件为0.012美元的运输成本，也不包括每件约为0.06美元的凸轮机械加工成本。

很明显，供应商B的成本相对较高，供应商A和C的成本差不多。

三、选择要求

供应链管理包括两个基本过程：一是供应商选择；二是供应商管理。俄亥俄工具公司选择供应商的过程，正是对供应商选择和管理过程的最好诠释。供应商对其选择的供应商的一般要求是信息共享、风险共担、利益"双赢"。

企业与供应商的良好合作关系应体现为：让供应商了解企业的生产过程，使供应商能清楚企业所需原材料和配件的规格、质量、数量、期限等；向供应商提供经营计划、经营策略等，使供应商了解企业的发展目标；供应商与企业间要明确相互的责任、相互的利益所在，以保持团结一致，达到双赢目的。

供应商与企业要建立战略合作关系应做到以下3个方面：把商业信誉放在第一位；供应商能保证供应配件的质量标准和低成本；企业能保证对供应配件的稳定需求。

四、选择过程

俄亥俄工具公司在选择供应商之前，确定采用粉末冶金工艺，故而决定在粉末冶金领域的3个供应商中进行选择。其中，供应商B的报价最高，但隐含其中的运费(B为0.005美元，而A和C为0.012美元)和信誉，可以使俄亥俄工具公司得到实际利益。如果不考虑信誉因素，报价高低体现外在的优势或劣势，而运费高低则体现内在的实际利益或损失。该公司采购经理通知供应商B复核其成本，修改了报价单，如表6-6所示。新报价虽然有一定幅度的调整，但它仍然是报价最高的供应商。

表6-6 供应商B修改后的报价单

数量/件	单价/美元
5 000	0.45
10 000	0.37
20 000	0.32
50 000	0.275

注：模具成本为1350美元，交货周期为10~12周。以上报价不包括每件为0.005美元的运输成本，但包括零件的机械加工成本。

五、最终选择结果

如表6-7所示，虽然供应商B的报价不是最低的，但考虑到以往的合作经历，俄亥俄工具公司最终还是选择了供应商B。通过这个案例，我们可以知道价格不是影响供应商选择的唯一因素。

表6-7　3家供应商报价比较

数量/件	供应商A单价/美元	供应商B单价/美元	供应商C单价/美元
5 000	0.203	0.455	0.204
10 000	0.202	0.375	0.203
20 000	0.161	0.325	0.201
50 000	0.161	0.280	0.201
模具	1968	1350	890

案例思考题：
(1) 通过案例分析俄亥俄工具公司选择供应商的影响因素有哪些。
(2) 俄亥俄工具公司为什么没有选择价格较便宜的其他公司？
(3) 结合案例分析选择供应商的意义及重要性。

6.3　供应商的审核与绩效考评

供应商的审核与绩效考评是完善企业采购管理，提高采购乃至供应商绩效的关键。建立有效的审核与绩效考评体系，可以帮助企业正确评价供应商的绩效，奖优惩劣，推陈出新，不断优化供应商队伍。供应商的审核与绩效考评就是对现有供应商的日常表现进行监控和考核。

6.3.1　供应商审核

供应商审核是供应商管理的必要环节。供应商审核是了解供应商优缺点、控制供应过程、促进供应商改进的有效手段，也是企业降低经营风险、保障持续供应的重要保障。企业应在完成供应市场调研分析、对潜在供应商做初步筛选的基础上对可能发展的供应商进行审核。

供应商审核是采购员必须做的工作，定期审核供应商也是采购控制及管理供应商的重要环节。实践表明，供应商经常会在管理方式、质量保证、物料管理、设计程序、过程改进政策、纠正措施与后续服务等方面出现问题。企业应针对这些问题，在供应商审核时提出相应的措施。

1. 供应商审核的内容

供应商自身条件存在差别，各有优劣，必须有客观的评分项目作为选拔合格供应商的依据。因此，企业在供应商审核之前应该制定详细的评审内容，通常包括下列各项。

(1) 供应商的经营状况，包括供应商的经营历史、负责人资历、注册资本金额、员工人数、完工记录及绩效、主要客户、财务状况等。

(2) 供应商的生产能力，包括供应商的生产设备是否先进、生产能力是否已充分利用、厂房的空间距离是否合理以及生产作业的人力是否充足等。

(3) 技术能力，包括供应商的技术是自行开发还是从外部引进、有无与国际知名技术开发机构合作、现有产品或试制样品的技术评估结果、产品开发周期、技术人员的数量及受教育程度等。

(4) 管理制度，包括供应商的生产流程是否顺畅合理、产出效率如何、物料控制是否自动化、生产计划是否经常改变、采购作业是否为成本计算提供良好基础等。

(5) 质量管理，包括供应商的质量管理方针和政策如何、质量管理制度的执行及落实情况如何、有无质量管理制度手册、有无质量保证的作业方案、有无年度质量检验目标、有无政府机构的评鉴等级、是否通过ISO9000认证等。

2. 供应商审核的方法

供应商审核的方法主要可以分为主观判断法和客观判断法。主观判断法是指依据个人的印象和经验对供应商进行评判的方法。这种评判缺乏科学标准，评判依据十分笼统、模糊。客观判断法是指依据事先制定的标准或准则对供应商进行量化的考核和审定，包括调查法、现场打分评比法、供应商绩效考评、供应商综合评审、总体成本法等。

(1) 调查法。调查法是指事先准备一些标准格式的调查表格发给不同的供应商填写，回收后进行比较的方法。这种方法常用于招标、询价及供应商初步调查等。

(2) 现场打分评比法。现场打分评比法是指预先准备一些问题并格式化，然后组织不同部门的专业人员到供应商现场进行检查确认的方法。

(3) 供应商绩效考评。供应商绩效考评是指对已经供货的现有供应商在供货、质量、价格等方面的表现进行跟踪、考核和评比。

(4) 供应商综合评审。供应商综合评审是针对供应商公司层次而组织的由质量、工程、企划、采购等专业人员参与的全面评审，它通常将问卷调查和现场评审结合起来。

(5) 总体成本法。总体成本法是一种以降低供应商的总体成本，从而降低采购价格为目的方法。它需要供应商通力合作，由企业组织综合专家团队对供应商的财务及成本进行全面、细致分析，找出降低成本的方法，并要求供应商付诸实施与改进，改进效果则由双方共享。

3. 供应商审核的程序

对供应商进行审核应建立在一定的市场调查基础之上，主要包括以下几步。

(1) 开展市场调研，搜集供应商信息。对供应市场进行调研，收集供应商的信息和资料是评审的前提。只有掌握了供应商的资料，才能对供应商做出客观、公正的评审。在市场调研阶段，主要应该从供应商市场分布、采购物品的质量和价格、供应商的生产规模等方面收集相关信息。

(2) 确定供应商审核的主要指标。对于不同的供应商，审核指标也不相同，因此应该针对供应商的实际情况和本单位所采购物品的特性，对所要评审的供应商制定具体的评审指标。

(3) 成立供应商审核小组。企业应针对不同的采购物品成立相应的评审小组。对于一些标准品以及金额比较低的物品，可以用采购人员自行决定的方式，由采购人员组成评审小组。这种方式最简单，也最为快速、方便。对于非标准品以及价值金额较大的物品，则可以成立跨功能小组或商品小组来执行评审任务。跨功能小组是指依据采购物品的性质，由采购部门、物料管理部门、工程及研发部门、主管或财务部门的人员共同组成的临时性供应商审核组织。

(4) 综合评分。供应商审核的最后一个环节是对供应商进行综合评分。针对每个评审项目,权衡彼此的重要性,分别赋予不同的权重,评审小组确定供应商评审内容及权重后,可根据供应商反馈的调查表及实地调查资料,编制供应商资格评分表。

6.3.2 供应商绩效考评

供应商绩效考评是指对现有供应商的日常表现进行定期监控和考核。虽然企业对供应商的考核工作一直在进行,但一般是对重要供应商的来货质量进行定期检查,而没有一整套的规范和程式。随着采购管理在企业中的地位越来越重要,供应商管理水平也在不断上升,原有的考核方法已不再适应企业管理的需要。

供应商绩效考评的主要目的是确保供应商供应质量,同时在供应商之间比较,以便继续同优秀的供应商合作,淘汰绩效较差的供应商。企业对供应商进行绩效考评也可以了解供应过程中存在的不足之处,并将其反馈给供应商,促进供应商改善其业绩,为日后更好地完成供应活动打下良好的基础。

1. 供应商绩效考评的对象

供应商绩效考评是对已经认可的现有供应商的表现进行考核,其目的是了解供应商的表现,促进供应商改进,并为奖励供应商、优化供应商提供依据。

绩效考评对象应该是伙伴型供应商和重点型供应商。此外,如果管理成熟、条件允许,也可扩展到所有的供应商。绩效考评通常每月进行一次,对于伙伴型供应商和重点型供应商,应该及时告知考评结果并督促其加以改进;而对其他供应商,考评结果可视情况只作为参考,不必告知供应商。

2. 供应商绩效考评的内容

供应商绩效考评的内容主要包括4个方面,其内容体系如图6-2所示。

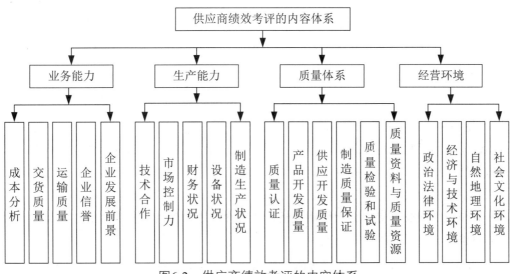

图6-2 供应商绩效考评的内容体系

(1) 供应商的业务能力。供应商的业务范围越大,它的成本越低,就越需要仔细对其考评。对供应商的业务考评具体包括对供应商的成本、交货质量、交货速度、交货安全性、交货及时性、企业信誉、发展前景、供应销售网络等各个方面的综合考评。

(2) 供应商的生产能力。有些供应商虽然业务很多，但是缺乏生产设备和生产人员，即生产能力不足。对供应商生产能力的考评具体是指考评供应商的技术合作能力、财务(包括销售增长率、市场占有率、库存周转率、投资回报率、资产负债等财务指标，以及现金流动等情况。对财务状况进行考评的难度很大，但是要尽可能地去了解)状况、设备状况、制造生产状况等。

(3) 供应商的质量体系。供应商业务量充足，生产能力很强，在这种情况下，还要考察其质量体系是否稳定。具体包括是否通过ISO9000认证；如果是食品行业，是否通过PDA(美国食品和药物管理局)认证；如果是汽车行业，是否通过QS9000认证。此外还要考察供应商的新产品开发能力、质量检测能力，考察供应商是否按照生产工艺踏踏实实地完成全部生产。

(4) 供应商的经营环境。这一点是最容易被忽略的一点，经营环境会影响企业的长期经营，好的经营环境可以避免企业损失成本。经营环境包括政治、经济、技术、地理、社会文化等方面。这些都是很容易被人们忽略的问题，但会直接影响供应商的企业文化。

3. 供应商绩效考评的指标

为了科学、客观地反映供应商的供应活动情况，应该建立与之相适应的供应商绩效考评指标体系。供应商考评指标很多，不同的企业因为做法不同，所采用的考评指标也各有差异，但概括起来有4类：质量指标，供应指标，经济指标，支持、配合与服务指标。

(1) 质量指标。质量指标是用来衡量供应商的基本指标。每一个采购单位都要对供应商提供的产品质量进行检查，检查可分为两种：一种是全检；另一种是抽检。全检的工作量比较大，一般采用抽检的方法。质量指标主要包括来料批次合格率、来料抽检缺陷率、来料在线报废率和来料免检率。4个指标的计算公式为

$$来料批次合格率 = (合格来料批次 \div 来料总批次) \times 100\%$$

$$来料抽检缺陷率 = (抽检缺陷总数 \div 抽检样品总数) \times 100\%$$

$$来料在线报废率 = [来料总报废数(含在线生产时发现的) \div 来料总数] \times 100\%$$

$$来料免检率 = (来料免检的种类数 \div 该供应商供应的产品总种类数) \times 100\%$$

这4个指标中，来料批次合格率最为常用。此外，也有一些企业将供应商体系等是否通过ISO9000认证作为评价指标，还有一些企业要求供应商在提供产品的同时提供相应的质量文件，如过程质量检验报告、出货质量检验报告、产品成分性能测试报告等。

(2) 供应指标。供应指标是一个非常重要的考核指标，主要考察供应商的准时交货率、交货周期、订单变化接受率等。交货周期是指自订单开出之日起到收货之时的时间长度，一般以"天"为单位，相关指标的计算公式为

$$准时交货率 = (按时按量交货的实际批次 \div 订单确认的交货总批次) \times 100\%$$

$$订单变化接受率 = (订单增加或减少的交货数量 \div 订单原定的交货数量) \times 100\%$$

订单变化接受率是衡量供应商对订单变化灵活性反应的一个指标，它是指在双方确认的交货周期内，供应商可接受的订单增加或减少的比率。供应商能够接受的订单增加接受率与订单

减少接受率往往并不相同。前者取决于供应商生产能力的弹性、生产计划安排与反应速度、库存量与产品状态(原材料、半成品或成品)等，而后者则主要取决于供应商的反应速度、库存量以及对因减少订单导致损失的承受力。

(3) 经济指标。供应商考核的经济指标总是与采购价格、成本相联系。质量与供应考核通常每月进行一次，而经济指标则相对稳定，多数企业是每季度考核一次。此外，经济指标往往都是定性的，难以量化。经济指标的具体考核点有以下几个。

① 价格水平。企业往往将自己所掌握的市场行情与供应价格比较，或根据供应商的实际成本结构及利润率进行判断。

② 报价是否及时，报价单是否客观、具体、透明(分解成原材料费用、加工费用、包装费用、运输费用、税金、利润等，说明相对应的交货与付款条件)。

③ 降低成本的态度及行动，即是否真诚地配合企业或主动开展降低成本活动、制订改进计划、实施改进行动，是否定期与企业商讨价格。

④ 分享降价成果，即是否将降低成本的好处也让利给企业。

⑤ 付款，即是否积极配合响应企业提出的付款要求，开出的发票是否准确、及时且符合有关财税要求。

此外，有些企业还将供应商的财务管理水平与手段、财务状况以及对整体成本的认识也纳入考核。

(4) 支持、配合与服务指标。企业考核供应商在支持、配合与服务方面的表现通常也是定性考核，每季度一次，相关的指标有以下几个。

① 反应表现，即对订单、交货、质量投诉等反应是否及时，答复是否完整，对退货、挑选等是否及时处理。

② 沟通手段，即是否有合适的人员与企业沟通，沟通手段是否符合企业的要求(电话、传真、电子邮件以及文字处理所用软件与企业的匹配程度等)。

③ 合作态度，即是否将企业看成重要客户，供应商高层领导或关键人物是否重视企业的要求，供应商内部沟通协作(如市场、生产、计划、工程、质量等部门)是否能满足企业的要求。

④ 共同改进，即是否积极参与或主动参与和企业相关的质量、供应、成本等改进项目或活动，或推行新的管理做法等，是否积极组织参与企业召开的供应商改进会议、配合企业开展质量体系审核。

⑤ 售后服务，即是否主动征询企业的意见、主动访问企业、主动解决或预防问题。

⑥ 参与开发，即是否参与企业的相关开发项目，以及如何参与企业的产品或业务开发过程。

⑦ 其他支持，即是否积极接纳企业提出的有关参观、访问事宜，是否积极提供企业要求的新产品报价与样品，是否妥善保存与企业相关的文件，是否保证不与影响企业切身利益的相关企业或单位进行合作等。

6.4 供应商关系管理

供应商会影响企业产品设计、产品质量、交货提前期、库存水平等,是决定企业成败的关键因素。因此,在合作过程中,企业需要不断地对供应商进行评估和反馈。随着经济全球化和市场竞争的加剧,现代企业在采购过程中面临巨大的降低成本、提高质量和缩短交货期的压力。为了在竞争中获得优势,越来越多的企业开始重视供应商关系管理,供应商关系管理已成为企业保证物资供应、确保采购质量和节约采购资金的重要手段。

6.4.1 供应商关系的演变

企业与供应商之间的买卖关系从企业建立之初便已存在。企业与供应商之间的关系多种多样,有的是松散、临时的关系,而有的是长期、密切的关系。两者关系的密切程度取决于企业的特征和相应的管理理念。最初,企业与供应商之间是一种"零和"竞争关系,近年来,双赢的观念开始在企业中盛行,这种竞争关系慢慢发展成为供应商伙伴关系。很难具体说出是谁或哪家企业创立了供应商伙伴关系的实践与理论,大家都比较认同的是,日本在第二次世界大战结束后致力于民族工业的振兴,在开展全面质量管理、实施即时生产的过程中意识到供应商的重要性。日本企业认为,企业所面临的竞争不仅是企业与同行之间的竞争,而且是整个供应链与另一条供应链的竞争。相反,美国与西欧的制造商则坚持认为,供应商必须依靠自己,并经常以此威胁供应商,间接导致日本的汽车产业迅速崛起,并渗透到世界各地。如果说,企业将采购注意力由关心成本转移到不关心成本,更注重供应商的产品质量与交货及时性,是采购管理的一大进步,那么帮助、敦促供应商改进产品设计,促使供应商主动为企业产品开发提供设计支持,则标志着供应商管理进入真正的战略合作伙伴关系阶段。

供应商关系的演变大致经历了3个阶段,如表6-8所示。

表6-8 供应商关系的演变过程

项目	20世纪60—70年代	20世纪80—90年代	20世纪末到21世纪
特征	竞争对手	合作伙伴	探索/全球平衡
市场特点	许多货源 大量存货 买卖双方是竞争对手	合作获得货源 少量存货 买卖双方互为伙伴 实现"双赢"	市场国际化 不断调整双方的伙伴关系 在全球经济中寻求平衡与发展
采购运作	以最低的价格买到所需产品	采购总成本最低 供应商关系管理 整体供应链管理 供应商参与产品开发	供应商策略管理 "上游"控制与管理 共同开发与发展 供应商优化 信息、网络化管理 全球"共同采购"

6.4.2 供应商分类管理的必要性

企业应根据其与供应商之间的关系采取不同的管理策略。采用供应商分类管理,可以提高企业的生产效率和经济效益。供应商分类管理的基础是建立企业与供应商的战略伙伴关系。这里的战略伙伴关系是指存在于企业及其供应商之间的长期合作的产品交易关系。这是一种基于相互信任，通过彼此间的信息沟通实现风险共担和利润共享的企业合作关系。实施供应商分类管理，对于采购方来说，供货及时性和供货质量有了一定的保证；对于供应商来说，保证了产品销售的稳定性；从整个供应链的角度来看，降低了整个供应链的不确定性。

供应商分类管理的必要性主要体现在以下几个方面。

1. 有助于提高企业的满意度

现在很多企业与供应商之间仍然是相互对立的非合作伙伴关系，其交易过程仍是典型的非信息对称博弈过程，因此存在委托—代理问题。只有加强供应商管理，让采购方与合格的供应商建立合作伙伴关系，通过信息共享，才能达到低成本、高柔性的目标，才能提高企业的满意度。

2. 有助于提高供应商对客户需求反应的敏捷性

在激烈竞争的环境中，供应商对企业需求反应的敏捷程度成为衡量供应商综合绩效的重要指标。在产品和服务需求方面，企业希望供应商交货期越来越短，反应速度越来越快，而单独依靠哪一个组织是不可能做到的，必须运用供应链管理思想，使供应链上各节点都专注于自身的核心竞争力，最大化地利用其他节点的竞争优势，迅速适应不断变化的市场。只有加强供应商管理，让企业与供应商建立合作伙伴关系，才能提高供应商对企业需求反应的敏捷性。

3. 有助于保证采购质量、降低采购成本

供应商产品的质量是企业生产质量和研发质量的组成部分，供应商的质量管理体系同时也是企业的质量管理体系。另外，从成本的角度考虑，供应商的成本在一定程度上也是企业的成本。供应商成本增加，最终会将附加成本转移到企业手中。所以，加强供应商管理，选择合适的供应商，使供应商在竞争的环境中保持提高产品质量、合理降低成本的竞争状态，对保证企业采购质量、降低企业采购成本有积极的意义。

6.4.3 供应商关系分类

供应商关系分类是指在供应市场上，采购方依据采购物品的金额、采购商品的重要性以及供应商对采购方的重视程度和信赖度等因素，将供应商划分成若干个群体。供应商关系分类是供应商关系管理的首要环节，只有在供应商分类的基础上，采购方才有可能根据细分供应商的不同情况实行不同的供应商关系策略。

1. 按信息网络分类

从信息网络的角度，可将供应商分为公开竞价型、网络型、供应链管理型。

(1) 公开竞价型。公开竞价型是指采购方公开地向若干供应商提出采购计划，各个供应商根据自身情况进行竞价，采购方依据供应商竞价情况，选择其中价格低、质量好的供应商作为该项采购计划的供应商，这类供应商就称为公开竞价型供应商。在供大于求的市场中，采购方处于有利地位，采用公开竞价选择供应商，在产品质量和价格方面有较大的选择余地，是企业降低成本的途径之一。

(2) 网络型。网络型是指采购方通过与供应商长期交易，将在价格、质量、售后服务、综合实力等方面比较优秀的供应商组成供应商网络，某些物资的采购只限于在供应商网络中进行。供应商网络的实质就是采购方的资源市场，采购方可以针对不同的物资组建不同的供应商网络。供应商网络的特点是采购方与供应商之间建立了长期合作关系，但在这个网络中应采取优胜劣汰机制，以便定期评估、筛选供应商，适当淘汰，同时吸收更优秀的供应商进入。

(3) 供应链管理型。供应链管理型是指在供应链管理中，采购方与供应商之间通过信息共享，适时传递自己的需求信息；而供应商根据实时信息，将采购方所需的物资按时、按质、按量地送交采购方。

2. 按产品重要程度分类

从产品重要程度的角度，根据采购的80/20规则，可以将供应商细分为重点供应商和普通供应商，其基本思想是针对不同的采购物品采取不同的策略，同时采购工作精力分配也应各有侧重。根据80/20规则，可以将采购物品分为重点采购品(采购价值占80%、采购数量占20%的物品)和普通采购品(采购价值占20%、采购数量占80%的物品)。相应来说，可以依据80/20规则，将供应商划分为重点供应商和普通供应商，即占80%采购金额的20%的供应商为重点供应商，而只占20%采购金额的80%的供应商为普通供应商。对于重点供应商，应投入80%的时间和精力进行管理与改进。这些供应商提供的物品为企业的战略物品或需集中采购的物品，如汽车厂需要采购的发动机和变速器，电视机厂需要采购的彩色显像管以及一些价值高但供应不稳定的物品。而对于普通供应商，则只需要投入20%的时间和精力。因为这类供应商所提供的物品对企业的成本、质量和生产的影响较小，例如办公用品、维修备件、标准件等。

3. 按战略分类

从战略的角度，可将供应商分为短期目标型、长期目标型、渗透型、联盟型和纵向集成型。

(1) 短期目标型。短期目标型是指采购方与供应商之间的关系是交易关系，即一般的买卖关系。双方的交易仅限于短期的交易合同，各自所关注的是如何谈判、如何提高自己的谈判技巧使自己不吃亏，而不是如何改善自己的工作使双方都获利。供应商根据交易要求提供标准化的产品或服务，以保证每一笔交易的信誉，当交易完成后，双方关系也就终止了。双方只有供销人员有联系，而其他部门的人员一般不参加双方之间的业务活动，也很少开展业务活动。

(2) 长期目标型。长期目标型是指采购方与供应商保持长期的关系，双方有可能为了共同的利益对改进各自的工作感兴趣，并在此基础上建立超越买卖关系的合作。长期目标型的特征是建立一种合作伙伴关系，双方的工作重点是从长远利益出发，相互配合，不断改进产品质量与服务质量，共同降低成本，共同提高竞争力。合作范围遍及企业内部多个部门。例如，采购方对供应商提出新的技术要求，而供应商目前还没有能力达到这一要求，在这种情况下，采购方可以对供应商提供技术、资金等方面的支持；同时，供应商的技术创新也会促进采购方产品改进，所以说，对供应商进行技术支持与鼓励有利于企业长期发展。

(3) 渗透型。渗透型供应商关系是在长期目标型供应商关系的基础上发展起来的，其指导思想是把对方企业看成自己的一部分，提高对对方的关心程度。为了能够参与对方的活动，有时会在产权关系上采取适当的措施,如互相投资、参股等,以保证双方利益的共享与一致性。同时,在组织上也采取相应的措施,保证双方派员加入对方的有关业务活动。这样做的优点是可以更好地了解对方的情况,供应商可以了解自己的产品是如何起作用的,容易发现改进方向;而采购方可以知道供应商是如何生产的,也可以提出改进的要求。

(4) 联盟型。联盟型供应商关系是从供应链的角度建立的,其特点是在更长的纵向链条上管理成员之间的关系,双方维持关系的难度提高了,要求也更高。由于成员增加,往往需要一个处于供应链上核心地位的企业出面协调各成员之间的关系,这个核心企业被称为供应链核心企业。

(5) 纵向集成型。纵向集成型供应商是最复杂的类型,即把供应链上的成员整合起来,像一个企业一样,但各成员是完全独立的企业,决策权属于自己。在这种关系中,要求每个企业在充分了解供应链的目标、要求,以及充分掌握信息的条件下,能自觉做出有利于供应链整体利益的决策。有关这方面的知识,更多停留在学术讨论层面,实践中的案例很少。

4. 按供应商分类模块分类

根据供应商分类模块法,可将供应商分为商业型、重点商业型、优先型和伙伴型。

供应商分类模块法是依据供应商对本单位的重要性和本单位对供应商的重要性进行矩阵分析,并据此对供应商进行分类的一种方法,具体如图6-3所示。

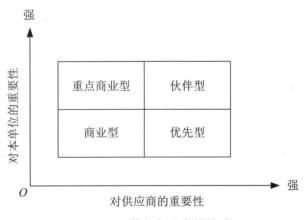

图6-3 供应商分类模块法

在供应商分类模块中,如果供应商认为本单位的采购业务非常重要,供应商自身又有很强的产品开发能力等,同时该采购业务对本单位也很重要,那么这些采购业务对应的供应商就是"伙伴型";如果供应商认为本单位的采购业务非常重要,但该项业务对于本单位并不是十分重要,这样的供应关系无疑有利于本单位,是本单位的"优先型";如果供应商认为本单位的采购业务无关紧要,但该采购业务对本单位却是十分重要的,这样的供应商就是需要注意改进提高的"重点商业型";对于那些对于供应商和本单位来说均不是很重要的采购业务,相应的供应商可以很方便地选择或更换,那么这些采购业务对应的供应商就是普通的"商业型"。表6-9描述了不同供应商关系的特征与发展要求。

表6-9　供应商关系的特征与发展要求

项目	商业型供应商	优先型供应商	伙伴型供应商	
			供应伙伴	设计伙伴
关系特征	运作联系	运作联系	战术考虑	战略考虑
时间跨度	1年以下	1年左右	1~3年	1~5年
设计和生产	提供不同产品让顾客选择	按顾客设计要求生产	按顾客设计要求生产	早期介入产品设计；提供技术支持；共享知识产权
质量	由顾客检验把关	由顾客检验把关	由供应商保证质量，顾客协助审核	共同制定质量标准；供应商保证质量；质量免检
供应	按订单供货	年度协议+交货订单	按物料需求计划供货；JIT供货	按电子数据交换系统供货；双方信息共享
合约	短期买卖协议	年度合作协议	年度合作协议；质量协议	年度合作协议；设计合同；质量协议等
成本价格	市场价格	价格+批量折扣	价格+降价目标	公开价格与成本构成；不断改进，降低成本

5. 按供应商关系谱分类

根据供应商关系谱，可将供应商分为5种不同层次，如表6-10所示。

表6-10　供应商关系谱

层次	类型	特点	适合范围
1	已认可的、触手可及的供应商	现货买进方式，通过询价、比价方式获得	方便、合理的供应商
2	需要持续接触的供应商	竞争性招标	潜在合理的供应商
3	运作相互联系的供应商	筛选供应商，优化供应链	阶段性合作的供应商
4	共担风险的供应商	强化合作，资源整合	长期合作的供应商
5	自我发展型的伙伴型供应商	优化协助，共同开发，协调发展	长期合作的伙伴型供应商

第1层次的供应商因采购价值低，它们对本单位来说不重要，因而无须与供应商或供应市场靠得太紧密，只要合理交易即可。对于这类供应商关系，可采取现货买进方式。

第2层次的供应商要求企业对供应市场有一定的把握，如了解价格发展趋势等，采购的主要着力点是对供应市场保持接触，在市场竞争中买到价格最低的商品。

第3层次的供应关系必须做到双方运作相互联系，其特征是公开、互相信赖。一旦这类供应商选定，双方就应以坦诚的态度在合作过程中改进供应、降低成本。通常这类供应商提供的零部件对本单位来说属于战略品，但供应商并不是唯一的，本单位有可替代的供应商供选择。这类供应商可以考虑长期合作。

第4层次的供应商关系是一种风险共担的长期合作关系，其重要特征是双方都力求强化合作，通过合同等方式将长期关系固定下来。

第5层次是互相配合形成的自我发展型供应商关系。这种关系意味着双方有着共同的目标，必须协同作战，其特征是为了长期合作，双方要不断地优化协作，最具代表性的活动就是供应商主动参与本单位的产品开发业务，而本单位也依赖供应商在其产品领域内的优势来提高产品开发的竞争力。

6. 按供应商的规模和经营品种分类

按供应商的规模和经营品种进行分类的方法也可用矩阵图来表示，如图6-4所示。

图6-4　按供应商的规模和经营品种分类

在这种分类方法中，"专家级"供应商是指那些生产规模大、经验丰富、技术成熟，但经营品种相对较少的供应商，这类供应商的目标是通过竞争来占领市场。"低量无规模"的供应商是指那些经营规模小、经营品种少的供应商。这类供应商生产经营比较灵活，但增长潜力有限，其目标仅是定位于本地市场。"行业领袖"供应商是指那些生产规模大、经营品种也多的供应商，这类供应商财务状况比较好，其目标为立足本地市场，并且积极拓展国际市场。"量小品种多"的供应商虽然生产规模小，但是其经营品种较多，这类供应商的财务状况一般不是很好，但是它有潜力，可培养。

▶ 知识链接

供应商合作伙伴关系是企业与供应商之间所形成的最高层次的合作关系，它是指双方在相互信任的基础之上，为共同的、明确的目标而建立起的一种长期合作的关系。要与供应商建立伙伴关系，双方应相互协调、相互信赖、共享信息、共担风险、共用技术、共同创造与革新，同时还需要双方高层领导的全力支持。具体来说，供应商合作伙伴关系包含以下几层含义。

(1) 发展长期的、相互信赖的合作关系。

(2) 这种关系由明确的或口头的合约形式确定，双方共同确认并且在各个层次上都有相应的沟通。

(3) 双方有共同的利益目标，并且为实现共同的目标，制订有挑战性的改进计划。

(4) 双方互相信任，诚恳、公开、有机地配合，共担风险。

(5) 相互学习，共享信息与成功经验。

(6) 共同开发，协力创造。

(7) 采用严格标准的尺度来衡量双方的合作表现，以促进双方不断地改进自己。

6.4.4　供应商关系的维护与冲突管理

1. 供应商关系的维护

要建立良好的合作关系，首先必须得到供应和采购双方最高管理层的支持，双方需要相互了解企业组织结构和文化，并适当地对企业组织结构进行改造、对企业文化进行再塑造，消除文化和态度之间的障碍，从而消除业务流程和结构上存在的障碍。在长期合作伙伴关系建立的实质阶段，双方需要进行期望和需求分析，相互之间需要紧密合作，加强信息共享，相互进行技术和设计支持，具体可以从以下几个方面着手。

(1) 供应和采购双方的高层领导建立经常性互访制度。供应和采购双方的高层领导应经常协调与沟通，建立有效的激励机制，共同分享战略协作带来的好处，努力营造一种良好的合作气氛。

(2) 供应和采购双方经常进行有关成本、作业计划、质量控制等方面的交流和沟通，保持信息的一致性和准确性，通过提供信息反馈和教育培训，促进供应商质量改善和质量保证。

(3) 建立联合任务小组，实施并行工程。供应和采购双方的企业之间应建立一种基于团队的工作小组，采购方在产品设计阶段让供应商参与进来，同时采购方也积极参与到供应商的生产流程和产品研发过程中，及时响应顾客的需求，为顾客提供高质量的服务。

(4) 协调供应商的计划。一个供应商能同时参与多条供应链的业务活动，在资源有限的情况下，必然会造成多方需求争夺供应商资源的局面。在这种情况下，制造商的采购部门应主动参与供应商的协调计划。特别需要指出的是，要想维持长期的合作伙伴关系，相互间的信任是必不可少的。只有相互信任，双方才能共同寻找解决问题和分歧的途径，而不是寻找新的合作伙伴。相互信任能比事先预测、依靠权威或谈判等手段更快、更经济地减少合作伙伴间的复杂性与不确定性，并能大大改善双方的合作绩效。

2. 供应商冲突管理

冲突是一种无所不在的社会现象，社会学家刘易斯·科塞(Lewis Coser)是这样定义冲突的："冲突就是为了价值对一定地位、权利、资源的争夺，以及对立双方为使对手受损或被消灭的斗争。"在供应链管理中，由于采购与供应双方存在相互依赖且不对称的关系，导致企业间地位和权利的不均衡，企业成员间也存在各种差异，这种差异体现为信息差异、认识差异、管理模式和企业文化差异，加之供应链管理机制的不完善和外部环境因素，都将导致企业间的冲突。在激烈的市场竞争中，有些冲突会导致优胜劣汰，促使企业保持活力、激发创新，使供应链保持更好的竞争力；而有些冲突可能会影响企业的经营状况甚至是整个供应链的稳定、顺畅运作。因此，有效地管理冲突，能提高供应链的运作效率，改善企业间的合作关系；若管理不当，则会削弱供应链的竞争力。

针对不同的冲突种类和冲突特征，应采取不同的应对方法，具体包括如下几种。

(1) 建立相互信任关系。在采购与供应双方的合作关系中，通常会有一些相互制约的因素，彼此要正确地理解和信任。例如，互相了解企业文化和组织结构，建立统一的运作模式；在管理模式、利润分配、财务稳定等方面保留一定的兼容性。

(2) 建立有效的沟通机制。具体包括：加强信息交流与沟通，信息共享；合作企业成员之间建立沟通机制，定期互访沟通和反馈意见；在相互信任的基础上彼此适当地授权。

(3) 建立供应商激励机制。激励机制有助于增强合作关系，通过价格激励、订单激励、商誉激励等约束利益冲突，可从根源上减少冲突的发生。

(4) 建立合作伙伴关系。抑制冲突最有效的方法是建立合作伙伴关系，相互合作能更有效地提高供应链的整体利益，避免采购与供应双方资源的重复投入。

案例分析6-3：中国蓝星的供应商关系管理

中国蓝星(集团)股份有限公司(以下简称中国蓝星)是一家以材料科学、生命科学、环境科学为主导业务的公司。通过建立供应商关系管理体系，中国蓝星降低了供应链成本，提高了集团管控能力。

一、科学分类采购物料

通过对下属企业采购物料的统计和分析得知，中国蓝星采购的物料有上千种，分固体、液体、气体3种形态，其中危险品采购数量占采购总量的一半以上，并且涉及范围广、地区差异大。根据物料特性和采购金额大小，中国蓝星将所有物料分成15个类别。根据采购物料的重要性和对生产总成本的影响程度，中国蓝星将所有采购物料分为战略物料和一般物料。中国蓝星战略物料的种类有上百种，年采购金额已占到总采购金额的85%左右。战略物料的采购管理由总部负责，下属企业协助。一般物料的采购由下属企业负责。根据战略物料的确定原则，中国蓝星每年年末都以文件形式发布下一年度战略物料清单，结合实际情况调整和更新战略物料。

二、制定类别采购策略

在对各个类别物料所涉及的企业内外部信息进行分析和论证的基础上，结合调研取得的采购物料需求、供应商分析、市场供应等相关数据，对各个类别内每种关键物料进行战略分析，制定每个类别物料的采购策略。采购策略中的重要内容就是业务优化方案和供应商绩效考核管理。采购策略将在未来1~3年指导各个类别物料的采购活动，并且根据集团的整体采购战略和企业的业务开展情况，特别是结合市场的变化情况，进行必要的总结、完善和更新。

三、供应商关系分类

中国蓝星的供应商关系分类如图6-5所示。

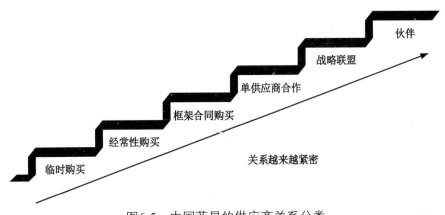

图6-5 中国蓝星的供应商关系分类

中国蓝星供应商关系的适用场景如表6-11所示。

表6-11 中国蓝星供应商关系的适用场景

关系类型	适用场景
临时购买	金额不大，需求频次较低
经常性购买	需求频次较高
框架合同购买	需求频次较高，需要保证供应
单供应商合作	供应市场成熟，有多个可选择供应商，价格和批量相关度高
战略联盟	需要供应商高度配合，双方致力于建立比买卖更高层次的合作关系
伙伴	对产品高度负责，需要供应商的专业知识、高度配合，双方致力于建立长期合作关系

四、强化供应商管理，与战略供应商建立长期合作关系

中国蓝星通过对供应商进行选择、评价和绩效考核，优化供应商组成，减少小型供应商数量，与国内外战略供应商建立长期稳定的合作关系，进一步提高战略供应商的比例，努力将传统采购的买卖关系转变为战略合作伙伴关系，与供应商实现平等、互动、双赢，从而稳定供应资源、控制采购风险，进而达到降低采购成本的目的。

案例思考题：

(1) 理论结合实际，谈谈中国蓝星集团是怎样进行供应商管理的。

(2) 结合案例分析良好的供应商合作伙伴关系对企业发展有何意义。

本章小结

在企业采购活动中，供应商选择和管理是非常重要的工作，也是完成采购目标的重要环节。企业在从事采购活动时与供应商建立合作伙伴关系，有助于降低采购成本，提高采购绩效。本章主要介绍了供应商的选择过程、供应商的审核和绩效考评，阐述了建立供应商合作伙伴关系的意义以及怎样进行供应商关系管理。

供应商选择与管理是一项长期而复杂的工作，采购方不仅在采购过程中要进行跟踪，还需要对供应商进行绩效管理以及必要的动态管理。

复习思考题

一、单项选择题

1. 在供应商考评中，价格水平属于( )。
   A. 质量指标　　B. 供应指标　　C. 经济指标　　D. 配合度指标

2. 在供应商关系分类中，把对方企业看成自己企业的一部分，有时甚至会采取互相投资、参股等措施，这属于( )供应商。
   A. 联盟型　　B. 渗透型　　C. 长期目标型　　D. 短期目标型

3. 在供应商分类模块中，对于那些对供应商和本企业来说均不是很重要的采购业务，相应的供应商可以很方便地选择或更换，那么这些采购业务对应的供应商就属于( )。
   A. 伙伴型　　B. 优先型　　C. 重点商业型　　D. 商业型

4. ( )是指订单增加或减少的交货数量与订单原定的交货数量之比。
   A. 准时交货率　　　　　　B. 订单变化接受率
   C. 评价价格比率　　　　　D. 不合格品率

5. 在与供应商建立合作关系的过程中，正确的流程是( )。
  A. 供应商结盟→供应商评价→供应商改进→供应商合理化→供应商合作伙伴
  B. 供应商结盟→供应商改进→供应商评价→供应商合理化→供应商合作伙伴
  C. 供应商评价→供应商改进→供应商合理化→供应商结盟→供应商合作伙伴
  D. 供应商评价→供应商合理化→供应商改进→供应商结盟→供应商合作伙伴

二、多项选择题

1. 防止被供应商控制的方法包括( )。
  A. 寻找多个供应源   B. 更多地掌握信息
  C. 全球采购   D. 进行一次性采购
  E. 增强谈判能力

2. 选择供应商时，应考虑的因素包括( )。
  A. 质量因素   B. 价格因素
  C. 柔性因素   D. 交货能力因素
  E. 供应商存货政策

3. 选择供应商的常见方法有( )。
  A. 定向采购法   B. 招标采购法
  C. 协商选择法   D. 采购成本比较法
  E. 直观判断法

三、判断题

1. 供应商深入调查是指深入到供应商的生产线、各个生产工艺、质量检验环节甚至管理部门，对现有的设备工艺、生产技术、管理技术等进行考察。( )

2. 当采购物资数量比较大、供应市场竞争相对激烈时，可以采用协商选择法来选择供应商。( )

3. 在与供应商的关系中，长期目标型是指采购方与供应商为了共同的利益目标，互相配合，共同降低成本，提高竞争力，保持长期的关系。( )

4. 在传统关系模式中，供应商和生产企业是一种战略伙伴关系，即双赢关系模式。( )

5. 供应商的交货能力包括两个方面：一是供应商的准时交货能力；二是供应商的持续改善能力。( )

6. 供应商管理不仅包括对供应商进行综合的、动态的评估，还包括如何管理同供应商的关系。( )

四、思考题

1. 简述供应商调查的内容。
2. 选择供应商时应考虑哪些因素？
3. 简述选择供应商的主要方法及其各自的特点。
4. 简述供应商的审核内容与程序。
5. 供应商绩效考核指标有哪些？

6. 简述供应商分类管理的必要性。

7. 供应商关系有哪些种类？

8. 如何与供应商建立长期合作伙伴关系？

实训题：供应商的评价与选择

1. 实训目的

(1) 能够熟练运用网络和所学采购知识进行供应商调查。

(2) 掌握供应商选择与评价的流程。

(3) 能够根据采购商品的特点建立供应商选择指标。

(4) 应用合适的方法对供应商进行综合评价。

(5) 培养学生的分析能力、组织能力、沟通能力和团队协作精神。

2. 实训组织及要求

假定你需要换一台新计算机，首先在众多计算机品牌中初选3款作为备选对象，这3款计算机在价格、功能、外观等方面各有利弊，请建立相应的评价指标体系，并采用供应商评价和选择方法选择一款综合评价最高的计算机。

(1) 知识准备：供应商选择和评价步骤、供应商评价指标体系、供应商综合评价方法。

(2) 学生分组：每个小组人数以4~6人为宜，小组中要合理分工，每组选出1名组长。

(3) 实训地点：模拟职场(教室、会议室等)。

3. 实训题目

以小组为单位进行供应商选择与评价，教师负责组织各小组进行课堂模拟，在模拟过程中，各小组成员思考并完成以下内容。

(1) 各小组尽可能从多种途径搜索相关产品的供应商，建立有效的供应商档案。收集供应商信息时可参考供应商卡片，如表6-12所示。

表6-12 供应商卡片

企业基本情况	名称					
	地址					
	企业性质					
	联系人			职称职务		
	电话			传真		
	E-mail			公司网址		
产品情况	产品名	规格	质量	价格	可供量	是否第一次合作
运输方式	自提	送货上门	代办托运	售后服务		
备注						

(2) 依据收集的信息，对供应价格、产品品质、运输方式及售后服务等项目进行分析，确定供应商评价指标，如表6-13所示。

表6-13 供应商评价指标

项目	评价				得分/分
	A	B	C	D	
产品畅销程度	非常畅销(10)	畅销(8)	普通(6)	滞销(4)	
运输方式	送货上门(10)	代办托运(8)	提供方便(6)	自提(4)	
交货期	准时(10)	偶误(8)	有误(6)	常误(4)	
供应价格	优惠(20)	适中(15)	较高(10)	高(5)	
销售配合	极佳(10)	较佳(8)	较差(6)	差(4)	
产品品质	极佳(10)	良好(8)	较差(6)	差(4)	
厂商信誉度	极佳(10)	良好(8)	较差(6)	差(4)	
售后服务	准时(10)	偶误(8)	有误(6)	常误(4)	
厂商经营潜能	极佳(10)	良好(8)	普通(6)	较差(4)	

(3) 统计得分情况，按分数段进行供应商评级。根据得分情况，依据学过的采购知识，做出选择供应商的决策。

(4) 各小组组长上台讲解完成本组实训任务的思路和步骤。

(5) 各小组根据结论，撰写实训报告。

4. 实训考核

实训成绩根据个人表现和团队表现进行综合评定，考评内容包含以下几项。

(1) 供应商选择与评价的流程和步骤是否规范。

(2) 评价指标体系是否合理、客观，评价方法是否合理，逻辑是否清楚。

(3) 资料收集是否全面，获得资料是否全面、准确。

(4) 小组内部分工是否明确，组员是否有协作精神，由组长根据个人任务完成情况进行评分。

(5) 小组总结汇报思路是否清晰、内容是否充实、重点是否突出，由教师对小组进行评分。

(6) 实训报告是否按规范格式完成，由教师对个人报告或小组报告进行评分。

(7) 根据个人得分和小组综合评分最终确定每个学生的实训成绩。

第7章 采购价格与成本管理

本章概要

确定最优的采购价格是采购管理的一项重要工作，采购价格的高低直接关系到企业最终产品或服务价格的高低以及企业能否在市场上拥有竞争优势。本章着重分析采购成本，主要目的在于通过对成本进行分析，找到控制和降低成本的途径，从而提高企业的整体经济效益。采购方通过采购环节持续降低成本可提高产品价值，从而提高边际利润和企业的资产回报率。

本章主要介绍采购价格的定义、种类以及影响采购价格的因素；同时介绍供应商定价的基本方法，包括成本导向定价法、需求导向定价法、竞争导向定价法、生命周期定价法；重点介绍采购成本分析的方法以及降低采购成本的主要途径。

知识目标

- 掌握影响采购价格的因素。
- 掌握供应商定价的主要方法。
- 掌握采购成本的定义与构成。
- 掌握学习曲线的内涵。
- 掌握降低采购成本的途径。
- 了解采购价格的种类。
- 了解分析采购成本的意义。

能力目标

- 掌握降低采购价格的策略，并在实际中应用。
- 能够对采购成本进行分析，并采用相应的成本控制方法降低采购成本。
- 重视集体利益，培养成本意识和节约意识。

▶案例分析7-1：美心与供应商协调降低采购成本

近几年来，重庆美心(集团)有限公司(以下简称美心公司)与多数高速发展的企业一样，开始面临发展瓶颈。掌门人夏明宪毅然采取以利润换市场的策略，大幅降低产品价格。然而，降价不久，风险不期而至，原材料钢材的价格突然飚升。如果继续低价销售——卖得越多，亏得越多；如果涨价销售——信誉扫地，再难立足。面对两难抉择，降低成本，尤其是降低原材料的采购成本就成了美心的"救命稻草"！

为此，夏明宪向采购部下达指令：从现在开始的3年内，企业的综合采购成本必须以平均每年10%的速度递减。这让美心公司采购部门的员工不知所措。此前美心公司的"开架式采购招投标制度"属国内首创,既能有效降低成本,又能杜绝暗箱操作,此举为美心公司节约了15%的采购成本。还有什么方法能使采购成本一降再降?在夏明宪的带动下,美心公司员工开始走出去,从习惯坐办公室转变为习惯上路,打破经验桎梏,于不知不觉中形成一套降低成本的管理模式。

(1) 联合采购,分别加工。针对中小供应商,美心公司将配套企业联合起来,统一由其出面采购原材料。由于采购规模的扩大,综合成本降低了20%。配套企业从美心公司领回原材料进行加工,生产出来的半成品直接提供给美心公司,然后凭验收单到美心公司财务部领取加工费。随着原材料成本的降低,配套企业更具竞争力,规模扩大、价格更低,形成了良性循环。

(2) 原材料供应,战略伙伴。针对上游的特大供应商即国内外大型钢铁企业,美心公司的做法是收缩采购线,率先成为其中一两家钢铁企业的大客户乃至于战略合作伙伴。而钢铁企业面向战略合作伙伴的价格比面向普通经销商低5%~8%,比市场零售价低15%。于是仅2002年的一次采购,美心公司就比同行节约成本近1000万元。

(3) 新品配套,合作共赢。对于新配套品种的生产,由于配套企业需要增加大量投资,导致新配套产品与其他配套产品相比,价格大幅增加。针对这一问题,美心公司以品牌、设备、技术、管理等软硬件向生产方入股,形成合作;合作条件为美心公司自己使用的产品,价格只能略高于生产成本。这样一来,合作方在新品的生产上减少了投入,降低了风险;同时,美心公司也降低了配套产品的采购成本,增加了收入。于是,各方受益,皆大欢喜。

(4) 循环取货,优化物流。解决了原材料和配套产品的采购问题后,美心公司还与配套企业携手合作,从物流方面进行优化。由于不同配套企业缺乏统一的标准化配送管理,在信息交流、运输安全等方面,存在各种各样的问题,必须花费大量时间和人力成本。为了避免配套企业将物流成本转嫁到配套产品上,美心公司聘请了第三方物流供应商来设计配送路线,并负责到配套企业取货以及配送到美心公司的生产车间。这样一来,不仅节约了配套企业的配送成本,提高了物流效率,更重要的是,把这些配套产品直接拉到生产车间,能够降低库存,减少库存资金占用。

美心公司通过与原材料供应商及配套企业的携手合作,使原材料供应商拥有了稳定的大客户,也使配套企业降低了生产风险,而其自身则在大大降低成本的同时,增加了产销量,形成了各方皆大欢喜的共赢局面。

通过改革,美心门的产销量同比翻了一番,美心公司的综合采购成本下降了17%,同比全行业的平均水平低23%。美心公司成为唯一一家在原材料价格暴涨时期维持低价政策的企业,企业形象如日中天,渠道建设根深叶茂。

资料来源:中国物流与采购网. 美心与供应商协调降低采购成本[EB/OL]. (2012-11-06)[2023-01-03]. http://www.chinawuliu.com.cn.

案例思考题:

(1) 结合案例内容,分析美心公司降低采购成本的主要方法以及取得成功的原因。

(2) 根据相关采购价格与成本控制理论,谈谈美心公司降低采购成本的措施对中小企业有何借鉴意义。

7.1 采购价格概述

在采购管理过程中,确定采购价格是采购方管理者的一项重大决策。价格定得过高,采购方损失大;价格定得太低,导致买卖无法成交,前期的调查、谈判等工作成本无法回收。因此,采购管理中要密切关注价格。企业采购人员应掌握各种定价方法,了解各种方法的适用时机,并且能够利用谈判技巧来争取满意的支付价格。

7.1.1 采购价格的定义

首先要明确两个概念,即采购价格和供应价格,它们是采购方和供应方对同一数值的不同叫法。在采购过程中,原材料或零部件的采购价格固然是很重要的财务指标,但作为采购人员,不要只看到采购价格本身,还要将采购价格与交货、运输、包装、服务、付款等相关因素结合起来考虑,衡量采购的实际成本。

价格可以定义为以标准货币单位为尺度的商品或服务的价值。采购价格是指企业进行采购作业时,通过某种方式与供应商之间确定的所需采购的物品和服务价格。

经济学理论表明,价格可以影响和制衡供需关系。均衡价格即表明在该点的供给和需求正好是一致的,所以也可以认为,价格是供应商和采购方之间相互妥协的结果。供应商如果想卖出更多的物品,不能收取太高的价格;采购方如果想采购足够多的物品,也不能支付太低的价格,否则供应商就不愿意供货。

在特殊的情况下,由于某些不确定因素的影响,市场价格可能暂时与均衡价格分离。当这些因素稳定之后,价格即会回到均衡状态。这表明"弹性"或者说供应或需求对价格变化的反应程度会影响需求曲线的状态。当轻微的价格变化就可以导致需求的大幅度变化时,该商品需求为弹性需求;反之,当价格的大幅度变化只能引起需求的轻微变化时,该商品需求是缺乏弹性的。研究表明,如果在有充足弹性需求的条件下,供应商稍微降低价格便会吸引更大比例的购买者,从而带来销售利润的增加,但要确保价格高于成本,因为这是企业经营的基本保证;如果在缺乏弹性需求条件下,则大幅度提高价格仅仅引起较小比例销售量的减少,这样提高价格能够增加利润,供应商一般采取高价措施。

7.1.2 采购价格的种类

依据不同的交易条件,采购价格有不同的种类。采购价格一般由成本、需求以及交易条件决定,主要包括送达价与出厂价、现金价与期票价、净价与毛价、现货价与合约价、定价与实价等。

1. 送达价与出厂价

(1) 送达价是指供应商的报价。供应商负责将物品送达采购方的工厂或指定地点,期间所发生的各项费用均由供应商承担。而对于国际贸易而言,送达价即离岸价加上运费和货物抵达采购方之前的一切运输保险费,以及进口关税、银行费用、利息以及报关费等。在这种情况下,送达价通常由国内的代理商以人民币报价方式(形成国内采购)向国外原厂进口货品,然后售予采购方,一切进口手续皆由代理商办理。

(2) 出厂价是指供应商的报价，不包括运送费用，即由采购方雇用运输工具，前往供应商的制造厂提货的价格。该情形通常出现在采购方拥有运输工具或供应商加计的运费偏高时，或处于卖方市场时，供应商不再提供免费的运送服务。

2. 现金价与期票价

(1) 现金价是以现金或相近的方式，如电汇或即期信用证支付货款。按零售行业的习惯，"一手交钱，一手交货"的情况并不多见，月初送货、月中付款，或月底送货、下月中付款，即视同现金交易，并不加计延迟付款的利息。现金价可使供应商免除交易风险，采购方亦可享受现金折扣。

(2) 期票价即采购方以期票或延期付款的方式来采购物品。通常采购方会加计迟延付款期间的利息。如果供应商希望取得现金周转，会将加计的利息超过银行现行利率，以使采购方舍弃期票价而取现金价。另外，从现金价加计利息变成期票价，可以用贴现的方式计算价格。

3. 净价与毛价

(1) 净价是指供应商实际收到的货款，不再支付任何交易过程中的费用，这在供应商的报价单条款中通常会写明。

(2) 毛价是指供应商的报价可以因某些因素给予折扣。例如，采购空调设备时，供应商的报价已包含货物税，采购方若能提供工业用途的证明，即可减免货物税。

4. 现货价与合约价

(1) 现货价是指每次交易时，由供需双方重新议定价格，即使签订了买卖合约，也以完成交易后即告终止。在众多的采购项目中，采用现货交易的方式比较常见；买卖双方按交易行情来交易，不必承担预立契约后价格可能发生巨幅波动的风险。

(2) 合约价是指买卖双方事先议定的价格。合约价格涵盖的期间依合约而定，短则几个月，长则一两年。由于价格议定在先，经常造成与时价或现货价的差异，使买卖时发生利害冲突。因此，确定合约价必须依据客观的计算公式或定期修订，才能维持公平、长久的买卖关系。

5. 定价与实价

(1) 定价是指物品标示的价格。例如，某些商场的习惯是"不二价"，自然牌价(定价)就是实际出售的价格，但有些商场仍然允许"讨价还价"。

(2) 实价是指采购方实际所支付的价格。供应商为了达到促销的目的，经常会提供各种优惠条件给采购方，如数量折扣、免息延期支付、免费运送与安装等，这些优惠都会降低采购方支付的价格。

7.1.3 影响采购价格的因素

采购价格的高低受各种因素的影响。对于国内采购而言，尽管地区、商业环境、时间与人力关系等方面有所不同，但其价格变动性还是比较易于预测与控制的。而对于涉外采购而言，来自世界各地市场的供应关系以及其他因素，包括规格、服务(如机器设备的长期服务)、运输及保险、交货期限等，都对价格有相当大的影响，且难以预测和控制。影响采购价格的因素主要包括以下几个。

1. 供应商成本的高低

供应商成本是影响采购价格最根本、最直接的因素。供应商进行生产，其目的是获得一定利润，否则生产无法继续。因此，采购价格一般高于供应商的生产成本，报价与成本之差即为供应商的利润，供应商的成本是采购价格的底线。

2. 规格与品质

采购方对采购品的规格要求越复杂，采购价格就越高。采购价格与采购品的品质也有很大关系，如果采购品的品质一般或质量低下，供应商会主动降低价格，以求尽快脱手。采购方应首先确保采购物品能满足本企业的需要，质量能满足产品设计要求，千万不要只追求价格最低，而忽略了产品质量。

3. 采购数量

如果采购数量大，采购方就能享受供应商的数量折扣，从而降低采购价格。因此，大批量、集中采购是降低采购价格的有效途径。

4. 供求关系

采购价格受供求关系的影响。当供求平衡时，采购价格基本上等于其价值，这是商品的均衡价。当供求关系发生变化时，物品的采购价格也会随之而变。当采购方所采购的物品为紧俏商品时，供应商就处于主动地位，可以趁机抬高价格；当采购方采购的物品供过于求时，采购方则处于主动地位，可以获得优惠的价格。

5. 生产季节与采购时机

当企业处于生产旺季时，对原材料需求紧急，有时不得不接受更高的原料采购价格。避免这种情况的最好办法是做好生产计划，并根据生产计划制订相应的采购计划，为生产旺季的到来做好准备。

6. 竞争情况

成本固然是商品价格的基础，但在激烈竞争的条件下，供应商可以将竞争对手的价格作为定价的基础。如自己与竞争对手相比处于优势，可定高于对手的价格；反之，定价应略低于竞争对手的价格。

7. 替代产品价格

若商品A和商品B可以互相替代，当商品B的价格下降时，商品A的价格也应与其保持一致，否则人们会购买商品B，而不购买商品A。

8. 交货条件

交货条件是影响采购价格的重要因素。交货条件主要包括运输方式、交货期的缓急等。如果货物由采购方来承运，则供应商一般会降低价格；反之会提高价格。

9. 付款条件

对于付款条件，供应商一般会规定现金折扣、期限折扣的适用情况，以刺激采购方提前用现金付款。

综合分析各个影响因素之后，供应商可能会根据成本结构来定价，也可能会根据市场需求和竞争情况来定价，还有可能结合其他对供应商更为重要的因素来定价。

7.1.4 如何确定采购价格

尽管价格是影响采购成本非常重要的因素，应予以重视，但也不能过分重视而忽略其他影响因素。影响采购成本的因素不止价格一个，对于这一点，采购人员必须了解，因此在决定采购的各项原则中，价格应被看作最后一个考虑因素。如不能确保适当的品质、数量与可靠的供应，价格高低也就无意义可言。在采购阶段，企业的目标应是使所需采购的物资在适当的品质、数量、交货时间及其他有关条件下，价格最低。

确定采购价格是为了控制所购物资的成本，便于企业树立有利的竞争地位，并在维持买卖双方利益的良好关系下，使原材料供应稳定、持续，这也是采购人员的主要责任。

1. 采购价格调查

企业所需使用的原材料种类繁多，按价格划分，可分为"高价物品""中价物品"与"低价物品"3类。由于物资种类繁多，规范复杂，有关采购价格资料的收集、调查、登记、分析十分困难。采购物资规格有差异，价格就可能相差悬殊，因此确定采购价格以前需要做好商业环境的调查与分析。

1）调查的主要范围

在大型企业里，原材料种类繁多，由于客观条件的限制，要做好采购价格调查并不容易。因此，企业要了解帕累托定理所说的"重要少数"（2/8原则），即通常数量上仅占20%的原材料价值却占原材料总价值的70%~80%。假如企业能控制"重要少数"物资的成本，就可以达到控制采购总成本的目的，这就是重点管理法。根据一些企业的实际操作经验，可以把下列6个项目列入主要的采购调查范围。

(1) 选定主要原材料20~30种，其价值占全部总值70%~80%的采购。
(2) 常用材料、器材属于大量采购项目的。
(3) 性能比较特殊的材料、器材(包括主要零配件)，一旦供应脱节，可能导致生产中断的采购。
(4) 突发事变的紧急采购。
(5) 波动性物资、器材的采购。
(6) 计划外资本支出、设备器材，且数量巨大、影响企业长远经济效益的采购。

以上所列6个项目，虽然种类不多，却是所占价值的比例很大或影响经济效益甚广的。其中(1)、(2)、(5) 3项，应将其每日市场行情的变动记入记录卡，并于每周或每月做周期性行情变动趋势分析。通常这3个项目涉及金额占全部采购成本的一半以上，必须做细目调查记录。至于(3)、(4)、(6) 3项，则属于特殊性或例外性采购范围，价格差距极大，也应列为专业调查的重点。调查记录卡格式如表7-1所示。

表7-1 调查记录卡

原材料名称	今日价格	昨日价格	增减幅度/%	上周价格	上月价格

2) 信息收集方法

根据信息来源渠道,可将价格调查分为一手资料调查、二手资料调查。其中,二手资料多是通过查询官方出版物、行业概览等文案得来的。据统计,采购人员约有三分之一的时间从事各类信息收集工作。信息收集方法包括以下三类。

(1) 上游法,即了解需要采购的物资是由哪些零部件或材料组成的,查询供应商的可变成本和固定成本,同时查询需采购物资的市场平均利润率水平。

(2) 下游法,即了解采购的物资用在哪些地方,也就是查询需要采购的物资的最终去向,包括客户群、销售水平和物资的利润率。

(3) 水平法,即了解市场上物资有哪些类似物资可以替代采购物资。换言之,查询替代品或新供应商的资料。

3) 信息收集渠道

常用的信息收集渠道包括以下几种。

(1) 杂志、报纸等媒体。

(2) 信息网络或产业调查服务业。

(3) 供应商、顾客及同行。

(4) 参加展览会或参加研讨会。

(5) 加入协会或工会。

由于商情范围广泛、来源复杂,加之市场环境变化迅速,必须筛选正确有用的信息以供决策。

4) 处理调查资料

企业将调查所得资料加以整理、分析,在此基础上提出报告及建议,即根据调查结果编制材料调查报告及商业环境分析,对本企业提出有关改进建议(例如提供采购方案作为参考,以求降低成本、增加利润),并根据科学调查结果,研究更好的采购方法。

2. 确定采购价格

企业采购部门可通过询价、招标等方法,反复比较,以适当的价格成交。所谓适当的价格,是指为了买卖双方长期合作,使价格尽可能体现公平、合理的原则。一味地杀价,会使供应商失去合作的兴趣或采取一些伎俩,如故意报虚价、降低产品质量等。所以成交价并不一定是最低价,允许有一个适宜的调整空间。确定采购价格的方法主要有以下几种。

1) 报价采购

所谓报价采购,即采购方根据所需采购的物品向供应商发出询价函或征购函,请其正式报价(quotation)的一种采购方法。通常供应商寄发报价单，内容包括交易条件及报价有效期等，有时自动提出信用调查对象，必要时需另寄"样品"及"说明书"。询价经采购方完全同意接受，买卖契约才算成立。

2) 招标确定价格

招标是采购企业确定价格的重要方式，其优点是公平合理。因此，大批量的采购一般采用招标的方式。采用招标方式的基本条件有两个：所采购的物品规格能清楚、明确地表述，易于理解；必须有两个以上的供应商参加投标。

3) 谈判确定价格

谈判是确定价格的常用方法，也是最复杂、成本最高的方法。谈判确定价格适合各种类型的采购。

7.2 供应商定价

企业为了实施采购价格与成本管理，应对供应商定价方法有所了解。这一节我们站在供应商的角度，了解供应商定价的步骤和方法。

7.2.1 影响供应商定价的因素

影响供应商定价的因素有很多，以下3种因素在定价时起主要作用。

1. 供求关系和市场因素

对于竞争激烈的产品，价格是一种重要的市场化调剂手段，企业制定比竞争对手更为有利的定价策略，才能处于市场优势地位。完全竞争市场的价格是由整个行业的供求关系自发决定的，每个人都是既定价格的接受者，而不是价格的制定者。但在完全垄断市场中，由于垄断企业控制了进入这个市场的种种要素，它能完全控制市场价格。除了完全垄断产品，其他产品的定价都会受到供求关系的影响。

2. 产品成本

任何企业都不能随心所欲地制定价格。某种产品的最高价格取决于市场需求，最低价格取决于这种产品的成本费用。从长远来看，任何产品的销售价格都必须高于成本，只有这样，才能以销售收入来抵偿生产成本和经营费用，否则企业无法继续经营。因此，企业制定价格时必须估算成本。

3. 顾客认同价值

顾客眼中的产品价值也会影响企业定价，因为决定市场定价的因素除了产品本身，还包括产品的使用价值。认同价值是顾客对产品相对价值的认识而不是顾客对成本的认识。例如，一个新产品一开始定价偏高，是因为它在市场中稀少，顾客认为新产品技术先进，认同它的高价定位，而随着市场的扩大，当新产品沦为普通产品时，它的定价也会随之降低。这就是针对顾客心理的取代定价策略。

7.2.2 供应商定价方法

在分析了影响供应商定价的各个因素之后,我们来了解供应商的定价方法。供应商可以根据产品成本结构来定价,也可以根据市场需求和竞争情况来定价,还可以结合考虑多个因素来定价。供应商在选择定价方法的时候需要思考以下几个问题:①这是长期还是短期使用的定价方法?②卖方是市场上的价格制定者还是价格跟随者?③卖方制定低价的真实意图是什么?④卖方制定的价格与生产成本是否有关?供应商的定价方法主要有以下几个。

1. 成本导向定价法

成本导向定价法是生产者基于成本制定价格的方法。该方法以成本为基础加一定盈利,完全按卖方意图来确定商品价格。这种方法的优点是保证企业不亏本,把成本与价格挂钩,简化了定价程序,计算简单。但这种定价方法只考虑企业营销成本,忽视了产品的社会价值和市场供求状况,缺乏灵活性,难以适应市场竞争形势。成本导向定价法包括成本加成定价法、目标收益率定价法等。

1) 成本加成定价法

成本加成定价法是指在单位总成本的基础上加上预期利润的定价方法,也叫补偿定价法,其价格在补偿了固定成本和可变成本后还能保证一定的利润,计算公式为

$$单位产品价格 = 单位产品总成本 \times (1+加成率)$$

式中:加成率表示预期利润占产品总成本的百分比。

这种定价方法加成比例高低悬殊,即使同一行业的加成率也不相同。

这种定价方法的优点:简便易行,应用面广,生产者和中间商都能使用,适用于产量与成本稳定的商品和供需矛盾不大的商品。

这种定价方法的缺点:完全没有考虑市场需求一方的利益,只是保证了卖方的利益,它的基本原则是"以本求利""水涨船高",忽视产品市场供求状况缺乏灵活性。

2) 目标收益率定价法

目标收益率定价法是指根据企业总成本和计划的总产量(或总销售量),加上按投资收益率制定的投资报酬额作为定价基础的方法,计算公式为

$$单位产品销售价格 = \frac{总成本+目标利润}{计划总产量(或总销售量)}$$

这种定价方法的优点:可以保证实现既定的目标利润,从而实现既定的目标收益率。

这种定价方法的缺点:首先,只考虑了生产者(销售者)的利益,而没有考虑到竞争和需求情况;其次,企业根据销售量倒求价格,但价格又会影响销售量。

这种定价方法适用于市场占有率很高的企业或具有垄断性的企业,特别是大型公用事业单位。

3) 盈亏平衡定价法

盈亏平衡定价法也称保本点定价法,它是指在预测市场需求的基础上,企业按照生产某产品的总成本和销售收入维持平衡的原则,来制定产品保本价格的方法,计算公式为

$$盈亏平衡单位价格 = \frac{应摊固定成本}{总产量} + 单位变动成本$$

此种保本价格虽无盈利可言,但在市场不景气或企业出现临时困难时,保本经营的损失总比停业要小得多,且有回旋余地。

4) 边际贡献定价法

边际贡献定价法是指只计算变动成本,不计算固定成本,以预期的边际贡献补偿固定成本,从而获得收益的定价方法。边际贡献是指预计的销售收入减去变动成本后的收益,计算公式为

$$单位产品价格 = \frac{总的变动成本 + 边际贡献}{总产量}$$

这种定价方法适用于供过于求、卖方竞争激烈的情况,是企业为迅速开拓市场而采用的较灵活的做法。当边际贡献等于固定成本时,即可实现保本价格;当边际贡献大于固定成本时,会有较大的盈利。

2. 需求导向定价法

需求导向定价法是以消费者需求为依据制定价格的一种定价方法。企业在应用这种方法时,应注意市场需求的强度和消费者的价值观,根据目标市场消费者所能接受的价格来定价。需求导向定价法包括认知价值定价法和区分需求定价法。

1) 认知价值定价法

认知价值定价法是根据消费者认知的某种商品的价值,也就是根据买主的价值观念,而不是根据卖主的成本来定价的方法。卖方运用各种营销手段和策略,影响买方对产品的认识,使之形成对卖方有利的价值观念,而后根据产品在买方心目中的价值来定价。具体来说,就是根据市场调查资料,先确定一个能销售该产品的总的零售价,再根据它推算批发价和出厂价,因此,这种定价法也称为反向定价法。

企业应用认知价值定价法的关键是对消费者愿意承担的价值有准确的估计和判断,因此,企业要充分考虑消费者的心理和需求弹性,看一看确定一个什么样的价格最易于为消费者所接受。例如,一瓶啤酒在超市的售价为5元,在高级酒店或歌厅的售价可能为20元。

2) 区分需求定价法

区分需求定价法也称为差别定价法,也就是对同一产品,按照顾客的不同需求,采用不同的价格。价格差异并非取决于成本的高低,而是取决于顾客需求的差别。价格差异的基础包括顾客需求、顾客心理、产品样式、地区差别、时间差别等。例如,对于不同的顾客群,可以采用不同的价格,对学生可制定优惠价格,对老顾客可给予一定的折扣。

3. 竞争导向定价法

竞争导向定价法是指根据主要竞争对手的产品价格来确定自己产品价格的以竞争为中心的定价方法。这种定价方法并不要求企业把自己的产品价格定得与竞争对手产品的价格完全一致,而是使企业的产品价格在市场上具有竞争力。竞争导向定价法包括以下几种。

1) 相关产品比价法

该方法以某种类型的产品为标准，通过成本和质量的比较来制定可行的价格。运用这种方法定价，首先要知道标准品(或代表品)的价格，然后请专家对新产品功能逐项评估，并与标准品相比较。这种方法既能体现按质论价的原则，又能促使新产品投入市场，增强产品的市场竞争能力。

2) 投标定价法

该方法是买方引导卖方通过竞争成交的一种方法。投标定价法通常用于建筑包工、大型设备制造、政府大宗采购等方面，一般由买方公开招标，卖方竞争投标，密封递价，买方按物美价廉的原则进行选择，到期公布中标者，中标者与买方签约成交。投标递价主要以竞争者可能的递价为转移。递价低的竞争者可增加中标的机会，但又不可定价过低，因为定价过低不能保证适当收益，便很难保证质量。

3) 拍卖定价法

该方法由卖方预先展出待卖物品，让买方预先看货，到规定时间公开拍卖。拍卖时，由买方竞相给价，不再有人竞争的最后一个价格即为成交价格。这是一种西方古老的买卖方式，现在出售文物、旧货以及处理破产者财物时仍采用此法。

4. 产品生命周期成本法

英国特许管理会计师公会将产品生命周期成本法定义为"以最低的成本，在产品生命周期内使其具体的物理资产获得最佳利用，即所谓的物尽其用技术"。产品生命周期成本是指那些涉及购置、使用、保养和报废物理资产的成本，包括可行性研究、调查、开发、设计、生产、维护、更新和报废等成本，以及在资产拥有期间相关的支持、培训和运作等成本。产品生命周期成本法可以让人们站在采购产品的整个生命周期的角度来认识产品的价格，计算出产品生命周期的成本和收益，选择能带来最大生命周期收益的产品进行采购。

考察生命周期成本对采购技术迅速发展变化的产品是非常重要的。从生产者的角度看，飞速的科技变革意味着最终的销售利润可能小于初期设计和开发上的投资。从采购者的角度看，在获得回报之前，投资的产品可能已经或多或少地过时了。生命周期成本法对于采购价格的确定有重要的意义。它不仅从初期采购价格的角度来衡量采购成本，还把成本的衡量纳入整个产品生命周期，具有现实意义。这一点在采购多个供应商的高科技产品时表现得尤为明显。

对于采购成本高、使用周期长的产品，一般采用这种方法。例如，当企业要采购某一产品时，同时有两家供应商提供该种产品。其中一家的产品价格为200万元，另一家的产品价格为250万元。但经过计算，第一家的产品在生命周期内的成本为200万元，而第二家为100万元。假设生命周期内的收益相同(为了说明方便)，显然采购第二家的产品更为划算。

5. 目标成本法

管理会计师注册协会(CIMA)将目标成本法的定义为"源于市场竞争价格推导出的产品成本估算，它被用来不断改进和更新技术及生产程序，以降低成本"。采购方首先依据市场供需情况预测产品市场价格，然后扣除自己计划得到的利润，即确定产品的目标成本。由于最终产品的市场价格是动态的，会随市场供求情况的变化而变化，目标成本也不是固定不变的，而是动态的。

目标成本确定以后，采购部门就要承担通过与供应商协调来实现这个目标价格的责任。例如，如果产品预计将以3000元的价格出售，同时采购成本占销售收入的60%，那么采购部门就要对3000元售价中的1800元负责。如果考虑价格折扣对销售收入的影响，提供10%的价格折扣能取得令人满意的结果，那么采购部门就要保证产品的材料成本部分能够降低10%，即180元，这就意味着产品成本中的材料采购成本不能超过1620元，由此确定了价格框架中的目标材料成本，计算公式为

$$目标成本 = (预测的产品市场价格 - 目标利润) \times (1 - 折扣)$$

或

$$目标成本 = 预测的产品市场价格 \times (1 - 利润率) \times (1 - 折扣)$$

目标定价有助于各部门降低成本，如设计规划部门的设计成本、生产部门的制造成本、采购部门的采购成本。从采购和供应主管的角度来看，采用目标定价法能够提供供应商需要的降低价格的文件证明，从而证明采购对于实现企业价格目标的贡献。

为了更有效率，目标定价最好在以下情况中应用：①客户对供应链有一定影响；②采供双方之间存在类似联盟企业的忠诚关系；③供应商能从成本降低中有所收益。

7.2.3 影响供应商定价的其他因素

1. 价格折扣

供应商在定价时可能还会根据采购商是否提出特殊要求、具体采购数量、支付及时情况、采购商的地位以及其他一些特殊情况提供折扣。价格折扣是工业企业产品销售常用的一种促销方式，了解价格折扣的相关知识，有助于采购商在谈判过程中降低采购价格。价格折扣大体上有以下几种。

1) 数量折扣

数量折扣是指当采购商的订货量超过一定数量或金额时，供应商给予的价格优惠。例如，当采购商购买某种产品100单位以下时，每单位10元；当购买100单位以上时，每单位9元。这种折扣能鼓励采购商进行大批量采购。采购商采用集中采购或联合采购的目的是获得供应商提供的数量折扣，但大批量采购是有风险的，容易产生浪费、提高库存成本以及融资成本。因此，采购商使用此法前一定要加以权衡。

2) 现金折扣

供应商有时会对在一定时期内提前支付的采购商提供现金折扣，以鼓励其及时付款。现金折扣是指根据采购商在规定的付款时间内付清的款项所给予的一种降价优惠。例如，采购商必须在30天内付清货款，如果在10天内付清货款，则给予2%的现金折扣。通常现金折扣是值得采购商利用的，放弃现金折扣的机会成本一般高于利用现金折扣的机会成本，通常采购商很难在10天内赚到与现金折扣等值的收入。

3) 地理折扣

跨国生产的供应商在销售时实行不同地区不同价格的地区差价，对于地理位置有利的采购商给予折扣优惠。此外，如果供应商的生产场地或销售点接近采购商，采购商往往也可以因交

货运输费用低等获得较优惠的价格。

4) 季节折扣

许多消费品包括工业消费品都具有季节性，其原材料和零部件的供应价格也应随着季节的变化而波动。在消费淡季时下订单，供应商往往能争取到较低的价格。

5) 推广折扣

许多供应商为了推销产品、刺激消费、扩大市场份额或推广新产品、降低进入市场的障碍，往往采取各种推广手段在一定的时期内降价促销。采购商有策略地利用推广折扣，也能降低采购成本。

2. 运费

供应商在定价时，还会考虑到的一个重要因素是运费，尤其是当运费在变动成本中占很大比重时，更应根据采购商所在地考虑产品的运费负担，并采用相应的定价策略。考虑运费的定价策略主要有以下几种。

1) FOB原产地定价

FOB原产地定价是指由卖方定出厂价或产地价，由买方负担全部运费。它是单一的定价，适用于各地区的买方。采用这种定价方法时，卖方负责将货物装上运输工具(如卡车、火车、船舶、飞机)，负担货物装上运输工具以前的一切费用和风险。买方负担从产地到目的地的运费及保险费，这是比较合理的。但实际上，这种定价方法不适合距离较远、运费较多和风险较大的交易，对买方不利，会限制卖方的贸易范围。

2) 统一交货定价

统一交货定价是指企业对卖给不同地区买方的产品，都按照相同的出厂价加上相同的运费(按平均运费计算)定价。也就是说，对于不同地区的买方，不论远近，都实行相同的价格，这种定价又称为邮资定价。

3) 分区定价

分区定价是指企业把全国(或某地区)分为若干个价格区，对于卖给不同价格区的买方的某种产品，分别制定不同的地区价格。距离企业远的价格区，价格定得较高；距离企业近的价格区，价格定得较低。在各个价格区范围内，实行相同的价格。

4) 基点定价

基点定价是指企业选定某些城市作为基点，然后按一定的出厂价加上从基点城市到买方所在地的运费来定价，而不管货物实际上是从哪个城市起运的。

5) 津贴运费定价

津贴运费定价是指为了减轻远地采购商的运费负担，保持一定的市场占有率，企业补贴一部分或全部运费的方法。

知己知彼，百战不殆。了解供应商的定价影响因素和方法有利于采购商在价格谈判时把握主动，可以针对进一步协商的部分进行议价，最终实现降低采购成本的目标。

7.3 采购成本分析

采购作为物流的第一个环节，它的成本高低对于生产总成本的高低有着十分重要的影响。本节着重分析采购成本，但分析成本只是一个手段，真正的目的在于通过对成本的分析，找到控制和降低成本的途径，从而提高企业的整体经济效益。

7.3.1 采购成本的定义

采购成本是指企业在采购活动中以货币表现的，为达到采购目的而发生的各种经济资源的价值牺牲或代价。采购成本有狭义和广义之分。狭义的采购成本仅指物料的价款及运杂费等采购费用。广义的采购成本不仅包括物料的价款和运杂费，还包括物料的仓储成本及物料的品质成本。本节讨论的是广义的采购成本。

在现代市场经济形势下，企业之间的竞争日趋激烈，各企业为了降低成本，让利顾客，采取了许多降低成本、控制成本增加的方法，如大批量采购等，但容易使产品积压而占用大量的资金，影响企业经营。因此控制采购成本不仅是采购管理的重点，也是企业经营管理的重点所在。

7.3.2 采购成本的构成

采购成本不仅指采购物料成本，还包括采购活动的成本费用（包括取得物料的费用、采购业务费用等），以及采购带来的商品持有成本和因采购不及时导致的缺货成本。

1. 物料成本

物料成本是指由于购买材料而发生的货币支出成本。物料成本总额取决于采购数量和单价，它的计算公式为

$$物料成本 = 单价 \times 数量 + 运输费 + 相关手续费、税金等$$

在物料成本中，首先需要考虑的是物料价格。可以说，物料采购控制的核心是采购价格的控制，降低采购成本的关键是控制采购价格。控制采购价格、降低采购成本主要从以下几方面做起。

1) 正确选择供应商

在市场经济条件下，大部分物资都可由多家供应商提供，因此，正确选择供应商对降低物料采购成本相当重要。企业选择合适的供应商后，还要规范供货渠道和采购行为，并加强对供应商的管理。

2) 开辟降低供货成本的新途径

长期以来，针对物资采购管理，形成了供应物资质量越高越好、数量越多越好、时间越早越好、价格要求不严的传统思路。随着社会主义市场经济的建立和发展，物资采购已面向市场，对企业经济效益的影响越来越大，物料采购不仅要保证质量、保证及时供应，还要保证低价。下面简单介绍几种降低物料采购成本的方法。

(1) 比价采购，即选择3个以上厂家进行报价，通过货比三家，在保证供货质量、数量、时间和售后服务的前提条件下，选择综合价格最低的厂家，即价廉物美的厂家作为订货对象。

(2) 压价采购，即利用买方市场的优势，在供货标准不变的条件下，迫使原供货渠道降低供应价格，以达到降低进货成本的目的。

(3) 招标采购。按照《中华人民共和国招标投标法》以及国家计委和国家经贸委关于招标采购的有关规定，组织物资采购招投标，通过多次报价，当众开标，评标专家综合评价后选择价格、性能比最优的投标方案。实际上，招标采购也是比价采购的一种，只不过比价形式更为透明和规范。采用公开招标的方式可以利用竞标人的竞争心理，使竞标人之间互相压价，有助于企业选出价格最低的供应商。

3) 选择先进的技术，实现采购过程的专业化分工

企业应实现采购过程的专业化分工，将采购的物流环节交由专业部门或第三方物流企业来完成，采用条形码技术、GPS技术、GIS技术、射频技术等先进技术，最大限度地降低运费。

2. 订购成本

订购成本是指向供应商发出采购合约订单的成本费用。具体来说，订购成本是企业为了实现一次采购而进行的各种活动的费用，如办公费、差旅费、邮资、电话费等支出。订购成本中有一部分与订购次数无关，如常设采购机构的基本开支等，称为订购的固定成本；另一部分与订购的次数有关，如差旅费、邮资等，称为订购的变动成本。更详细地说，订购成本包括与下列活动相关的费用。

(1) 检查存货水平。
(2) 编制并提出采购申请。
(3) 对多个供应商进行调查比较，选择最合适的供应商。
(4) 填写并发出采购单。
(5) 填写、核对收货单。
(6) 结算资金并付款。

3. 商品持有成本

商品持有成本是指为保持商品而发生的成本，它可以分为固定成本和变动成本。固定成本与存货数量的多少无关，如仓库折旧、仓库员工的固定月工资等；变动成本与持有数量的多少有关，如物料资金的应计利息、物料的破损、物料的保险费用等。这里重点介绍变动成本的构成及其所占比例。

商品持有成本一般用其所占平均物料价值的百分比表示。例如，假定持有成本为20%，年度物料成本为1000万元，其平均物料持有成本为200万元。虽然维持成本的计算方法显而易见，但要确定适当的持有成本百分比并不简单。商品年度持有成本在20%左右，但它可以在9%~50%之间变化，主要取决于企业的存货政策。表7-2说明了持有成本构成的百分比和范围。

表7-2 持有成本构成的百分比和范围

要素	平均数/%	范围/%
资本成本	15.00	8~40
税金	1.00	0.5~2
保险	0.05	0~2

(续表)

要素	平均数/%	范围/%
折旧	1.20	0.5～2
储存	2.00	0～4
总计	19.25	9～50

4. 缺货成本

采购成本中，另一项主要成本是因采购不及时而造成的缺货成本。缺货成本是指由于物料供应中断而造成的损失，包括停工待料损失、延迟发货损失和丧失销售机会损失(包括商誉损失)。如果因缺货损失客户，还可能造成间接或长期损失。缺货成本具体体现为以下几种成本形式。

1) 保险存货及其成本

许多企业都会考虑保持一定数量的保险存货作为缓冲，以防止在需求或提前期方面的不确定性。保险存货太多，意味着多余的库存；而保险存货不足，则意味着断料、缺货等。企业保持保险存货是为了在需求率不规则或不可预测的情况下，有能力满足生产及内部需要，以保证企业的长期效益。需要指出的是，保险存货面临的风险更大，比周转存货的储存成本要高。

2) 延期交货及其成本

延期交货有两种补救形式：在下次规则订货中补充；本次利用快速运输方式补货需要。如果客户愿意等到下一个周期订货，那么企业实际上没有什么损失。但如果经常缺货，客户可能就会转向其他企业。如果缺货延期交货，就会发生特殊订单处理和送货费用。延期交货的特殊订单处理费用比规则补充的普通处理费用要高。这是因为延期交货经常需要小规模装运，配送费率相对要高，而且延期交货可能需要长距离运输。另外，可能需要利用快速、昂贵的运输方式运送延期交付的货物。因此，延期交货成本可根据额外订单处理费用和额外运费来计算。

3) 失去客户的成本

一些客户允许延期交货，也有一部分客户会转向其他企业。失去客户，企业的直接损失就是利润损失。通过这种货物的利润乘客户的订货数量，可确定直接利润损失。

除了利润损失，失去客户的成本还包括当初负责这笔业务的销售人员的人力、精力浪费，这属于机会损失。此外，许多客户习惯电话订货，在这种情况下，客户只是询问是否有货，而未指出要订货多少。如果缺货，客户就不会说明需要多少，企业也就不会知道损失的总量，因而很难估计一次缺货对未来销售的影响。

7.3.3 影响采购成本的主要因素

影响采购成本的因素很多，包括采购批次、采购批量、采购价格，同时还受企业采购战略、产品成本结构和谈判能力等因素的影响，但较为重要和直接的影响因素还是采购的批量、批次和价格。

1. 采购批量和采购批次

如同批发和零售的价格差距一样，商品采购的单价与采购数量有关，通常采购数量越大，采购价格越低。因此，采购批量和采购批次是影响采购成本的主要因素。

2. 采购价格及谈判能力

企业在采购过程中谈判能力的强弱是影响采购价格高低的主要原因。不同商品在供应、需求等方面的要素不同，企业在实施采购谈判时，应分析所处市场的态势，有针对性地选取有效的谈判议价方法，以达到降低采购价格的目的。

3. 企业采购战略

企业采购战略对采购成本的影响是根本性的，采购战略决定着采购成本的控制力度和控制措施、方法。毕竟，相对于采购部门来说，采购成本仅仅是采购活动中的一方面，而采购战略却涉及采购活动的方方面面。因此，采购战略不仅会直接影响采购成本，还会间接影响采购成本。例如，格兰仕的低成本采购战略对采购成本的影响是不言而喻的。

4. 产品成本结构和供应商成本结构

由于行业或产品类别的不同，企业产品成本结构会有所差异。它包括原材料成本、制作成本、管理费用等。在一定程度上，采购成本中的很大一部分会转移到产品成本中，因此，它们会相互影响。供应商会影响企业的采购活动，这一点毫无疑问。具体到采购活动中，供应商的成本结构也会或多或少地影响采购企业的采购成本。

7.3.4 采购成本分析的意义

现在，企业之间的竞争日趋激烈，为了降低经营成本，让利于顾客，企业应下大力气控制其经营成本。如前文所述，企业经营成本中与采购活动有关的成本占很大比重，因此采购成本管理成为企业管理中的重要工作。企业要加强采购成本管理，必须对采购成本进行分析，通过分析，可以实现下列目标。

1. 正确评价企业过去

通过对实际成本费用等资料的分析能够准确地说明企业过去的业绩状况，指出企业的成绩和问题及问题产生的原因，判断该原因是主观原因还是客观原因等。这对于正确评价企业过去的经营业绩是十分有益的。

2. 全面评价企业现状

根据不同分析主体的分析目的，采用不同的分析手段和方法，可得出反映企业在该方面现状的指标，如企业盈利能力指标等。采购成本分析对于全面反映和评价企业的现状有重要作用。

3. 准确评估企业潜力

企业的潜力通常是指在现有技术水平条件下，企业在一定资源投入情况下的最大产出，即产出潜力；或在一定产出情况下资源的最小投入，即成本潜力。通过成本分析可正确、及时地挖掘企业采购业务的潜力。例如，通过趋势分析可说明企业的总体发展潜力，通过因素分析和对比分析可找出企业采购成本管理某环节的潜力。

4. 充分揭示企业风险

企业风险包括投资风险、经营风险和财务风险等。风险产生于经济中的不确定因素，对企业潜在的成本分析有助于揭示企业风险。一般来讲，成本效益越差，企业的经营风险越高；反之，成本效益越好，企业的经营风险越小。

7.3.5 学习曲线

1. 学习曲线的定义

学习曲线(learning curve)也称为经验曲线，它是一种分析采购成本的重要工具和手段，所描绘的是生产数量与生产这些数量产品所需工时之间的经验关系。学习曲线的基本定义是随着产品的累计产量增加，单位产品的成本会以一定的比例下降。需要说明的是，这种单位产品价格成本的降低与规模效益并无任何关系，它是一种学习效益。这种学习效益是指某产品在投产初期，由于经验生产不足，产品的质量保证、生产维护等需要较多的精力投入以致带来较高的成本，随着累计产量的增加，管理渐趋成熟，所需的人力、财力、物力逐渐减少，工人越来越熟练，质量越来越稳定，前期生产学习期间的各种改进逐步见效，因而成本不断降低。这种成本降低主要表现在以下几个方面。

(1) 随着生产的进行和产量的增加，工人工作越来越熟练，生产效率不断提高。
(2) 生产过程中的产品报废率、返工率逐渐减小，产品的缺陷不断降低。
(3) 随着产量的不断增加，原材料的采购成本不断降低。
(4) 经过前期阶段的学习，设备的效率及利用率显著提高。
(5) 随着过程控制的改进，设备故障减少，突发事件的发生率降低。
(6) 生产批次不断优化，设备的设定、模具的更换时间不断缩短。
(7) 随着工人生产熟练程度的日益提高，所需的培训及生产维护费用不断减少。

2. 学习曲线的基本模型

学习曲线反映累计产量的变化对单位成本的影响，累计产量的变化率与单位工时或成本的变化率之间保持一定的比例关系，如图7-1所示。例如，曲率为80%的学习曲线意味着产量翻倍时，生产单位产品所需要的时间只有原始时间的80%(也就是生产单位产品所需要的直接人工成本会降低20%)，如表7-3所示。

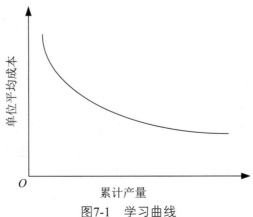

图7-1 学习曲线

表7-3 某产品学习曲线效益(曲率为80%的学习曲线)

累计生产量	生产单位产品需要的时间/分
100	20
200	16
400	12.8
800	10.24
1600	8.2

学习曲线的基本规律就是当某一特定产品的生产总量翻倍时,直接劳动的需求量就会按照预期的速度下降,但是下降速度根据状况的不同而存在差异。通过预计供应商的学习曲线,采购方可据此来与供应商协商未来的价格降低问题。

3. 学习曲线的表达式

计算总直接人工小时 L 的公式为

$$L = y(x) = ax^{1-b}$$

式中:L 表示总直接人工小时;

x 表示累计产量;

a、b 表示常数系数。

总直接人工小时(或总成本)随累计产量的增加以递减的比率增加。

4. 采购人员关注学习曲线的必要性

如果在履行采购合同期间,供应商(卖方)考虑了学习曲线的影响,而采购方(买方)没有考虑学习曲线的影响,那么供应商(卖方)就会获取由于学习进步得到的全部利润。如果采购方(买方)也考虑了学习曲线的影响,或双方为合作关系,供应商和采购方共同努力,可共享收益的增加和生产率的进步。

以某种产品的生命周期为例,其学习曲线和成本具有一定的关系。在产品引入期,企业的生产经验较少,成本相对较高。进入成长期后,随着经验的积累,员工熟练程度提高,工时开始减少;专业的设备开始投入使用,某些合适的产品可以采用流水作业,效率提高,成本开始下降,利润大幅度增加,开始吸引竞争者进入本行业参与竞争,导致价格下降。产品从成长期转入成熟期后,由于价格竞争激烈,产品差异化减少,同质化严重,降低成本成为企业的重点工作,学习曲线发挥着重要的作用,处于成本劣势的企业将逐步退出市场,剩余效率较高的少数企业在竞争中逐步进入衰退期,此时学习曲线不再发挥效用,产品要么被淘汰,要么出现新产品、新技术,形成新的学习曲线并重新发挥效用。

5. 学习曲线的应用条件

并不是所有产品都适合应用学习曲线来分析成本。学习曲线和其他管理方法一样,其应用是有条件的。它首先应满足两个基本假定:一是生产过程中确实存在"学习曲线"现象;二是学习曲线的可预测性,即学习现象是规律的,因而学习曲线率是能够预测的。

1) 对于采购方来说,采用学习曲线分析应考虑的问题

(1) 它只适用于大批量生产企业的长期战略决策,而对短期决策的作用则不明显。

(2) 它要求企业经营决策者精明强干、有远见、有魄力，充分了解企业内外部情况，敢于实施降低成本的各项有效措施，重视经济效益。

(3) 学习曲线与产品更新之间既有联系，又有矛盾，应处理好两者的关系。不能片面认为只要产量持续增长，成本就一定会下降，销售额和利润就一定会增加。如果企业忽略了资源市场、消费者爱好等方面的情况，就难免出现产品滞销、积压以至停产的局面。

(4) 劳动力应保持稳定，不断革新生产技术，按需引入新设备。

(5) 学习曲线适用于企业的规模经济阶段，当企业规模过大，出现规模不经济时，学习曲线的规律不再适用。

2) 对于采购方来说，学习曲线分析的适用情形

(1) 供应商按客户的特殊要求制造的零部件。

(2) 需大量投资或新添设备设施的产品生产。

(3) 需要开发专用的磨具、夹具、检具或检测设施，无法同时向多家供应商采购。

(4) 直接劳动力成本占价格成本比例较大。

对于学习曲线的曲率，无论是95%、90%、85%、80%还是其他数字，都不是精确的，认识到这一点十分重要。一般来讲，对于相当简单的任务，如把零件装进一个箱子，倾向于采用曲率接近95%的学习曲线；对于中等复杂的任务，经常采用曲率为80%~90%的学习曲线；对于高复杂程度的任务，则倾向于采用曲率为70%~80%的学习曲线。

7.4 采购成本管理

采购一直是影响企业盈利能力的关键因素。对很多制造业企业而言，外部采购成本占据企业成本的最大部分，占企业平均费用的60%~80%。所以，降低采购费用将对企业的盈利水平产生重大影响，如何运用有效的采购成本管理方法对企业来说至关重要。

美国密歇根州立大学(Michigan State University)曾做过一项关于全球范围内的采购与供应链的研究，结果表明：在所有降低采购成本的方法中，供应商参与产品开发最具潜力，成本降低可达42%，利用供应商的技术与工艺则可降低成本40%，利用供应商开展即时生产可降低成本20%，供应商改进质量可降低成本14%，而改进采购过程以及价格谈判等仅可降低成本11%。欧洲某专业机构的另一项调查也得出类似结果：在采购过程中，通过价格谈判可降低成本3%~5%，通过采购市场调研比较优化供应商可降低成本3%~10%，通过发展伙伴型供应商并对供应商进行综合改进可降低成本10%~25%，而供应商早期参与产品开发可降低成本10%~50%。由此可见，在整体采购成本中，采购人员更应该关注"上游"采购，即在产品开发过程中充分有效地利用供应商。

7.4.1 控制采购成本的制度措施

控制采购成本应从建立、完善采购制度工作开始。采购工作涉及面广，并且主要和外界打交道，如果企业不制定严格的采购制度和程序，不仅采购工作无章可循，还会给采购人员提供

暗箱操作的机会。具体来说，企业要控制采购成本，可从以下几个方面着手。

1. 建立严格、完善的采购制度

企业建立严格、完善的采购制度，不仅能规范企业的采购活动，提高效率，还能预防采购人员的不良行为。采购制度应包括采购申请、授权人批准权限、采购流程、相关部门的责任和关系、各种物料采购的规定和方式、报价和价格审批等内容。例如，企业可在采购制度中规定，采购物品时要向多家供应商询价、列表比较、议价，然后再选择供应商，并把所选的供应商及其报价填在同一张请购单上；还可规定超过一定金额的采购须附上三份以上书面报价等，以供财务部门或内部审计部门稽核。

2. 建立供应商档案和准入制度

企业应为正式供应商建立档案，供应商档案应包括编号、详细联系方式和地址、付款条款、交货条款、交货期限、品质评级、银行账号等内容，审核后才能归档。企业的采购活动必须面向已归档的供应商。供应商档案应定期或不定期地更新，并有专人管理，同时要建立供应商准入制度。重点物料的供应商必须经质检、物料、财务等部门联合考核，如有必要，企业还需到供应商的生产地加以考核。企业要制定严格的考核程序和指标，要针对考核的问题逐一评分，只有达到或超过评分标准者才能成为归档供应商。

3. 建立价格档案和价格评价体系

企业采购部门要对所有采购物料建立价格档案，对每一批采购物料的报价，首先与归档的物料价格进行比较，分析价格差异的原因，如无特殊原因，采购价格不能超过档案记录的价格水平，否则要做出详细说明。采购部门对于重点物料要建立价格评价体系，由企业有关部门组成价格评价组，定期收集有关的供应价格信息，分析、评价现有的价格水平，并对价格档案进行评价和更新。这种评议一般3个月或6个月进行一次。

4. 明确物料的标准采购价格，考核采购人员的工作业绩

财务部门对重点监控的物料应根据市场变化和产品标准成本定期制定标准采购价格，促使采购人员积极寻找货源，货比三家，不断地降低采购价格。企业可将标准采购价格与价格评价体系结合起来，并提出奖惩措施，对完成降低企业采购成本任务的采购人员进行奖励；对没有完成降低采购成本任务的采购人员，分析原因，确定惩罚措施。

通过上述4个方面的工作，虽然不能杜绝采购人员暗箱操作，但能在一定程度上完善采购管理、提高采购效率、控制采购成本。

7.4.2 降低采购成本的途径

降低采购成本是采购部门的一项基本职责。降低采购成本应主要着眼于供应商和供应市场，而不是依靠降低采购人员的待遇水平。降低采购成本的途径主要有以下几个。

1. 优化整体供应商结构及供应配套体系

具体措施包括：通过供应商市场调研等寻找更好的新供应商；通过市场竞争招标采购；与其他单位合作实行集中采购；减少现有原材料及零部件的规格品种；与供应商建立伙伴型合作

关系，取得优惠价格。

2. 通过对现有供应商的改进来降低采购成本

具体措施包括：促使供应商实施即时供应；改进供应商的产品质量以降低质量成本；组织供应商参与本企业的产品开发及工艺开发，降低工艺成本；与供应商实行专项共同改进项目，以节省费用(如采用周转包装材料降低包装费用、采用专用运输工具缩短装卸运输时间从而节约成本、采用电子邮件传递文件减少行政费用)并提高工作效率。

3. 通过运用采购技巧和战术来降低采购成本

企业在采购中应灵活运用采购谈判技巧，并采用辅助价格谈判的工具，具体包括成本结构分析、学习曲线、价格折扣。

7.4.3 降低采购成本的方法

1. 集中采购法

集中采购法(centralized purchasing)是指将各部门的需求集中起来，采购部门便可将较大采购数量作为采购筹码争取价格折扣。商品标准化后，可争取供应商标准品的优惠价格，库存量也可以相对降低，还可以借助统一采购作业而减少行政费用支出。

不过，集中采购或许会给人一种僵化、没有弹性的感觉，另一个折中的方法是由使用产品量最多的部门，即主要采购部门(lead-divisional buying)来整合所有采购数量，负责主导采购议价。这样做除了可以拥有与集中采购相同的采购筹码外，还能让采购部门更靠近使用部门，更了解使用部门的需求。此外，也可以运用其他方法降低采购成本，如联合采购、长期合约以及总体采购合约等。

2. 价值分析法

价值分析法(value analysis)是降低成本、提高经济效益的有效方法。所谓价值分析法，是指通过集体智慧和有组织的活动对产品或服务进行功能分析，以最低的总成本(寿命周期成本)可靠地实现产品或服务的必要功能，从而提高产品或服务的价值。价值工程的主要思想是通过对研究对象的功能及费用分析，提高研究对象的价值。

企业通过价值分析法降低采购成本的主要途径：将产品设计简化，以便于使用替代性材料或制造程序；选择付款条件较佳的供应商；采购二手设备而非全新设备；运用不同的议价技巧；选择费用较低的货运代理(forwarder)，或考虑改变运输模式(如将空运改为海运)，亦可同样达到降低成本的目的。当然，前置时间(lead-time)是否足够，是否会影响其他工作，必须先行确认并做周密评估。

3. 作业成本法

作业成本法(activity based costing)在美国惠普公司已经实施多年。这种方法将间接成本(indirect cost)依据某一产品实际花费的生产时间进行配置，有别于传统会计作业将间接成本平均分摊的做法。运用到采购管理中，即将采购间接成本按不同的材料、不同的使用部门等进行分配，从而科学地评价每种材料、每个部门等实际分摊的采购间接费用。它可以让管理层更清楚地了解间接采购成本分配的状况。不过，分析过度细化，往往容易导致企业越想全面掌控越抓不到重点的情形。所以，适时地运用ABC分类法来明确关键成本是非常必要的。

4. 目标成本法

目标成本是指企业在新产品开发设计过程中，为了实现目标利润而必须达到的成本目标值，即产品生命周期成本下的最大成本允许值。应用目标成本法的核心是制定目标成本，并且通过各种方法不断地改进产品与工序设计，使产品的设计成本小于或等于其目标成本。这项工作需要由包括营销、开发与设计、采购、工程、财务甚至供应商与顾客在内的设计小组或工作团队来完成。

产品的目标成本确定后，可与企业当前的相关产品成本相比较，确定成本差距。这一差距就是设计小组的成本降低目标，也是其所面临的成本压力来源。设计小组可把这一差距从不同的角度进行分解，如可分解为各成本要素（原材料和辅助设备的采购成本、人工成本等）或各部分功能的成本差距；也可按设计小组的组成（包括零部件供应商）来分解，以使成本压力得以分配和传递，并为实现成本降低目标指明具体途径。采购部门则要根据每种材料的目标成本实施采购，以保证最终的产品成本能达到目标成本的要求。

5. 成本结构分析法

在实际操作中，了解供应商成本结构有助于企业在谈判过程中取得合理的价格。控制、降低采购成本的一个基本手段是要求供应商提供详细的报价单，即将供应商提供的产品按固定费用及可变费用细项展开计算，逐项核定其准确性与合理性。

6. 早期供应商参与

在产品设计初期，企业可以让已建立伙伴关系的供应商参与新产品开发。新产品开发小组可对供应商提出性能、规格等方面的要求，借助供应商的专业知识来达到降低成本的目的。

7. 谈判法

在采购管理中，一项至关重要的工作就是对供应商的成本结构及其业绩进行分析，并在此基础上进行谈判。谈判是降低采购成本的重要方法之一，但通过谈判降低采购成本的幅度是有限的，企业还要配合集中采购、目标成本法、供应商成本结构分析等方法的运用，综合考虑如何降低采购成本。

8. 采购代理

相对于多数企业实施的物料采购模式而言，采购代理是一种全新的物料采购模式。它与传统物料采购模式的区别在于，采购代理力求将物料采购这一职能从企业内部分离出来，以实现物料采购的外部化。在采购代理模式下，多数企业无须再设立专门的物料采购部门和储备大量的库存原料，而这些工作将由物料采购代理企业完成。这类物料采购代理企业完全独立于客户企业，但不同于一般的采购中介商，它是站在客户的立场上，专营某一类或相关几类物料的采购代理，拥有自己的仓库和专业化的物料配送队伍，能够在接到客户采购指令后，及时、准确地把物料送达客户指定的地点。物料采购代理（平台公司）通过专业的采购方式和高效的物料配送队伍来代替原来由客户企业采购部门负责的工作，能够在发展自身的同时，帮助客户企业达到降低采购成本的目的。

事实上，任何可以节省费用的方法都值得企业考虑，但企业同时必须明确，降低成本的主要目的在于找出并减少不必要的成本，并且在不影响产品质量的前提下，对成本进行分配利用。至于应该优先使用何种方法、何种方法效果较好，企业应该结合实际情况来考虑。

案例分析7-2：日产和雷诺新车共享零部件，可消减成本30%

据《日本经济新闻》报道，日产与合作伙伴雷诺计划共享通用零部件，将通用零部件用于日产March/Micra和雷诺Clio两款小型车。从2015年起，新一代March/Micra和Clio大约有50%的零部件将共用，可降低成本30%。

之后，雷诺和日产将扩大共享通用零部件的范围，当前主要集中在小型车领域，每年销量大约300万辆，未来将拓展到其他车型。

日产与雷诺结缘已达13载，双方在多个领域达成合作，而随着模块化生产模式的不断发展，日产与雷诺也将通过联盟共享CMF模块架构。在CMF通用模块化平台上，日产与雷诺将共同打造多款车型。值得一提的是，双方在CMF平台打造的两款相同级别的车型零部件共通率高达80%。大规模的零部件共通率可提高造车资金利用率，未来凭借CMF平台的全面应用，日产与雷诺联盟的经济效益也有望进一步提升。

经过几年的运作，日产与雷诺共享通用零部件的计划赢得了丰硕的成果。据美国《汽车新闻》报道，雷诺-日产联盟提前1年完成两家公司的经营成本节约目标。戈恩的目标是到2018财年，将雷诺和日产两家公司的开支降低55亿欧元(约合人民币406.9亿元)。

雷诺-日产联盟高级副总裁阿诺德表示，在2015财年，雷诺和日产两家公司共节省开支43亿欧元(约合人民币318.2亿元)，比戈恩的计划提前了1年。在2014年节省的开支中，联合采购占了1/3，联合工程占了26%，联合制造占了17%。

当今车企将模块化平台作为发展方向，平台模块化能够有效削减开发和制造成本，并缩短工时，对于提高车企利润作用显著。汽车厂商纷纷推出了全新平台(如表7-4所示)以降低成本，其中大众MQB、MLB平台是模块化平台的代表，零部件通用率最高可达70%。通用集团的全球平台也拥有打造多款车型的能力。丰田与本田均推出类似的模块化平台以节约资金，丰田计划基于TNGA(Toyota new global architecture，丰田新全球架构)平台推出新车，其80%零部件可共享，可提高开发效率20%～30%。日系三巨头中，本田提高了最畅销的三款主力车型零部件的通用程度，将采购成本削减了30%。可见，模块化的生产方式将是未来各车企研发的方向之一。

表7-4　多家车企推出全新平台

车企	新平台	零部件共通率	成本节约	新车型推出时间
雷诺-日产	CMF	最高达80%	30%～40%	2013年
大众集团	模块化平台		30%	2012年
丰田	B/C/K平台	70%～80%	40%	2015年
本田	共通化平台	40%～50%	20%～30%	2015年
PSA集团	EMP2平台			
通用	全球平台	95%	40%以上	2016年

案例思考题：

(1) 日产和雷诺通过哪些方法降低采购成本？

(2) 结合案例分析通用化设计方法适合哪些行业。

(3) 结合案例分析在日产和雷诺公司的管理模式中，有哪些经验值得我国企业学习借鉴。

本章小结

采购价格的高低直接关系到企业的最终产品或服务价格的高低。因此，在确保满足其他条件的情况下力争最低的采购成本是采购人员最重要的工作。本章主要介绍采购价格的定义及种类，以及影响采购价格制定的因素，同时介绍了商品定价的主要方法，着重介绍了采购成本的构成以及降低采购成本的方法。

复习思考题

一、单项选择题

1. 在采购价格种类中，每次交易时，由供需双方重新议定价格的是(　　)。
   A. 出厂价　　　　B. 现货价　　　　C. 送达价　　　　D. 合约价

2. 降低采购成本是采购核心价值的集中体现，企业要降低采购成本首先要学会(　　)。
   A. 成本分析　　　B. 成本计算　　　C. 成本核算　　　D. 成本预算

3. (　　)是指利用买方市场的优势，在供货标准不变的条件下，迫使原供货渠道降低价格供应，以达到降低进货成本的目的。
   A. 比价采购　　　B. 招标采购　　　C. 准时化采购　　D. 压价采购

4. 在降低采购成本的方法中，效果最明显的是(　　)。
   A. 价值分析　　　　　　　　　　B. 供应商早期参与产品开发
   C. 联合采购　　　　　　　　　　D. 目标成本法

二、多项选择题

1. 降低采购成本的方法有(　　)。
   A. 集中采购法　　　　　　　　　B. 目标成本法
   C. 作业成本法　　　　　　　　　D. 标杆法
   E. 价值分析法

2. 企业以消费者需求为依据制定价格的方法主要有(　　)。
   A. 成本导向定价法　　　　　　　B. 竞争导向定价法
   C. 认知价值定价法　　　　　　　D. 盈亏平衡定价法
   E. 区分需求定价法

3. 影响供应商定价的主要因素包括(　　)。
   A. 产品成本　　　　　　　　　　B. 销售量
   C. 顾客认同价值　　　　　　　　D. 供求关系和市场因素
   E. 企业战略计划

三、判断题

1. 采购成本是指企业为获取原材料、配套件、外协件而发生的相关费用。（　）
2. 价值分析是以较低的费用成本来实现它应具备的必要功能的一项有组织的管理活动。（　）
3. 采购费用和商品维持成本随着采购次数或采购规模的变化成反方向变化。（　）
4. 分析成本的目的是找到控制和降低成本的途径，从而提高企业整体经济效益。（　）
5. 学习曲线是一种能有效降低单位产品价格成本的工具，这是由于规模效益的作用。（　）
6. 送达价是指供应商的报价。供应商负责将物品送达采购方的工厂或指定地点，期间所发生的各项费用均由供应商承担。（　）

四、思考题

1. 什么是采购价格？采购价格有哪些种类？
2. 简述影响采购价格的因素。
3. 简述供应商定价的方法。
4. 什么是采购成本？采购成本由哪几部分构成？
5. 简述分析采购成本的意义。
6. 什么是学习曲线？采购人员为什么要了解学习曲线？
7. 简述控制和降低采购成本的途径。

▶实训题：采购成本分析与控制

1. 实训目的

(1) 了解采购成本的构成，能够恰当运用学习曲线分析法及价值分析法来分析采购成本。

(2) 通过各种方式取得价格信息，进行价格调查，能够提出恰当的采购策略。

(3) 进一步理解如何降低成本、如何控制采购成本。

(4) 培养学生的团队合作精神，增强归纳总结、分析及人际交往与沟通能力。

2. 实训组织及要求

(1) 在教师的指导下，将4～6名学生划分为一组，选定1名组长，负责整理并统计各成员的发言及数据。

(2) 在教师的指导下统一相关标准，对有关产学研单位、教学基地或自主选择企业的采购部门进行调查，了解采购成本方面的相关资料。

(3) 以小组为单位对所收集的资料进行分析并组织研讨，在充分讨论的基础上，形成小组课题报告。

3. 实训题目

(1) 对采购部门采购物料种类、数目、成本等方面的资料进行调查并做相应记录，从而为采购成本分析做好准备工作。

(2) 在收集资料时，主要根据采购部门的实际项目开展活动，教师把控整个过程。

(3) 学生将所学的成本分析法适当地应用于实践，最后提出合适的采购策略。

(4) 各小组总结并对比分析降低采购成本的策略，得出结论并形成报告。

4. 实训考核

根据个人表现和团队表现综合评定实训成绩，考评内容包含以下几项。

(1) 相关资料是否通过实地调查获得，调查资料是否翔实、准确、具体。

(2) 调查结果描述是否清楚，有没有通过企业实例进行说明。

(3) 分析结果是否深入、全面，提出的采购策略和降低采购成本的措施是否具有可操作性。

(4) 小组内部分工是否明确、组员是否有协作精神，由组长根据个人任务完成情况进行评分。

(5) 小组总结汇报思路是否清晰、内容是否充实、重点是否突出，由教师对小组进行评分。

(6) 实训报告是否按规范格式完成，由教师对个人报告或小组报告进行评分。

(7) 根据个人得分和小组综合评分，最终确定每个学生的实训成绩。

第8章 采购谈判与合同管理

本章概要

采购活动的主要目的是以最低的成本为企业购得能满足经营需求的物资,而企业要实现这一目的,需要和供应商进行谈判。谈判是采购部门较为重要的工作内容之一,也是采购方与供应商订立采购合同的必要步骤。企业通过谈判选定供应商以后,接下来的工作就是与供应商签订正式的采购合同。采购合同的订立应结合采购商品的要求、供应商的情况、企业自身的管理要求、采购方针等方面。在复杂的采购过程中,采购合同是保障双方利益的重要文件。综上,企业要加强采购谈判与采购合同管理,使采购得以顺利进行。

本章在介绍谈判和合同签订基本知识的基础上,重点从采购方的角度阐述了采购人员进行采购谈判的策略和技巧、采购合同的执行与跟踪等。读者通过对本章的学习,能够初步掌握采购谈判与合同签订的基础知识。

知识目标

- 掌握采购谈判的定义和特点。
- 掌握采购谈判的策略与技巧。
- 掌握签订采购合同的程序。
- 掌握采购合同的格式和主要内容。
- 了解采购谈判的适用条件。
- 了解采购合同的定义和特点。
- 了解采购合同的执行与跟踪。

能力目标

- 理解双赢的采购谈判理念,掌握采购谈判的策略和技巧。
- 能够根据要求编制和分析采购合同。
- 树立团队合作意识,培养组织能力、分析能力和沟通能力。

▶案例分析8-1:农业加工机械产品的采购谈判

日本某株式会社生产的农业加工机械是中国机床工厂急需的关键性设备,为了进口这些设备,中国某进出口公司的代表与日方在上海进行了一场艰苦的谈判。

按照惯例,由日方先报价,他们狮子大开口,开价1000万美元。中方谈判代表做了精心的准备,充分掌握了与谈判标的有关的信息,知道日方的报价大大超出产品的实际价格,便拒绝说:"根据我们对同类产品的了解,贵公司的报价只能作为一种参考,很难作为谈判的基础。"

日方代表没有料到中方会马上判断出价格过高,有些措手不及,便答非所问地介绍其产品的性能与质量。中方代表用提问法巧妙地拒绝道:"不知贵国生产此类产品的公司一共有几家,贵公司的产品价格高于贵国××牌的依据是什么?不知国际上生产此类产品的公司一共有几家,贵公司的产品价格高于××牌的依据又是什么?"

中方代表的提问使日方代表非常吃惊,日方主谈笑着打圆场,做了一番解释,同意削减100万美元。中方主谈根据掌握的交易信息,并且以对方不经请示就可以决定降价10%的让步信息作为还价依据,提出750万美元的还价,但马上遭到日方的拒绝,谈判陷入僵局。

为了打开谈判的局面,说服日方接受中方的要求,中方代表郑重指出:"这次设备引进,我们从几个国家的十几家公司中选中了贵公司,这已经说明了我们对成交的诚意。"接着,中方代表以掌握的详细信息为依据,开始摆事实讲道理:"你们说价格太低,其实不然。此价格虽然比贵公司销往澳大利亚的价格稍低一点,但由于运费很低,总利润并没有减少。"

中方代表侃侃而谈,日方代表哑口无言。为了帮助日方代表下决心,中方代表拿出了杀手锏——制造竞争:"更为重要的是×国、×国出售同类产品的几家公司,还在等待我方的邀请,迫切希望与我方签订销售协议。"说完,中方主谈随手将其他外商的电传递给了日方代表。

在中方代表的强大攻势面前,日方代表败下阵来,他们被中方代表所掌握的详细信息和坦诚的态度所折服,感到中方的还价有理有据,无可挑剔,只好握手成交。

在这场激烈的交锋中,中方代表之所以能够获得成功,关键就在于他们掌握了大量而详细的"与谈判标的有关的信息",并巧妙地用这些信息为谈判服务。

案例思考题:
(1) 中方在采购谈判前做了哪些准备工作?
(2) 中方代表在谈判过程中使用了哪些谈判技巧?
(3) 结合案例谈谈一个成功的谈判者应具备哪些素质。

8.1 采购谈判概述

采购谈判是完成采购任务的一项重要基础工作,对企业采购人员而言,掌握采购谈判技巧,有助于维护企业利益,促进采购成功。要使谈判取得成功,应做好两方面工作:一是了解谈判的过程;二是做好谈判准备。了解谈判过程涉及理解谈判的定义和目的、明确何时进行谈判、知道有效谈判有哪些障碍、了解成功谈判者的特点和了解推动谈判的技巧等方面。做好谈判准备涉及了解对方的意图、确立自己和对手的地位、确定关键问题之所在、制定谈判战略和战术以及合理组织谈判等方面。

8.1.1 采购谈判的定义

谈判,有狭义和广义之分。狭义的谈判,仅指在正式专门场合下进行的谈判。而广义的谈判,则包括各种形式的"交涉""洽谈""磋商"等。谈判是指人们为了改善彼此之间的关系而进行协调和沟通,以便在某些方面达成共识的行为和过程。

谈判,实际上包含"谈"和"判"两个紧密联系的环节。谈,即说话或讨论,就是当事人明确阐述自己的意愿和所要追求的目标,充分发表关于各方应当承担和享有的责、权、利等看法;判,即分辨和评定,就是当事各方努力寻求关于各项权利和义务的一致意见,以期通过相应的协议正式予以确认。因此,"谈"是"判"的前提和基础,"判"是"谈"的结果和目的。

采购谈判是指企业在采购方与供应商之间所进行的贸易谈判。谈判时需要对商品的品种、规格、质量、订购数量、包装条件、售后服务、价格、交货日期与地点、运输方式、付款条件等进行反复磋商,谋求达成协议,建立双方都满意的购销关系。成功的谈判可使买卖双方之间达成互相接受的协议或折中方案,这些协议或折中方案包含所有交易条件,而非只有价格。

8.1.2 采购谈判的目的、特点与适用条件

1. 采购谈判的目的

采购谈判的目的包括以下几个方面。
(1) 希望获得质量好、价格低的产品。
(2) 希望获得比较完善的服务。
(3) 希望在发生物资差错、事故、损失时获得合理的赔偿。
(4) 当双方发生纠纷时能够妥善解决,不影响双方的关系。

2. 采购谈判的特点

(1) 采购谈判是买卖双方合作与冲突对立关系的统一。由于采购谈判是建立在双方利益既有共同点又有分歧点的基础上,从其特点来说,就是合作性和冲突性并存。合作性表明双方有利益一致的一面,冲突性则表明双方有利益分歧的一面。谈判人员要尽可能地加强双方的合作性,减少双方的冲突性。但是,合作性和冲突性是可以相互转化的,如果合作性的比例增大,冲突性的比例将会减小,那么谈判的可能性就大;反之,如果通过洽谈没有解决或减少冲突,那么谈判就有可能失败。采购人员可以在事前分别列出双方意见的共同点和分歧点,并按照其在谈判中的重要性分别赋予不同的权重和分数,通过比较共同点方面的分数和分歧点方面的分数来预测谈判成功的概率,并决定如何消除彼此的分歧。

(2) 采购谈判是原则性和可调整性的统一。原则性是指谈判双方在谈判中最后退让的界限,即谈判的底线。通常谈判双方为了弥合分歧都会做出一些让步,但是,让步不是无休止的、任意的,而是有原则的,超过原则性所要求的基本条件,让步就会给企业带来难以承受的损失。因而,谈判双方对重大原则问题通常是不会轻易让步的,退让也是有一定限度的。可调整性是指谈判双方在坚持基本原则的基础上可以向对方做出一定的让步和妥协。在采购谈判中,如果双方在所有的谈判条件上都坚持自己的立场,不肯做出任何让步,那么谈判是难以成功的。因此,在采购谈判中,原则性和调整性是并存的。

(3) 采购谈判以经济利益为中心。采购谈判是商务谈判的一种类型，在采购谈判中，双方主要将各自的经济利益作为谈判中心，而价格在谈判中作为调节和分配经济利益的主要杠杆就成为谈判的焦点。以经济利益为中心是所有商务谈判的共性，它不同于政治谈判、外交谈判等，在这些谈判中，需要考虑许多方面的问题，要在许多利益中进行平衡并做出选择，因而使谈判更为艰难。当然以经济利益为中心并不意味着不考虑其他利益，而是指相对于其他利益来说，经济利益是首要的，是起支配作用的。

3. 采购谈判的适用条件

采购谈判主要适用于下列几种情况。

(1) 结构复杂、技术要求严格的成套机器设备的采购，在制造、安装、试验、成本等方面需要通过谈判进行商讨和比较。

(2) 多家供应商互相竞争时，企业通过采购谈判，使愿意成交的个别供应商在价格方面做出较大的让步。

(3) 供应商不多，但企业可以自制或向国外采购，或可用其他替代商品，通过谈判可帮助企业做出有利的选择。

(4) 企业通过公开招标选择供应商，但开标结果显示在规格、价格、交货日期、付款条件等方面无一供应商能满足要求，这时可通过谈判做决定。但在公开招标时，应预先声明如开标结果达不到招标要求，可经谈判决定取舍。

(5) 原采购合同期满、市场行情有变化并且采购金额较大时，可通过谈判提高采购质量。

8.1.3 采购谈判的内容

1. 产品条件谈判

采购对象是产品或原材料，因此，谈判内容应包括产品条件。对于采购方来说，如果购买的产品数量少、品种单一，产品条件谈判就比较简单；如果购买的产品数量多、品种也多，产品条件谈判就比较复杂。一般来说，产品条件谈判的内容包括产品品种、型号、规格、数量、商标、款式、色彩、技术标准、质量标准和包装等。

2. 价格条件谈判

价格条件谈判是采购谈判的中心内容，是谈判双方最关心的问题。通常双方都会反复讨价还价，最后才能敲定成交价格。价格条件谈判的内容包括数量折扣、退货损失、市场价格波动风险、商品保险费用、售后服务费用、技术培训费用和安装费用等。

3. 其他条件谈判

其他条件谈判的内容包括交货时间与地点、付款方式、运输方式、售后服务、违约责任和仲裁等。

采购谈判的具体内容如表8-1所示。

表8-1 采购谈判的具体内容

采购谈判的项目	具体内容
产品条件谈判	产品品种、型号、规格、数量、商标、款式、色彩、技术标准、质量标准和包装等
价格条件谈判	数量折扣、退货损失、市场价格波动风险、商品保险费用、售后服务费用、技术培训费用和安装费用等
其他条件谈判	交货时间与地点、付款方式、运输方式、售后服务、违约责任和仲裁等

8.1.4 采购谈判的准备工作

采购谈判的准备工作主要包括谈判资料的收集、谈判方案的制定等。

1. 谈判资料的收集

1) 采购需求分析

采购需求分析是指企业根据生产和销售的情况，对生产所需要的原材料、辅助材料、包装材料以及各种商品在市场上的需求情况进行分析和预测，确定需采购的材料，以及商品的品种、规格、型号和数量。

2) 市场资源调查

市场资源调查的主要内容包括产品供需情况、产品销售情况、产品竞争情况、产品分销渠道。

(1) 企业应调查分析所需产品在市场上的总体供求状况，市场供求状况不同，采购谈判方案和策略也不同。另外，企业通过调查分析，还可以了解该产品在市场上的潜在需求者。

(2) 企业调查所需产品在市场上的销售情况，可以了解该类产品的各种型号在过去几年的销售量及价格波动情况，该类产品的需求程度及潜在的销售量，其他购买者对此类新老产品的评价及要求，从而大体掌握市场容量、销售量，有助于企业确定具体的采购数量。

(3) 产品竞争情况的调查包括：生产同种所需产品的供应商的数目及其规模；所要采购产品的种类；所需产品是否有合适的替代品及替代品的生产厂商；此类产品的各重要品牌的市场占有率及未来变动趋势；竞争产品的品质、性能与设计；供应商主要竞争对手所提供的售后服务方式，以及中间商对这种服务的满意程度。

通过产品竞争情况调查，谈判者能够掌握所需产品同类竞争者的数目、能力强弱等有关情况，寻找谈判对手的弱点，争取以较低的成本费用获得己方所需产品。此外，谈判者能据此预测对方产品的市场竞争力，使自己保持清醒的头脑，在谈判桌上灵活掌握价格弹性。

(4) 产品分销渠道的调查主要包括：各主要供应商采用何种经销路线；当地零售商或制造商是否聘用人员直接推销，其使用程度如何；各种类型的中间商有无仓储设备；各主要市场的批发商与零售商的数量；各种销售推广、售后服务及存储商品的功能。

调查商品的分销路线，不仅可以掌握谈判对手的运输、仓储等管理成本状况，在价格谈判时做到心中有数，而且可以针对供应商售后服务的弱点，要求对方在其他方面给予补偿，争取谈判成功。

3) 对方信息收集

(1) 资信情况。调查供应商的资信情况，一是要调查对方是否具有签订合同的合法资格；

二是要调查对方的资本、信用和履约能力。

(2) 对方的谈判作风和特点。谈判作风是指谈判者在多次谈判中表现出来的一贯风格。了解谈判对手的谈判作风,可为预测谈判的发展趋势和对方可能采取的策略,为己方制定谈判策略提供重要的依据。此外,还可以收集供应商要求的货款支付方式、谈判最后期限等方面的资料。

4) 资料整理和分析

通过各种渠道收集到以上有关资料以后,还应对这些资料进行整理和分析,具体包括以下两方面。

(1) 鉴别资料的真实性和可靠性。在实际工作中,由于各种各样的原因和限制因素,企业收集到的资料中往往存在某些比较片面、不完全甚至虚假、伪造的信息,因而必须对这些初步收集到的资料做进一步的整理和甄别。

(2) 在资料具备真实性和可靠性的基础上,结合谈判项目的具体内容与实际情况,分析各种因素与该谈判项目的关系,根据它们对谈判的相关性、重要性和影响程度进行比较分析,据此制定出具体的、切实可行的谈判方案与对策。

2. 谈判方案的制定

谈判方案是指导谈判人员行动的纲领,在整个谈判过程中起着重要作用。

1) 谈判地点的选择

(1) 谈判地点安排在采购方企业所在地。优点:熟悉环境,不会给采购人员造成心理压力,有利于采购人员以放松、平和的心态参加谈判;查找资料和邀请有关专家比较方便,可以随时向本企业决策者报告谈判进展;由于地利、人和等因素,可以给对方谈判人员带来一定的心理压力。缺点:易受本企业各种相关人员及相关因素的干扰,而且少不了复杂的接待工作。

(2) 谈判地点选在对方企业所在地。优点:采购方谈判人员可以少受外界因素的打扰而将全部精力投入谈判工作;可以与对方企业决策者直接交换意见,对方谈判人员不能以无权决定为理由而拖延时间,同时省去了许多繁杂的接待工作。缺点:不熟悉环境,易有压力;临时需要查找资料和邀请有关专家不方便。

(3) 谈判地点选在其他地方。对企业来讲比较公平,谈判可以不受外界因素打扰,保密性强。但对双方来讲,查找信息和请示领导都多有不便,各项费用支出较高。

2) 谈判时间的选择

谈判时间一般都在白天,有助于双方谈判人员以充沛的精力投入谈判中,保持头脑清醒,应对自如,不犯或少犯错误。

3) 谈判人员的选择

谈判人员对于采购谈判的重要性是不言而喻的。有的采购谈判可能由于规模小、目标已明确,需要1~2名谈判人员;有的采购谈判可能由于规模大、情况复杂、目标多元化,需要由多个谈判人员组成谈判小组。不管谈判人员多少,都应满足对谈判人员基本素质的共同要求,具体包括:谈判者应具有良好的自控与应变能力、迅捷的反应能力、敏锐的洞察能力和思维能力,以及基于多次采购谈判而形成的直觉。此外,谈判人员还应具有平和的心态、沉稳的心理素质以及大方的言谈举止。

如果企业需要组成谈判小组，那么谈判小组应依据实际情况而定，应遵循精干高效的原则。采购谈判小组除了需要一名具有丰富的谈判实践经验、高超的组织协调能力的组长，还需要财务、法律、技术等各个方面的专家。在性格和谈判风格上，小组成员应做到"进攻型"和"防御型"两类人员优势互补，这样有助于谈判取得最佳效果。

4) 谈判方式的选择

采购谈判方式可以简单地分为两大类：面对面的会谈及其他谈判方式。面对面的会谈又可以分为正式的场内会谈和非正式的场外会谈；其他谈判方式包括信函、电话、电传、电报、互联网等。

8.2 采购谈判实施

谈判不是比赛，更不是战争，在比赛或战争中通常只有一个赢家，而在成功的谈判中，双方应该都是赢家(双赢)，不过一方可能比另一方多赢一些。很多采购人员都误认为，采购谈判就是"讨价还价"。但其实绝大多数成功的谈判，都是买卖双方经过研究、计划和分析，最后达成互相可接受的协议或折中方案。采购合同条款那么多，如果纠缠于价格和费用条款，会使谈判陷入僵局。所以，大多数谈判的结果是妥协或者协作。

8.2.1 采购谈判的指导思想

采购谈判的基本指导思想是谋求买卖双方"皆大欢喜"，这个指导思想被一些学者和企业家称为"双赢"原则。它的含义是采购谈判应兼顾买卖双方的利益，将谈判成功的希望放置于双方需求的基础上，并在此基础上追求对双方都有利的结果。

贯彻"双赢"的指导思想，就要在谈判过程中努力寻求满足共同利益的解决方案。在制定谈判目标、计划、策略时，谈判人员应当从双方的需求出发考虑问题，以此指导谈判活动，才能提高成功率；反之，如果在谈判中只顾自身利益，不顾对方利益，最后谈判很可能以失败告终。

此外，在采购谈判中，买卖双方还应做到诚实守信、平等互惠、心胸宽广。诚实守信就是在谈判中买卖双方互相信任，以诚待人，各方认真遵守和履行己方在谈判过程中所做的承诺，不失信于人；平等互惠是指不论买卖双方企业规模、社会知名度等客观因素如何，在谈判中双方都应平等对待彼此，遵循在相互平等的基础上实现各方经济利益的原则，这是谈判最终能够达成一致的前提条件，同时也是由市场经济规律决定的；心胸宽广是指在谈判中买卖双方要有较强的忍耐性，豁达大度，相互包容，能进能退。由于各种因素的制约，谈判并不能完全按照各方预料的那样发展下去，这就要求双方根据谈判的实际情况决定下一步做法，把谈判的原则性与灵活性有机结合起来，以便使谈判获得最终的成功。

8.2.2 采购谈判的策略

在采购谈判中，为了使谈判能够顺利进行和取得成功，谈判者可灵活运用一些谈判策略。谈判策略是指谈判人员通过何种方法达到预期的谈判目标。在实际工作中，谈判人员应根据不同的谈判内容、谈判目标、谈判对手等情况选用不同的谈判策略。

1. 投石问路策略

所谓的投石问路策略，是指在采购谈判中，当买方对卖方的商业习惯或有关产品成本、价格等方面不太了解时，买方主动提出各种问题，并引导对方给出较全面的回答，然后从中获得有用的信息。这种策略一方面可以达到尊重对方的目的，使对方感觉到自己是谈判的主角和中心；另一方面又可以摸清对方的底细，争取主动。

运用该策略的关键在于买方应给予卖方足够的时间并设法引导卖方对所提出的问题尽可能给出详细的正面回答。为此，买方在提问时应注意：问题简明扼要，要有针对性，尽量避免暴露提出问题的真实目的或意图。在一般情况下，买方的问题应围绕订货数量、建立长期合作关系、临时采购需求、付款方式等方面。

当然，这种策略也有不适用的情况。例如，当谈判双方出现意见分歧时，买方使用此策略会让对方认为故意给他出难题，这样对方就会觉得买方没有谈判诚意，谈判可能会失败。

2. 避免争论策略

谈判人员要明确自己的谈判意图，在思想上做必要的准备，以创造融洽、活跃的谈判气氛。然而，谈判双方为了谋求各自的利益，必然会在一些问题上发生分歧。此时，双方都要保持冷静，防止感情冲动，尽可能地避免争论。因为争论不休只能使事情变得更糟，最好的方法是采取下列态度进行协商。

(1) 冷静地倾听对方的意见。在谈判中，听往往比说更重要。倾听不仅能表现出谈判者的良好素质和修养，也能表现出对对方的尊重。多听少讲可以探索对方的动机，预测对方的行动意图。在倾听过程中，即使对方讲出你不爱听的话或对你不利的话，也不要立即打断对方或反驳对方。真正赢得优势、取得胜利的方法绝不是争论，而是当对方陈述完毕后，首先表示同意对方的意见，承认自己在某方面的疏忽，然后提出对对方的意见，再重新讨论。这样，双方就会心平气和地重新讨论问题，从而使谈判达成双方都比较满意的结果。

(2) 婉转地提出不同的意见。在谈判中，当你不同意对方的意见时，切忌直接提出否定意见。这样会使对方在心理上产生抵触情绪，反而千方百计地维护其观点。如果有不同意见，最好的方法是先同意对方的意见，谈后再做探索性的提议。

(3) 分歧产生之后，谈判无法进行下去，应立即休会。如果在谈判中，双方为了捍卫自己的原则和利益，各持己见，互不相让，导致谈判陷入僵局，可提议休会。休会策略为那些固执己见型谈判者提供了请示上级的机会，同时，也为自己创造了养精蓄锐的机会。

谈判实践证明，休会策略不仅可以避免僵持的局面和争论的发生，而且可以使双方保持冷静、及时调整思绪，从而平心静气地考虑对方的意见，达到顺利解决问题的目的。休会是国内谈判人员经常采用的基本策略。

3. 情感沟通策略

如果与对方直接谈判的希望不大，可采取情感沟通策略。所谓情感沟通策略，就是先通过其他途径接近对方，彼此了解，联络感情。沟通感情后，再进行谈判。人都是有感情的，在谈判中利用感情因素去影响对方是一种可取的策略。灵活运用此策略的方法很多，例如，可以有意识地利用空闲时间，主动与谈判对手聊天、娱乐，谈论对方感兴趣的问题；也可以赠送一些小礼物，请客吃饭，提供交通住宿的方便；还可以帮助对方解决一些私人问题，从而达到增进了解、联系情感、建立友谊的目的，从侧面促进谈判顺利进行。

4. 货比三家策略

在采购某种产品时，企业往往选择几个供应商进行比较分析，最后签订供销合同。这种情况在实际工作中较为常见，我们把这种做法称为货比三家策略。

在采用该策略时，企业首先选择几家生产同类型产品的供应商，并向这些供应商提出谈判内容、谈判条件等。同时，也要求这些供应商在限定的时间内提供产品样品、产品的相关资料，依据资料比较分析这些供应商在谈判态度、交易条件、经营能力、产品性价比等方面的差异，最终选择其中一家供应商与其签订合同。

另外，在运用此策略时，买方应注意选择实力相当的供应商进行比较，以增加可比性和提高签约率。同时，买方还应以平等的原则对待所选择的供应商，以严肃、科学、实事求是的态度比较分析各方的总体情况，从而寻找最佳的供应商合作伙伴。

5. 声东击西策略

该策略是指为达到某种目的，谈判人员有意识地将洽谈的议题引导到无关紧要的问题上，转移对方的注意力，以求实现自己的谈判目标。具体做法是，在无关紧要的事情上纠缠不休，以分散对方对自己真正要解决的问题的注意力，从而在对方毫无警觉的情况下，顺利实现自己的谈判意图。例如，对方最关心的是价格问题，而己方最关心的是交货时间。这时，谈判的焦点不要直接放到价格和交货时间上，而是放到价格和运输方式上。在讨价还价时，己方可以在运输方式上做出让步，而作为双方让步的交换条件，要求对方在交货时间上做出较大让步。这样，对方满意了，己方的目的也达到了。

6. 最后通牒策略

处于被动地位的谈判者，总有希望谈判成功、达成协议的心理。当谈判双方各持己见、争执不休时，处于主动地位的一方可以利用这一心理，提出解决问题的最后期限和解决条件。期限是一种时间性"通牒"，它可以使对方感到如不迅速决定就会失去机会。因为从心理学角度讲，人们对得到的东西并不十分珍惜，而对将要失去的某种东西，即便他觉得不重要，也会突然觉得很有价值。在谈判中采用最后通牒策略就是借助人的这种心理特点来发挥作用的。

最后期限既给对方造成压力，又给对方一定的考虑时间，因为对方明白，谈判不成功导致损失最大的还是自己。随着最后期限的到来，对方的焦虑会与日俱增。一旦对方接受了这个最后期限并做出决策，谈判就会顺利地结束。

7. 其他谈判策略

除以上谈判策略以外，在实际谈判中，还有许多策略可以采用。例如，多听少讲策略、先苦后甜策略、讨价还价策略、欲擒故纵策略、以退为进策略等。

8.2.3 采购谈判的技巧

谈判技巧是指谈判人员采用什么具体行动执行策略，具体包括如下几种。

1. 入题技巧

谈判双方刚进入谈判场所时，难免会感到拘谨，尤其是谈判新手，在重要的谈判中，往往会产生忐忑不安的心理。因此，运用恰当的入题技巧非常重要。

(1) 迂回入题。为避免谈判时单刀直入，影响谈判的融洽气氛，谈判时可以采用迂回入题的技巧。例如，从题外话入题，从介绍己方谈判人员入题，从"自谦"入题，或者从介绍本企业的生产、经营、财务状况入题。

(2) 先谈细节、后谈原则性问题。围绕谈判的主题，先从洽谈细节问题入题，丝丝入扣，待各项细节问题谈妥之后，便自然而然地达成原则性协议。

(3) 先谈一般原则再谈细节。一些大型的经贸谈判，由于需要洽谈的问题千头万绪，双方高级谈判人员不应该也不可能介入全部谈判，往往要分成若干等级进行多次谈判。这就需要采取先谈原则问题再谈细节问题的方法入题。一旦双方就原则问题达成一致，那么，洽谈细节问题也就有了依据。

(4) 从具体议题入手。大型谈判是由具体的一次次谈判组成的，在具体的每一次谈判中，双方可以首先确定本次会议的谈判议题，然后从这一议题入手进行洽谈。

2. 阐述技巧

(1) 开场阐述。谈判入题后，接下来双方应进行开场阐述，这是谈判的一个重要环节。开场阐述的要点具体包括：一是开宗明义，明确本次会谈所要解决的主题，以集中双方的注意力，统一双方的认识；二是表明己方通过洽谈应当得到的利益，尤其是对己方至关重要的利益；三是表明己方的基本立场，可以回顾双方以前的合作成果，证明己方的信誉，也可以展望或预测今后双方合作中可能出现的机遇或障碍，还可以表示己方可采取何种方式为双方共同获得利益做出贡献；四是明确原则，但不必具体阐述，应尽可能简明扼要；五是让对方明白己方的意图，创造协调的洽谈气氛，因此，阐述应以诚挚和轻松的方式进行。

对方开场阐述时，己方应做到：一是认真耐心地倾听对方的开场阐述，归纳对方开场阐述的内容，思考和理解对方的关键问题，以免产生误会；二是如果对方开场阐述的内容与己方意见差距较大，不要打断对方的阐述，更不要立即与对方争执，而应当先让对方说完，认同对方之后再巧妙地转开话题，从侧面进行谈判。

(2) 让对方先谈。在谈判中，当己方对市场态势和产品定价的新情况不太了解，或者尚未确定购买何种产品，或者无权直接确定购买与否的时候，可让对方先说明可提供何种产品、产品的性能如何、产品的价格如何等，然后审慎地表达意见。有时，即使己方对市场态势和产品定价比较了解，有明确的购买意图，而且能直接决定购买与否，也不妨先让对方阐述利益要求、报价和介绍产品，然后在此基础上提出自己的要求。这种后发制人的方式，常常能收到奇效。

(3) 坦诚相见。谈判双方应坦诚相见，不但坦诚相告对方想知道的情况，而且可以适当透露己方的某些动机和想法。坦诚相见是获得对方同情的好办法，人们往往对坦诚的人有好感。

但是应当注意,坦诚相见是有限度的,并不是将己方情况和盘托出,总之,要赢得对方的信赖又不使自己陷于被动。

3. 提问技巧

提问有助于摸清对方的真实需要,掌握对方的心理状态,表达自己的意见、观点,但要注意提问的方式和提问的时机。

(1) 提问的方式,具体包括封闭式提问、开放式提问、婉转式提问、澄清式提问、探索式提问、借助式提问、强迫选择式提问、引导式提问、协商式提问。

(2) 提问的时机,具体包括在对方发言完毕时提问,在对方发言停顿、间歇时提问,在自己发言前后提问,在议程规定的辩论时间提问。

(3) 提问的其他注意事项,具体包括注意提问速度、注意对方心境、给对方足够的答复时间、尽量保持问题的连续性。

4. 答复技巧

答复不是容易的事,己方回答的每一句话,都会被对方理解为是一种承诺,需要负责任。答复时应注意:针对提问者的真实心理答复;不要确切答复对方的提问;降低提问者的追问兴趣,让自己获得充分的思考时间;礼貌地拒绝不值得回答的问题;对于无法回答或不便回答的问题,找借口拖延答复。

5. 说服技巧

(1) 说服双方应遵循一定的原则,具体包括:不要只说自己的理由;研究分析对方的心理、需求及特点;消除对方的戒备心、成见;不要操之过急;不要一开始就批评对方,把自己的意见观点强加给对方;说话用语要朴实亲切,不要过多讲大道理;态度诚恳、平等待人,积极寻求双方的共同利益所在;承认对方"情有可原",善于激发对方的自尊心;坦率承认如果对方接受意见,己方也可获益。

(2) 基于说服原则,可采用的说服技巧包括:讨论问题先易后难;多向对方提出要求、传递信息,影响对方意见;强调一致,淡化差异;先谈好、后谈坏;强调合同有利于对方的条件;待讨论赞成和反对意见后,再提出意见;说服对方时,要精心设计开头和结尾,要给对方留下深刻印象;结论要由己方明确提出,不要让对方揣摩或自行下结论;多次重复某些信息和观点;多了解对方,以对方习惯的、能够接受的方式和逻辑去说服对方;先做铺垫,不要奢望对方快速接受己方突然提出的要求;强调互惠互利、互相合作的可能性和现实性,激发对方在认同自身利益的基础上来接纳己方的意见。

6. 注意正确使用语言

(1) 准确易懂。谈判所使用的语言要规范、通俗,使对方容易理解,不致产生误会。

(2) 简明扼要,具有条理性。由于人们有意识的记忆能力有限,面对大量的信息,在短时间内只能记住有限的、具有特色的内容,所以在谈判中一定要用简明扼要且有条理性的语言来阐述自己的观点,这样才能取得事半功倍的效果;反之,如果不分主次、观点模糊,不仅不能使对方及时把握要领,而且会使对方产生厌烦的感觉。

(3) 第一次要说准确。在谈判中，当双方要求提供资料时，第一次一定要说准确，不要模棱两可、含糊不清。如果对对方要求提供的资料不甚了解，应延迟答复，切忌脱口而出。要尽量避免使用包含上限、下限的数值，以防止波动。

(4) 语言富有弹性。谈判过程中使用的语言，应当丰富、灵活、富有弹性。对于不同风格的谈判对手，应使用不同的语言风格。

8.2.4 谈判技巧的应用

1. 买方处于优势时的谈判技巧

在买方占优势的情况下，供应商之间竞争激烈，买方可以"因势利导"，运用压迫式谈判技巧，具体包括如下几种。

(1) "借刀杀人"。通常询价之后，可能有3~7个供应商报价，买方经过报价分析与审查，然后按报价高低的次序对其进行排列。然后，采购人员需要考虑，是否要与报价的每一个供应商分别谈判，若逐一与报价供应商谈判，在时间上很不经济。可先从非报价最低者开始。若时间有限，先找比价结果排行第三低者来谈判，探知其可能降低的限度后，再找排行第二者来谈判，经过这两次谈判，可确定"底价"范围。若此"底价"比原来的报价最低者还低，可要求报价最低者降至"底价"以下来合作，达到谈判目的。

(2) 化整为零。采购人员应深入了解供应商的"底价"究竟是多少。若仅获得供应商笼统的报价，据此与其谈判，吃亏上当的机会相当大。若能要求供应商提供详细的成本分析表，则"杀价"才不致发生错误。特别是企业拟购的物品是由几个不同的零件组合或装配而成时，即可要求供应商"化整为零"，列示各项零件并逐一报价，同时询问专业制造这些零件的厂商的报价，借此寻求最低的单项报价或总价，作为谈判依据。

(3) 压迫降价。在买方占优势的情况下，可以胁迫的方式要求供应商降低价格，不征询供应商的意见。这个技巧适用于卖方产品销路欠佳或竞争十分激烈的情况。

2. 买方处于劣势时的谈判技巧

在买方处于劣势的情况下，特别是卖方是产品的单一来源或独家代理时，买方为突破谈判困境，可采用如下技巧。

(1) 迂回战术。由于卖方占优势，正面杀价通常效果不好，应采取迂回战术。

(2) 预算不足。在买方处于劣势时，应以"哀兵"姿态争取卖方的同情与支持。由于买方没有能力与卖方谈判，有时会以预算不足作为借口博取卖方"同情"，使其同意在有限的预算下，"勉为其难"地达成合作。

(3) 釜底抽薪。有些代理商的报价是非常高的，而且对于买方的议价请求置之不理，为了避免代理商在优势地位下攫取暴利，可摆脱代理商，直接与厂家联系。

3. 买卖双方势均力敌时的谈判技巧

(1) 欲擒故纵。当买卖双方都占优势时，买方应尽可能不让卖方看出自己非常想买该产品，否则在谈判的时候容易处于劣势。买方应表现得"若即若离"，不让卖方看出真实的意愿。

(2) 差价均摊。买卖双方在谈判的时候，如果在价格上出现分歧，就会导致谈判失败。这时候买方不能获取所需的产品，卖方也不能依靠销售产品而获利，所以双方通常会选择折中的办法，把议价的差价分成两部分，买卖双方各负担一部分。

8.3 采购合同管理

采购合同是企业(需求方)与供应商，经过谈判协商一致而签订的表明"供需关系"的法律性文件。合同双方都应遵守和履行采购合同，采购合同是双方联系的共同语言基础。签订合同的双方都有各自的经济目的，由于采购合同是经济合同，双方受法律的保护并应承担责任。采购合同决定了企业与供应商的关系，并且涉及大量资金，因此合同管理至关重要。

8.3.1 采购合同的定义与特点

1. 采购合同的定义

合同是双方或多方确立、变更和终止相互权利和义务关系的协议。

合同的种类很多，人们生活中较为常见的合同是经济合同，它是法人之间为实现一定的经济目的，明确双方权利义务关系的协议。

采购合同是经济合同的一种，是供需双方为执行供销任务，明确双方权利和义务而签订的具有法律效力的书面协议。采购合同俗称买卖合同，它是典型的有偿合同。随着商品流通的发展，采购合同正成为维护商品流通秩序和促进商品市场发展完善的手段。

2. 采购合同的特点

采购合同主要具有以下几个特点。

(1) 它是转移标的物所有权或经营权的合同。采购合同的基本内容是出卖人向买受人转移合同标的物的所有权或经营权，买受人向出卖人支付相应款项，因此它必然导致标的物所有权或经营权的转移。

(2) 采购合同的主体比较广泛。从国家对流通市场的管理和采购实践来看，除生产企业外，流通企业、其他社会组织和具有法律资格的自然人也是采购合同的主体。

(3) 采购合同与流通过程密切联系。流通是社会再生产的重要环节之一，对国民经济和社会发展有着重大影响，重要的工业品生产资料的采购关系始终是国家调控的重要方面。采购合同是采购关系的一种法律形式，它以采购这一客观经济行为作为设立的基础，直接反映采购的具体内容，与流通过程密切相连。

8.3.2 采购合同的分类

买卖双方通常根据采购物料的不同性质而订立不同的合约条款。常见的采购合同有以下几种。

1. 以买卖双方亲疏关系分类

(1) 现货合同。现货合同是最常使用的采购合同。它是独立的合同，即每次采购分别订立一份合同。在现货采购中，采购方将处于相对有利的地位，直到合同订立为止。合同订立后，供应商可能只履行合同所约定的直接义务，而不会再履行其他非合同义务，因为现货采购合同不会带来其他后续业务。

(2) 定期合同。签订定期合同意味着采购方从一个供应商或多个供应商处反复采购现货。在这种情况下，采购合同没有"合同期限"，在单独的合同下，每次采购单独处理，因此，价格或采购提前期会随着不同的订单而变化。

(3) 无定额合同。无定额合同又被称为"框架合同"或"持续性合同"。在这种合同中，买卖双方协商订立一份协议，在某段时间内，这份协议对所有买卖都有效，这段时间通常为1年或更长的时间。

(4) 定额合同。定额合同与无定额合同具有许多相似性。如果买方经常需要采购商品或服务，那么可以与卖方协商订立一份定额合同，约定在一定时间内，这份合同对双方所有的买卖都有效。

定额合同与无定额合同相比，条款更加明确。在合同中，必须明确在合同有效期内，买方必须从卖方处购买一定数量或价值的商品或服务。如果买方没有采购合同规定的数量，将会受到惩罚。由于定额合同比无定额合同更有利于卖方，相对而言，定额合同的报价会比较优惠。

(5) 合伙合同。合伙关系是一种业务组织形式，这种组织由两个或两个以上的合伙人承担责任。所有的合伙人以出资比例分担经营业务的职责，分享利润。在这种关系的基础上，双方建立的合同称为合伙合同。

(6) 合资合同。合资企业是为了一个特定的项目而设立的，而不是基于一种持续的业务关系，在这种情况下订立的合同称为合资合同。

2. 以成立方式分类

(1) 口头合同。口头合同是指买卖双方只用口头语言表示订立合同，而不用文字表述协议内容的合同形式。口头合同的优点在于方便快捷，缺点在于发生合同纠纷时难以取证，不易分清责任。口头合同适用于能即时结清货款的合同关系。

(2) 书面合同。书面合同是买卖双方以合同书或者电报、电传、电子邮件等各种可以有形地表达所载内容的形式订立的合同。书面合同有利于交易安全，重要的合同应该采用书面形式。书面合同又可分为下列几种形式：①由买卖双方依法就合同的主要条款协商一致并达成书面协议，并由双方当事人的法定代表人或其授权人签字盖章；②格式合同；③双方来往的信件、电报、电传等也是合同的组成部分。

3. 以销售方式分类

(1) 销售合同。此类合同多依据采购方或供应商的要求制定合同内容。

(2) 承揽合同。此类合同多为业务推广性质，一般为中介促成双方交易，从中抽取佣金。

(3) 代理合同。此类合同大多为代理报价签约，代理方不与买方直接发生交易，仅做服务性工作，以促进买卖双方交易，其佣金则依约定由买方或卖方支付。

8.3.3 采购合同的内容与格式

合同、合约、协议等作为正式契约，应该条款具体、内容详细完整。一份完整的采购合同通常由首部、正文与尾部3部分组成。

1. 首部

采购合同的首部主要包括名称、编号、签约日期、签约地点、买卖双方的名称、合同序言等。

2. 正文

1) 主要内容

合同正文是买卖双方议定的主要内容，是采购合同的必备条款，是买卖双方履行合同的基本依据。

(1) 商品名称。商品名称即买方所要采购物品的名称。

(2) 品质规格。品质是指商品所具有的内在质量与外观形态的结合，包括各种性能指标和外观造型。该条款的主要内容有技术规范、质量标准、规格和品牌。

(3) 数量。这是指用一定的度量制度来确定买卖商品的重量、个数、长度、面积、容积等。该条款的主要内容有交货数量、单位、计量方式等，必要时还应该清楚说明误差范围以及交付数量超出合同约定数量或不足时的处理方法。

(4) 单价与总价。单价是指交易物品每一计量单位的货币数值。例如，一台计算机价值6000元。该条款的主要内容包括计量单位、价格金额、货币类型、国际贸易术语(如FOB、CIF、CPT等)、物品的定价方式(固定价格、浮动价格)。

(5) 包装。包装是指为了有效地保护商品在运输存放过程中的质量和数量，并有利于分拣和环保而把物品装进适当容器的操作。该条款的主要内容有包装标志、包装方法、包装材料要求、包装容量、质量要求、环保要求、规格、分拣运输成本等。

(6) 装运。装运是指把货物装上运输工具并运送到交货地点。该条款的主要内容有运输方式、装运时间、装运地与目的地、装运方式(分批、转运)和装运通知等。在FOB、CIF和CFR合同中，卖方只要按合同规定把货物装上船或者其他运输工具并取得提单，就算履行了合同规定的交货义务。提单签发的时间和地点即为交货时间和地点。

(7) 到货期限。到货期限是指约定的到货最晚时间。到货期限以不延误企业生产为标准。

(8) 到货地点。到货地点是货物到达的目的地。到货地点并不一定总是企业的生产所在地，有时为了节约运输费用，在不影响企业生产的前提下，也可以选择在交通便利的港口交货。

(9) 付款。国际贸易中的支付是指采用一定的手段，在指定的时间、地点，使用确定的方式方法支付货款。付款条款的主要内容有支付手段、付款方式、支付时间和支付地点。

(10) 保险。保险是企业向保险公司投保并缴纳保险费的行为，也指货物在运输过程中受到损失时，保险公司向企业提供的经济补偿。该条款的主要内容包括保险类别、保险金额、投保人等。根据国际惯例，凡是按照CIF和CIP条件成交的出口货物，一般由卖方投保；而按照

FOB、CFR和CPT条件成交的进口货物，由买方办理保险。

(11) 商品检验。商品检验是指商品到达目的地后按照事先约定的质量条款进行检验，对于不符合要求的商品要及时处理。

(12) 纷争与仲裁。仲裁条款以仲裁协议为具体体现，表示买卖双方自愿将其争议事项提交第三方进行裁决。仲裁协议的主要内容有仲裁机构、适用的仲裁程序、仲裁地点、裁决效力等。

(13) 不可抗力。这里的不可抗力是指在合同执行过程中发生的不能预见的、人力难以控制的意外事故，如战争、洪水、台风、地震等。如因不可抗力致使合同执行被迫中断，遭遇不可抗力的一方可因此免除合同责任。不可抗力条款的主要内容包括不可抗力的含义、适用范围、法律后果、双方的权利义务等。

2) 选择性内容

合同正文的选择性内容包括保值条款、价格调整条款、误差范围条款、法律适用条款。买卖双方应在合同中明确合同适用哪国法律的条款。

对于大批量货物、大金额货物、重要设备及项目的采购合同，要求全面详细地描述每一条款。对于金额不大、批量较多的货物，如果买卖双方以前签订了供货、分销、代理等长期协议(认证环节完成)，则每次交易时使用简单的订单合同即可，索赔、仲裁和不可抗力等条款已经包含在长期认证合同中。

对于企业因频繁批量采购而与供应商签订的合同，可以将其分为两个部分：认证合同和订单合同。认证合同的内容是买卖双方之间需要长期遵守的协议条款，由认证人员在认证环节完成，是对企业采购环境的确定。订单合同就每次物料采购的数量、交货日期、其他特殊要求等条款进行表述。

3. 尾部

采购合同的尾部包括合同份数、使用的语言及效力、附件、合同生效日期和双方的签字盖章。

▶ **相关资料：设备采购合同实例**

××制造企业设备采购合同

购货单位：×× （以下简称甲方）
供货单位：　　　（以下简称乙方）
签约地点：××××

为增强甲乙双方的责任感，确保实现各自经济目的，依据《中华人民共和国民法典》的规定及招投标文件之内容，甲乙双方经友好协商，就甲方向乙方购买_____达成如下协议。

一、合同标的(名称、规格、型号、单价等)
二、合同金额
　　合同总金额：人民币_____元
　　大　　　写：人民币_____万元整
三、付款时间及方式
　　1. 合同分三批付款：在合同生效后__天内，甲方向乙方支付合同总额__%的货款；设备安装调试完毕，并初步验收一周内，甲方向乙方支付合同总额__%的货款；设备正常运行__天，经双方正式验

收合格后一周内，甲方向乙方付合同总额__%的货款；质保期满后付清余款。(根据招标文件的有关规定变更及修改)
    2. 付款方式：
    3. 在每期合同款项支付前__天，乙方向甲方开具同等金额的增值税发票。(根据实际情况约定)
四、交货时间、地点、方式
    1. 交货时间：合同生效后_____日内交货
    2. 交货地点：
    收货人名称：　　　　　　　　(应为签约单位名称)
    地　　　　址：江苏××工业城
    3. 交货方式：乙方负责货物运输
    4. 货运方式：汽运
    5. 乙方将合同设备运至××工业城，安装调试、投入使用并经过甲方验收合格后，方为设备交货日期。(根据实际情况约定交货日期及何为交货；如规定乙方将设备安装调试、投入使用视为交货，则对设备通过甲方验收合格的时间约定明确)
    甲方在合同约定的交货地点提货，运输费及运输保险费均由乙方承担。合同设备的毁损、灭失风险自乙方完成交货后转移给甲方。
    6. 乙方应在合同设备发运后1个工作日内将发运情况(发运时间、件数等)通知甲方，甲方应在合同设备到达合同列明的地点后及时将乙方所托运合同设备提取完毕。
    7. 甲方提取合同设备时，应检查合同设备外箱包装情况。合同设备外箱包装无损，方可提货。如合同设备外箱包装受损或发现合同设备包装箱件数不符，应在____个工作日内通知乙方，以便乙方办理合同设备遇险索赔手续。
    8. 甲方对乙方交付的合同设备，均应妥善接收并保管。对误发或多发的货物，甲方负责妥善保管，并及时通知乙方，由此发生的费用由乙方承担。
    9. 如甲方要求变更交货地点，应在合同规定的交货日期15天前通知乙方。由于变更发货地址增加的运保费由甲方承担。
五、验收时间、地点、标准、方式
    1. 验收时间：乙方应于合同生效后___天内完成设备安装调试，安装调试完毕后，甲方应在___天内安排初步验收。设备于合同生效后____天内通过双方的合格验收并由甲方出具验收合格书。
    2. 验收地点：
    3. 验收标准：
    4. 验收方式：
六、现场服务(建议根据实际情况约定)
    1. 乙方现场人员应遵守甲方厂规、制度，如有违规，乙方负责。
    2. 乙方现场人员食宿自理。
    3. 甲方如需邀请乙方开展非质量问题处理的技术服务，乙方应予协助。
七、人员培训
    乙方负责对甲方操作、维修人员和有关的工艺技术人员进行操作培训、维修培训、设备保养培训，使之完全掌握全部使用技术，以便甲方人员正常地使用、维修、保养设备。(根据设备的技术要求，视具体情况约定或在技术协议内详细约定；如无必要，可不约定)
八、保修方式
    1. 自设备经双方验收合格之日起按生产厂家规定的条款提供免费保修服务，免费保修服务期限为___年。保修期内，乙方必须在接到甲方保修通知后___天内派人到甲方现场维修。
    2. 保修期内，如由于火灾、水灾、地震、磁电串入等不可抗力原因及甲方人为破坏造成设备损坏，乙方负责免费维修，设备材料成本费用由甲方承担。
    3. 保修期后，乙方必须在接到甲方维修通知后____天内派人到甲方现场维修。对于设备的维修、更换，甲方酌情收取成本费和服务费，收费标准另行约定。

九、违约责任

1. 甲方无故中途退货，应支付乙方合同总额的5%作为违约金。(如对方提出类似条款时可作此约定，否则建议删除此条款)

2. 甲方逾期付款，每逾期1天，应支付乙方合同总额2‰的违约金，违约金累计总额不超过合同总额的5%。(如对方提出类似条款时可作此约定，否则建议删除此条款)

3. 乙方逾期交货，每逾期1天，应支付合同总额1%的违约金，违约金累计总额不超过合同总额的30%。逾期交货超过___天，视为交货不能，乙方应双倍返回甲方已付款项，甲方有权解除合同并要求乙方支付合同金额30%的违约金。

4. 保修期内，乙方未能在合同约定的期限内履行保修义务，每迟延1天，乙方向甲方支付合同金额1%的违约金并赔偿甲方其他经济损失，违约金累计总额不超过合同总额的30%；乙方超过30天仍未履行保修义务，甲方有权解除合同并要求赔偿经济损失；乙方未能在接到甲方通知30天内将设备维修至正常使用的状态，甲方有权要求乙方换货或解除合同并要求乙方赔偿经济损失。保修期后，乙方未能在合同约定的期限内履行维修义务，每迟延1天，乙方向甲方支付合同金额1%的违约金并赔偿甲方其他经济损失，违约金累计总额不超过合同总额的30%。

5. 设备未按照合同之约定通过甲方验收，每迟延1天向甲方支付合同总额1%的违约金；超过___天仍未验收合格，甲方有权解除合同，乙方应立即返还已收款项并赔偿甲方由此遭受的其他经济损失。

十、不可抗力

如发生不可抗力事件，受不可抗力事件影响的一方应取得公证机关开具的不能履行或不能全部履行合同的证明，并在事件发生后15个工作日内，及时通知另一方。如双方同意，可据此免除全部或部分责任。

十一、合同变更

未尽事宜，双方协商解决。合同的变更及修改须经双方同意，以书面形式变更。

十二、争议解决方式

双方如发生争议，应协商解决；如协商不成，任何一方应向甲方所在地人民法院提起诉讼。

十三、合同生效及终止

合同自双方签字并盖章后生效，双方权利义务履行完毕后，合同终止。

十四、合同一式四份，双方各执两份，具有同等法律效力。

甲方：　　　　　　　　　　乙方：

代表：　　　　　　　　　　代表：

日期：　　　　　　　　　　日期：

8.4　采购合同的执行与跟踪

采购合同的执行与跟踪涉及从采购合同签订到合同终止期间，供应商与采购方开展的与合同相关的所有活动。采购合同的执行与跟踪是为了解决合同期间出现的任何问题，确保合同订立双方履行合同义务。

8.4.1 采购合同的订立

1. 采购合同的资格审查

采购合同确认了供需双方之间的购销关系和权利义务。依法订立合同后,双方必须严格执行。因此,采购人员在签订采购合同前,必须审查供应商的合同资格、资信及履约能力,按《中华人民共和国民法典》的要求,逐条订立购货合同的各项必备条款。

1) 订立合同的资格审查

审查供应商的合同资格,可避免与不具备签订合同资格的个人或组织签订合同,从而避免日后发生经济纠纷。

(1) 法人资格审查。采购人员必须认真审查供应商是否属于经国家规定的审批程序成立的法人组织。法人是指拥有独立的必要财产、有一定的经营场所、依法成立并能独立承担民事责任的组织机构。判断一个组织是否具有法人资格,主要看其是否持有工商行政管理局颁发的营业执照。在审查供应商法人资格时应注意,没有取得法人资格的社会组织,以及已被吊销营业执照、取消法人资格的企业或组织,无权签订采购合同。

(2) 法人能力审查。法人能力审查主要是审查供应商的经营活动是否超出营业执照批准的范围,超越业务范围的合同属于无效合同。法人能力审查还包括对签约的具体经办人的审查,采购合同必须由法人的法定代表人或法定代表人授权的承办人签订。法人的法定代表人就是法人的主要负责人,如厂长、经理等,他们对外代表法人签订合同。法人代表也可授权业务人员如推销员、采购员作为承办人,以法人的名义订立采购合同。承办人必须有正式授权证明书,方可对外签订采购合同。承办人代表法人签订合同时应出示身份证、法人代表的委托书和营业执照或副本。

2) 供应商的资信和履约能力审查

资信,即资金和信用。审查供应商当事人的资信情况,了解供应商对供货合同的履约能力,对于确定采购合同中的权利义务条款具有非常重要的作用。

(1) 资信审查。对于资信审查,一方面要求供应商有固定的生产经营场所、生产设备和与生产经营规模相适应的资金,这是法人对外签订供货合同起码的物质基础。同时,要注意审查其历史资信情况,确认其是否信守承诺,是否有过对采购商及工商财税等部门的不诚信行为。

(2) 履约能力审查。履约能力是指除资信以外的技术和生产能力、原材料及能源供应、工艺流程、加工能力、产品质量和经营管理水平等方面的综合情况。总之,就是要了解对方有没有履行合同所必需的人力、物力和财力保证。

2. 签订采购合同的程序

签订采购合同的程序根据不同的采购方式而有所不同。一般情况下,采购合同签订程序包括要约和承诺两个阶段。

1) 要约阶段

要约是指当事人一方向另一方提出订立经济合同的建议。提出建议的一方为要约人。要约是订立采购合同的第一步,要约具有如下特征。

(1) 要约是要约人单方的意思表示,它可向特定对象发出,也可向非特定对象发出。当要约人向某一特定对象发出要约后,要约人在要约期限内,不得再向第三人提出同样的要约,不得与第三人订立同样的采购合同。

(2) 要约内容必须明确、真实、具体和肯定,不能含糊其辞、模棱两可。

(3) 要约是要约人向对方做出的承诺,因此要约人要对要约承担责任,并且要受要约的约束。如果对方在要约一方规定的期限内做出承诺,要约人就有接受承诺并与对方订立采购合同的义务。

(4) 要约人可以在收到对方接受要约的表示前撤回自己的要约,但撤回要约的通知必须不迟于要约到达。对已撤回的要约或超过承诺期限的要约,要约人不再承担法律责任。

2) 承诺阶段

承诺表示当事人另一方完全接受要约人的订约建议,同意订立采购合同的意思表示。接受要约的一方叫承诺人,承诺是订立合同的第二步,它具有如下特征。

(1) 承诺由接受要约的一方向要约人做出。

(2) 承诺必须是完全接受要约人的要约条款,不能附带任何其他条件,即承诺内容与接受要约必须完全一致,这时协议即成立。如果对要约提出本质性意见或附加条款,则是拒绝原要约,提出新要约。这时要约人与承诺人之间的地位发生了互换。在实践中,很少有承诺人对要约人提出的条款一次性完全接受的情况,往往要经过反复的业务洽谈,协商取得一致意见后,最后达成协议。

供需双方经过反复磋商,经过要约与承诺,形成文字形式的草拟合约,再经过签订合同和合同签证两个环节,一份具有法律效力的采购合同便正式形成了。签订合同是指在确认草拟合约的基础上,由双方法定代表签署,确定合同的有效日期。合同签证是合同管理机关根据供需双方当事人的申请,依法证明合同真实性与合法性的一项制度。在订立采购合同时,特别是在签订金额较大及大宗商品的采购合同时,必须经过工商行政管理部门或立约双方的主管部门签证。

3. 签订采购合同的注意事项

合同主要条款协商确定后,当事人双方可以先草签合同。待其他次要条款确定后,再正式签订合同。

签订合同时,应当确认对方当事人有权签订合同。法定代表人有权以法人的名义对外签订采购合同而不需要特别的授权委托,但法定代表人在签订合同时也必须具备合法的手续,即法定代表人的身份证明。合法代理人也可签订采购合同,但代理人必须持有法人的授权委托书,方能以法人的名义签订合同。代理人签订采购合同必须在授权范围内进行,如果超越代理权签合同,那么被代理人(委托人)不承担由此产生的权利与义务关系。

授权委托书必须包括代理人姓名、年龄、单位、职务、委托代理事项、代理权限、有效期限以及委托者的名称、营业执照号码、开户银行、账号、委托日期和委托者及其法定代表人的签章。

8.4.2 采购合同的争议与索赔

在物资采购过程中,买卖双方往往会因彼此之间的责任和权利问题产生争议,并由此引发索赔、理赔、仲裁以及诉讼等。为了防止争议的产生,或者妥善处理和解决已产生的争议,买卖双方通常都在签订合同时,对违约后的索赔、理赔等事项事先做出明确的规定。这些内容反映在合同中就是违约责任条款。

1. 争议、索赔和理赔的定义

1) 争议

争议是指买卖的一方认为另一方未能全部或部分履行合同规定的责任与义务所引起的纠纷。

2) 索赔和理赔

无论是买方还是卖方违反合同条款,在法律上均构成违约行为,都必须赔偿受害方因其违约而受到的损失。索赔是指受害的一方在争议发生后,向违约的一方提出赔偿的要求。理赔是指违约的一方受理遭受损害的一方提出的索赔要求。索赔和理赔其实就是一个问题的两个方面。

2. 违反合同的责任区分

在采购合同履行过程中,当采购商品未能按合同要求送达买方时,首先应分清是卖方责任还是运输方责任,认清索赔对象。

1) 违反采购合同的责任

(1) 卖方责任。违反采购合同时,卖方的责任主要包括以下两个方面。

① 商品的品种、规格、数量、质量和包装等不符合合同的规定,或未按合同规定日期交货,应偿付违约金、赔偿金。

② 商品错发到货地点或接货单位(人),除按合同规定负责运到规定的到货地点或接货单位(人)外,还要承担因此而多付的运杂费;如果造成逾期交货,应偿付逾期交货违约金。

(2) 买方责任。买方的责任主要包括以下3个方面。

① 中途退货应偿付违约金、赔偿金。

② 未按合同规定日期付款或提货,应偿付违约金。

③ 错填或临时变更到货地点,应承担由此多支出的费用。

2) 违反货物运输合同的责任

当商品需要从卖方所在地托运到买方收货地点时,如果未能按采购合同要求到货,应分清责任在货物承运方还是托运方。

(1) 承运方责任。承运方责任包括以下几个方面。

① 不按运输合同规定的时间和要求发运的,偿付托运方违约金。

② 商品错运到货地点或接货人,应无偿运至合同规定的到货地点或接货人。如果货物运到逾期,偿付逾期交货的违约金。

③ 运输过程中商品丢失、短少、变质、污染、损坏,按其实际损失(包括包装费、运杂费)赔偿。

④ 联运的商品发生丢失、短少、变质、污染、损坏,应由承运方承担赔偿责任的,由终点阶段的承运方按照规定赔偿,再由终点阶段的承运方向负有责任的其他承运方追偿。

⑤ 符合法律和合同规定条件的运输,由于下列原因造成商品丢失、短少、变质、污染、损坏的,承运方不承担违约责任:不可抗力,如地震、洪水、风暴等自然灾害;商品本身的自然性质;商品的合理损耗;托运方或收货方本身的过错。

(2) 托运方责任。托运方责任主要包括以下几个方面。

① 未按运输合同规定的时间和要求提供运输服务,偿付承运方违约金。

② 由于在普通商品中夹带、匿报危险商品,错报笨重货物重量等,导致商品摔损、爆炸、腐蚀等事故,承担赔偿责任。

③ 罐车发运的商品,因未随车附带规格质量证明或化验报告,造成收货方无法卸货时,托运方须偿付承运方卸车等费用及违约金。

3) 已投财产保险时,保险方的责任

对于保险事故造成的损失和费用,保险方在保险金额的范围内承担赔偿责任。被保险方为了避免或减少保险责任范围内的损失而进行的施救、保护、整理、诉讼等所支出的合理费用,依据保险合同规定偿付。

3. 索赔和理赔应注意的问题

发生合同争议后,首先分清责任属于卖方、买方还是运输方。如买方在采购活动中因卖方或运输方责任蒙受了经济损失,就可以通过与其协商交涉,进行索赔。索赔和理赔既是一项维护当事人权益和信誉的重要工作,又是一项涉及面广、业务技术性强的细致工作。因此,提出索赔和处理理赔的时候,应注意下列问题。

(1) 索赔期限。索赔期限是指争取索赔一方向违约一方提出索赔要求的期限。关于索赔期限,相关法律有规定的,必须依法执行;法律没有规定的,可视具体情况而定。如果逾期提出索赔,对方可以不予理赔。一般来说,农产品、食品等索赔期限短,普通商品索赔期限长一些,而机器设备的索赔期限则更长。

(2) 索赔依据。提出索赔时,必须出具因对方违约而造成买方损失的证据(保险索赔另外规定),当争议条款为商品的质量条款或数量条款时,该证明要与合同中检验条款相一致,同时出示检验的出证机构。如果索赔时证据不全、不足或不清,以及出证机构不符合规定,都可能导致对方拒赔。

(3) 索赔额及赔偿办法。关于处理索赔的办法和索赔金额,除了个别情况外,通常在合同中只做笼统的规定,而不做具体规定。因为违约的情况较为复杂,当事人在订立合同时往往难以预计。有关当事人双方应根据合同规定和违约事实,本着平等互利和实事求是的原则,合理确定损害赔偿的金额或其他处理办法,如退货、换货、补货、整修、延期付款、延期交货等。当商品因质量与合同规定不符而造成买方蒙受经济损失时,如果违约金能够补偿损失,不再另行支付赔偿金;如果违约金不足以抵补损失,还应根据买方蒙受经济损失的情况,支付补偿金,以补偿其差额部分。

4. 仲裁

仲裁是指合同当事人双方发生争议时,如经过协商不能解决,当事人一方或双方自愿将有关争议提交给双方同意的第三者,依照专门的裁决规则进行裁决。裁决的结果对双方都有约束力,双方必须遵照执行。

当采购方与供应商发生纠纷需要仲裁时，可按照一般的仲裁程序到相应的受理机构提出仲裁申请。仲裁机构受理后，经调查取证，先行调解；如调解不成，再进行庭审，开庭裁决。

8.4.3 采购合同的变更与解除

1. 采购合同的变更和终止

采购合同的变更，是指采购合同没有履行或没有完全履行时，由当事人依照法律规定的条件和程序，对原采购合同的条款进行修改、补充，使之更精确等，如标的物数量的变化、履行地或履行时间的变化等。采购合同变更后，原合同确定的当事人的权利和义务就发生了变化。

当事人协商一致，可以变更合同。当事人对合同变更内容约定不明确的，推定为未变更。应当先履行债务的当事人，有确切证据证明对方有下列情形之一的，可以终止履行合同。

(1) 经营状况严重恶化。
(2) 转移财产、抽逃资金，以逃避债务。
(3) 丧失商业信誉。
(4) 有丧失或者可能丧失履行债务能力的其他情形。

当事人没有确切证据中止履行的，应当承担违约责任。当事人依据上述理由中止履行的，应当及时通知对方。对方提供适当担保时，应当恢复履行。中止履行后，对方在合理期限内未恢复履行能力并且未提供担保的，中止履行的一方可以解除合同。

2. 采购合同的解除

采购合同的解除，是指采购合同有效成立以后、没有履行完毕之前，在一定条件下，因当事人一方的意思或者双方的协议，而使基于合同存在的权利义务关系予以终止的行为。有下列情形之一的，当事人可以解除合同。

(1) 因不可抗力致使合同不能实现的。
(2) 在履行期限届满之前，当事人一方明确表示或者以自己的行为表明不履行主要债务的。
(3) 当事人一方迟延履行主要债务，经催告后在合理期限内尚未履行的。
(4) 当事人一方迟延履行债务或因其他违约行为致使不能实现合同的。

合同解除后，尚未履行的，终止履行；已经履行的，根据履行情况和合同的性质，当事人可以要求恢复原状，采取其他补救措施，并有权要求赔偿损失。合同权利义务的终止，不影响合同中结算和清理条款的效力。

在合同履行过程中，如需变更合同内容或解除合同，都必须依据《中华人民共和国民法典》的有关规定执行。一方当事人要求变更或解除合同时，在未达成新的协议以前，原合同仍然有效。要求变更或解除合同的一方应及时将自己的意图通知对方，对方也应在接到书面通知后的15天或合同约定的时间内予以答复，逾期不答复的视为默认。

8.4.4 采购合同的跟踪

采购合同的跟踪是对采购合同的执行、采购订单的状态、接收货物的数量及退货情况的动态跟踪。采购合同跟踪的目的在于促使合同正常执行，协调企业和供应商的合作，在满足企业货物需求的同时，又保持最低的库存水平。

1. 跟踪供应商的货物准备过程

采购方应该严密跟踪供应商准备货物的过程，以保证订单按时、按量完成。

2. 跟踪进货过程

货物准备完毕，要进行包装、运输。无论是供应商负责送货，还是采购方自提货物，都要对进货过程进行跟踪。运输过程是很容易发生风险的过程，要注意运输工具的选择是否得当、货物是否有特殊要求，避免在运输过程中发生货损，尤其对于远洋或长途运输，跟踪进货的过程更为重要。

3. 控制好货物的检验与接收

采购人员控制好货物的检验与接收过程，可以及时发现缺货、货损、不合格品等问题，从而及时与供应商进行协商解决，进行补货、退还等。

4. 控制好库存水平

货物检验完毕就要入库，库存是采购物流中的重要环节，它是企业正常运转的调节器。库存量太小不能满足生产、销售需求，而库存量太大又会占用资金，造成浪费，两种结果都会影响企业的正常运转。因此，控制合理的库存水平十分重要。采购部门应该以订单为导向，兼顾生产水平和供应商对订单的反应速度，来确定最优的订货周期和订货量，从而维持最低的库存水平，节约资金，防止浪费。

5. 督促付款

货物入库之后，财务部门要凭一系列单据办理对供应商的付款。采购方有义务及时提交单据，并督促财务部门按照流程规定按期付款，以维护企业的声誉。

▶案例分析8-2：采购合同纠纷

方华集团由于业务扩展需要，计划采购计算机及相关办公用品，采购人员经过多方比较，决定选择惠普公司的产品。当时，惠普公司正在举办"H型号计算机推广月买一送一活动"。活动内容：在推广月期间，每订购H型号计算机1台，均赠送价值500元的喷墨打印机1台；不愿接受者，返还现金300元。

经过电话协商，方华集团向惠普公司订购H型号计算机100台，惠普公司向方华集团赠送喷墨打印机50台，另外在设备款中减免15 000元。双方签订电子合同，约定在方华集团所在地交货，惠普公司负责托运，方华集团支付运费，德邦货运公司承运该批计算机设备。计算机设备到达方华集团所在地后，经惠普公司、德邦货运公司双方同意，方华集团开箱检验，发现以下问题。

(1) 少量计算机显示器破损。

(2) 随机预装软件虽有软件著作人出具的最终用户许可协议，且给出了有效的下载地址，但无原版的软件光盘，方华集团检验人员怀疑其为盗版软件。

(3) 惠普公司误按"买一送一"的配置发货，共发来计算机100台、喷墨打印机100台，发货单与所发货物相符，但与合同不相符。为此，方华集团通过传真通知惠普公司，对惠普公司提出下列要求。

(1) 更换或修好破损的计算机显示器。

(2) 提供随机预装软件的原版光盘。

但方华集团并未将多收50台喷墨打印机的事通知惠普公司。收到方华集团的传真之后,惠普公司回电,提出如下几点。

(1) 双方均未就计算机设备包装问题做特殊要求,公司采用通用的计算机设备包装方式,德邦货运公司作为承运人应当对计算机显示器的破损承担损害赔偿责任。待德邦货运公司赔偿之后,公司再更换或修好破损的显示器。

(2) 正版软件有多种形式,该型号计算机由原厂委托制造,随机预装软件是"授权下载"的无光盘正版软件。

同月,惠普公司查账时发现多发了50台喷墨打印机,此时方华集团已经将全部打印机开箱使用,惠普公司要求方华集团返还合同中减免的15 000元设备款。

案例思考题:

(1) 惠普公司应如何处理显示器的破损问题?

(2) 合同出现纠纷的主要原因是什么?

(3) 方华集团是否应该返还合同中减免的15 000元设备款?

(4) 结合案例分析在签订采购合同时,双方应怎样维护自己的利益。

本章小结

谈判是采购业务流程中不可缺少的环节,它在控制采购成本等方面发挥着重要作用。本章讲解了采购谈判的相关知识,介绍了采购谈判的定义、目的、特点、适用条件、内容、准备工作等,着重介绍了采购谈判的策略与技巧。

本章还讲解了采购合同的相关知识,介绍了采购合同的定义、特点、分类、内容、格式,重点介绍了采购合同的执行与跟踪,可为学生将来从事采购业务打下基础。

复习思考题

一、单项选择题

1. 在卖方占优势的情况下,特别是单一来源或独家代理,买方寻求突破议价困难的技巧主要是( )。

　　A. 迂回战术　　　　　　　B. 直捣黄龙

　　C. 最后通牒　　　　　　　D. 预算不足

2. ( )是指在采购谈判中,当买方对卖方的商业习惯或有关产品成本、价格等方面不太了解时,买方主动地提出各种问题,并引导对方给出较全面的回答,然后从中获得有用的信息。

　　A. 投石问路策略　　　　　B. 情感沟通策略

　　C. 避免争论策略　　　　　D. 声东击西策略

3. ( )是指受害的一方在争议发生后,向违约的一方提出赔偿的要求。

　　A. 违约　　　B. 索赔　　　C. 理赔　　　D. 仲裁

4. 未按运输合同规定的时间和要求提供货物运输，其责任属于(　　)。
　　A. 承运方　　　　B. 保险方　　　　C. 托运方　　　　D. 供货方

二、多项选择题

1. 采购合同根据销售方式分类，主要分为(　　)。
　　A. 销售合同　　　B. 定额合同　　　C. 承揽合同
　　D. 代理合同　　　E. 合资合同
2. 采购谈判的目的包括(　　)。
　　A. 获得供应商的质优价低产品　　　B. 获得供应商的较好服务
　　C. 促成战略合作伙伴关系　　　　　D. 发生纠纷时妥善解决，不影响双方关系
　　E. 发生物资差错、事故、损失时获得适当的赔偿

三、判断题

1. 采购谈判是指谈判双方在一定时间和一定地点进行商谈讨论的过程，主要依靠谈判技巧。(　　)
2. 当事人双方都违反合同条款的，可以根据损害的实际情况相互抵消，过错较轻的一方可以不承担相应的责任。(　　)
3. 谈判策略是指谈判人员通过何种方法达到预期的谈判目标，而谈判技巧是指谈判人员采用什么具体行动执行策略。(　　)
4. 争议是指人们为了改善彼此之间的关系而进行协调和沟通，以便在某些方面达成共识的行为和过程。(　　)
5. 订立采购合同的目的是让买卖双方的行为都受到一定的约束，以保护双方的利益不受侵害。(　　)

四、思考题

1. 简述采购谈判的定义及其目的。
2. 简述采购谈判的适用条件和影响因素。
3. 常用的采购谈判策略与技巧有哪些？
4. 简述采购合同的定义和特点。
5. 简述采购合同的格式和主要内容。
6. 举例说明采购合同是如何订立的。
7. 说明采购合同是如何执行与跟踪的。
8. 讨论成功的谈判者应具备哪些素质。

▶实训题：采购谈判技巧的理解与运用

1. 实训目的
(1) 掌握制订采购谈判计划的过程。
(2) 了解采购谈判的具体内容。
(3) 学会运用采购谈判的策略和技巧。

(4) 培养和增强学生的应变能力、组织能力、沟通能力、团队协作精神等。

2. 实训组织及要求

(1) 在教师的指导下，将班级学生分成4～6人为一组的谈判项目小组，并选定1名组长。

(2) 由教师选择2～3个类型的产品作为谈判的样本对象。

(3) 小组成员通过充分讨论后，统一认识、统一口径、基本统一谈判标准，最后选出2～3人负责。

(4) 在教师的指导下，各小组开展制定谈判方案的准备工作，选出表现较好的两个小组进行最后的模拟谈判，也可由不同小组模拟采购谈判的不同阶段。

3. 实训题目

(1) 收集资料，全面了解所要谈判产品的信息(主要是产品质量、交货要求及价格条款)。

(2) 对谈判进行详尽的规划(可以分预测、学习、分析与谈判4部分进行)。

(3) 由选定的两组进行模拟谈判，要求正确运用本章提到的策略和技巧，尽可能为己方争取利益。

(4) 总结谈判的规律和技巧，确定应用哪些谈判技巧与方法。

4. 实训考核

实训成绩根据个人表现和团队表现进行综合评定，考评内容包含以下几项。

(1) 采购谈判计划的制订是否详细、准确、灵活。

(2) 采购谈判过程的组织是否规范。

(3) 谈判过程中使用的谈判策略和技巧是否恰当。

(4) 小组内部分工是否明确，组员是否有协作精神，由组长根据个人任务完成情况进行评分。

(5) 小组谈判过程准备是否充分，是否很好地执行了预设谈判方案，由教师对小组进行评分。

(6) 实训报告是否按规范格式完成，由教师对个人报告或小组报告进行评分。

(7) 根据个人得分和小组综合评分，最终确定每个学生的实训成绩。

第9章 采购过程管理

本章概要

采购管理是一项系统工程,它不是简单的购买。当一个采购人员确定了所需原材料的供应商后,需要进行谈判、确认价格并签订合同,接下来需要做好订单跟踪、货物验收和货款结算工作。采购订单跟踪能确保供应商履行其货物发运的承诺,采购方能尽早了解货物质量或发运方面的问题,以便采取相应的措施。货物验收和货款结算是保证原材料质量和供应商正确履行合同的重要环节。企业采购过程复杂多变,在整个业务过程中面临多种风险,如不及时防范,必将妨碍企业采购的运作开展,给企业带来损失。

本章首先介绍了采购订单跟踪与进度控制,然后介绍了货物接收和入库检验员结算的方法,最后介绍了采购风险管理,重点介绍了防范采购风险的策略和方法,使读者能够了解货物验收、结算和风险识别与控制的方法,能够理解采购过程管理在企业管理中的地位与重要意义。

知识目标

- 掌握采购订单跟踪的有效方法。
- 掌握货物接收及检验的步骤和要点。
- 掌握采购货物结算的流程。
- 掌握采购风险识别和控制的策略与方法。
- 了解采购订单跟踪的目的与过程。
- 了解货物验收的主要内容。
- 了解采购货款结算方式。

能力目标

- 掌握采购过程管理的相关流程,能够结合采购合同履行情况处理相应的问题。
- 能够根据实情识别采购风险,树立采购风险管理意识。
- 培养良好的职业道德,树立服务质量高于效率的理念。

▶ 案例分析9-1:供应商交货纠纷——交期与质量

2019年7月,无锡某丝绸公司要求海安某服饰公司为其扎染加工服装共计2973件,双方确定每件加工费为12元。服饰公司按约履行了加工义务后,通知丝绸公司提货。丝绸公司于同年7月16日提走加工完毕的服装1046件,同时要求服饰公司对余下有质量问题的服装予以返修。同年7月18日,服饰公司整理好返修服装后通知丝绸公司带款提货,丝绸公司于同年7月20日再次提走加工完毕的服装857件。至此，丝绸公司在未支付加工费的情况下两次共提走服装1903件。余下1070件服装，服饰公司于同年7月23日通知丝绸公司提货，丝绸公司于同日回函要求服饰公司将货送到其公司验收合格后再付加工费。同年8月30日，服饰公司又向丝绸公司发出律师函，再次通知丝绸公司带款提货。丝绸公司既不付款，也不提货。

2019年10月13日，服饰公司将丝绸公司告上了海安县法院，并诉称："丝绸公司在未支付加工费的情况下提走加工完毕的服装1046件和857件，承诺第三次提货时一并带款结算。此后，丝绸公司对我公司的提货通知置之不理，致使我公司加工费无着落。现要求丝绸公司支付加工费35 676元。"

丝绸公司答辩并反诉称："我公司以每件加工费12元的价格委托服饰公司扎染加工服装共计2973件，并分两次提走加工合格的服装计1903件，尚有1070件服装服饰公司未按约交付，这个事实无异议。但是，没有支付加工费的原因，是服饰公司拟交付的服装不符合约定的质量标准，给我公司造成经济损失56 134.88元。"

服饰公司对丝绸公司反诉答辩称："反诉所指的损失，是丝绸公司与外商在交易过程中所形成的损失，不是丝绸公司履行合同中形成的损失。请求驳回反诉人的反诉请求。"

海安县法院审理后认为，服饰公司与丝绸公司之间口头约定的加工承揽关系合法有效，应受法律保护。由于双方没有签订明确的书面合同，导致双方对加工服装的质量要求、检验标准和方式、报酬支付时间、交货方式等主要条款约定不明确。按相关法律规定，本案合同的履行应当在服饰公司住所地。丝绸公司将交货方式改变为服饰公司送货，但该改变没有得到服饰公司的同意，丝绸公司因此拒绝提货，责任在丝绸公司。据此，判决丝绸公司给付服饰公司加工物价款35 676元，驳回丝绸公司对服饰公司的反诉请求。

案例思考题：

(1) 分析案例中服饰公司交货不及时的原因。

(2) 讨论在采购活动中采购质量和如期交货哪一个更重要。

9.1 采购订单跟踪与进度控制

采购订单跟踪是采购业务实施的主要内容，也是采购合同履行的关键环节，增强订单跟踪的执行力是确保供应、防止缺货的必要措施。

由于供应商产能、资源供应关系的变化以及运输物流过程中的意外，都会导致供应商供货不及时或供货意外中断，造成企业停工待料的严重后果。通过订单跟踪，企业可以及时发现供货异常，及时采取措施，调整生产计划，避免缺货带来的损失。

9.1.1 采购订单跟踪

1. 采购订单跟踪的定义及目的

采购订单跟踪是指对采购合同的执行、采购订单的状态、接受货物的数量及退货情况的动态跟踪。采购订单跟踪的目的是促使合同正常执行，协调企业和供应商的合作，在满足企业货物需求的同时，保持最低的库存水平。在实际操作过程中，供应、需求、库存三者之间会产生矛盾，突出表现为：由于各种原因合同难以执行，供应不及时，企业需求不能满足导致缺料，库存难以控制。能否恰当地处理供应、需求、库存之间的关系是衡量采购人员能力高低的关键指标。

2. 采购订单跟踪流程

采购订单跟踪主要包括以下操作步骤，如图9-1所示。

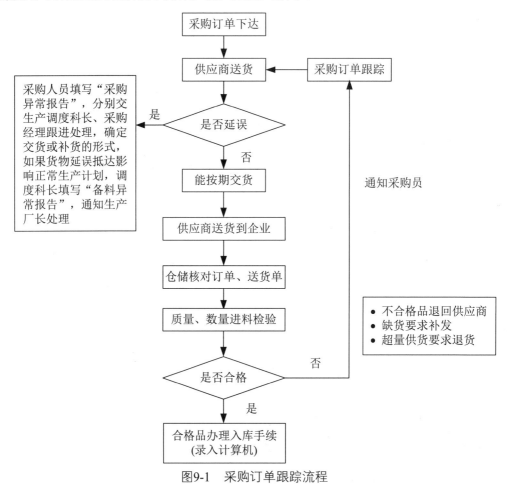

图9-1 采购订单跟踪流程

(1) 跟踪供应商的货物准备过程。采购方要严密跟踪供应商准备货物的过程，以保证订单按时、按量完成。

(2) 跟踪进货过程。货物准备完毕后，要进行合理的包装和运输。无论是供应商负责送货还是采购方自提货物，都要进行进货过程跟踪。要注意运输工具的选择是否得当、货物包装是否有特殊要求，以避免在运输过程中发生货损、货差。对于需进行远洋运输和长途运输的货物，跟踪进货过程尤为重要。

(3) 控制好货物的检验和接收。采购人员要跟踪货物的检验和接收进程，以便在发生缺货、货损、货物不合格等问题的情况下，能够及时与供应商协商解决。

(4) 控制好库存水平。货物检验完毕后要入库，控制库存水平是采购流程中的重要环节。库存水平过低不能满足生产、销售的需要，安全库存水平过高又会大量占用流动资金，造成浪费。这两种情况都会影响企业的正常运转。因此，采购部门应以订单为导向，兼顾生产水平和供应商对订单的反应速度，来确定最优的订货周期和订货量，以维持合理的库存水平，从而节约资金，防止浪费。

(5) 督促付款。货物入库后，财务部门要凭一系列单据向供应商付款。采购方要及时提交单据，并督促财务部门按照流程规定按期付款，维护企业的声誉。

9.1.2 采购进度控制

采购人员发出订单后，还必须做好采购进度控制工作，以确保供应商及时交货。

1. 采购进度控制的意义

1) 采购进度控制可以降低交货延迟增加的成本

交货延迟毫无疑问会阻碍企业生产或经营活动的顺利进行，给生产、运营等有关部门带来有形或无形的不良影响。交货延迟会因以下情况增加成本。

(1) 由于所采购物品进库延误，生产部门不得不停工待料，导致效率下降。

(2) 为恢复原状(正常生产、经营)，或需安排加班或例假出勤，增加人工费用。

(3) 货物交期延迟，使企业失去客户的信任，导致订单减少。

(4) 导致生产流程的修改或产品的误制。

(5) 延误的频度高，需增员来督促。

(6) 使作业人员的工作意愿减退。

2) 采购进度控制可以降低提早交货增加的成本

很多企业认为，提早交货的不良影响不如延迟交货，实际上两者都会成为企业成本增加的原因。

(1) 容许提早交货会导致其他物品交货延迟(供应商为资金调度的方便会优先生产高价格的物品以提早交货，所以假如容许其提早交货，就会造成低价格物品的延迟交货)。

(2) 不急于用的物品提早交货，必定会增加存货而导致资金运用效率的降低。因此，确保交货日期符合计划，对企业生产经营是非常重要的。

2. 交货延迟的原因分析

供应商交货延迟的原因很多，有供应商、采购方的原因，还有其他原因。为防止交货延迟或发生交货延迟时能够采取有效的补救措施，有必要对交货延迟进行原因分析，以便采取相应的对策。

1) 采购人员的原因

采购人员造成交货延迟的原因有以下几个。

(1) 紧急订购。库存数量计算错误或发生监守自盗的情况，水灾或火灾等自然灾害使库存材料毁于一旦，如出现这些情况，企业可能需要紧急订购，但供应商可能没有多余的生产能力来消化临时追加的订单，企业就必须等待一段时间。

(2) 选错订购对象。采购人员有时可能因为贪图低价，选择没有制造能力或原材料供应困难的供应商，或者所选供应商缺少如期交货的责任心，导致不能按期交货。

(3) 跟催不积极。采购物品在市场上供不应求时，供应商很有可能依据跟催程度或采购价格来安排货物交付。此时如果采购人员对已下订单不积极进行跟催，则很容易出现供应商延期交货甚至交不出货的情况。

2) 供应商的原因

供应商造成交货延迟的原因有以下几个。

(1) 超过生产能力。由于供应商的预防心理，其所接受的订单常会超过其生产能力，以便有部分订单取消时，还能维持正常生产计划；一旦订单未有取消，就会造成生产能力不足而难以应付交货数量的情况。

(2) 制造能力不足。供应商对需求状况及验收标准未详细分析，接受订单后，等真正生产制造的时候才发现力所不及，根本无法制造出合乎要求的产品。

(3) 转包不善。供应商常由于设备、技术、人力、成本等因素限制，将一部分制造工作转包给他人。若承包商未尽职责，导致产品无法组装完成，就会延迟交货时间。

(4) 缺乏责任感。有些供应商争取订单时态度相当积极，可是一旦拿到订单后，似乎有恃无恐，对制造工作漫不经心，缺乏如期交货的责任感，视延迟交货为家常便饭。

(5) 制造过程或品质不良。有些供应商制造过程设计不良，以致产出率偏低，必须花费许多时间对不合格的制品加工改造；也可能因为对产品质量的控制欠佳，导致最终产品的合格率偏低，无法满足交货数量。

(6) 物品欠缺。供应商也会因为物品管理不当或其他因素造成物品短缺，以致拖延生产制造时间，进而延迟交货日期。

(7) 报价错误。若供应商因报价错误或承包的价格太低，以致还未生产就已预知面临亏损或利润极其微薄，就会降低交货意愿，或将其生产能力转移至其他获利较高的订单上，这样也会延迟交货时间。

3) 采购企业的原因

采购企业造成交货延迟的原因有以下几个。

(1) 购运时间不足。由于请购单位提出请购需求的时间太晚，比如，国外采购在需求日期前3天才提出请购单，导致采购单位措手不及；或由于采购单位在询价、议价的过程中花费太多的时间，当供应商接到订单时，剩余时间不足以让他们完成购料、生产制造和装运。

(2) 规格临时变更。供应商突然接到企业变更规格的通知，物品可能需要拆解重做，工程也可能半途而废。若因规格变更，需另行设计、试制或更换新的材料，也会使得交货延迟情况更加严重。

(3) 生产计划不正确。由于企业产品销售预测不正确，导致列入生产计划的产品缺乏市场需求，而未列入生产计划或生产日期排在后面的产品的市场需求却相当旺盛，企业因此紧急变更生产计划，供应商一时之间无法充分配合，可能产生供应延迟的情况。

(4) 未能及时供应材料或模具。有些产品必须委托其他厂商加工，因此，企业必须提供足够的装配材料或充填用的模具。若企业采购不及时，将导致供应商无法正常工作，从而导致交货延迟。

(5) 技术指导不周全。对于外包的产品，有时需要由企业提供制作技术，企业若指导不周全，供应商需花费大量的时间自行摸索，不得不延迟交货。

(6) 低价订购。由于订购价格偏低，供应商缺乏交货意愿，可能会借延迟交货来胁迫企业提高价格，甚至取消订单。

4) 其他原因

造成交货延迟的其他原因有以下几个。

(1) 供需部门缺乏协调配合。采购企业需求部门的使用计划、采购部门的采购计划与供应商的生产计划缺乏协调配合；或是生产或需求部门的日程计算过于保守，没有把市场变动等可能导致交货延迟的因素考虑在内，即没有设定正常的延迟时间，造成实际交货时间与计划交货时间不符。

(2) 采购方法运用欠妥。以招标方式采购，虽然相对公平、公正，但对供应商的供应能力及信用等问题，均难以事先详细了解。供应商中标之后，也许没有能力进料生产，也许无法自行生产而予以转包，有些供应商甚至为增加利润而优先生产新争取的订单，故意延迟交货。

(3) 偶发不可抗力因素。偶发不可抗力因素事先无法预料，如自然灾害、战争、劳资纠纷、经济危机、通货膨胀以及汇率(利率)变动等，均会影响供应商的生产进度，可能导致其延迟交货。

9.1.3 采购进度控制的措施与方法

控制采购进度是履行采购合同的重要内容，采购人员应跟踪订单进展情况，以保证供应商遵守合同规定。为了保证采购合同的顺利履行，企业通常可以通过下订单前规划、下订单后跟催和事后分析与改善来确保实现有效的采购进度控制管理。

1. 下订单前规划

下订单前规划包括以下几个方面。

(1) 规划合理的购运时间。合理规划请购、采购、供应商准备、运输、检验等各项作业所需的时间，作为请购部门业务操作的依据，避免因采购提前期不足造成到货延迟。

(2) 加强与销售、生产部门的联系。由于市场状况变幻莫测，生产计划若有调整的必要，必须及时告知并征询采购部门的意见，以便采购人员对减少采购的数量、应追加或新订的数量做出正确判断，并尽快通知供应商，使其减少损失，以提高其配合意愿。

(3) 准备替代来源。供应商不能如期交货的原因很多，且有些是属于不可抗力的原因。因此，采购部门平时应注重强化供应商开发和培养，随时准备好替代渠道，产品开发部应根据采购资源"瓶颈"，推进产品标准化，或提供零部件的替代方案。

(4) 预定流程进度。采购方在与供应商签订合同时，可在采购订单或合同中明确规定供应商应编制预定时间流程进度表。预定时间流程进度表应包括筹划供应作业的全过程，如企划作业、设计作业、采购作业、工厂扩充、工具准备、组件制造、次装配作业、总装配作业、完工试验及装箱交运等。此外，采购方应明确规定供应商必须编制实际进度表，将两张进度表并列对照，并说明延误原因及改进措施。

(5) 加强双方沟通。采购人员可使用"资源共享计划"，即供需双方应建立综合性的沟通系统，企业需要一有变动，可立即通知供应商；供应商一有变动，也可立即通知企业。这样一来，可使交货延迟问题顺利解决。

(6) 利用奖惩机制。采购人员在与供应商签订买卖合同时，可加重违约罚款或强调解约责任，使供应商不敢心存侥幸；若需求急迫时，对如期交货的供应商，则应向企业申请给予奖励或采用较优厚的付款条件。

2. 下订单后跟催

供应商确认采购订单后，采购订单就具有法律效力，需要采购人员及时跟踪，确实需要变更时要征得供应商的同意，双方协商解决。在下订单后具体的跟催事项包括以下几方面。

(1) 严密跟踪供应商准备物料的详细过程，保证订单正常执行。发现问题要及时反馈，需要中途变更的事项要立即解决，不可延误时间。不同种类的物料，其准备过程也不同，总体上可分为两类：一类是供应商需要按照样品或图纸定制的物料，需要加工过程，周期长、变数多；另一类是供应商有存货的物料，不需要加工过程，周期短。前者跟踪过程复杂，后者相对比较简单。

(2) 紧密响应生产需求形势。如果市场生产需求紧急，需要本批物料立即到货，应马上与供应商协商，必要时可帮助供应商解决疑难问题。有时市场出现滞销情况，企业经研究决定延缓或取消本次订单物料供应，采购人员也应尽快与供应商沟通，确定其可承受的延缓时间，或终止本次订单，给供应商相应的赔款。

(3) 慎重处理库存控制。库存水平在某种程度上体现了采购人员的工作能力。既不能让生产缺料，又要保持最低的库存水平，这确实是一个难以平衡的问题，对采购人员的工作能力有一定的考验。当然，库存问题还与采购环境有关，也与计划人员有关。

(4) 控制好物料验收环节。物料应按规定送至交货地点，交货地点一般是企业原材料库房或国际物流中转中心。在境外交货的情况下，供应商在交货前会将到货物情况表单传真给采购人员，采购人员应按照订单对到货物品、批量、单价及总金额等进行确认，并录入归档，然后办理付款手续。境外交货的付款条件可能是预付款或即期付款，一般不采用延期付款，因此订单人员必须在交货前把付款手续办妥。

3. 事后分析与改善

事后分析与改善的事项包括以下几个。

(1) 建立完善的供应商绩效考评体系，对供应商的供货能力和订单完成情况进行有效评估，并将供应商划分为不同的等级。对于考评优秀的供应商可优先考虑合作，并在价格、支付方式、付款期限等方面给予优惠；对于考评不理想的供应商，应敦促其改进或考虑弃用。

(2) 分析交货延迟的原因及制定对策。对具体的订单完成情况进行分析，并采取相应措施避免同类问题再度发生。

(3) 与技术人员和物品控制人员协商，寻求替代品。

4. 采购进度控制的具体方法

(1) 订单跟催法。按订单规定的进料日期提前一定时间进行跟催，具体的方法有以下几种：①联单法，将订单按日期顺序排列好，提前一定的时间进行跟催。②统计法，将订单统计成报表，提前一定的时间进行跟催。这种方法有助于采购人员监督单个供应商的供货进程，便于对供应商进行管理和评估。

(2) 定期跟催法。定期跟催法即于每周固定时间将要跟催的订单整理好，打印成报表统一定期跟催。这种方法将催货操作制度化、系统化，便于采购部门对所有即将到期的采购订单进行强化管理，确保货物按期交付。

(3) 物料跟催表法。物料跟催表根据采购物料的种类对其进行划分，从而掌握同一种物料单个或多个供应商的供货进程，既能横向比较多个供应商的供货能力，实施有效的绩效管理，又能全面了解各种物料的供需情况，保证既不因物料缺乏导致停产，也不因物料积存过多导致额外的库存支出。物料催货表如表9-1所示。

表9-1 物料催货表

产品	料号	名称	需求	库存	供需状况				在途	供应商	备注
					日期						
					需求						
					交量						
					短缺						
					日期						
					需求						
					交量						
					短缺						

(4) 物料跟催箱法。在采购部的办公室内设置一个物料跟催箱来取代传统的翻页打钩法。将物料跟催箱设计成36格，前面的31格代表一个月的31天，即第1格代表当月的第1天、第2格代表当月的第2天、第3格代表当月的第3天，以此类推，而其他格则作为问题处理的档案格及急件处理格。

采购人员按照订单上的进料日期，将订单放入适当的格内。假如某零件的预定进料日期是7日，则该零件的订单放在第7格内，当该零件入库后，就把这张订单抽出来归档。总而言之，已经进料的订单，就把它们从这个物料跟催箱里抽出来归档，物料跟催箱里还存在的单据，则表示相关的物料尚未入库。

因为物料跟催箱里的订单会随物料的入库而消失，这样采购人员就可以集中精力跟催那些还存放在物料跟催箱里的物料。有时，采购人员已经尽力，但某些物料还是催不进来，这时就可以将这项原料的订单抽出来，放到急件格内，让工厂内相关部门人员来协助催料。

(5) 分批采购法。因供应商产能或质量原因，在不能按时供货的情况下，可要求供应商先提供小批量物料，以避免停工待料，同时为采购部门赢得向其他供应商采购的时间。

(6) 编制采购进度控制表。采购方要事先对整个采购进度进行监督和控制，一般应以购货订单说明书、合同、订单为依据。填写采购进度控制表时，可以一项大宗采购为单位，也可以一段时间为单位，这样比较容易衡量某个采购项目或某段时间内的采购工作绩效。

9.2 货物接收与入库检验

采购人员下达订单后,为确保交货安全,保证采购效果,要做好货物接收工作,并认真组织货物入库检验。

9.2.1 货物接收

1. 货物接收的内容

货物接收时要做到进出验收,品质第一。做好货物接收工作,是做好仓库管理的基础。一般来说,货物接收时主要关注以下4个方面。

(1) 品名、规格。出入库的货物是否与相关单据的品名、规格一致。

(2) 数量。明确出入库货物的计量单位,货物进出仓前应严格点数或过磅。

(3) 品质。进库货物,接到海关检验书面合格报告方可入库;出库货物,也要检验其品质,确保不良品不投入使用或不流向市场。

(4) 凭据。单据不全不收,手续不齐不办,入库要有入库单据及检验合格证明,出库要有出库单据。

2. 货物接收流程

货物接收工作涉及货仓、品质、物料控制、财务等诸多部门,其主要流程如图9-2所示。

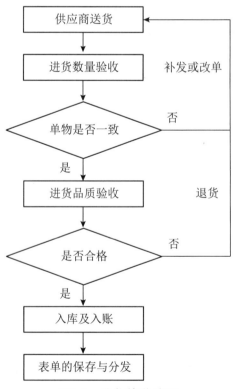

图9-2 货物接收流程

(1) 确认供应商。确认货物从何而来,有无错误。如果一批货物分别向多家供应商采购,或大量不同的货物同时进厂，验收工作更应注意，验收完后的标志工作非常重要。

(2) 确定交运日期与验收完工时间。交运日期是交易的重要日期，交运日期可以判定供应商交货是否延误，有时可作为延期罚款的依据，而验收完工时间被不少公司作为付款的起始日期。

(3) 确定货物名称与品质。确定货物是否与订单相符合并确定货物的品质，以免发生偷工减料、鱼目混珠的情况，必要时可以使用适当的检验方法来确定。

(4) 清点数量。查清实交数量与订购数量或送货单上记载的数量是否相符。对少交(短交)的货物，及时敦促供应商补足；对多交(超交)的货物，在不缺料的情况下应退回给供应商。

(5) 通知验收结果。将允许接收物料或拒绝接收物料的验收结果填写在货物验收单上，通知有关单位。货物控制部门(PMC)可以进一步决定货物进仓的数量，采购部门才能跟进短交或超交的货物，财务部门则可根据验收结果决定如何付款。

(6) 退回不良物料。供应商送交的货物品质不良时，应立即通知供应商，将该批不良货物退回，或敦促供应商前来用合格品交换，再重新检验。

(7) 入库。将验收完毕的物料入库并通知货物控制部门，以备产品制造之用。

(8) 记录。

3. 货物接收的要点

在接收货物时，应注意以下几个方面。

(1) 确认供应商与采购合同是否一致，确定交运日期以作为延期罚款的依据，确定验收日期以作为付款的起算日期。

(2) 确定货物名称与品质。收货人员要确认外包装上的货物名称与收货联是否一致，作为接收、拒收或拒付的依据；要配合相关检验人员对待收货物的品质进行检验，确保货物品质符合采购合同的质量要求。

(3) 清点货物数量。收货人员要清点货物的实际数量，将实际数量输入计算机系统或记在收货卡上。对短交货物催促补齐，对超交的部分正常应退货。

(4) 检查外包装是否完好无损。检查特殊商品的外包装材料及规格是否符合订单合同的要求。

(5) 单据是否齐全。供应商发过来的单据一般有送货单、包装清单和发票，应检查是否齐全。

4. 收货报表及单据

收货报表及单据主要有进货验收单、交期控制表、货物采购记录表、来料检验月报表这4种。

1) 进货验收单

供应商应在进货验收单上记录供应商名称、货物名称、货物数量、订单号、送货单号、送货日期等信息。进货验收单至少一式三联，收货人员在确认所送货物无误后，在每联盖上企业的收货章，由供应商保存一联，收货部门保存一联，另一联由收货部门送交财务(会计)部门作为付款依据之一。进货验收单如表9-2所示。

表9-2 进货验收单

交货时间	货号	厂商名称	订购数	交货数
订单号码	发票规格	品名规格	点收数	实收数
检查项目	检验规格	检验状况	数量	判定
AQL值		严重	一般	轻微
检验数量		不良数		不良率
判定	允收□	拒收□	特采□	全检□
备注:				
仓库主管	仓管	收料	IQC主管	IQC

注:AQL(acceptable quality level,合格质量标准或允许品质等级)。
IQC(incoming quality control,来料质量控制)。

2) 交期控制表

交期控制表主要记录某批货物的预定交期、请购日期、请购单号、物品名称、数量、供应商、单价、验收日期、迟延天数等,是为确保准时交货而制定的单据。交期控制表如表9-3所示。

表9-3 交期控制表

预定交期	请购日期	请购单号	物品名称	数量	供应商	单价	验收日期	延迟天数

3) 货物采购记录表

货物采购记录表主要记录请购交期、请购单号、料号、品名规格、供应商、单价、数量、订购日期、验收日期、品质记录等信息。货物采购记录表如表9-4所示。

表9-4 货物采购记录表

请购交期	请购单号	料号	品名规格	供应商	单价	数量	订购日期	验收日期	品质记录

4) 来料检验月报表

来料检验月报表主要是对货物检验情况进行汇总,同时也要对不合格品的批次进行汇总。来料检验月报表如表9-5所示。

表9-5 来料检验月报表

货物检验报告汇总							
供应商							
检查批数							
不合格批数							
不良率							
批退报表汇总							
货物异常报告编号	货号	品名规格	批量	不良率	不良原因	供应商	处理结果

审核：　　　　　　　　　　　　　制表：　　　　　　　　　　　　　日期：

9.2.2 货物入库检验

货物入库检验包括核对采购订单与供应商发货单是否相符、开包检查货物有无损坏、确定货物类别、检查所购货物的品质与数量等。入库验收是对即将入库的货物进行质量和数量的检验，它是保证入库货物质量的重要环节。

货物入库检验方式有全检和抽样两种。全检是对待检货物进行百分百检验，一般用于批量小、质量特性少且质量不稳定、价值高、非破坏性的货物检验。抽样检验一般用于批量较大、价值较低、质量特性多且质量较稳定或具有破坏性的货物检验。

1. 抽检比例的确定

对于大批量采购的货物，在很多情况下不太可能进行全检，因此，需要确定一个合理的抽检比例。确定抽检比例时，一般根据货物的特点、货物的价值、物流环境等综合考虑。例如，易碎、易腐蚀、易挥发的货物抽检比例应适当加大，贵重货物抽检比例应高一些，而供应商信誉好、产品质量稳定、储运和包装等物流条件较好的货物则可以适当降低抽检比例。

2. 检验的内容

在入库检验环节，一般要对货物的质量、包装、数量等进行检验，具体包括以下内容。

1) 质量验收

货物质量验收需运用多种检验手段，如感官检验、理化检验和生物检验等，以确定其是否符合采购合同的要求。质量检验包括外观质量检验和内在质量检验。外观质量检验一般采用感官检验法，对货物的外观及表面特征进行检验。内在质量检验一般需借助仪器对货物的化学成分、机械性能、工艺质量、有害物质限量等进行检验，特别是对初次进货的新产品以及对技术性能要求较高的货物，更需要借助仪器进行检验。

2) 包装验收

包装验收主要是检验货物的外包装是否牢固、包装标志是否符合要求。

3) 数量验收

数量验收主要有计件法和计重法两种。计件法包括标记法、分批清点以及定额装载法3

种。标记法是指清点大批量入库货物时,对一定件数的货物作标记,待全部清数完毕,再按标记计算总数。分批清点适用于包装规则、批数不大的货物检验,具体实施时,先将货物堆码整齐,每一层堆码数量相同,统计出层数后再计算总数。定额装载法是将批量大、包装整齐的货物用托盘等进行定额装载,然后计算出入库货物总数。在实际操作中,货物重量检验允许存在合理误差。

4) 其他检验内容

(1) 商品残损检验,主要是对受损货物的残损部分予以鉴定,了解致残损原因及对货物使用价值的影响,估定残损程度,出具证明,作为索赔的依据。

(2) 商品卫生检验,主要是针对肉类罐头、奶制品、禽蛋及蛋制品、水果等食品,确认其是否符合食用卫生条件。

(3) 商品安全性检验,主要是针对易燃、易爆等危险货物,根据国家法律规定以及采购合同的标准和要求,对其安全性进行检验,以确保使用安全。

3. 验收结果的处理

对于存在严重缺陷的货物,应要求供应商换货;对于微缺陷货物,应与认证人员、质检人员、设计人员协商,同时考虑生产的紧急情况,确定是否可以代用。对于偶然性的质量问题,可由检验部门或订单部门通过供应商处理;对于多次存在的质量问题,由认证人员正式向供应商发出质量改正通知单,限期改正质量问题;对于重大问题或经常有问题的,则由认证部门组织专题会议,讨论解决质量问题的对策,确定是设计方案的问题还是供应商的问题,如是前者要修改方案,如是后者要对供应商进行处理,包括罚款、质量整改、降级使用、取消供应商资格等。

知识链接

(1) 三检制,即操作者自检、工人之间互检和专职检验人员专检相结合的一种检验制度。这种检验制度有利于调动广大职工参与企业质量检验工作的积极性,加强责任感。

(2) 自检,即操作者对自己加工的产品,根据工序质量控制的技术标准自行检验,其显著特点是检验工作基本上和生产加工同步进行。通过自检,操作者可以及时了解自己加工的产品的质量问题,以及工序所处的质量状态,当出现问题时,可及时寻找原因并采取改进措施。

(3) 互检,即工人之间相互检验,具体包括:下道工序对上道工序流转过来的在制品进行抽检;同一工作地轮班交接时相互检验;班组质量员或班组长对本班组工人加工的产品进行抽检。互检是对自检的补充和监督,也有利于工人之间协调关系和交流技术。

(4) 专检,即由专业检验人员进行的检查。专业检验人员熟悉产品技术要求,工艺知识和经验丰富,检验技能熟练,效率较高,所用检测仪器相对正规和精密,因此,专检的检查结果比较正确可靠。由于专业检验人员的职责约束,且其和受检对象无直接利害关系,检验过程和结果比较客观公正。专业检验是现代化大生产劳动分工的客观要求,已成为一种专门的工种和技术。

9.3 采购货款结算

货款结算是供应商最关心的问题,如果企业在货款支付方面引起供应商的不满,则会导致双方关系恶化,会为企业原材料采购带来诸多困难。一般来说,货款结算是财务部门的主要工作之一,但不同的企业在付款操作上有很大的区别,有时,采购部门也会成为付款的主要责任部门。

企业向供应商付款一般有预付、货到付款、月结30天(或60天、90天)等几种方式。由于激烈的市场竞争,企业对本地供应商的付款大多数都采用月结方式,付款期限一般不宜超过90天。如果选择国际知名跨国公司或海外企业作为供应商,因双方对对方的信誉状况不了解,故供应商往往要求预付款。经过一段时间的贸易往来后,双方对对方的情况有更多的了解,经企业向供应商申请,通常可以改成月结30天。对于市场紧俏商品或供应商垄断的商品,供应商通常要求货到付款。如果企业有足够的流动资金,采用货到付款这种方式常能得到更优惠的价格。作为采购人员,必须了解货款的支付方式以及支付流程,以便选择合适的结算方式。

9.3.1 采购货款的结算流程

货物验收后,采购人员或者专职付款人员要查询实际收货信息,审核仓库收料单、订单及供应商提供的发票,避免因供应商多批次供货导致重复付款。为避免重复付款,供应商的送货单和发票、仓库收料单都必须注明合同号或订单号。采购货款的结算流程如图9-3所示。

1. 查询物品入库信息

货物验收后,采购部门要根据验收成果通知财务部门付款。对国内供应商的付款,一般是在货物检验通过且完成入库之后进行,所以订单操作人员要查询货物入库信息,并对已经入库的货物办理付款手续。对于国外供应商,一般是一手交钱、一手交货,货物一到岸或一到指定的交易地点,就必须完成付款手续及开具付款票据,在验收后对供应商支付款项。国际采购有时需要预付款或者开具信用证。对于长期采购的供应商,特别是有较好信誉的供应商,可按照约定的付款周期付款,注意周期不宜过长。

2. 准备付款申请单据

对国内供应商付款,应拟制付款申请单,并且附合同、货物检验单据、货物入库单据、发票等。付款人员要注意五份单据(付款申请单据、合同、货物检验单据、货物入库单据、发票)的合同编号、货物名称、数量、单价、总价、供应商名称必须一致。国外供应商付款手续通常较为复杂。

3. 付款审批

采购部与供应商均确认通过的应付账款单据,由采购部交予财务部,会计人员根据采购合同、采购订单、验收单等进行审核,查验各类单据是否数据相符、是否符合财务规定等。审核内容主要包括以下几个方面。

(1) 单据的匹配性,即上述5份单据在6个方面(合同编号、货物名称、数量、单价、总价、供应商)的一致性及正确性。

(2) 单据的规范性，特别是发票、付款申请单要求格式标准统一、描述清楚。

(3) 数据的真实性，涉及发票的真假鉴别，检验单、入库单的真假识别等。

经财务部审核没有问题，则根据企业的审批制度进行审批，并由财务部安排付款。

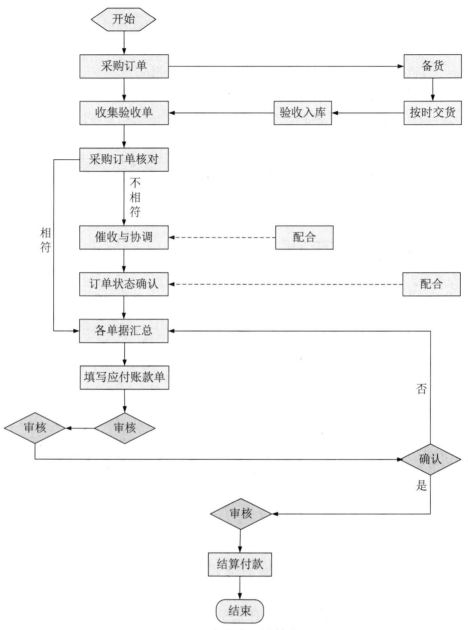

图9-3 采购货款的结算流程

4. 资金平衡

在采购过程中，企业应合理利用资金，特别是在资金紧缺的情况下，要综合考虑货物的重要性、供应商的付款周期等因素，确定付款顺序。对于不能及时付款的货物，企业要与供应商充分沟通，征得供应商的谅解和同意。

在采购合同中，为保障买方利益，买卖双方往往就扣留款进行商定。扣留款是指合同总款额的一部分被扣留(即保留)直到合同某些条件得到满足,其目的是在订单完成后,如果采购方发现因供应商造成的缺陷或不足,可据此促使供应商纠正问题;当供应商出现失误或过错而不能及时纠正或根本不纠正时,采购方可以使用扣留款来支付弥补工作的相关费用。如果使用扣留款,采购方必须确保扣留款在合适的时间按适当的条款支付(在保证期结束时支付)。

5. 向供应商付款

企业财务部门在接到付款申请单及通知后即可向供应商付款,并提醒供应商注意收款。货款支付要严格按照采购合同规定的条款进行。一般情况下,企业提前付款能享受一定的优惠,而延期付款要支付一定的利息。

6. 供应商收款

采购双方的货款结算一般通过银行来完成。对于大额付款,采购方有必要在付款后向供应商发送收款提醒。

9.3.2 采购货款的结算方式

采购货款的结算方式是构成企业采购成本的重要因素。采购结算过程在合同履行阶段起着审查和监督作用。企业合理选择银行结算方式,对加速资金周转、抑制货款拖欠、加强财务管理、提高经济效益具有重要意义。常用的采购货款结算方式主要有3种,即买方直接付款、银行托收和信用证。

1. 买方直接付款

买方直接付款是指由买方主动把货款汇付给卖方的一种付款方式。买方在安排付款时,虽然要通过银行办理,但银行对货款的收付不承担任何责任。这是一种基于商业信用的付款方式。买方直接付款主要有以下两种方式。

(1) 订货付现。订货付现(cash with order)是指卖方要求买方在订货时即预付全部货款或部分货款。这是对卖方最有利的支付方式,但是在国际货物买卖中使用并不普遍。

(2) 见单付款。见单付款(sight payment)是指卖方在发运货物后,将有关单据寄交买方,然后由买方在收到单据之后按照合同规定将货款通过银行汇付给卖方。根据付款方式,可以将见单付款分为信汇、电汇和票汇3种。

2. 银行托收

1) 托收的定义

托收是指由卖方对买方开立汇票,委托银行向买方收取货款的一种结算方式。银行托收的基本做法:由卖方根据发票金额开立以买方为付款人的汇票,向出口地(卖方)银行提出托收申请,委托出口地(卖方)银行通过它在进口地(买方)的代理行或往来行,代为向买方收取货款。托收仍是一种商业信用。

2) 托收的分类

托收分为光票托收(clean collection)和跟单托收(documentary collction)。光票托收是指卖方仅开具汇票委托银行向买方收款,而没有附任何单据。跟单托收是指卖方将汇票连同提单、保险单、发票等装运单据一起交给银行,委托银行向买方收取货款。在国际贸易中,货款支付一般都采用跟单托收。跟单托收可分为付款交单及承兑交单。

(1) 付款交单(document against payment，D/P)。买方付款时向其交付商业单据，有关单据经代收行向付款人提示后，付款人检查单据后决定是否接受，接受即付款赎单。付款交单又分为即期付款交单(document against payment sight)和远期付款交单(document against payment after sight)。

(2) 承兑交单(document against acceptance，D/A)。这是指卖方的交单以买方的承兑为条件。买方承兑汇票后，即可向代理行取得货运单据，待汇票到期时才付款。因为只有远期汇票才需办理承兑手续，所以承兑交单方式只适用于远期汇票的托收。

3. 信用证

信用证(letter of credit，L/C)是银行根据进口人(买方)的请求，开给出口人(卖方)的一种保证承担支付货款责任的书面凭证。信用证是一种银行信用，银行承担第一位付款责任。受益人收到了开证行开的信用证，即得到了付款的保障。信用证支付在国际贸易中使用广泛。

以上这些支付方式在成本费用、风险等方面存在较大的差异，如表9-6所示。

表9-6 不同支付方式比较

支付方式		手续	费用	供应商风险	采购商风险	资金负担	银行费用	提供信用方式
买方直接付款	订货付现	简单	少	最小	最大	不平衡	最少	商业信用
	见单付款			最大	最小			
银行托收		稍多	多	中	中	不平衡	中	商业信用
信用证		最多	中	小	大	较平衡	最多	商业信用

9.3.3 采购结算问题与对策

在企业实际采购结算工作中，可能会遇到比如付款凭证不合法、不真实、不准确，发票填写信息错误或付款金额出错等问题，导致结算过程出现纠纷。比如，有的企业没有重视付款方式的合理选择，过多使用现金、预付款等付款方式，占用企业资金较多；有的企业选择的结算方式手续费过高，增加了企业的结算成本；有的财务人员未及时将应付账款登账，造成付款延误；有的企业对不合格品金额未扣除，造成多付款项；有的企业索赔管理机制不完善，出现纠纷时不知道如何解决。诸如此类的问题，影响了企业和供应商关系的和谐，有的还会给企业带来经济或声誉上的损失。要解决和防范上述问题，在采购结算工作中，要做到以下几点。

1. 加强付款审核工作

企业应当加强对采购付款的审核工作，避免在付款过程中出现各类不符合规定的问题，具体措施如下所述。

(1) 完善付款流程和相关制度，明确付款审核人的责任和权限范围。

(2) 严格审核采购预算、合同和相关单据凭证以及审批程序等相关内容，审核无误后按照合同规定合理选择付款方式，并办理付款。

(3) 严格审查采购发票等票据的真实性、合法性和有效性，并判断采购款项是否应该支付。

(4) 审查发票填制的内容是否和发票种类相符，发票加盖的印章是否与票据种类相符。

(5) 重视采购付款过程中的控制和跟踪管理工作，如果发现异常情况，应拒绝向供应商付款，避免资金损失和信用受损。

2. 合理选择付款方式

采购人员和财务人员在谈判或签订采购合同时，必须根据国家有关支付结算的规定和企业生产经营的实际，合理选择付款方式，并严格遵循合同规定，防范由付款方式不当带来的法律风险，以保证资金安全。

(1) 国内采购结算。一般情况下，除了不足转账起点金额的采购可以支付现金外，采购价款均应通过银行办理转账。

(2) 国际采购结算。在国际采购中，结算方式的选择尤为重要，信用证是国际贸易中较为常见的结算方式，信用度非常高，甚至可以抵押贷款，但开具过程审核严格，可能会因为审核不通过而耽误交货期限。电汇订金的比率需要双方谈判约定，灵活性较大，银行手续较少，风险比信用证大，可以和信用证结合起来运用，增强保险性。国际供应商要在收款之前保留对货物的控制权，则可以安排跟单托收的形式。

3. 加强付款审核追查

企业除了要选择合适的付款方式、做好付款前的各项审查工作外，还需要对采购付款结算之后的事项进行跟踪追查，确保采购结算过程的安全性，具体措施如下所述。

(1) 加强对预付账款和定金的管理。一旦涉及大额或长期的预付款项，企业应当定期追踪核查，综合分析预付账款的期限、占用款项的合理性等情况。如果发现有疑问的预付款项，应当及时采取措施，尽快收回款项。

(2) 付款时保留一定的尾款，并做好物资和服务质量跟踪工作。如果在物资使用或服务实施过程中发现问题，企业应当及时与供应商联系处理。

4. 强化质量监控，严格依照合同办事

在采购结算过程中，前期要加强对采购货物质量的检查、检验，杜绝不符合采购合同质量要求的货物进入企业。当发生质量问题时，严格依照合同规定，扣收质量保证金、损失补偿金等，严格追查。在采购结算前发现的问题，应扣除的金额直接从应付款项中扣除；付款后发生的损失，要积极开展索赔。当协商不能解决问题时，可以考虑仲裁或利用法律武器保障企业的合法权益。

9.4 采购风险管理

采购过程通常包括采购计划、采购预算、供应商选择、采购价格管理、合同签订与执行、货物验收、付款结算、成本核算等诸多环节，每个环节都存在一定的风险。虽然采购风险并不是企业风险的全部，但是发生的概率高、影响大，可能造成严重的后果，因此需加强采购风险管理。

9.4.1 采购风险的定义

采购风险通常是指在采购过程中，由于人为因素、不可抗力或外部环境变动引起采购环节的损失的可能性。例如，采购预测不准导致物料难以满足生产要求或超出预算、供应商产能下降导致供应不及时、货物不符合订单要求、采购人员工作失误、供应商之间存在不诚实甚至违法行为等，这些情况都会影响采购预期目标的实现。

由于环境的变化是必然的，完全消除采购风险是不现实的。但是，可以通过风险控制尽量消除由人为因素导致的采购风险；也可以通过对风险的准确预测，降低风险发生的可能性；或通过合理的风险应对机制，减少风险带来的损失。

9.4.2 采购风险的类型

采购风险按照发生的动因可以分为外因型风险和内因型风险。

1. 外因型风险

外因型风险主要包括意外风险、价格风险、采购质量风险、技术进步风险和合同欺诈风险。

(1) 意外风险。意外风险是指在采购过程中，由自然、经济、政策、价格等因素导致的风险。

(2) 价格风险。价格风险主要有两种：①供应商操纵价格，如在投标前相互串通，有意抬高价格，使企业蒙受损失；②企业在价格合理的情况下批量采购，但该种物资可能跌价，从而引起采购风险。

(3) 采购质量风险。采购质量风险主要有两种：①供应商提供的物资质量不符合要求，而导致加工产品未达到质量标准，或给用户造成经济、技术、人身安全、企业信誉等方面的损害；②产品质量不合格直接影响企业的加工进程、交货期，也有可能降低企业信誉和产品竞争力。

(4) 技术进步风险。技术进步风险主要有两种：①企业制造的产品由于社会技术进步造成贬值、无形损耗甚至被淘汰，已采购原材料积压或者因质量不符合要求而造成损失；②采购物资由于新项目开发周期缩短而贬值。

(5) 合同欺诈风险。合同欺诈风险主要有4种：①以虚假的合同主体身份与他人订立合同，以伪造、假冒、作废的票据或其他虚假的产权证明作为合同担保；②接受对方当事人给付的货款、预付款、担保财产后逃之夭夭；③签订空头合同，而供货方本身是"皮包公司"，将骗来的合同转手倒卖，从中牟利，而采购物资则无法保证供应；④供应商设置合同陷阱，如供应商无故终止合同或违反合同规定。

2. 内因型风险

内因型风险主要包括计划风险、合同风险、验收风险、存量风险和责任风险。

(1) 计划风险。计划风险主要有两种：①因市场需求发生变动，影响采购计划的准确性；②采购计划制订得不够科学，使其与目标发生较大偏离。

(2) 合同风险。此处的合同风险与外因风险中的合同欺诈风险不同,主要是指由于采购方自身在签订合同过程中的某些错误行为导致的风险。例如,合同条款不清楚,盲目签约;违约责任约束不明确,口头承诺;采购人员受贿,提前泄露标底;合同日常管理混乱;等等。

(3) 验收风险。验收风险主要是指验收过程中因验收人员未发现问题而引发的风险,常见风险有如下4种:①在数量上缺斤短两;②在质量上以次充好;③在品种规格上"货不对路",不符合规定要求;④在价格上产生偏差;等等。

(4) 存量风险。存量风险主要是指由于对采购价格或采购量控制不准确导致的风险,主要有3种:①采购量不能及时供应生产之需要,生产中断造成缺货损失;②物资过多,造成积压,占用大量资金,失去了资金的机会利润,形成存储损耗风险;③采购物资时对市场行情估计不准,盲目进货,造成价格风险。

(5) 责任风险。责任风险是一种人为风险,主要是指由工作人员责任心不强导致的风险,如合同审核不完全带来的合同纠纷等。

9.4.3 防范采购风险的主要对策

采购风险在很大程度上影响着企业采购乃至企业整体运营能否顺利进行,因此企业应采用对策防范采购风险。

1. 建立健全内部控制制度

建立内部控制制度能够强化企业内部管理,有助于企业控制采购风险。针对企业存在的风险,可以建立"预付款管理措施""合同管理措施""采购作业标准"等内部控制制度,建立健全资金使用、运输进货控制体系。另外,在实际工作中要严格执行相关制度,落实到位,并定期对采购活动进行追踪、检查、考核,规范采购风险管理,强化执行力度。

2. 加强对物资采购的全过程、全方位的监督

全过程的监督是指对计划、审批、询价、招标、签约、验收、核算、付款和领用等所有环节的监督,重点是对计划制订、签订合同、质量验收和结账付款4个关键控制点的监督,以保证不出现弄虚作假的情况。全方位的监督是指内控审计、财务审计、制度考核三管齐下。科学规范的采购机制,不仅可以降低企业的物资采购价格,提高物资采购质量,还可以保护采购人员和避免外部矛盾。

(1) 加强对物资需求计划和物资采购计划的审计。审查企业采购部门物资需求计划和物资采购计划的编制依据是否科学;调查采购预测是否存在偏离实际的情况;审查计划目标与实现目标是否一致;审查采购数量、采购目标、采购时间、运输计划、使用计划和质量计划是否有保证措施。

(2) 做好合同签证审计。审查经济合同当事人是否具有主体资格,是否具有民事权利能力和行为能力;审查经济合同当事人意思表示是否真实;审查经济合同主要条款是否符合国家法律法规的要求;审查经济合同主要条款是否完备,文字表述是否准确,合同签订是否符合法定程序。通过签证审计,可以及时发现和纠正在合同订立过程中出现的不合理、不合法现象;提醒当事人对缺少的必备条款予以补充,对显失公平的内容予以修改,对利用经济合同的违法活动予以制止，从而减少和避免经济合同纠纷的发生。

(3) 做好对合同台账、合同汇总及信息反馈的审计。当前，合同纠纷日益增加，如果合同丢失，那么企业在处理纠纷时会失去有利的地位而遭受风险。因此，企业应建立合同台账，做好合同汇总，运用计算机管理手段，及时向相关部门提供准确、真实的反馈信息，从而控制合同风险。

(4) 加强对物资采购合同执行的审计。审查合同内容和交货期执行情况，是否做好物资到货验收工作和原始记录，是否严格按合同规定付款；审查物资验收工作的执行情况，是否对物资入库和发放全过程进行验收控制；审查不合格品控制执行情况，发现不合格品应及时记录，并采取措施；重视对合同履行违约纠纷的处理，否则不仅企业的合法权益得不到保护，而且有可能使合同风险严重化。

(5) 加强对物资采购绩效考核的审计。建立合同执行管理各个环节的考核制度，并加强检查与考核，对合同规定的采购任务和各项相关工作建立分解指标，明确规定数量和质量标准，分解、落实到各有关部门和个人，结合经济效益进行考核，以尽量避免合同风险的发生。

3. 规范采购行为，加强供应商的审查与管理

企业在采购过程中应规范采购行为，加强对供应商的选择与管理，做好制度保障。

(1) 建立供应商资格审查制度。在正式采购之前，企业需要建立供应商资格审查制度，对参加投标的所有供应商进行资格审查。整个过程包括资格预审、资格复审、资格后审，以便企业在采购初期即可控制后期可能由供应商选择不当带来的风险。

(2) 建立保证金制度。法律要求采购机构将供应商的招标保证金作为投标竞争和签订合同程序的一部分，其中，对于建筑和工程项目的采购而言，投标保证金的使用将持续到合同完全履行；对设备和服务的采购而言，则不一定要使用保证金制度。采购保证金主要包括防止供应商投标后撤标的投标保证金、保证物资及时供应的支付保证金、防止供应商不履行合同的履约保证金。

4. 建立采购人员监督管理制度

(1) 建立和完善采购信息和程序公开制度。有关采购信息要公之于众，便于供应商及时了解签订采购合同的条件。同时，招标程序、投标程序等也要公开，做到相关信息透明的同时，还要做好采购活动记录，以备事后核查。

(2) 制定采购道德规范条例。鉴于采购人员在商业活动中的特殊地位，加之特殊利益的存在，采购人员很可能为了一己之私而损害企业利益，给企业埋下采购风险。企业在帮助采购人员树立高度责任感及主人翁精神的同时，还应制定类似采购道德规范条例之类的文件，以指导采购人员正确决策。条例中应体现公正、诚实、忠诚等原则。

(3) 积极组建采购专业协会和推行采购人员资格认证制度。由于采购活动的复杂性和重要性，采购人员需要具备较高的职业素养才能圆满完成任务。为了降低采购风险，应提高采购人员的知识、能力及个人职业道德水平。

5. 建立采购质疑和申诉机制

供应商质疑和申诉是采购活动中常有的情况。如果不能正确处理这些问题，将影响采购活

动的正常进行,既不利于采购货源的培养,也不利于采购方与供应商之间维持长期良好的合作关系,增加了采购风险。

在企业内部建立供应商服务机构能够较好地解决上述问题。企业通过设立专门机构,能够在回答供应商疑问的同时了解供应商的需求,维持企业与供应商之间的良好关系,避免供应商陷入"有苦没处说"的困境。

▶ 案例分析9-2:创维公司的采购管理体系

创维是一家大型家用电器制造和组装公司,公司遵循大幅度减少基本供应商的方针政策,最终用于生产制造家用吸尘器的序号为D25的部件的供应商只有一个。该吸尘器的销售量(国内销售和出口的总和)超过100 000台。D25号部件较为便宜,但它是一个含有高安全风险因素的部件,其中一个要求就是部件的电气绝缘必须足够可靠,以防止用户使用时遭到电击。

D25号部件由斯乐公司供货。斯乐公司是在6年前被创维公司从5个供应商中挑选出来的,当时选择的原则是斯乐产品的价格比竞争对手便宜。创维公司的设计人员和采购人员对它的质量管理系统进行了全面彻底的独立调查,并且给斯乐公司颁发了相关的质量资格证书。斯乐公司每两天向创维公司供应D25号部件750件,估计每月要用15 000件。斯乐的车间位于距创维公司60公里远的地方,由于距离较近,创维公司只要准备够两天用的缓冲存货即可,后期创维公司对D25号部件不再进行任何独立的进货检验。

斯乐公司供应的D25号部件没有出过任何质量问题,因此,创维公司按照惯例准备续签合同。由于创维公司对所供部件质量的信任,从最初的订单起,创维公司就没有再对斯乐公司的质量管理系统进行审计,也没有像管理其他供应商那样跟催斯乐公司的订单。然而,一段时间后,用户反映创维吸尘器有轻微的电击现象,更严重的是,一位心脏衰弱的用户使用创维吸尘器时受电击致死,该用户的律师来信声称要对创维公司采取法律行动。随后创维吸尘器的负面报道出现在国内媒体上,导致其销售量大幅下滑。

经调查确定,电击事故是由D25号部件造成的。进一步调查得知,事故原因是斯乐公司在不通知创维公司的情况下,在D25号部件中使用更便宜的绝缘材料,通过降低成本保持便宜报价。对此,创维公司决定召回过去4个月销售的35 000台吸尘器。创维公司也已发出指示,绝缘材料必须恢复到原来的标准,但是创维公司也知道,新供应商要达到这个要求最少需要14天,而且必然要提高价格。

资料来源:创维官网.创维新闻[EB/OL]. (2017-04-20)[2023-01-03]. http://www.skyworth.com.

案例思考题:
(1) 造成创维公司产品质量问题的主要原因是什么?
(2) 创维公司在采购流程控制方面存在哪些问题?应如何解决?
(3) 采购跟催与验收的途径和方法有哪些?

▶ 本章小结

采购订单跟踪及货物验收工作是采购过程中非常重要的环节,其目的是确保采购货物质量和及时供应。采购货款结算是对采购业务的最后把关和规避风险的关键业务环节。

本章首先介绍了采购订单跟踪与进度控制的一些可行方法,然后阐述了货物接收与入库检验的整个流程,特别强调了货物接收及检验的步骤与要点,并且介绍了采购货款结算的流程和常用的方式,最后介绍了采购中经常出现的风险,重点介绍了防范采购风险的对策。

复习思考题

一、单项选择题

1. (　　)记录了某批货物的预定交期、请购日期、请购单号、物品名称、数量、供应商、单价、验收日期、迟延天数等,是为控制货物的准时交货而制定的单据。

　　A. 进货验收单　　　　　　　　B. 交期控制表
　　C. 货物采购记录表　　　　　　D. 来货检验月报表

2. (　　)是指清点大批量入库货物时,对一定件数的货物做标记,待全部清点完后,再按标记计算总数。

　　A. 标记法　　　　　　　　　　B. 分批清点
　　C. 定额装载法　　　　　　　　D. 计件法

3. 企业对本地供应商的付款绝大多数都采用月结方式,由于激烈的市场竞争,付款期限也越来越长,但一般不宜超过(　　)。

　　A. 30天　　　　　　　　　　　B. 60天
　　C. 90天　　　　　　　　　　　D. 120天

二、多项选择题

1. 货物验收时主要核查(　　)。
　　A. 品名、规格　　B. 数量　　　C. 品质
　　D. 凭据　　　　　E. 包装

2. 商品入库的检验方法有(　　)。
　　A. 质量验收　　B. 包装验收　　C. 数量验收
　　D. 感官验收　　E. 仪器验收

3. 下列采购风险中,(　　)属于内因型风险。
　　A. 计划风险　　B. 合同风险　　C. 责任风险
　　D. 存量风险　　E. 验收风险

三、判断题

1. 入库验收是对即将入库的货物进行质量和品质检验,这是保证入库货物质量的重要环节。(　　)

2. 采购订单跟踪是指对采购合同的执行、采购订单的状态、接受货物的数量及退货情况的动态跟踪。(　　)

3. 采购风险通常是指在采购过程中,由于人为因素、不可抗力或外部环境变动引起采购环节的损失的可能性。(　　)

4. 银行托收是指由买方对卖方开立汇票，委托银行向买方收取货款的一种结算方式。（　　）

四、思考题

1. 简述采购订单跟踪的定义与目的。
2. 简述采购订单跟踪的方法。
3. 货物验收前需要做哪些准备工作？
4. 简述货物入库检验的内容及步骤。
5. 简述采购货物结算的流程。
6. 了解采购货款有哪些结算方式。
7. 防范采购风险的对策有哪些？

实训题：采购过程控制

1. 实训目的

(1) 了解采购文件与单据的种类、内容及用途。
(2) 掌握采购订单跟踪方法的具体应用。
(3) 掌握物料的验收方式以及各个环节的要点。
(4) 能够独立设计采购物料检验程序，提高制定商品验收规则的能力。
(5) 掌握延迟交货的处理方法，培养学生的分析能力和沟通能力。

2. 实训组织及要求

(1) 在教师的指导下，对班级学生分组，每组4～6人，小组要合理分工，每组选出1名小组长。
(2) 由学校或教师组织学生考察学校所在城市的大型制造企业，并听取企业相关人士讲解交货跟催方法、延迟交货的处理方法及物料验收等环节，跟踪其作业流程。
(3) 以小组为单位，总结调研企业采购过程管理相关制度并形成报告。

3. 实训题目

在通过实地调查获得相关资料后，以小组为单位完成调查报告，报告中应包含以下内容。
(1) 收集调研企业采购文件与单据样本(如采购订单、收料单、物料验收单、催货单等)。
(2) 总结企业采购订单跟踪、物料验收和结算等环节的流程及注意事项。
(3) 总结调研企业采购质量控制、采购订单跟踪等环节，了解相关制度。
(4) 通过调研，了解企业采购物料检验制度及方法，并列出我国商品检验的相关规定。
(5) 根据调研企业的商品特点，编写可行的验收报告。
(6) 对调研中发现的问题进行分析、总结并形成最终报告。

4. 实训考核

实训成绩根据个人表现和团队表现进行综合评定，考评内容包含以下几项。
(1) 相关资料是否通过实地调查获得，调查资料是否翔实、准确、具体。
(2) 调查结果描述是否清楚，有没有通过收集到的企业实例进行说明。

(3) 制定货物检验规则和选择采购订单跟踪方法时，是否结合企业实际情况。

(4) 小组内部分工是否明确，组员是否有协作精神，由组长根据个人任务完成情况进行评分。

(5) 小组总结汇报思路是否清晰、内容是否充实、重点是否突出，由教师对小组进行评分。

(6) 实训报告是否按规范格式完成，由教师对个人报告或小组报告进行评分。

(7) 根据个人得分和小组综合评分，最终确定每个学生的实训成绩。

第10章　采购信息管理

本章概要

信息技术的发展改进了采购业务流程，有效提升了采购效率，节约了采购成本。采购人员应该重视信息技术对采购工作的益处，熟练应用采购信息系统、电子采购和电子招标采购开展采购工作。

本章主要介绍了采购管理中的信息流程，重点讲解了采购管理信息系统的功能、ERP采购管理模式以及电子订货系统的功能和业务流程，同时介绍了数字化采购的发展。

知识目标

- 掌握采购管理信息系统的功能。
- 掌握ERP采购工作模式。
- 掌握电子订货系统的构成和业务流程。
- 了解企业采购业务中的信息流。
- 了解数字化采购的内涵及发展。

能力目标

- 树立科学技术是第一生产力的理念，提高信息技术的应用水平。
- 培养良好的职业道德，树立信息是重要战略资源的理念。

案例分析10-1：庆阳石化公司采购管理信息系统的实施效果

庆阳石化公司按照中国石油天然气股份有限公司的要求，对物资供应实施"统一管理、统一采购、统一储备、统一结算"，由一位公司领导主管物资供应工作，设置物资采购管理部门，负责对物资采购实施专业化管理，避免横向多个部门交叉采购。

物资采购管理部门(采供站)负责庆阳石化公司生产、基建、大修、维修等全部物资的采购、供应、服务工作。采供站年物资供应量价值约2亿元，2018年10月末，账内库存物资储备资金约1000万元，库存物资品种2000多项。其中：①库存物资账。库存储备资金约1000万元，物资品种2000多项。②报废物资账。库存储备资金约297.53万元，物资品种400多项。

2017年11月，庆阳石化公司整体划转中国石油股份公司，更名为"中国石油天然气股份有限公司庆阳石化分公司"，进入上市公司行列。面对新形势、新机遇、新目标、新任务，公司领导清醒地认识到采供业务必须结合先进的物流和供应链一体化管理理念，应用信息技术对业务流程进行优化，建立集成同步的物流供应链体系，实现物流、信息流、业务流、资金流的有效集成和统一，才能为公司管理目标的实现提供可靠的保障。

在新的管理思路指导下,"庆阳石化公司供应资源管理系统"于2018年8月正式立项,北京三维天地科技有限公司通过竞争中标承担了项目的开发工作,2019年1—3月进行试运行,4月正式投入运行。该系统结合供应链管理、物流管理、内控体系、准时供应、项目管理等先进的管理理念,涵盖物资采购的各项业务,从需求提报、计划、采购、合同、物流配送、到货验收、出入库、效果评价、财务结算等业务处理到质量、价格、供应商管理等专业管理全部实现了网上办公和系统自动监督控制,大大加快了信息的传递和反馈,增强了信息的准确性、及时性,有效实现了物流、资金流、信息流的协同和集成。新系统应用后,企业管理面貌产生了显著的变化。

变化一:通过网上管理需求计划,实现了各二级单位的需求计划网上提报和审批,信息自动流转。基层生产、研究单位负责提出物资需求计划,主管领导审批后,由公司物资采供站接收、平衡,经物资采供站主管领导审批,形成正式采购计划,避免了虚增消耗现象的发生。同时,采供站掌握了消耗和需求规律,变被动采购为主动服务。

变化二:坚持全面质量管理,严格物资质量监督。该系统将质量管理渗透到物资采购业务流程的各个环节:在市场准入管理方面,突出供应商产品标准、质量保证体系审查和供应商质量情况动态考评;在需求计划管理方面,突出对采购计划质量标准和要求的审查;在采购合同管理方面,明确质量保证条款和质量不合格产品索赔条款;在验收管理方面,加大质量检验力度。此外,在入库管理、仓储管理及出库管理上,都对质量管理提出了明确的要求,从而使采购全过程、全方位的质量管理成为现实。

变化三:工作效率大幅提高,有利于更好地实现专业化和精细化管理。采供站的采购业务人员从重复录入计划信息和合同信息、补充计划票据等基础工作中解放出来,物资信息的重复利用使得原来需要几小时才能完成的工作现在几分钟就能完成。业务人员的工作重点转向深层次的信息利用和处理,加强了物资采购供应工作的准确性和预见性,保证为用户提供高质量的服务。

变化四:定性考核变成定量考核。在手工操作环境下,无法对采购物资进行有效的定量分析,很难实现对人员的量化绩效考核。应用信息系统后,所有发生过的业务信息全部留存在系统中,企业随时可以搜集信息、分析信息,也可以统计员工工作量。

案例思考题:
(1) 庆阳石化公司采购管理部采用管理信息系统后,企业内部管理有哪些变化?
(2) 庆阳石化公司实施采购管理信息化给我们带来哪些启示?

10.1 企业采购管理信息系统

信息技术使得人们可以更方便地获取环境与供应市场的信息,采购方可以获得更广泛的资源、更便利的服务。采购信息化的立足点应该放在借助互联网改进关键环节的业务处理与其他有关商务活动,提高采购的经济效益。

10.1.1 企业采购业务中的信息流程

企业采购业务中的信息流既包括采购和供应部门的信息流入，也包括采购和供应部门向其他职能部门的信息流出。流入采购和供应部门的信息，既有来自企业范围之外的市场信息，也有来自企业内部其他部门的内部信息。从企业外部流入采购和供应部门的信息包括市场总体情况、产品信息、运输状况与价格、供应源、供应商能力变化、供应商生产效率、劳动力状况、税收政策等；从企业其他职能部门流入采购和供应部门的信息包括生产计划、销售预测与计划、预算与财务控制、库存控制、质量控制与收货、新产品开发、规章制度等。从采购和供应部门流向其他职能部门的信息包括向高层管理人员提供的市场行情信息、向工程技术人员提供的物料供应状况和价格变动信息、向新产品开发部门和生产部门提供的替代品供应情况与价格信息、向仓储部门提供的已发和拟发订单信息、向会计部门提供的成本和价格调整信息、向财务部门提供的预算执行情况信息等。

采购信息流是伴随企业采购业务流程产生的，对不同企业、不同时期、不同采购项目来讲，采购业务流程有所差异，但也有一定的共性。典型的采购业务信息流程一般包括以下8个环节。

1. 接受物料需求或采购指示(采购申请)

由采购单位根据客户或生产需要提出采购申请，由物料控制部门计算货物需求量，填写申购单。采购中心收到请购单后，根据采购计划及要求确定采购方式并汇总合并申购单。采购中心根据申购单的信息，在网上发布采购公告，在报价有效期内允许各潜在供应商报价及撤标。接受物料需求或采购指示(采购申请)是采购信息的源头，也是触发后续采购业务的基础，因此，它是采购信息的重要组成部分。

2. 选择供应商

供应商处于企业供应链的供应端，从这种意义来说，供应商也是企业资源之一。采购部门掌握的供应商资源越多，企业的供应来源就越丰富。作为企业的资源，供应商信息对采购业务的顺利开展十分必要。这些供应商信息既有来自外部市场的公开信息，也有供应商提供的直接信息，又有企业亲往现场考察获得的第一手信息，还有依据供应商合作业务记录整理的历史信息。

3. 谈判和签订采购合同

谈判是买卖双方进行沟通的过程。谈判成功的结果就是签订采购合同。采购合同是执行采购业务活动的依据，是重要的信息文件。

4. 签发采购订单

采购订单是执行付款交货的直接凭证，是根据采购合同和企业物料需求计划形成的信息文件。采购订单将物料的质量要求、数量要求及交货时间要求准确无误地传达给供应商。签发采购订单的采购人员除了应具有采购专业知识外，还要了解企业所需求的材料技术要求与制造工艺知识。采购订单签发需要遵循一定的审核制度。采购订单是具有法律效力的重要文件，必须进行内容和形式上的审核才能对外签发，而且签发的采购订单信息需要长期留存备查。

5. 跟踪订单

采购部门发出采购订单后,为了保证按期、按质、按量交货,要对采购订单进行跟踪检查,控制采购进度。跟踪订单必须有完整的记录,以保证货物及时交接,同时便于事后审计。

6. 验收货物

采购部门要协助库存与检验部门对供应商来料进行验收,按需收货,不能延期也不能提前。验收货物需要采购合同、订单等作为依据。同时,验收货物也会产生新的信息,如供应商交货时间、交货数量、交货合格率等。

7. 确认发票与支付

企业支付货款之前必须核对发票与货物清单是否一致,确认没有差错以后才能签字付款。确认发票需要既有信息的支持,支付货款需要经过审批,相关环节产生的信息都需要记录,如支票号、双方经办人、支付项目等。

8. 结案并维护供应商档案

无论是验收合格付款,还是验收不合格退货,均需办理结案手续,查清各项书面资料(原始凭证)有无缺失、绩效好坏等,并将情况报上级管理部门或权责部门核阅批示。完成这些流程后,将整个过程记录列入相应的档案,并编号登记备查。

10.1.2　企业采购管理信息系统的功能

不同企业的采购业务不同,其采购管理信息系统的功能模块也有一定的差异。通常情况下,企业采购管理信息系统的功能包括基础信息管理、供应商管理、采购申请、采购谈判与合同管理、签发订单、跟踪订单、验收货物、确认发票与付款、库存管理、统计与辅助决策等。

1. 基础信息管理

基础信息管理功能模块提供各项基础信息的设定和维护功能,包括各项代码(物料代码、供应商代码、人员代码、部门代码等)的定义,根据企业实际设定采购管理信息系统的工作流程,设定各终端用户的操作权限,对不同级别的有审批权限的人员设定审核金额的上下限。

2. 供应商管理

供应商管理功能模块是采购管理信息系统的核心子系统。与供应商建立密切的联系是降低采购成本的有效手段。供应商管理是指收集和整理供应商数据,并定期进行供应商评价,形成合作伙伴资源库,从而形成企业的战略资源。供应商信息包括基本信息、供货信息、资信信息和历史信息等,这些信息均是进行供应商评价的重要依据。

3. 采购申请

采购申请是签订采购合同和签发采购订单的依据。企业的请购计划有两个来源:一是由客户订单产生的物料需求计划;二是为库存采购而直接产生的请购计划。请购计划经审批生效后生成采购计划,采购计划的书面信息载体就是采购申请。采购申请涉及的信息包括采购物料的品名、规格型号、数量、到货时间、包装要求等。

4. 采购谈判与合同管理

采购谈判是供需双方进行接洽，互相交换信息(各自的要求)，最后达成一致的过程。采购谈判过程需要记录和传输信息，并能依据记录的信息来提供决策支持，以满足谈判者的决策需求。合同管理则包括合同文本生成与打印、合同审批、合同签订、合同终止、生成付款计划、合同统计、跟踪与监控合同履行情况等决策支持功能。

5. 签发订单

各部门提出采购申请，经采购资金预算、同项物资合并和选择供应商后生成采购总计划。采购总计划经过财务审核后进行任务分解，再将分解后的采购计划分配给采购人员。采购人员提请审核和批准采购计划，批准人在审批的同时确定采购方式。由采购人员在客户数据库中挑选信誉较好、供货质量稳定的供应商，提出招投标或比质比价采购意向，经过相应的审批后进入比质比价采购业务流程。

6. 跟踪订单

跟踪订单可实现催货、订单执行情况调整等功能。采购人员根据合同和已经签发的订单，在交货日期到来之前的某一时间向供应商催货，以保证能够及时到货。所有催货都需要有正式的记录，以作为考核供应商的依据。催货过程中，供需双方因实际需要而进行的调整也应一并记录。对于逾期未交货的订单，可能要取消订单或继续催货。

7. 验收货物

仓库保管员依据到货单上的合同号，自动生成到货单，清点实物后存放入库。验收货物包括订单收货处理、退货处理和采购过账处理等。订单收货处理是指按照订单对供应商发过来的物资进行验收，合格的通知仓库部门进行入库处理，不合格的则进行退货处理。采购过账处理是指根据采购订单、收货单和退货单进行会计过账，向财务部门发出付款通知。

8. 确认发票与付款

一般情况下，采购付款之前必须确认到货，同时核对发票。确认到货信息应在验收货物环节完成。付款的基本流程：依据合同到货情况生成合同付款单，并依据合同规定的付款计划生成实际付款通知书，经审批后通知财务部门付款。付款环节一般要控制付款额度，实际付款金额不得超出计划付款金额，累计付款金额不得超过合同标的金额，并在合同标的金额履行完毕前，自动扣除合同预付款项，确保公司资金的安全，确保公司利益不受损失。

9. 库存管理

库存管理主要包括合同入库、合同出库、库存统计、资产移交等功能。实现原理：系统自动依据合同付款情况生成入库单，办理入库手续，记录收发存流水账。

10. 统计与辅助决策

统计与辅助决策提供各业务环节的查询、统计、分析功能，包括委托查询、采购查询、合同查询、到货查询、付款查询、库存查询、价格查询等功能。统计与辅助决策功能模块能及时、准确地为各级管理人员的决策提供信息依据，为业务人员提供信息查询、业务跟踪服务，为客户提供咨询服务。统计报表包括月份物资采购控制报表、供应商明细表、物资采购资金一览表、请购管理一览表、采购计划一览表、入库单、出库单等。

10.2 ERP采购管理

一般而言，企业实施采购管理的目标在于减少库存、保证质量、降低成本，而ERP(enterprise resource planning，企业资源计划)系统的应用扩展之一，就是基于Internet的采购管理，实现企业与供应商之间的网上采购业务管理，包括网上采购、竞购与拍卖和反拍卖等。企业在采购环节引入ERP系统的直接结果，就是在信息技术的支持下实现了企业采购管理由职能化管理向整体管理的转变。

传统上，大多数企业行使采购管理职能的部门为供应部(科)，也有企业将销售职能与采购职能合并在一起，由供销科负责，这种模式的采购工作基本流程如图10-1所示。

图10-1 传统采购工作基本流程

图10-1是一个完整的采购业务流程，但在实际操作中，有些环节(如询价、处理报价)不是每次都进行的。传统采购工作流程存在显著的缺点，具体包括以下几个方面。

1. 物料采购与物流管理混为一体

物料管理、采购管理、供应商管理由一个职能部门来负责，缺乏必要的监督和控制机制；供应部(科)担负着维系生产用原材料供给的重任，为保证原材料的正常供应，必然会增加采购量，直接后果是带来不必要的库存积压和增加大量的应付账款。

2. 业务信息共享程度弱

由于大部分采购操作和与供应商谈判是通过电话来完成的，没有必要的文字记录，采购信息和供应商信息基本上由业务人员个人掌握，信息没有共享。这带来的影响是业务可追溯性弱，一旦出了问题，难以调查；采购任务的执行优劣在相当大的程度上取决于个人，人员岗位变动对业务影响大。

3. 采购控制通常是事后控制

传统模式下，采购管理通常是事后控制，无法在事前进行监控。虽然事后控制也有一定的效果，但事前监控能够为企业减少许多损失，尤其是横跨多个区域的企业。

10.2.1 ERP采购工作模式

1. 以职责为核心的流程设计

传统采购管理模式的管理思路是首先在企业组织机构中设立供应部(科)，然后由供应部(科)负责具体的工作。而在ERP系统中，每名员工对应各自职责，这些职责既可以是系统预先设定的，也可以灵活定义，如表10-1所示。

表10-1 ERP系统中采购流程涉及的职责

采购流程	职责	对应模块
提出采购请求	采购申请	采购、库存
提出采购计划、形成订单、发运通知	采购计划、计划发放、形成订单	采购
询价、报价	询价管理、报价处理、供应商管理	采购、财务
检验入库	接收	库存
通知财务付款	付款、提供发票	财务

表10-1显示，ERP系统将部分工作从采购模块中剥离出来，如提出采购请求、检验入库、通知财务付款、供应商管理等工作。系统的这种设计方法是将所要完成的工作分解成相关的职责，并对应到模块中。一个模块就是一个工作组或业务部门，体现了集中管理的思想。例如，某企业通过职责分析发现同一个采购订单职责由多个业务部门负责，在咨询顾问的建议下，将其收归为一个部门，节省了大量采购资金，减少了许多协调工作，提高了办事效率。

2. 基于高度共享的基础信息平台应用

使用ERP系统后，提供基础信息的岗位的工作量增加了，比如采购员、询价员、报价管理员的工作量会增加，因为以往这些工作都是通过电话完成的，而ERP系统要求记录所有的采购单据。ERP系统构筑的信息平台提高了业务的可追溯性，减少了业务操作中的人为因素。ERP系统可随时查询任意时间与某供应商发生的采购业务，并可以查询该笔业务的进展情况，包括库存数量、退货数量、发票数量等。另外，ERP系统还可以随时运行需要的报表，以反映某一时期采购业务的执行情况，例如通过趋势分析为改善下一阶段工作提供信息。

ERP系统按照设定的指标对供应商的状态进行分析，包括供应商供货质量分析、数量分析等，并从中总结规律，制定相应的供应商管理策略，如设定相应的配额和询价优先级等。这样能尽可能减少业务人员调动对工作的影响，新到岗位的业务人员可以通过系统方便地查询某一类供应商的名单、联系方式、历史供货记录，并按照设定的供应策略完成采购业务。

3. 完备的控制体系

ERP系统与传统信息系统最明显的区别在于它的"事前控制、事中监督、事后分析"，其控制体系的完备主要体现在以下几个方面。

(1) 流程有序。在ERP系统中可以设定哪些物料必须经过采购申请、哪些物料必须制订总的采购计划等，从而对采购工作流程进行控制，细化采购部门的日常管理，加大管理幅度。

(2) 审批严格。虽然在传统模式下也强调对采购管理应按照一定的层次进行控制，但是在实际操作中，尤其是对跨地区的企业来说，这样操作非常难。通过ERP系统建立采购单据的审批控制流程，可以控制不同职责的员工采购哪种物料，并使其明确采购金额上限。超过一定金额的采购必须经主管领导审批，否则ERP系统无法继续处理该单据。如果企业采取集中财务模式，那么配合采购流程控制，其效果将更明显。

(3) 监督有方。在采购业务处理过程中，监督人员(不仅是采购部门领导)若发现业务处理有问题，可以中止或暂停业务处理，直到问题解决为止；若发现某订单属于重复订单，则可以将其暂停，查明原因，或取消该订单。

ERP系统对采购管理的改善不仅局限于上述3个方面，更重要的是，它为业务人员带来了一种体验，让业务人员认识到信息技术是如何改变和优化业务流程的。ERP系统运行后，项目并没有结束，而是进入一个新阶段，它是管理持续改善的开端。对采购管理而言，ERP系统运行后，企业人员职责更明确，便于考核和管理，为电子商务、SCM(软件配置管理)、CRM(客户关系管理)等相关系统的运用打下了坚实的基础。

10.2.2 ERP系统的采购管理与传统的采购管理的对比分析

1. 管理流程的改进

ERP系统的采购管理与传统的采购管理相比，技术形式更先进，更能适应现代化管理的要求。ERP系统优化了传统的管理流程，实现了标准化的运作形式，无论是在设计思路、设计方案，还是在模块创建等方面都形成了统一的改进方式。ERP利用计算机技术对信息进行有效处理，简化了传统的业务流程，建立了标准化的使用模型，不仅能使企业根据模型对管理流程进行全方位处理，还能完善不规范的运作模式，促进工作流程再造，实现有效、合理的管理模式。

2. 控制、监督以及分析的区别

ERP系统的采购管理与传统的采购管理模式的区别主要表现为控制、监督与分析。其一，ERP系统可在事前对库存进行控制。传统的采购行为也以库存量为采购依据，但由于物资品种的广泛性，采购人员根本无法完成任务。由于在采购期间，采购数量大会获得一定的价格折扣，采购人员通常会根据自己的经验进行采购。而ERP系统能够设定每个采购品种的库存量，自动、综合性地为采购人员提供数据参考，不仅提高了采购人员的工作效率，还降低了资金占用，从而实现对业务的监督与控制。其二，ERP系统能够对企业整个采购过程进行规范，实现标准操作，直观展示采购信息、价格以及其他数据等，以保证采购活动的全方位监督与控制，促进采购过程的阳光化。其三，ERP系统能实现信息共享，保证数据信息的一致性、真实性和及时性。

3. 较强的业务性

在传统的采购管理中，采购信息会随着业务人员的变动不断流失。而ERP系统以职责为核心进行流程设计，其他业务人员能随时接手相关业务，从而减少人员因素造成的业务问题。

4. 供应商的伙伴关系

传统的采购管理在交易过程中只重视供应商的价格比较，一般是在多个供应商之间选择价格比较低的供应商作为合作伙伴。而ERP系统的采购管理采用拉动模式，主要基于战略关系将供应商转变为战略性合作伙伴。

5. 物流与资金管理的分离

在ERP系统中，采购预算以及财务付款发挥的职能都能在财务管理中完成，主要根据资金与物流管理分离的思路，抑制不规范的采购行为。

6. 全方位的监督与控制

ERP系统实行阳光采购模式，与传统的采购管理相比，ERP采购管理是在监督与控制中完成的，不仅能实现规范的、标准的阳光采购行为，还能防止腐败现象的出现。

10.2.3 ERP系统的采购流程

ERP系统的采购流程：采购人员登录企业内部采购系统，提交采购需求单；系统根据采购需求单的种类确定处理程序(工作流)，依次审批；审批通过的采购需求单汇总生成具体的采购单，系统根据采购单类别确定采购方式(如招标或直接采购)。

ERP系统可以实现采购需求单的自动或手动生成、修改、删除，实现采购需求单在线提交审批及在线签收等，同时提供数据搜集、信息挖掘和分析功能，以支持采购和销售决策。

10.3 电子订货系统

10.3.1 电子订货系统的定义及特点

电子订货系统(electronic ordering system，EOS)能够将批发、零售商场所发生的订货数据输入计算机，通过计算机通信网络即刻将资料传送至总公司、批发商、商品供货商或制造商处。EOS能处理从商品资料说明到会计结算等商品交易过程中的全部作业，可以说，EOS涵盖整个商流。在寸土寸金的情况下，零售业已没有多少空间用于存放货物，在要求供应商及时补足售出商品的数量且不能有缺货的前提下，采用EOS系统成为必然。

EOS并非由单个零售店与单个批发商组成的系统，而是由许多零售店和许多批发商组成的大系统，要求每一个使用者了解此系统的运作，因为机器并非万能，整个系统要依赖人才能发挥作用。EOS采用许多先进的管理手段，应用非常广泛，不论是零售业、批发业还是制造业，都可采用EOS补充订货，因此EOS越来越受到商业界的青睐。

EOS具有以下几个特点。

(1) 商业企业内部计算机网络应用功能完善，能及时产生订货信息。
(2) POS与EOS高度结合，产生高质量的信息。
(3) 满足零售商和供应商之间的信息传递需求。
(4) 通过网络传输订货信息。
(5) 信息传递及时、准确。

EOS在零售商和供应商之间建立起一条高速通道，使双方能够及时沟通信息，使订货周期大大缩短，既保障了商品的及时供应，又加速了资金周转，有助于企业实现零库存战略。

10.3.2 电子订货系统的构成

从系统构成的角度来看，EOS是企业间利用通信网络和终端设备以在线联结方式进行订货作业和订货信息交换的系统。EOS采用电子手段完成供应链上从零售商到供应商的产品交易过程。因此，EOS的构成通常包括供应商、零售商网络和计算机系统。

从商流的角度来观察EOS，不难看出批发与零售商场、商业增值网络中心和供应商在商流中的角色和作用。EOS的系统构成如图10-2所示。

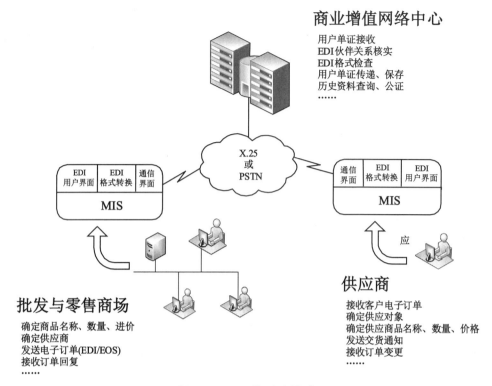

图10-2　EOS的系统构成

1. 批发与零售商场

采购人员根据MIS提供的功能，收集并汇总各机构订货的商品名称、订货数量，根据供应商的可供应商品货源、供应价格、交货期限、信誉等资料，向指定的供应商下达采购指令。采购指令按照网络中心的标准格式填写，经商业增值网络中心提供的EDI格式转换成标准的EDI单证，经由通信界面将订货资料发送至商业增值网络中心，然后等待供应商发回有关信息。

2. 商业增值网络中心

商业增值网络中心的VAN(value-added network，增值网)不参与双方的交易活动，只提供用户连接界面。每当系统接收到用户发来的EDI单证时，自动进行EOS交易伙伴关系核查，只有建立伙伴关系的双方才能进行交易，否则视为无效交易。确定有效交易关系时，还必须进行EDI单证格式检查，只有交易双方均认可的单证格式，才能进行单证传递。商业增值网络服务中心长期保存每一笔交易，供用户查询或在交易双方产生贸易纠纷时，将单证作为司法证据。

▶**知识链接：商业增值网络中心**

商业增值网络中心是通过通信网络将不同机构的计算机终端相连，使情报收发更加便利的一种共同情报中心。该中心不仅负责资料或情报的转换工作，也可以与国内外其他地域的商业增值网络中心相连并交换情报，从而扩大客户资料交换范围。

3. 供应商

从商业增值网络中心转来的EDI单证，经VAN提供的通信界面和EDI格式转换系统形成一张标准的商品订单，供应商根据订单内容和MIS提供的相关信息，可及时安排出货，并将出货信息通过EDI传递给相应的批发与零售商场，从而完成一次基本的订货作业。

10.3.3 电子订货系统的业务流程

1. 销售订货作业流程

销售订货作业流程包括以下8个步骤，如图10-3所示。

(1) 各批发与零售商场或社会网点根据自己的销售情况，确定所需货物的品种、数量。同体系商场通过增值网络中心或实时网络服务系统将补货需求发送给总公司业务管理部门，不同体系商场或社会网点通过增值网络中心发出EOS订货需求。

(2) 增值网络服务中心将收到的补货、订货需求资料发送至总公司业务管理部门。

(3) 业务管理部门对收到的数据汇总处理后，通过增值网络服务中心向不同体系的商场或社会网点发送批发订单确认信息。

(4) 不同体系的商场或社会网点从增值网络服务中心接收批发订单确认信息。

(5) 业务管理部门根据库存情况，通过增值网络服务中心向仓储中心发出配送通知。

(6) 仓储中心根据接收到的配送通知安排货物配送，并将配送通知通过增值网络服务中心传送给客户。

(7) 不同体系的商场或社会网点从增值网络服务中心接收仓储中心的配送通知。

(8) 各商场、仓储中心根据实际情况将每天进出货物的情况通过实时网络系统报送总公司业务管理部门，让业务管理部门及时掌握货物库存数量，以便合理安排库存。

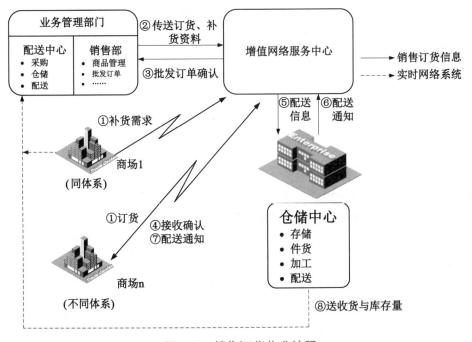

图10-3 销售订货作业流程

2. 采购订货作业流程

采购订货作业流程包括以下7个步骤，如图10-4所示。

(1) 业务管理部门根据仓储中心商品库存情况，向指定的供应商发出商品采购订单。

(2) 增值网络服务中心将采购订单发送至指定的供应商。

(3) 指定的供应商在收到采购订单后，根据订单要求，通过增值网络服务中心对采购订单加以确认。

(4) 增值网络服务中心确认供应商发来的采购订单并将其发送到业务管理部门。

(5) 业务管理部门根据供应商确认的采购订单，向仓储中心发送订货信息，以便仓储中心安排检验和仓储空间。

(6) 供应商根据采购订单的要求安排发运货物，并在交运货物之前通过增值网络服务中心向仓储中心发送交货通知。

(7) 仓储中心根据供应商发来的交货通知安排货物检验及入库或根据配送要求备货。

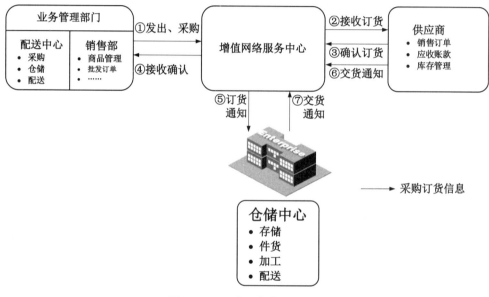

图10-4　采购订货作业流程

3. 物流作业流程

物流作业流程包括以下4个步骤，如图10-5所示。

(1) 供应商根据采购合同要求，将发货单通过增值网络服务中心发给仓储中心。

(2) 仓储中心对增值网络服务中心传来的发货单进行综合处理，或要求供应商送货至仓储中心或各商场。

(3) 仓储中心将送货要求发送给供应商。

(4) 供应商根据送货要求进行综合处理，然后将货物送到指定地点。

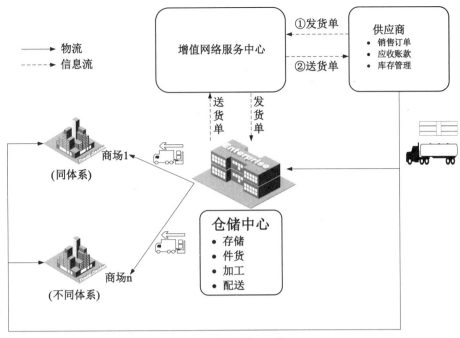

图10-5 物流作业流程

10.4 数字化采购

随着互联网、云计算、大数据等技术的应用不断深化,数字化采购对于企业的意义越来越重大,企业采购管理也将迎来全面数字化。目前,国内大部分管理领先的企业已经启动数字化采购转型,许多企业开始为数字化转型规划实施路线。那些已经采用更为成熟的商业和需求分析工具的首席采购官认为,数字化采购是开启价值增长的钥匙。

10.4.1 数字化采购的内涵

目前,多数企业的业务端和采购端是脱节的,ERP系统能够实现两端的衔接,解决业财一体化带来的问题,从而提高业务效率和管控力度。许多企业部署了电子采购系统,甚至应用了云采购工具。但是,在不改变既有采购流程的前提下,仅部署一些新的软件工具,并不能解决根本性问题。领先企业已经抢先一步,开始打造真正的数字化采购组织。

数字化采购系统可自动执行重复性任务,从而提高效率、降低成本。它通过人工智能(AI)和便捷的在线工具,方便采购人员实时获取业态信息,并洞察与分析企业数据。它通过更新、更智能的方式,利用数据模型,为企业的日常运营和决策提供更全面的支持。而且,它还能改变采购人员与供应商和其他第三方的互动方式,提供一个全新的协作平台。

2017年10月,《哈佛商业评论》中文版发表了文章《传统采购模式数字化颠覆》。该文章作者认为,数字化采购是指通过应用人工智能、物联网、机器人流程自动化和云端协作网络等技术,实现可预测战略寻源(即从寻源到合同)、自动化采购执行(即从采购到付款)与前瞻性供应商管理,从而降本增效,显著降低合规风险,将采购部门打造成企业新的价值创造中心。在战略寻源环节,数字化采购将完善数据信息库,实现供应商信息、价格和成本的完全可预测性，为决策制定提供预测和洞察，从而支持寻源部门达成透明协议，持续节约采购成本。在采购执行环节，数字化采购将提供自助式采购服务，自动感知物料需求并触发补货请购，基于规则自动分配审批任务，执行发票及付款流程，从而加速实现采购交易自动化，有效管控风险和确保合规性，大幅提升采购执行效率。数字化采购将应用众包、网络追踪和虚拟现实(VR)等技术，全面收集和捕捉供应商数据，构建全方位供应商生命周期管理体系，实现前瞻性风险规避与控制，从而提升供应商绩效与能力，支持采购运营持续优化。

数字化采购是指供应商和商业用户通过大数据高级分析、流程自动化和全新协作模型，提升采购职能效率，大幅降低成本，从而实现更快捷、更透明的可持续采购。简单来说，数字化采购可以把采购部门打造成企业的价值创造中心。数字化采购包含两大核心要素：识别和创造价值，防止价值漏损。这两大核心要素分别对应4类采购解决方案：支出可视化、协作型先进采购、采购支付以及绩效管理。

中国电子信息产业发展研究院、中国国际电子商务中心研究院发布的《中国企业数字化采购发展报告(2021)》将采购分为4个阶段：传统采购、电商化采购、数字化采购和智能化采购。①在传统采购阶段，传统制造类企业从事的采购活动一般为线下采购，但随着互联网的普及，部分标准件开始实施线上采购。②在电商化采购阶段，企业采购由线下转到线上，采购过程实现信息化、电子化，企业主要通过ERP系统、电商平台进行采购。③在数字化采购阶段，企业采购过程不仅仅是实现信息化，而是在大数据、物联网、移动互联网等数字化技术的驱动下，打造数字化、网络化的采购管理。④在智能化采购阶段，企业在数字化采购的基础上充分利用新技术，打造智能化、生态化的采购管理，全面实现供应链全流程数字化、智能化与生态化，将采购部门打造成价值创造中心。显然，这里将智能采购从一般意义的数字化采购中分离出来，重点强调采购管理的整体决策问题和价值创造问题，而不局限于采购作业"机器人化"。

10.4.2 数字化采购的特点

采购与供应管理是企业运作的关键环节，也是影响企业盈利的重要因素。数字化采购能够解决采购流程复杂、采购成本高和供应商渠道局限等传统采购痛点，是企业在数字化时代提升综合竞争力的有效着力点。数字化采购主要有如下几个特点。

1. 可预测寻源

数字化采购将完善数据信息库，为决策者提供可靠数据，解决采购部门普遍存在的效率低下、历史无法追溯的问题，支持寻源部门达成透明协议，节约采购成本及采购时间。

2. 寻源战略

数字化采购能为采购人员提供强大的协作网络，为企业挖掘更优质的供应商资源，通过智能分析和预测供应商的可靠性与创新能力，为企业提供更具价值的供应商群体，实现战略寻源转型。

3. 供应商协作

数字化采购能智能预测供应商的谈判场景与结果，并且选出最优供应商以及分析出签约价格，建立可预测的供应商协作模式，通过人工智能与应用认知计算，分析预测谈判双方的价格与成本，从而控制谈判风险，降低采购成本，并能在签约合同环节自动识别合规且适用的条款，确保合规性。

4. 自动化采购执行

数字化采购能自动感知物料需求，并基于规则自动进行审批、执行、付款、发货，能加快采购交易的自动化，有效管理风险，确保合规性，提升采购执行效率。

当前，企业对数字化采购发展的重要性认识还不到位，系统互联互通和信息共享不够，妨碍了企业从数字化采购管理中获得更大的效益。工欲善其事，必先利其器，企业要想提高市场竞争力，先进的管理系统是必不可少的。

10.4.3 中国企业数字化采购的发展

根据中国电子信息产业发展研究院、中国国际电子商务中心研究院发布的《中国企业数字化采购发展报告(2021)》，中国数字化采购行业2020年市场规模达到3.04万亿元，2021年达到3.7万亿元，2022年达到4.32万亿元，2018—2022年复合年增长率为13.1%。预计未来几年，我国企业数字化采购交易规模还将进一步扩大。

近年来，我国企业数字化采购领域不断扩展，采购对象从大企业拓展至中小微企业，采购场景更加丰富，采购需求多样化、碎片化趋势明显，采购市场加速下沉，企业数字化采购进程不断加快。伴随大数据、人工智能、区块链等数字新技术的深入应用，企业采购服务将全面实现交易数字化、流程数字化和管理数字化，数字化采购供给服务体系不断成熟，采购自动化、智能水平进一步提高，逐步形成精准寻源、智能合约、自动签单、风险预评等全方位智能化采购生态，数字化企业采购将由当前的"全流程线上化"向"全面数字化、智能化、生态化"加快演进，实现全链路一站式采购，为我国企业采购带来更加深刻的变革。新冠肺炎疫情引发全球各行各业对供应链体系抗风险能力的反思和调整，由数字化采购推动的数字化供应链体系反应更高效、组成更多元、韧性更强，倒逼产业链上游企业加快数字化转型，推动产业数字化时代的加快到来。

国内多家电商平台将布局智能采购作为企业供给侧结构性改革的推动力，作为支持企业经济的抓手，智能采购生态逐步形成。场景采购模式受到电商平台和客户企业的重视，全流程场景化解决方案纷纷投入应用。例如，苏宁企业购对商品实现场景化分类，满足企业办公、员工福利、营销礼品、MRO工业品等多场景采购需求，丰富的场景化解决方案让企业在苏宁实现一站式采购。阳光印网提供"咨询+系统+企业采购+企业服务"一体化数字化采购服务解决方案。中国西电集团在发展过程中，从集团集采、供应链精益化和供应商资源优化三个层面借助数字化快速突破，制定了"一横一纵"的数字化采购方案。数字化采购厂商业务实现爆发式增长，多家创业企业加入竞争，投资者一般为ERP厂商或跨行业巨头，如蓝凌软件和小米。

国内主流电商平台竞相抢占数字化采购市场，包括以京东企业业务、阿里巴巴企业采购体系(1688企业采购平台、淘宝企业服务、天猫企业购)、苏宁大客户为代表的综合性平台，也包括以易派客、海尔企业购、震坤行、京满仓等为代表的垂直性平台。根据《中国企业数字化采购发展报告(2021)》的调研数据，企业在数字化采购过程中，使用较多的依旧是京东企业业务、阿里巴巴企业采购体系、苏宁大客户，"三巨头"稳居前三名，占行业整体采购额90%以上,其中京东居首位,占整体采购样本的54.1%。

数字化采购与智能采购快速发展的同时,也面临着以下问题。

(1) 企业数字化转型及数字化采购意识有待提升。数字化采购在整体企业级电子商务市场的渗透率较低,普及率还有待提高。

(2) 企业采购电商平台需继续提升企业金融服务能力。随着B2B电商步入快速发展阶段,供应链金融业务已成为众多B2B企业发展壮大的重要一环,企业在采购过程中面临大量现金流支出,中小企业融资困难。企业采购电商平台需提升企业金融服务能力,通过供应链金融服务缓解企业现金流压力,提高企业资金周转率。

(3) 采购需求碎片化、多元化,定制化服务难以满足企业不断升级的采购需求。采购企业认为,采购平台的产品品类丰富程度依然有待提升,现有品类不能满足企业采购需要,采购平台在品类扩张的同时还需要不断提升定制化服务能力,以满足企业多样性需求。

(4) 高端专业人才略显紧缺。企业数字化采购这个专业领域对管理、技术各方面能力都较强的高端人才的需求较为强烈,尤其跨境企业采购更是如此。对采购平台而言,技术已经成熟,如何才能更好地应用?高端人才或许是解决这一问题的关键。

▶案例分析10-2:吉利集团利用电子采购平台开展采购

吉利集团电子采购平台是吉利集团公司基于互联网建立的用于采购的工具,该平台将吉利集团公司的采购人员与供应商联系起来。吉利集团公司利用该平台实现网上招投标、竞价采购和询价采购的过程:供应商在线注册,提交企业资料,经吉利集团公司供应商管理员审核确认;吉利集团公司的采购人员在线发布招标书等采购信息,符合条件的供应商可以查看标书、购买标书、在线投标,采购方在线评标、议标、公布预中标,最后发布中标公告。经吉利集团公司审核通过的合格供应商也可以将自己的产品发布到电子采购平台上,供吉利集团选择采购。

吉利集团公司电子采购平台为了保障采购的可靠性和平台的安全性,为每个平台的供应商分配一个用户名和密码,用于登录平台进行投标和报价,新供应商可以在线注册,符合条件的供应商可以查看标书、购买标书并在线投标。

该电子采购平台还具有以下几项功能。

(1) 发布招标公告。由采购方发布最近一段时间网上招标采购项目信息。未登录供应商可看到招标公告,如需查看标书的详细信息,需要购买标书或与采购人员联系。

(2) 发布竞标公告。采购方发布最近一段时间最新竞价采购项目,未登录供应商可看到竞标公告,如需查看标书的详细信息,需要购买标书或与采购人员联系。

(3) 查询采购动态。采购方发布最近一段时间的采购需求情况。

(4) 发布中标公告。采购方完成一次招标或竞价项目后,就会在线发布该项目的中标公告,供应商登录后方可查看中标公告的详细信息。

(5) 信息查询。采购方为供应商提供可在采购平台上查询的相关资料。

案例思考题:

(1) 试分析采用电子采购平台有什么好处。

(2) 结合案例分析成功实施电子采购需具备哪些条件。

本章小结

采购业务的信息化管理是提升企业竞争力的重要手段,是推动企业整体信息化改造的动力。采购部门应该理解和重视信息技术对改善采购业务流程、提升采购工作效率、节约采购成本等方面的作用。本章主要介绍了企业采购管理信息系统的功能、ERP采购管理的工作模式和流程、电子订货系统的构成和业务流程以及数字化采购的现状和发展趋势。

复习思考题

一、单项选择题

1. (　　)不属于采购管理信息系统的功能。
   A. 供应商管理　　B. 采购申请　　C. 库存管理　　D. 薪酬管理
2. EOS由零售商、供应商、(　　)和计算机系统构成。
   A. 硬件设备　　B. 软件系统　　C. 网络　　D. 操作员
3. 电子订货系统的业务不包括(　　)。
   A. 销售订货　　B. 存储货物　　C. 物流作业　　D. 采购订货

二、多项选择题

1. 与传统采购管理模式相比,ERP系统的采购管理模式特点包括(　　)。
   A. 较强的业务性　　　　　　B. 重视价格
   C. 供应商的伙伴关系　　　　D. 物流与资金管理的分离
   E. 全方位的监督与控制
2. 下列对电子订货系统的特点描述正确的是(　　)。
   A. 信息传递及时、准确　　　B. 通过网络传输信息订货
   C. 加速了资金周转　　　　　D. 产生高质量的信息
   E. 完善了供应商选择体系

三、判断题

1. 采购管理信息系统的实施阶段主要是实现系统的程序设计。(　　)
2. ERP系统与传统信息系统最明显的区别在于它的事先控制、事中监督和事后分析。(　　)
3. EOS可以缩短从接到订单到发出订货的时间,缩短订货商品的交货期,降低商品订单的出错率。(　　)
4. 合同管理功能模块是采购管理信息系统的核心子系统。(　　)
5. 数字化采购就是利用信息技术完成采购业务,它的作用主要是代替了手工操作,提高了工作效率。(　　)

四、思考题

1. 简述采购管理信息系统的主要功能。
2. 简述ERP系统采购管理的工作模式。

3. 分析传统采购管理模式与ERP系统采购管理模式的区别。

4. 简述电子订货系统的构成。

5. 简述电子订货系统的业务流程。

6. 分析数字化采购的现状及发展前景。

▶实训题：调研企业电子采购订货系统

1. 实训目的

(1) 了解大型企业电子采购系统的现状。

(2) 调研电子采购订货系统的主要功能模块。

(3) 分析企业业务流程及其存在的问题。

(4) 根据企业行业特点设计电子订货系统的主要功能模块和作业流程。

(5) 不断培养和增强学生的分析能力、组织能力、沟通能力和团队协作精神。

2. 实训组织及要求

(1) 在教师的指导下，对班级学生分组，每组4～6人，小组中要分工合理，每组选出1名小组长。

(2) 由学校或教师组织学生调研学校所在城市的大型企业，了解企业采购管理信息化水平、电子采购订货系统的主要功能及实施情况。

(3) 以小组为单位，总结并形成报告。

3. 实训题目

通过实地调查获得相关资料后，以小组为单位完成调查报告，报告应包含以下内容。

(1) 了解调研企业采购管理信息化水平及其实施现状。

(2) 总结调研企业ERP系统的主要功能和作用。

(3) 总结调研企业电子采购订货系统的主要功能模块及业务流程，分析其不足之处。

(4) 总结企业采购信息化实施的要点及难点。

(5) 对调研中发现的问题进行分析、总结并形成最终报告。

4. 实训考核

实训成绩根据个人表现和团队表现进行综合评定，考评内容包含以下几项。

(1) 相关资料是否通过实地调查获得，调查资料是否翔实、准确、具体。

(2) 调查结果描述是否清楚，有没有涵盖企业相关部门的具体实施情况。

(3) 分析企业电子采购订货系统的功能是否结合企业实际情况。

(4) 小组内部分工是否明确，组员是否有协作精神，由组长根据个人任务完成情况进行评分。

(5) 小组总结汇报思路是否清晰、内容是否充实、重点是否突出，由教师对小组进行评分。

(6) 实训报告是否按规范格式完成，由教师对个人报告或小组报告进行评分。

(7) 根据个人得分和小组综合评分，最终确定每个学生的实训成绩。

第11章 采购绩效评估

本章概要

在实际工作中,我们需要对工作效果进行度量和评价,以此判断工作绩效及价值。采购工作对企业效益有重大影响,那些在采购中实行严格管理、不断创新、与供应商建立良好关系的企业,一直致力于采购绩效的提升,采购绩效评估是企业采购管理的一项重要职能。

本章介绍了采购绩效评估的相关知识,通过对本章的学习,读者能够理解采购绩效评估的定义和目的,掌握采购绩效评估的内容、指标体系和标准,熟悉采购绩效考核的流程和方法,了解改善采购绩效的措施。

知识目标

- 掌握采购绩效评估的定义与目的。
- 掌握采购绩效评估的指标及标准。
- 掌握采购绩效评估的内容与方法。
- 掌握改善采购绩效的措施和方法。
- 了解影响采购绩效评估的主要因素。
- 了解采购绩效评估的流程。

能力目标

- 掌握改善和提升采购绩效的措施和方法。
- 树立采购绩效意识,提高采购部门的运营效率。

案例分析11-1:跨国公司如何对采购人员进行绩效考核

考核不但是调动员工积极性的主要手段,而且是防止业务活动中非职业行为的主要手段,在采购管理中也是如此。可以说,绩效考核是防止采购腐败的有力武器。绩效考核可以达到这样的效果:采购人员主观上为公司的利益着想,客观上为公司的利益服务,没有为个人牟利的空间。

如何对采购人员进行绩效考核?跨国公司有许多成熟经验可以借鉴,其中的精髓是量化业务目标和等级评价。每半年,跨国公司都会集中进行员工绩效考核和职业规划设计。针对采购人员,主要是评价采购管理业绩和制定目标。在考核中,交替运用两套指标体系,即业务指标体系和个人素质指标体系。

一、业务指标体系

业务指标体系主要包括以下几个方面。

(1) 采购成本是否降低？卖方市场条件下是否维持原有的成本水平？
(2) 采购质量是否提高？质量事故造成的损失是否得到有效控制？
(3) 供应商的服务是否增值？
(4) 采购业务是否有效地支持了其他部门(尤其是运营部门)？
(5) 采购管理水平和技能是否得到提高？

当然，这些指标还可以进一步细化，如采购成本可以细分为购买费用、运输成本、废弃成本、订货成本、期限成本、仓储成本等。把这些指标一一量化，并与上一个半年的相同指标进行对比，所得到的综合评价结果就是业务绩效。

应该说，这些指标都是硬性指标，很难伪饰，所以这种评价有时很"残酷"，会让那些只会经营人际关系而没有业绩的采购人员"原形毕露"。

在评估完成之后，可根据结果将员工划分成若干个等级，或给予晋升、奖励，或维持现状，或给予警告，或辞退。可以说，这半年一次的绩效考核与员工的切身利益是紧密联系在一起的。

二、个人素质指标体系

对个人素质的评价相对灵活一些，因为它不仅包括对现有能力的评价，还包括对进步幅度和潜力的评价，其主要内容包括谈判技巧、沟通技巧、合作能力、创新能力、决策能力等。这些能力评价都是与业绩评价联系在一起的，主要是针对业绩中表现不尽如人意的方面。为了改进这些方面，一些跨国公司为员工安排了许多内部或外部的培训课程。

绩效评估结束后即可安排职业规划设计。职业规划设计包含下一个半年的主要业务指标和为完成这些指标需要采取的行动计划。职业规划设计应遵循两项原则：①量化原则，能够量化的业务指标应尽量予以量化，如质量事故的次数、成本量、供货量等；②改进原则，大多数情况下，仅仅维持现状是不行的，必须在上一次的绩效基础上有所提高，但提高的幅度要依具体情况而定。

案例思考题：

(1) 该跨国公司是如何建立采购绩效评估体系的？
(2) 改善采购绩效管理的方法有哪些？
(3) 采购绩效管理的重要性体现在哪些方面？

11.1 采购绩效评估概述

绩效评估是企业管理者对企业经营运作情况的判断过程。采购作为企业生产运作的一个重要环节，它的绩效对企业整体目标的实现起着很重要的作用。企业制定了采购方针、战略、目标及相关行动计划后，还应制定绩效指标，用于对采购过程进行检查控制，并在一定的阶段对工作进行总结。在此基础上，再提出下一个阶段的行动目标与计划，如此循环往复、不断改进。采购绩效评估是全面、系统地评价、对比采购工作，并判定采购整体水平的做法。

11.1.1 采购绩效评估的定义

采购绩效评估是指为了全面反映和检查采购部门工作实绩、工作效率和效益,运用科学、规范的绩效评估方法,对照一定的标准,按照绩效的内在原则,对企业采购行为过程及其效果进行科学、客观、公正的衡量比较和综合评价。采购绩效评估是对企业采购活动组织实施、监督管理等全过程进行分析、评价和提出改进意见的专项评估和考核行为。

采购绩效评估可以分为对整个采购部门的评估和对采购人员个人的评估。对采购部门的绩效评估可以由高层管理者来执行,也可以由外部客户来执行;而对采购人员的评估,通常由采购部门的负责人来执行。

采购绩效评估是围绕采购的基本功能来进行的。采购的基本功能可以从两方面描述:①把所需的商品及时买回来,保证销售或生产的持续进行;②开发更优秀的供应源,降低采购成本,实现最佳采购。

▶ **知识链接**

采购绩效评估就其本义而言,是评论估量货物的价格,现在泛指衡量人物、事物的价值。绩效是"绩"和"效"的组合,"绩"就是业绩,体现企业的利润目标;"效"就是效率、效果、态度、行为、方法和方式等,即完成某件事的效益和业绩。采购绩效包括采购效益和采购业绩,也指采购产出与相应的投入之间的对比关系,是对采购效率、效益的全面评价。

11.1.2 采购绩效评估的目的

采购绩效评估的目的包括以下6个方面。

1. 确保采购目标的实现

不同企业的采购目标也不同。例如,国有企业的采购偏重于防弊,采购作业以如期、如质、如量完成为目标;民营企业的采购注重兴利,关注产销成本的降低。因此,不同企业应针对本单位所追求的主要目标开展采购绩效评估,并督促目标的实现。

2. 提供改进绩效的依据

采购绩效评估可以为企业提供客观的标准来衡量采购目标是否实现,也可以帮助企业确定采购部门的工作绩效,从而指出采购作业的缺陷所在,企业可据此拟定改善措施,起到惩前毖后的作用。

3. 作为奖惩个人或部门的参考

采购绩效评估能客观反映采购部门的绩效以及采购人员的个人表现,形成各种人事考核的参考资料。企业可依据客观的绩效评价进行奖惩,以激励采购人员不断提高业务能力和工作积极性。

4. 协助企业甄选人员

企业可以根据绩效评估结果,针对现有采购人员的工作能力缺陷,拟定改进计划,如安排员工参加培训。如果发现整个部门缺乏某种特殊人才,可以由公司内部甄选或从外部招募。

5. 促进部门关系

采购部门的绩效受其他部门配合程度的影响非常大。因此,采购部门的职责是否明确,流程是否简单、合理,付款条件及交货方式是否符合公司管理规章制度,各部门的目标是否一致等,都可以通过采购绩效评估予以判定,据此可以改善部门之间的合作关系,提高企业整体运作效率。

6. 提高人员的士气

有效且公平的绩效评估可以使采购人员的努力获得认可,企业可根据绩效评估结果评价采购人员对企业的利润贡献并给予回报,这对提升采购人员和采购部门的士气有很大帮助。

11.1.3 影响采购绩效评估的因素

影响采购绩效评估的因素很多,其中一个重要因素是企业高层管理人员如何看待采购业务的重要性以及它在企业中的地位。

企业管理风格、组织程度、委托采购商分配的职责不同,采购绩效评估结果也不同。归纳起来,影响采购绩效评估的因素主要有以下几个。

1. 业务管理活动

评估采购绩效主要关注与现行采购业务有关的一些参数,如订货量、订货间隔期、积压数量、安全库存量、保险库存量、采购供应率和现行市价等。

2. 商业活动因素

采购是一种商业活动,管理人员主要关注采购所能实现的潜在节约,采购部门的主要目的是降低价格以减少成本支出。在这一方面,采购绩效评估主要关注总体节约量、市价、差异报价和通货膨胀报价等参数。

3. 物流因素

采购往往被看成综合物流的一部分。企业采购管理人员也清楚追求低价格有一定的风险,有可能导致产品质量和服务水平同步降低,而质量不稳定和供货不及时会影响生产正常进行。因此企业采购管理人员要让供应商了解产品质量改进目标,尽量保证到货及时,提高供应商的供货可信度。

4. 经营策略因素

采购业务对于企业确定核心业务及提高竞争力将产生积极的作用,这是因为采购业务积极参与了产品是自制还是购买的决策研究中。如今地区性供应商已卷入国际竞争之中,在这种情况下,管理人员评估采购绩效主要考虑以下方面:基本供应量的变化情况,新加入供应商的数量,基于成本节约情况评估采购业务贡献度。

在企业中,采购部门所处的地位不同,采购业务的等级地位及绩效评估依据也不同,如表11-1所示。

表11-1 采购绩效评估影响因素

管理层观点	采购业务的等级地位	绩效评估依据
把采购看成一种业务职能	在组织中的地位低	订单数量、订单累计额、供应到货时间管理、授权、程序等
把采购看成一项商业活动	向管理人员报告	节约额、降价程度、通货膨胀、差异报告
把采购看成综合物流的一部分	与其他相关业务构成统一整体	节约额、成本节约额、货物供应的可靠程度、废品率、供应到货时间的缩短量
把采购看成一项战略性经营职能	采购者进入高级管理层	应有成本分析、早期介入的供应商数量、自制还是购买决策、供应额减少量

当前比较流行的采购绩效评估模式主要受哪些因素影响呢?那些把采购看成一项商业活动的企业必须思考这个问题。影响较大的外在因素主要有价格和毛利上的压力、丧失市场份额的压力、材料成本显著降低的要求、采购市场价格剧烈波动等。这些问题迫使企业关注高水平的采购绩效。另外,一些内在因素也会影响企业高层管理人员对采购业务所持有的观点,主要有公司实行的综合物流程度、引进和应用现代质量概念的程度、信息化的普及程度等。

11.1.4 采购绩效评估和考核中存在的问题

采购绩效评估和考核一直存在一些问题和局限性,主要体现在以下几个方面。

1. 过多及错误的数据

数据过多及错误数据会导致管理人员根据经验或感觉选择不相关的考核指标,或者管理层所采用的考核指标可能与其他部门或职能领域运用的方法相冲突。

2. 关注短期的考核指标

很多中小型企业更关注短期的考核指标和数据,通常这些企业所采集的数据都是财务和运营数据。而对于采购而言,这就意味着关注短期工作量及供应链活动,而忽视了长期或战略性的考核指标。

3. 缺少细节

测评报告过于简短,会使信息变得毫无意义。

例如,某汽车零部件的主要区域配送工厂的运营经理收到一份基于客户索赔要求针对配送质量的月度考核报告。此外,他还收到包括以下细节的报告:①出现错误的类型(零部件分拣错误、损坏、缺货或丢失等);②哪些客户提出了索赔要求;③哪些员工对质量问题负责;④该中心处理质量索赔的总成本;⑤出现质量问题的零部件数据。基于这些细节信息,运营经理才能制定出根除配送质量问题的措施。

4. 无意义的考核指标会导致错误的绩效行为

很多考核指标都会导致一些无意义的行为发生。例如,如果以采购订单数量来考核采购人员的绩效,那么他们肯定会将供应商的采购量分割为很多小批量的采购订单,以便能在订单数量上领先。

5. 采用不当的行为考核指标

采用行为考核指标的问题在于，无法保证该行为一定能实现所期望的结果。例如，很多企业采用对企业合同涵盖的采购总量进行追踪的行为考核指标，但实际上企业合同所带来的总成本节约是更好的考核指标。又如，很多企业选择商品团队每个季度召开会议的次数作为考核指标，其实更好的考核指标是考察由团队行为所带来的绩效成果。尽管存在很多行为考核指标，但能取得最终成果的考核指标才更有意义。

11.2 采购绩效评估指标

企业要想了解采购绩效，进而对采购过程进行控制，就必须先了解从哪些方面去衡量和考核采购绩效。因此，建立正确的评估指标体系是保证采购工作绩效的前提和基础。

11.2.1 设定采购绩效评估指标

设定采购绩效评估指标是采购绩效评估的重要内容。采购绩效评估指标的设定包括3个方面的内容：一是要选择合适的评估指标；二是要充分考虑绩效指标的目标值；三是要确定绩效评估指标符合有关的原则。

在确定采购绩效评估指标的目标值时，要考虑以下前提。

(1) 内部顾客的要求，即满足生产部门、品质管理部门等的需要。原则上，供应商的平均质量、交货速度等综合表现应该高于企业内部质量与生产计划要求。只有这样，供应商才不会影响企业生产进度与产品质量。

(2) 目标值及绩效指标要与企业的大目标一致。

(3) 具体设定目标值时，既要实事求是、客观可行，又要具有挑战性。

设定采购绩效评估指标是一项具有挑战性的工作。采购绩效评估指标是评价物资采购工作成果的尺度和标准，是企业准确、客观、全面、科学地进行采购绩效评估的前提和基础。一项评估指标往往只能从某个侧面反映采购绩效的某个特征。因此，企业要想全面、综合、准确地考察和评价采购部门在一定时期内的工作绩效，就必须把一系列相互联系、互为因果的指标进行系统组合，形成相应的评估指标体系。设定采购绩效评估指标体系是一项非常复杂的工作，不同企业有自己不同的评估指标体系。

11.2.2 采购绩效评估指标体系

企业开展采购绩效评估的关键是要制定一套客观的、能够充分展现采购人员绩效的、对考核对象有导向作用的指标体系，同时要制定出合理的、适度的标准，只有这样才能真正发挥采购绩效评估监督、激励、惩罚的作用。采购绩效评估指标体系如图11-1所示。

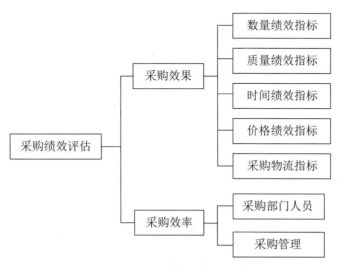

图11-1 采购绩效评估指标体系

1. 数量绩效指标

当采购人员想要争取数量折扣以达到降低价格的目的时,可能会导致存货过多,甚至发生呆料、废料的情况。数量绩效指标主要包括以下两个。

(1) 储存费用指标。储存费用是指存货利息及保管费用之和。企业应当经常考核现有存货利息及保管费用与正常存货利息及保管费用的差额,以降低储存费用。

(2) 呆料、废料处理损失指标。呆料、废料处理损失是指处理呆料、废料的收入与其取得成本的差额。存货积压的利息及保管费用越多,呆料、废料处理的损失越大,显示采购人员的数量绩效越差。不过此项数量绩效指标有时受到企业经营状况、物料管理绩效、生产技术变更或投机采购的影响,并不一定完全归咎于采购人员。

2. 质量绩效指标

质量绩效指标主要是指供应商的质量水平以及供应商所提供的产品或服务的质量表现,它包括供应商来料质量、质量体系等方面。

(1) 来料质量。来料质量包括批次质量合格率、来料抽检缺陷率、来料在线报废率、来料免检率、来料返工率、退货率、对供应投诉率及处理时间等。

(2) 质量体系。质量体系指标包括通过ISO9000认证的供应商比例、实行来料质量免检的物料比例、来料质量免检的供应商比例、来料免检的价值比例、实施SPC(统计过程控制)的供应商比例、SPC控制的物料数量比例、开展专项质量改进(围绕本企业的产品或服务)的供应商数量及比例、参与本企业质量改进小组的供应商人数及供应商比例等。

同时,采购质量绩效可由验收记录及生产记录来判断。验收记录是指供应商交货时,为企业所接受(拒收)的采购项目数量或百分比;生产记录是指交货后,在生产过程中发现质量不合格的项目数量或百分比。

若以进料质量控制抽样检验的方式进行考核,拒收或拒用比率越高,显示采购人员的质量绩效越差,相关计算公式为

$$进料验收指标 = 合格(拒收)数量 / 检验数量$$

3. 时间绩效指标

时间绩效指标用以衡量采购人员处理订单的效率及对供应商交货时间的控制。延迟交货，可能导致缺货；提早交货，也可能导致买方发生不必要的储存费用或提前付款的利息费用。

(1) 紧急运输方式费用指标。紧急运输方式(如空运)费用是指因紧急情况采用紧急运输方式的费用。企业应考核紧急采购费用与正常运输方式的差额。

(2) 停工断料损失指标。停工断料损失是指停工生产车间作业人员工资及有关费用的损失。除了前述指标所显示的直接费用或损失外，还有许多间接损失。例如，经常停工断料，造成顾客订单流失、员工离职以及恢复正常作业的机器必须做的各项调整(包括温度、压力等)；紧急采购会使购入商品的价格偏高、质量欠佳，也会产生赶工问题，企业必须支付额外的加班费用。这些费用与损失，通常都没有估算在此项指标内。

4. 价格绩效指标

价格绩效指标是企业最重视及最常见的评估指标。价格绩效指标可以衡量采购人员的议价能力及供需双方势力的消长情况。价格绩效指标通常有下列几种。

(1) 实际价格与标准成本的差额。实际价格与标准成本的差额是指企业采购商品的实际价格与企业事先确定的商品采购标准成本的差额，可反映企业实际采购成本与采购标准成本的超出额或节约额。

(2) 实际价格与过去移动平均价格的差额。实际价格与过去移动平均价格的差额是指企业采购商品的实际价格与已经发生的商品采购移动平均价格的差额，可反映企业实际采购成本与过去采购成本的超出额或节约额。

(3) 使用时的价格与采购时的价格之间的差额。使用时的价格与采购时的价格之间的差额是指企业在使用材料时的价格与采购时的价格的差额，可反映企业采购物资时是否考虑市场价格的走势。如果企业预测未来市场价格走势是上涨的，则应在前期多储存物资；如果企业预测未来市场价格走势是下跌的，则不应过多储存物资。

(4) 动态指标。动态指标是将当期采购价格与基期采购价格的比率与当期物价指数与基期物价指数的比率相互比较得来的。该指标是动态指标，主要反映企业物资价格的变化趋势。

5. 采购物流指标

采购物流指标主要用来衡量采购物流各环节的工作情况，包括以下4个方面的指标。

(1) 涉及订货工作的指标，包括平均订货时间、平均订货规模、最小订货数量、订单变化的接受率、季节性变化接受率、平均订单确认时间等。

(2) 涉及供应商供货的指标，包括供应商供货可靠性、已交货数量/未交货数量、实行JIT的供应商数量与比例、供应商应用MRP(物料需求计划)或ERP(企业资源计划)等系统的程度等。

(3) 涉及交货与货物接收的指标，包括准时交货率、首次交样周期、正常交货周期、交货频率、交货准确率、平均交货运输时间、在途存货总量、平均报关时间、平均收货时间、平均退货时间、平均退货或补货时间等。

(4) 涉及库存与周转的指标，包括原材料库存量、库存周期、存货周转率等。

6. 采购效率指标

质量、数量、时间及价格绩效指标主要衡量采购人员的工作效果,要衡量采购人员能力与采购管理水平,则应采用采购效率指标,采购效率指标包括以下两个方面。

(1) 采购部门人员指标,主要包括采购部门人数、各项工作分工人数、采购人员年龄、采购人员工作年数、采购人员受教育程度、采购人员平均培训时间、培训计划与实施情况、人才流失率等指标。

(2) 采购管理指标,主要包括采购人员时间结构(在办公室处理事务时间、在外访问供应商时间等所占的比例)、采购部门人员的考勤、采购部门人员的薪酬制度等指标,还包括供应商管理的各项指标。

除此之外,以下指标同样可以衡量达成采购目标过程中各项活动的水准和效率:采购金额、采购金额占销售收入的百分比、订购单的件数、采购部门的费用、新厂商开发个数、采购完成率、错误采购次数、订单处理时间。

▶ **相关资料:世界500强企业采购绩效评估指标**

(1) 采购方与供应商双方共同努力降低的材料成本。
(2) 主要供应商按时送货的百分比,按材料分类。
(3) 有具体预定期限的订单的百分比,按材料分类。
(4) 内部顾客满意度。
(5) 集中统一采购带来的材料成本节约。
(6) 按材料和供应商分类的材料次品率。
(7) 有文件证明的战略供应伙伴关系的改善。
(8) 供应商供货平均提前期,按材料分类。
(9) 主要供应商认同采购方标准的百分比。
(10) 恰当的长期合同的数量,按资金数额分类。

11.2.3 采购绩效评估的标准

采购绩效评估是指企业对采购工作进行全面、系统的评价,从而判定采购工作整体水平的过程。具体实施时,企业应依据相关标准或表格,对各项采购指标逐一检查,以评判对应环节的工作绩效,再通过与过去比较或与同行业标准、国际领先标准对照,对采购工作及时做出总结并提出改进意见。具体说来,常见的考核标准有以下几个。

1. 历史绩效

选择企业过去的绩效作为考核当前绩效的标准,这是很自然、很有效的做法,尤其适用于那些处于起步和发展阶段的企业,但采用这种标准要求采购业务没有战略性变化,采购部门组织结构稳定,人员及其职责也没有重大变动。

2. 行业平均绩效

企业往往会选择同行业企业作为目标来考核自己的业绩。作为对照的企业在采购组织结构、采购内容、采购目标等方面与本企业相似，而且往往是本企业的竞争对手，形成竞争的同时也能够相互促进和激励。

3. 标准绩效

一些企业由于种种原因，对于过去的绩效难以获得准确数据或采购业务发生了战略性变化，又难以在同行业中找到可以对照的目标企业，在这种情况下，可以使用标准绩效作为衡量基础。标准绩效的设定应满足以下3个要求：①固定的标准。标准绩效指标设立后不能轻易变动，至少在一段时间内，尤其是在一个采购项目期内不能变动。②有挑战意义的标准。标准绩效不能是一套平均水平上的指标，而要有一定的难度，要经过采购人员的努力才能完成。这样的标准才能激励采购人员的工作热情，促进采购目标的实现。③可能实现的标准。在当前的环境和条件下，采购人员通过积极的努力确实能够达到这些标准。如果标准设定过高，一方面会增加采购部门和人员的压力，另一方面其激励效果也会降低。

4. 标杆绩效

标杆绩效的核心是比较和以提高为目的的学习。企业可以外部绩效高的企业为标准，比较和分析相关标准及其实践经验，用来改善自己的工作过程，使自己慢慢接近甚至超过标准。

11.3 采购绩效考核

11.3.1 采购绩效考核的流程

采购绩效考核的流程如图11-2所示。采购绩效考核通常被看成一个循环，这个循环分为以下步骤：绩效计划、绩效实施、绩效考核、绩效反馈与改进以及绩效考核结果运用。

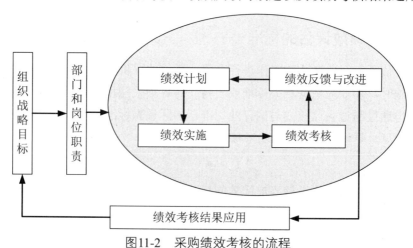

图11-2 采购绩效考核的流程

1. 绩效计划

绩效计划是整个考核的起点。企业战略要落实，必须先将战略分为具体的任务或目标，落实到各个部门和岗位上。这一步主要包括根据企业战略目标明确部门和个人职责、确定部门和个人的目标、确定考核指标与标准、选择考核人员等。

2. 绩效实施

制订绩效计划之后，评估对象就开始按照计划开展工作。在工作过程中，管理者要对评估对象的工作进展进行指导和监督，对发现的问题及时予以解决，并随时根据实际情况对绩效计划进行调整。

3. 绩效考核

企业开展工作绩效考核时，可以根据具体情况和实际需要进行月考核、季度考核、半年考核和年度考核。工作绩效考核是一个按事先确定的工作目标及衡量标准，考察部门或员工实际完成绩效情况的过程。值得注意的是，绩效考核不只是在月末、季末、半年末和年末进行的，而要与其他工作流程相结合。

4. 绩效反馈与改进

绩效考核并不是打出一个分数就结束了，负责人还要与部门或员工进行一次甚至多次交谈，使部门或员工了解组织和高层管理人员对他们的期望，了解自己的绩效，认识有待改进的方面，然后针对需要改进的地方提出改进计划。

5. 绩效考核结果应用

当企业完成绩效考核之后，不能将评估结果束之高阁，而是要与相应的管理环节相衔接，主要的管理接口包括部门或个人奖金的分配、部门员工的调配与晋升、通过反馈沟通提升绩效、培训再教育。

11.3.2　参与采购绩效考核的人员

参与采购绩效考核的人员主要包括采购部门的人员、财务部门的人员、生产部门或工程指挥部门的人员、供应商以及专家顾问。

1. 采购部门

采购部门主管是整个采购工作的直接部署者和执行者，他对于所有采购工作任务和环节都非常了解，包括人员的分配、员工的工作状态、各项工作的执行过程及出现的问题等。因而，采购主管是最有资格负责采购工作绩效考核的人。但是，采购部门主管考核自己部门的工作绩效时难免会加入一些个人情感，比如一项工作虽然结果令人不满意，但是过程很艰辛，执行人员也付出了很大的努力，那么采购部门主管也许会从主观感情上有所倾斜。

2. 财务部门的人员

采购成本费用占企业总支出的比例较高，如大型设备的采购、主要原材料的长期采购、项目采购等，因而采购成本控制对于企业来说意义很大。财务部门全面掌控资金的流入流出，因而能够从资金周转方面对采购部门的工作绩效进行考核。

3. 生产部门或工程指挥部门的人员

对于设备采购、原材料和零配件采购及项目采购等，采购货物的质量、数量、时间对企业生产的顺利进行、最终产品的品质等都有影响，因而生产主管部门或工程指挥部门也应参与采购工作绩效的考核。

4. 供应商

供应商是与企业采购部门合作最多、最频繁的一方，对于采购部门的运作方式、工作状态自然有较为详细的了解。因而，采购方的上层还可以通过正式或非正式的渠道向供应商了解本企业采购部门人员的工作情况，间接考核采购绩效。但是要注意，出于种种原因，供应商很可能不会提供真实的信息，这种方法较为适合那些有长期合作且关系密切的供应商。

5. 专家顾问

为了让考核工作更为客观、权威，企业可以定期聘请采购专家或管理顾问对采购制度、组织结构、人员分配、流程设置、工作绩效等进行客观的分析和评价，并提出具有可行性的建议。

11.3.3 采购绩效考核的方式

采购绩效考核一般有两种方式：定期考核和不定期考核。

1. 定期考核方式

定期考核是与企业年度人事考核同步进行的针对采购人员工作情况的考核，一般以采购人员的工作表现作为考核内容，包括工作态度、合作精神、工作能力、学习能力、忠诚度、工作积极性等。在采购人员自我考核的基础上，采购部门在月末或年末定期对各项采购任务的完成情况进行统计汇总，完成整个部门的阶段性绩效考核。定期考核中的自我考核表是对采购人员工作绩效的定量描述，为采购人员的考核、评比、提职、加薪提供详细的资料依据；而汇总信息是反映采购部门各个阶段工作绩效的重要资料，是控制和监督采购工作的基础。不仅采购部门要掌握工作绩效的信息，其他相关部门，如仓储、生产、销售等部门也要参考采购部门的信息，作为供应链的一环，采购绩效考核的信息对于整个企业的决策与运作都是有参考价值的。

2. 不定期考核方式

不定期考核是指跟踪特定的采购项目，由项目执行人自己进行的考核。一项采购任务完成以后，采购人员就要总结该项采购任务的完成情况并进行考核。不定期考核结果是对整个采购工作绩效进行考核的基础和依据。

11.3.4 采购绩效考核的方法

采购绩效考核的方法直接影响考核计划的成效和考核结果，常用的考核方法有以下几种。

1. 直接排序法

采用直接排序法时，考核负责人按绩效表现从好到坏的顺序依次给考核对象排序。这里的绩效表现既可以是整体绩效，又可以是某项特定工作绩效。

2. 两两比较法

两两比较法是指在某一绩效标准的基础上，把每一个考核对象与其他考核对象相比较来判断谁"更好",记录每一个考核对象和其他考核对象比较时被认为"更好"的次数,根据次数的多少为考核对象排序。

3. 等级排序法

等级排序法能够克服上述两种方法的弊端。采用这种方法时,由评估小组或主管先拟订有关的评估项目,按评估项目对考核对象的绩效排序。

4. 利润中心法

利润中心法适用于对采购部门的考核。这种方法把采购职能看作企业的一部分,它控制企业的资产,不仅负责企业的开支,也负责企业的收入。这一方法表明采购职能代表利润中心而不是成本中心。

5. 目标管理法

企业实施目标管理(management by objective,MBO)的目的是确定目标,即要求考核对象在给定的时间内达到目标,也就是说,在该时间段结束时,实际的绩效能与期望的结果进行比较,目标也能与期望的结果进行比较。目标是有关负责人与考核对象商议后确定的。

实现目标管理的一种方法是关键结果分析(key results analysis),它要求职能部门负责人明确关键任务和绩效标准,以便对个人绩效改进提出意见和建议。这种分析将构成部门负责人与直接上级和下级讨论的基础。与上级讨论是为了确定职能部门的目标,达成一致意见后,与下级讨论将明确如果职能部门要达到目标,每个员工必须达到什么样的目标。因此,总目标可以贯穿整个组织机构,自上而下逐级分解。因为职能部门和个人都参与了目标制定过程,所以MBO既有"从底部向上"的工作方式,又有"从顶部向下"的工作方式。

11.4 改善采购绩效的措施

采购绩效的提高涉及采购工作的方方面面,对于那些采购管理水平低下的企业,采用一个简单的管理方法就能带来明显的成本降低。例如,对于那些各部门分散采购的企业来说,如果设立专门的采购部门,将整个企业的需求信息进行整合,定时定量地集中采购,就能够避免大量的重复采购、人力浪费,并能够获得更优惠的价格,从而明显地降低采购成本。那些意识到采购管理重要性的企业,通过尝试更为科学、系统的采购管理方法,对整个采购活动甚至是整个供应链条进行规范和改造,往往能够更为明显地提高采购工作绩效。提升企业的采购绩效是一项复杂的工作,在理论和实践中都没有一套完全成熟的体系和方法。

11.4.1 提升采购绩效的途径

制订采购绩效考核计划、实施采购绩效考核工作并不是最终的目的,最终的目的是通过以上环节不断改进采购绩效。一般来说,提升采购绩效的措施主要有以下几个。

1. 营造采购绩效改进的工作氛围

如果采购组织内部存在激烈的矛盾,采购人员与供应商之间互不信任,缺乏合作诚信,采购人员就无法将全部精力投入到工作中。因此,对于采购组织来说,包括供应商,融洽、和谐、流畅的工作氛围是做好各项工作的基础。采购人员要经常把自己的业绩和同行业高水平相比较，特别是有跨国采购经验的高级职员，他们的经验值得借鉴学习。

2. 通过强化内部治理提升采购绩效

管理的根本是管人，一个企业最宝贵的资产是它的员工，而不是价值上亿元的先进设备和雄伟气派的厂房，再先进的设备，若没有合格的人去操作，也不过是一堆废铁。从管理的角度去提升采购绩效，可从以下几个方面着手。

(1) 在企业内部建立合格的采购团队，提供必要的资源。
(2) 选聘合格人员担任采购人员，给予必要的培训。
(3) 给采购部门及采购人员设立有挑战性但又可行的工作目标。
(4) 对表现优异的采购人员给予物质和精神上的奖励。

3. 采用新技术提升采购绩效

传统的通信方式，如电话、传真、信函等虽然已经用了上百年，但在今天仍发挥着重要的作用。如今，科学技术的发展为这些古老的通信方式增添了新的生命力。电子邮件、电子数据交换、电子商务采购等新技术的应用有效提升了采购绩效。

4. 通过与供应商开展更好的合作实现采购绩效的提升

前面讲的都是如何从企业内部去提升采购绩效，其实采购部门的合作对象——供应商的表现在很大程度上制约着企业采购绩效的提升，而供应商的表现与采供双方之间的关系又有很大的联系。一般来说，与企业建立了长期战略合作关系的供应商能有较好的表现，这种供应商能较好地配合企业合理的降价计划。与供应商联手实现降低采购成本的途径有以下几种。

(1) 与供应商共同制订可行的成本降低计划。
(2) 与供应商签订长期采购协议。
(3) 供应商参与产品设计。

5. 通过开发优秀的新供应商降低采购成本

为了降低采购成本，许多采购人员把相当一部分精力放到开发优秀新供应源上，许多大企业的采购部成立了"供应商开发小组"，甚至有的企业把它作为一个独立部门来运作。一般要求新供应商的地理位置在采购所在地附近，这样有助于解决开发过程中的问题。如果一个企业因历史原因其大部分或主要供应商在海外，那么它的供应商开发工作其实就是"本地化"。供应商本地化不仅可大大缩短交货期，而且采购单价可降低20%～40%。如今，国内大部分物料(商品)廉价的制造成本已经使得海外制造企业在价格上失去竞争优势。

11.4.2 标杆法

1. 标杆法的内涵

标杆法(benchmarking)简单来说就是寻找一种标准，可以选择内部绩效高的部门为标准，也可以选择外部绩效高的企业为标准，通过比较和分析这些标准及实践经验来改善自己的工作过程，使自己慢慢接近甚至超过标准。

20世纪80年代前后，施乐公司的复印机业务的全球垄断地位受到日本佳能等竞争者的全方位强烈冲击。面对急剧下滑的市场占有率，施乐公司开始向日本竞争者深入学习，从采购模式、生产方法、营销手段和成本、价格构成等各个方面找出一些衡量标准，然后与自己的相应方面进行比较分析，找出差距和不足，继而进行经营管理、生产流程、采购模式等的全面改造。经过一段时间的努力，施乐公司终于取得成效并夺回了市场份额。后来这种管理方法被称为标杆管理。众多企业的借鉴和应用使得标杆管理的理论和实践在之后的20年里得到了长足的进步，应用的范围也更为广泛，涉及库存管理、成本管理、营销管理、研发管理、人力资源管理及采购管理等各个方面。

企业应用标杆法改进采购工作绩效时，可通过资料收集、分析比较、跟踪学习、机制改造等一系列过程，将企业的实际情况与基准企业的指标进行量化比较，分析这些基准企业达到最优绩效的途径和原因，明确本企业在行业中所处的地位，并在此基础上改进自己的采购策略，从而有效地促进采购绩效的提高，实现企业的战略优化，进而提高企业竞争力。

2. 使用标杆法的目的

企业在采购活动中通常会使用很多监控和评价方法。有时候，计算采购活动涉及的关键比率并观察比率的变化情况是非常有用的，如支出额、销售额、订单数量、工资成本、交易数量等。人们普遍认为，如果无法评价一个变量，也就无法对该变量进行控制。在采购活动中收集到的数据，通常既可用作重要的绩效指标，也可用作重要的控制工具。

企业采用标杆法既不是为了监控、衡量和评价采购绩效，也不是为了找出统计数据或其他证据来说明新供应商、已有供应商或者采购部门本身是否符合要求，而是为了发现可能存在的"最佳做法"，并试图确定和找出最佳做法中的伴随变量或构成变量。完成以上步骤后，这些变量就可以被用作主要指标(标杆)，由相关组织来研究赶上(或超过)这些绩效指标的做法。但是，标杆法并不是照搬其他组织的方法和系统，标杆法的重点是找出那些促使标杆组织成功的因素。

3. 实施标杆法的过程

虽然标杆的类型很多，标杆法的实施步骤、描述方式存在一些不同之处，但是基本的步骤还是相似的。实施标杆法的过程中，应关注以下5个方面。

(1) 应该在哪些领域采用标杆法？在采购活动中，几乎所有能被评价的活动都可以采用标杆法。例如，未完成交货量、退货率、生产中断次数及未支付价格指数等。

(2) 应该以谁为基准点？首先必须确定最佳做法，可以向供应商打听谁是他们良好的合作伙伴，也可以对那些成功的组织(使用人们普遍接受的市场份额或盈利状况指标来评价)进行分析，考察它们的采购运作方式，还可以向工业观察家或专业机构寻求正确的建议。

(3) 怎样获得信息？大部分有用的信息都可以从公共信息领域获得。此外，一些成功的管理人员或组织也很乐意与他人分享信息，与相关人士交往有助于收集这些信息。如果竞争对手对标杆法感兴趣(那些起主导作用的组织很可能如此)则更好，信息交流对双方都有好处。

(4) 怎样对信息进行分析？企业不仅要收集数据，还要对同类数据进行对比分析。通常，统计数据等"硬"信息要比看法或奇闻之类的信息更具有价值。

(5) 怎样利用这些信息？一般来说，如果发现有人在某个活动领域的表现优于自己，就应该着手去赶上或超过他们。当然，这样做也意味着需要使用大量的资源，这就要求高层管理者积极支持标杆法的实施。企业不能把标杆法仅仅作为一种重要的采购管理方法来运用，如果不把标杆法作为组织的一项政策，标杆法就不会发挥它应有的作用。

如今，竞争性标杆法也正在成为另一种应用越来越广泛的评价方法。这个方法的基本做法：某个企业及其他一些相关企业同时把数据递交给一个中立的第三方组织，由这个中立的第三方组织制作绩效等级排名表，但是表中不列出相关组织的名称，以供行业内参考。这种方法在电子工业中得到了广泛的应用。

11.4.3　建立采购绩效管理机制

国内大多数企业没有建立成体系的采购管理模式，依然采用粗放的管理方法，这样不利于提高竞争力。首先，常见的缺陷是没有集中采购。一个企业的分公司、子公司各自设立采购部门，相同的物料由不同的部门小批量重复采购，白白浪费了规模优势。其次，企业没有建立供应商管理体系，对不同重要程度的供应商没有差异化的管理体制，缺乏定期的供应商审核制度，对供应商的成本构成、供应商的供应商缺乏了解。最后，供应商和存货信息不能共享，采购控制通常是事后控制。企业要改变这种状况，必须建立行之有效的采购管理机制。

1. 建立统一的测评机制

在大多数企业中，首席执行官(CEO)和负责采购的高层管理人员对采购业绩各有自己的评价标准。在某种程度上，这属于正常现象，因为高层管理人员总有一些与所担任的职位相联系的具体目标，而对不同的事情有不同的优先考虑顺序。为了应对这种采购评价标准不连贯的状况，CEO和采购部门主管会使用同一个平衡计分卡来评价绩效，以便使每一个人都能够以大致相同的方式理解采购信息。平衡计分卡能帮助不同业务部门调整处理业务的顺序，制定目标，鼓励有利于业务开展的行为，明确个人和团队的责任，明确奖励对象和方式，推动企业改进运营方式。

平衡计分卡的设计包括4个层面：财务层面、客户层面、内部经营流程层面、学习与成长层面。

(1) 在财务层面关注的重点：①可度量的成本节约；②价格变化趋势和公开发布的价格指数之间的对照；③物料占有的总成本；④单笔交易的成本；⑤采购预算管理。

(2) 在客户层面关注的重点：①与采购的物料和服务有关的消费者投诉；②客户满意度；③组建跨职能部门小组，评估和选择供应商。

(3) 在内部经营流程层面关注的重点：①占某项物料采购支出90%的供应商数量(考察供应商集中度)；②优秀供应商所占的比例；③从提出需求到下订单所需的时间；④采购订单的平均价值。

(4) 在学习与成长层面关注的重点：①培训/发展所需时间和经费；②相关人员取得专业证书的比例；③最佳做法的共享；④员工满意度；⑤员工流失率。

2. 发挥积极的领导作用

积极的领导作用对于确立全局采购策略具有重要意义。一般而言，这个策略应该围绕企业如何高效地采购物资、提高绩效水平，来规范业务实践、企业制度，明确优先考虑的事情和做事情的方法。其中，最重要的是要把采购和整个供应链管理结合起来。

3. 创造性地构建组织架构

采购业务做得好的企业，常用的组织架构形式是根据采购物品类别划分部门。这种架构使企业可以在全局范围内聚合采购量，有利于采购人员积累行业、产品和供应商资源。但是，这种方式也有不足之处。例如，因为采购部要与企业内部跨不同事业部的内部客户打交道，协调和合作可能比较困难。为了应对这种挑战，有些企业尝试集中采购资源，使招标、合同、谈判、服务等成为采购优化的中心。在企业内部，这种做法能提高用户的接受程度，节省发展关键技能所花费的时间和资源，并且有助于在分散的采购环境中培养符合法律和道德规范的行为。

4. 企业范围内的整合

为了让更有效率的、以企业为本的采购理念取得优势地位，领先的企业常常会建立覆盖全企业范围的采购团队。这些团队的成员包括采购、工程和产品开发部门的代表，此外财务、销售、分销和互联网技术人员也会不定期地参与。这些团队成员一起决定采购时应优先考虑的事项，设计物料占有成本模式，发展品种策略，并制定供应商选择标准。

▶ 案例分析11-2：艾德西点连锁公司的采购绩效管理

艾德是艾德西点连锁公司的业主。该公司从一家面包店起家，逐步发展到遍布全国的连锁公司，发展势头良好，现拥有97家店面和10个烘焙中心。鉴于公司良好的发展势头，艾德决定进驻更为高档的闹市街区，扩展业务范围，增开咖啡店并增加外卖服务，从而使营业额和利润稳步增长。

一、配餐供应

咖啡店配套产品的供应源搜寻与供应比较复杂，采购范围大大超出原有的西点烘焙。西点烘焙主要采购面粉、油脂和调味品；而咖啡店的采购范围更大，包括易腐坏物品和不易变质的物品，这些物品通常由大型厂家和批发商以大包装的形式批量供货，有些易腐品需要冷藏，且都有保质期限。咖啡店的罐装产品是用塑料薄膜包装的，又笨又重，部分产品诸如鸡蛋和火腿从附近的小规模专业农户和其他供应商处采购。

二、公司总部

公司总部设有一个仓库，批量货物在运往各个门店之前被运送到这个仓库储存。公司有两辆喷有公司标志的货车，并聘用了两名司机，在工作日期间，两辆汽车隔日轮流送货(工作日为周一至周六)。总部同时履行集中管理职能。

三、门店采购

艾德西点的部分采购业务由门店经理和首席烘焙师在本地进行，他们有时从自己选择的供应商中购买，有时向中央仓库订购。各门店之间通过电话和电子邮件联系，但是没有共享各门店的销售额、订单与库存数据等信息的系统。其他本地的日常采购物资包括管理和后勤部门需要的小商品，如文具等。

四、存在的问题

艾德巡查各个门店后发现，烘焙师在与咖啡相关的订货和催货环节花费了太多时间，这会导致客人等待较长时间，并会对质量和品种短缺产生不满。艾德还发现，在一些门店里很畅销的产品并非每个门店都提供；另外，同一个供应商提供的同一种货品，各个门店的采购价格有高有低。

五、新采购主管

艾德认为公司需要一个采购主管，并开始积极寻找一名合格的专业人员来担任这个职务。艾德专门起草了招聘广告的职位描述，他明白自己需要这名新主管从根本上改进公司的采购绩效，从而为公司带来收益。

案例思考题：

(1) 结合案例分析艾德西点连锁公司采用了哪些绩效评估方法。

(2) 结合所学知识分析绩效评估给企业带来了哪些好处。

本章小结

采购绩效评估是指企业建立一套科学的评估指标体系，用来全面反映和检查采购部门的工作实绩、工作效率和效益。采购绩效评估作为保持企业战略层和执行层迈向共同目标的连接桥梁，具有不容忽视的价值，而且对企业的长期发展也有重要意义。

本章介绍了采购绩效评估的定义和目的，着重探讨了采购绩效评估指标体系的建立，同时对采购绩效考核的流程和方法做了详细论述，并提出了改进采购绩效的途径和方法。

复习思考题

一、单项选择题

1. (　　)不属于采购绩效评估标准。

   A. 行业平均绩效　　　　　　B. 销售绩效

   C. 目标绩效　　　　　　　　D. 标准绩效

2. (　　)主要是指一定时期内采购部门承担和完成的采购任务总量。

   A. 采购任务总量　　　　　　B. 采购资金节约情况

   C. 采购费用情况　　　　　　D. 采购活动资金率

3. 到货质量合格率和订货差错率是采购绩效评估指标中的(　　)。

   A. 时间指标　　　　　　　　B. 效率指标

   C. 质量指标　　　　　　　　D. 价格指标

二、多项选择题

1. 时间绩效指标主要用以衡量采购人员处理订单的效率，以及对于供应商交货时间的控制程度，具体指标包括(　　)。

   A. 紧急采购费用指标　　　　B. 年采购金额指标

   C. 储存费用指标　　　　　　D. 停工断料损失指标

E. 呆料、废料处理损失指标
2. 采购绩效评价的目的包括( )。
　　A. 确保采购目标的实现　　　　　B. 提供改进绩效的依据
　　C. 促进部门关系　　　　　　　　D. 协助甄选人员
　　E. 作为奖惩个人或部门的参考
3. 提升采购绩效的途径和措施有( )。
　　A. 营造采购绩效改进的工作氛围　B. 采用标杆法
　　C. 积极的领导作用　　　　　　　D. 强化内部管理
　　E. 采用新技术

三、判断题

1. 采购绩效评估就是企业领导对采购人员的绩效展开的评估。　　　　　　　　( )
2. 采购绩效评估标准是动态的，必须随着组织的发展而发展。　　　　　　　　( )
3. 对采购人员进行工作绩效评估的方式可分为定期和不定期两种。定期考核是指跟踪特定的采购项目，由项目执行人自己进行的考核。　　　　　　　　　　　　　　　　　　( )
4. 设定采购绩效衡量指标是采购绩效评估的重要内容。一个有效的采购绩效评估方案，设定绩效指标是一个重要的环节。　　　　　　　　　　　　　　　　　　　　　　　　( )
5. 标杆法是指企业找到一个标杆企业，将企业的实际情况与标杆企业的指标进行量化比较，探索改进采购绩效的途径和方法。　　　　　　　　　　　　　　　　　　　　　　( )

四、思考题

1. 简述采购绩效评估的定义与目的。
2. 分析影响采购绩效评估的因素。
3. 简述采购绩效评估指标有哪些。
4. 采购绩效考核参与人员有哪些？企业应采取什么方式实施绩效考核？
5. 简述标杆管理的内涵与实施过程。
6. 简述改善采购绩效的措施和方法。

实训题：采购绩效评估

1. 实训目的

(1) 了解采购绩效评估的作用和意义。
(2) 能够正确运用各种指标对采购绩效进行评价。
(3) 掌握采购绩效评估的步骤和方法以及注意事项。
(4) 能够提出改进采购绩效的方法。
(5) 不断培养和增强学生的分析能力、组织能力、团队协作精神等。

2. 实训组织及要求

(1) 在教师的指导下，将班级学生分成数个小组，每个小组4～6人，小组分工明确，每组选出1名组长。

(2) 在教师的统一指导下，对有关企业的采购部门与人员进行调查，收集采购绩效方面的相关资料，了解企业采购部门如何进行采购绩效评估工作。

(3) 以小组为单位组织研讨、分析，在充分讨论的基础上，形成小组调研报告。

3. 实训题目

在通过实地调查获得相关资料后，以小组为单位完成调研报告，报告中应包含以下内容。

(1) 分析采购人员及物料采购绩效方面的内容，了解企业采购部门如何进行采购绩效评估。

(2) 在调查过程中，尽量避免与被调查采购部门的需求相冲突，教师可予以指导、调控。

(3) 对所收集的采购绩效评估方面的资料进行分析、讨论，并能依据各种指标对所调查的采购部门的绩效情况进行评价，并提出改进采购绩效的建议。

4. 实训考核

实训成绩根据个人表现和团队表现进行综合评定，考评内容包含以下几项。

(1) 相关资料是否通过实地调查获得，调查资料是否翔实、准确、具体。

(2) 采购绩效评估指标体系设计是否合理，评估指标是否具有可操作性。

(3) 采购绩效评估方法是否符合企业实际情况，是否能够覆盖企业采购全业务流程。

(4) 针对绩效问题提出的改进建议或方案是否有实践价值。

(5) 小组内部分工是否明确，组员是否有协作精神，由组长根据个人任务完成情况进行评分。

(6) 小组总结汇报思路是否清晰、内容是否充实、重点是否突出，由教师对小组进行评分。

(7) 实训报告是否按规范格式完成，由教师对个人报告或小组报告进行评分。

(8) 根据个人得分和小组综合评分最终确定每个学生的实训成绩。

第12章 采购管理发展趋势

本章概要

伴随经济全球化发展和信息技术更新的加速,企业之间的竞争逐渐演变为管理科学竞争的新格局。采购管理作为现代企业管理的重要环节和供应价值链的核心之一,越来越受到企业的重视,企业采购管理面临新的挑战。了解采购管理发展趋势,并从中寻找采购管理的核心所在,对企业改善成本结构和保持市场竞争力具有很强的现实意义。

本章主要介绍采购管理新模式,即政府采购、全球采购、战略采购、供应链采购及可持续采购,阐述了这些采购模式的定义、特点、实施流程及发展趋势,并对采购新模式、新趋势进行总结和探讨。

知识目标

- 掌握政府采购的特点及原则。
- 掌握政府采购的模式及操作方式。
- 掌握全球采购实施的流程。
- 掌握战略采购的定义及原则。
- 掌握供应链采购的定义及优势。
- 了解政府采购的主体和客体。
- 了解实施全球采购可能面临的风险。
- 了解战略采购的实施方式。
- 了解供应链采购的实施要点。
- 了解可持续采购的意义及发展趋势。

能力目标

- 能够掌握政府采购的实施流程和模式,具备分析政府采购问题的能力。
- 掌握全球采购的实施流程,能够在实际工作中贯彻全球化采购的理念。
- 掌握采购管理的发展趋势,具备分析问题、解决问题的能力。

▶案例分析12-1:海尔采购与供应链管理的智慧

海尔在供应链管理方面并不像一些企业那样纸上谈兵。正如张瑞敏所说,供应链管理最重要的理念就是企业的核心业务和竞争力。

一、供应链管理

从1998年开始,海尔就提出要注重供应链管理,以优化供应链为中心,在全集团范围内对原业务流程进行设计和再造，与国际化大企业全面接轨，强化了企业的市场应变能力，大大提升了海尔的市场反应能力和竞争能力，保证了企业的可持续发展。

海尔针对自身的情况，具体问题具体分析，随着周边环境的改变调整供应链管理模式。为了适应供应链管理的发展，海尔从与生产产品有关的第一层供应商开始，环环相扣，直到货物到达最终用户手中，真正按供应链的特性改造企业业务流程，使企业在各个节点都具有处理物流和信息流的自组织和自适应能力。海尔的供应链纽带离不开技术系统的支撑，企业通过订单处理集中化的方式进行业务重组，由按库存生产转向按订单生产，开启了海尔现代物流模式。海尔的技术系统也极大地解放了供应链管理人员的生产力，让供应链管理人员可以专心解决真正的问题而不必陷于标准问题之中。因此，海尔供应链管理人员相对较少，效率却更高。

二、采购策略

科学有效的采购管理能达到"双赢"的目的，海尔采取的采购策略是利用全球化网络集中购买，以规模优势降低采购成本，同时精简供应商队伍。对于海尔来说，这样可以降低采购成本，在获得稳定且具有竞争力的价格的同时，提高产品质量和降低库存水平。通过与供应商的合作，还能取得更好的产品设计，加快市场反应速度。对于供应商来说，在保证稳定的市场需求的同时，与海尔建立长期合作伙伴关系后，能更好地了解市场需求，改善产品生产流程，提高运作质量，降低生产成本，获得比传统采购模式更高的利润。海尔不断加强采购管理，从采购中节约资本，从采购管理中摇出钱币，使采购成为企业的利润中心！

海尔的采购管理主要有以下特点。

(1) 交易过程简化、降低成本。由于供应商与海尔建立了合作伙伴关系，签订供应合同的手续大大简化，不再需要双方多次协商，交易成本也因此降低。同时，质量和交货期也能得到保证，使得采购物料直接进入海尔制造部门，简化了许多不增值的采购工作流程。

(2) 确保质量。原料的质量与最终产品的质量有很大的关系，海尔和供应商是供应链上的合作伙伴关系——意味着供应商的资格认证、产品质量、信用程度都是可靠并值得信赖的，这有助于保证产品质量。

(3) 建立采购平台。海尔物流与供应商还搭建了公平、互动、双赢的采购协作平台，通过采购平台，海尔加快了整条供应链的反应速度，与供应商真正实现了双赢。

三、供应商管理

供应商管理有两种模式：其一是竞争关系模式；其二是双赢关系模式。现代供应链管理思想的集中表现就是合作与协调。因此，在现代供应链管理趋势下，海尔选择了双赢关系模式，双赢关系模式是一种合作的关系。它强调在合作的供应商和海尔之间共同分享信息，通过合作和协商协调相互的行为。

海尔从1998年开始优化供应商网络，打散原来的供应商体系，重新选择供应商，以实现强强联合、合作共赢。海尔从侧重质量转向侧重全过程的激励与控制。海尔对供应商的主要激励措施基于配额比例，配额比例由原来的人工统计数字转变为由系统根据质量考评、供货考评和价格排名3个综合因素决定。

供应商资源整合为海尔带来的效益显而易见,不仅有助于海尔采购到高质量的零部件,还给海尔带来了巨大的经济效益。

海尔对供应商的评价主要侧重质量、成本、交货期、能否参与早期设计过程等方面,包含在供应商质量体系考核评价里面。海尔对3个月绩效不合格的供应商进行淘汰,对存在一定问题的供应商,要求其进行整改以保障供货的准时性。

海尔的供应商管理有以下几点优势。

(1) 海尔对供应商给予协助,帮助供应商降低成本、改进质量、加快产品开发进度。
(2) 通过建立相互信任的关系提高效率,降低交易或管理成本。
(3) 用长期的信任合作取代短期的合同。
(4) 信息交流较多。

四、采购新模式

2014年,海尔设立海尔大买家采购频道,每年将超过500亿元的订单开放给全球供应商,领跑"系统深度对接、实时坐收报价"的采购新风尚。

与时俱进的采购与供应链管理帮助海尔蝉联行业第一,并保持80%的增长速度,资金周转达到一年15次,实现了零库存、零运营成本和与顾客的零距离,突破了构筑现代企业核心竞争力的瓶颈。

案例思考题:
(1) 结合案例内容分析海尔的采购管理有哪些特点。
(2) 海尔是如何管理供应商的?"双赢"策略的内涵是什么?
(3) 海尔的采购与供应链管理思想有哪些值得我们借鉴?

12.1 政府采购

政府采购制度的推行,是公共消费领域的一种制度性创新,已成为大多数国家管理公共支出的重要手段,在社会经济生活中起着举足轻重的作用。由于政府采购的采购主体主要是各国的中央及地方政府,采购金额往往较大。随着各国政府在市场经济发展中角色的不断变化,政府采购制度的目标和作用也发生了相应的变化。同时,随着政府不断改进采购方式,采购制度也在不断更新。

12.1.1 政府采购的定义

政府采购是采购的一种形式。政府采购是指一国政府部门或其他直接或间接受政府控制的企事业单位,为实现其政府职能和公共利益,使用公共资金获得货物、工程和服务的交易行为。我国对政府采购的定义是各级国家机关和实行预算管理的政党组织、社会团体、事业单位,使用财政性资金在政府的统一管理和监督下获取货物、工程和服务的行为。政府采购是采购政策、采购程序、采购过程及采购管理的总称,是一种公共采购管理制度。

我国政府采购的定义包括以下几层含义。

(1) 实行政府采购制度的不仅是政府部门，还应包括其他各级各类国家机关和实行预算管理的所有单位。

(2) 政府采购资金不仅包括预算内资金，使用预算外资金的采购活动也纳入政府采购统一管理的范围。

(3) 强调购买方式的转变。将过去由财政部门供应经费，再由各个单位分散购买所需货物、工程和服务的方式，转变为在政府统一的管理和监督下，按照规定的方法和程序，集中购买和分散购买相结合管理模式。

12.1.2　政府采购的特点

政府采购与私人采购相比，显然它的历史要短得多。但是，政府采购相对来讲比较规范，而私人采购相对来说比较随意、发挥空间较大。政府采购与私人采购的目标取向、操作主体等的迥异，造成了它们存在许多本质的不同。政府采购具有其自身的特点，具体表现在以下几个方面。

1. 资金来源的公共性

政府采购的资金来源为财政拨款和需要由财政偿还的公共借款，这些资金的最终来源为纳税人的税收和政府公共服务收费，而私人采购的资金来自采购主体的私有资金。从本质上说，正是采购资金来源不同，才将政府采购和私人采购区别开来。

2. 采购主体的特定性

政府采购的主体也称采购实体，是依靠国家财政资金运作的政府机关、事业单位和社会团体、公共机构等部门。

3. 采购活动的非营利性

任何资金的使用都存在管理者责任的问题。在完善的市场经济条件下，营利性商业组织的资金管理者的责任及资金的使用效率基本通过优胜劣汰的市场机制来反映，即通过市场检验来体现。而对非营利性政府采购的管理也就成为一种弥补市场不足的手段。政府采购的目的不是盈利，而是实现政府职能和公共利益。

4. 政府采购的社会性

政府采购的社会性实际上是蕴涵在非营利性特征中的，是非营利性更深刻的表现。政府要承担社会责任或公共责任，也就是说，政府部门的所作所为包括采购行为，要向国家和社会负责，并且要在工作的同时，为人民树立一种良好的形象和榜样。例如，政府采购不但要满足社会在某一时期对某种服务的需要，同时还要考虑环境问题、就业问题等对社会的影响。

5. 采购对象的广泛性

政府采购的对象包罗万象，既有标准产品也有非标准产品，既有有形产品也有无形产品，既有价值低的产品也有价值高的产品，既有军事用品也有民用产品。为了便于管理和统计，国际上通行的做法是按其性质将政府采购对象分为3类：货物、工程和服务。

6. 行政性

政府采购作为组织的选择不能按照个人意志行事。因此，政府采购决策运用的是政府部门办公地决策程序，是一种行政运行过程。例如，采购中要遵守组织的规则、制度及程序，体现集体的作用，而不能像一些私人企业那样，鼓励发挥采购人员的主观能动性和创造性。

7. 规范性

政府采购不是简单的"一手交钱一手交货"，而是要按有关政府采购的法则，根据不同的采购规模、采购对象及采购时间要求等，采用不同的采购方式和采购程序，使每项采购活动都规范运作，体现公开、竞争的原则，接受社会监督。

8. 影响力大

政府是一个国家最大的单一消费者，购买力非常大，因此对社会经济有着非常大的影响。政府采购规模的扩大或缩小、采购结构的变化对社会经济发展状况、产业结构以及公众生活环境有着十分明显的影响。正是由于政府采购对社会经济有着其他采购主体不可替代的巨大影响，它已成为各国政府普遍使用的一种宏观经济调控手段。

此外，财政部门实行全方位监督，也是政府采购的一个重要特征，当然这种监督不是指财政部门直接监督参与每项活动，而是通过制定采购法规和政策来规范采购活动，并检查这些法规、政策的执行情况。财政监督的对象不仅是采购实体，还包括采购中介机构、供应商等参与采购活动的机构和个人。

12.1.3 政府采购的主体和客体

1. 政府采购的主体

政府采购的主体是指在政府采购过程中负有直接职责的参与者。从我国政府采购的实践看，政府采购的主体包括政府采购管理机关、政府采购机关、采购单位、政府采购社会中介机构、供应商和资金管理部门。

(1) 政府采购管理机关是指在财政部门内部设立的，制定政府采购政策、法规和制度，规范和监督政府采购行为的行政管理机构。政府采购管理机关不参与和干涉政府采购中的具体商业活动。

(2) 政府采购机关是具体执行政府采购政策，组织实施政府采购活动的执行机构。采购机关分为集中采购机关和非集中采购机关。狭义的采购机关即我们平时所称的采购机关，主要是指集中采购机关。政府采购机关可以自己组织实施采购活动，也可以委托社会中介机构代理组织实施采购活动。

(3) 采购单位即政府采购中，货物、工程和服务等的直接需求者，主要包括各级国家机关和实行预算管理的政党组织、社会团体、事业单位及政策性的国有企业。

(4) 政府采购社会中介机构就是取得政府采购业务代理资格，接受采购机关委托，代理政府采购业务的中介组织。

(5) 供应商是指在中国境内外注册的企业、公司及其他提供货物、工程、服务的自然人、法人。采购单位的任何采购对象都必须从合格的供应商处获得。

(6) 资金管理部门是指编制政府采购资金预算、监督采购资金使用的部门。我国现阶段，政府采购资金管理部门包括财政部门和各采购单位的财务部门。

2. 政府采购的客体

政府采购的客体也就是政府采购的内容。按照国际上的通常做法，粗略地将采购客体分为3类：货物、工程、服务。

(1) 货物。货物是指各种各样的物品，包括原料产品、设备、器具等，具体可分为下列6类：①通用设备类，包括大中型客车、面包车、吉普车、小轿车、微型车、摩托车、电梯、大型工具等。②专用设备类，包括医疗设备、教学仪器、体育器材、大型乐器、环保设备、消防设备等。③办公家具类，包括办公桌、办公椅、文件柜、沙发、空调等。④现代化设备类，包括电视机、电话机、计算机及网络设备、传真机、复印机、软件及系统集成等。⑤日常办公用品类，包括大宗的纸、笔、墨、文件袋、订书机、磁盘、电源插座、照明器材、工作服装等。⑥药品类，包括成品药、注射器等。

(2) 工程。工程是指新建、扩建、改建、修建、拆除、修缮或翻新构造物及其所属设备以及改造自然环境，包括兴修水利、改造环境、建造房屋、修建交通设施、安装设备、铺设下水道等建设项目，具体包括工程投资与房屋维修类、设备安装类、锅炉购置改造类、市政建设类。

(3) 服务。服务是指除货物或工程以外的任何采购，包括专业服务、技术服务、维修、培训等。财政拨款的机关事业单位所需的各类服务，应在财政部门的指定服务地点取得。对各类指定服务地点，每年要组织一次公开竞标，不搞终身制。服务具体包括车辆的维修和保险及加油类、会议类、大型接待及医疗保健类。

12.1.4 政府采购的原则

政府采购的原则是贯穿在政府采购计划中为实现政府采购目标而设立的一般性原则。一般情况下，政府采购应该遵循以下原则。

1. 公开性原则

政府采购的公开性原则要求政府采购的各类信息必须公开，凡是涉及采购的法规、规章、政策、方式、程序、标准、开标活动、中标或成交结果、投诉和司法处理决定等，都要向社会公众或相关供应商公开，增加政府采购的透明度。公开、透明的采购过程能有效防止欺诈、腐败等不正当行为的发生。

2. 公平性原则

公平性原则是指所有参加竞争的供应商机会均等，并享受同等待遇。公平性原则包含双重含义：一是机会均等，政府采购原则上应使所有的供应商、承包商和服务提供者获得政府采购的机会均等，凡符合条件者都有机会参加；二是待遇平等，政府采购应对所有参加者一视同仁，给予其同等待遇。另外，公平性还表现为合同的授予要兼顾政府采购社会目标的实现。

3. 公正原则

公正原则是建立在公开和公平原则基础上的，只有做到公开和公平，才能实现政府采购的公正原则。公正原则主要由政府采购管理机关、采购机关和中介机构来执行。政府采购管理机关除制定统一的政策、法规和制度外,还必须坚持在执行中不偏不倚、一视同仁。

4. 效率性原则

效率性原则要求政府在采购过程中,大幅度节约开支,强化预算约束,有效提高资金的使用效率。政府采购部门应通过公平竞争,用有限的财政资金购买到更多物美价廉的物品,或得到更高效优质的服务,实现市场机制与财政改革的最佳结合。

5. 物有所值原则

物有所值是指购买"物"的投入(成本)与产出(收益)相符。这里的投入不是指所采购物品的现价,而是指物品的寿命周期成本,即所采购物品在有效使用期内发生的一切费用减去残值。政府采购追求的主要是寿命周期成本最小而收益最大。物有所值原则不仅包括资金的使用效率和使用者的满意程度,还应包括为国内产业发展提供的机会以及促进技术转让等。

12.1.5 政府采购的模式

政府采购的模式是指政府采购集中管理的程度和类型。常见的政府采购模式有以下几种。

1. 集中采购模式

集中采购模式是指所有应纳入政府采购范围的货物、工程和服务统一由政府委托一个部门负责。集中采购必然带来大型、合并的采购要求,这有利于吸引潜在的供应商,比零散采购更有利于获得更好的供应商履约表现和更有利的价格,有助于提高采购效率、节省采购费用。采购集中化有利于培养更多技能精湛、知识全面的采购人员,从而增强采购人员对采购活动的理解。集中采购增强了对采购单位的直接控制,有利于采购政策、决策在采购部门各个层次的执行。

2. 分散采购模式

分散采购模式是指所有纳入政府采购范围的货物、工程和服务由各需求单位自行组织采购。分散采购的主要优点是易于沟通、采购反应迅速。集中采购不利于对采购要求做出快速响应,对采购人员形成了一个障碍,妨碍与用户有效的沟通,不能快速满足用户。而在分散采购中,采购人员接近供应品的使用者,因而可以快速和直接沟通,有利于培养采购人员与使用者的良好工作关系。

3. 半集中和半分散的采购模式

这种采购模式把所有应纳入政府采购范围的货物、工程和服务分两种类型进行采购,即一部分由政府委托一个专门部门统一采购,另一部分由需求单位自行采购,至于集中和分散的程度主要根据采购物品的性质、数量和采购政策而定。高价值、高风险采购由采购部门专业化、技术精湛的采购人员来负责会更加经济和有效;而低价值、低风险采购属于常规采购,通常可以由采购单位自行组织。这种颇为常用的采购模式可能会同时获得集中采购和分散采购的双重利益。

12.1.6 政府采购的方式

政府采购的方式是指政府在采购所需的货物、工程和服务时应采取什么方式和形式来实现。根据各国政府的采购经验，目前使用较多的政府采购方式有公开招标采购、邀请招标采购、两阶段招标采购、询价采购、竞争性谈判采购、单一来源采购等。

1. 公开招标采购

公开招标采购是指采购方以招标公告的形式邀请不确定的供应商投标的采购方式，这是政府采购的主要方式。公开招标作为一种采购方式，无论是在各国政府采购法中，还是在采购实践中，都已经确立了其牢固甚至是优先的地位。发布采购公告和公开招标的政策要求反映了政府采购的公开性原则；将合同授予报价最低、最负责的投标商体现了政府采购的效率性和公正性原则；而公开招标采购的效率性、公开性和公正性反过来又可以增加愿意参与政府采购的合格供应商的数量，从而促进政府采购竞争性原则的实现。

2. 邀请招标采购

邀请招标采购也称为选择性招标采购，是由采购人员根据供应商或承包商的资信和业绩，选择一定数目的法人或其他组织(不能少于3家)，向其发出招标邀请书，邀请他们参加投标竞争，从中选定中标的供应商。

邀请招标采购通常适用于以下情况：一是采购项目比较特殊，如保密项目、急需项目或者因高度专业性等因素使提供产品的潜在供应商数量较少；二是若采用公开招标方式，所需时间和费用与采购项目总金额不成比例，即采购一些价值较低的项目，用公开招标方式的费用占政府采购项目总价值比例过大，采购人员只能通过邀请招标方式来兼顾经济和效益目标。

3. 两阶段招标采购

两阶段招标采购是指把招标活动分为两个阶段：第一阶段，招标机构就拟采购货物或工程的技术、质量或其他特点及合同条款和供货条件等广泛地征求建议(合同价款除外)，并同投标方进行谈判，以确定拟采购货物或工程的技术规格。在第一阶段结束后，招标实体就可最后确定技术规格。第二阶段，招标机构依据第一阶段确定的技术规格进行正常招标，邀请合格的投标者基于合同价款等条件进行投标。

两阶段招标具有以下优点：第一阶段给予招标方相当大的灵活性，它可以通过谈判与供应商或承包商达成一套有关拟招标事项的确定技术规格；而在第二阶段，又可充分利用公开招标方式高度民主、客观性和竞争性的优势。

两阶段招标主要应用于技术复杂、规模巨大的工程项目，经过第一阶段的竞争之后，被选中的承包商可加入设计小组，作为专业人员就设计中涉及的施工质量、施工可行性、施工进度及工程成本等问题积极提出建议。在第二阶段，合同总价可以部分通过协商、部分根据第一阶段取得的资料予以综合确定。需要指出的是，采用这种招标方法，采购方承担的经济风险要大些。

4. 询价采购

对于价值较低的标准化货物或服务的采购，可采用一种简单又快速的采购程序，即询价采购。询价采购也称货比三家，是指采购单位向国内外有关供应商(通常不少于3家)发出询价单，让其报价,然后在报价的基础上进行比较并确定中标供应商的一种采购方式。适用于询价采购的项目主要有:标准化程度高、货值低的商品;招标后,没有供应商投标或者没有合格标的的项目;投标文件的准备需较长时间才能完成的项目;供应商准备投标文件需要高额费用的项目;对高新技术含量有特别要求的项目;供应商资格审查条件过于复杂的采购项目。

5. 竞争性谈判采购

竞争性谈判采购是指采购单位通过与多家供应商(不少于3家)进行谈判,最后从中确定中标供应商的一种采购方式。这种方式适用于紧急情况下的采购或涉及高科技应用产品和服务的采购。

《中华人民共和国政府采购法》(以下简称《政府采购法》)规定,符合下列情形之一的货物或者服务,可以依法采用竞争性谈判方式采购:①招标后没有供应商投标或者没有合格的或者重新招标未能成立的;②技术复杂或者性质特殊,不能确定详细规格或者具体要求的;③采用招标所需时间不能满足用户紧急需要的;④不能事先计算出价格总额的。

6. 单一来源采购

单一来源采购即没有竞争的采购,是指达到了竞争性招标采购的金额标准,但所购产品的来源渠道单一或属专利、首次制造、合同追加、后续维修扩充等特殊情况的采购。这种采购方式没有竞争性,需严格控制,因此操作时应注意保护好采购方的利益,因为采购方失去了货比三家的条件,看似掌握供应商的生杀大权,实际上处于弱势地位,毕竟卖家信息总比买家多。因此采购方一定要谨慎,请懂技术、了解行情的专家帮助出谋划策,做好把关工作。

我国《政府采购法》规定了可以采取单一来源采购方式的情形:只能从特定供应商采购,或供应商拥有专有权,并且无其他合适替代标的;原采购的后续维修、零配件供应、更换或扩充,必须向原供应商采购的;在原招标目的范围内,补充合同的价格不超过原合同价格50%的工程,必须与原供应商签约的;预先声明需对原有采购进行后续扩充的;采购机关有充足理由认为只有从特定供应商进行采购,才能实现相关政策目标的;从残疾人、慈善等机构采购的;政府采购管理机关认定的其他情形。

12.2 全球采购

进入21世纪以来,经济一体化、全球化进程不断加速,为了在激烈的国际市场竞争中赢得优势,许多企业突破国界的限制,在多个国际市场中实施采购,整合全球采购资源,完成了原材料资源全球优化配置,从而大大地降低了成本。互联网和电子商务技术的广泛应用也为全球采购提供了一个良好的技术平台,电子支付为全球采购提供了快捷的支付渠道。在全球经济条件下,企业与企业之间的竞争,今后将越来越体现为全球供应链与供应链之间的竞争,全球化采购与供应管理已经成为企业的核心竞争力。

12.2.1 全球采购的定义

全球采购是指利用全球资源,基于电子商务交易平台,整合互联网技术与传统工业资源,在全世界范围内寻找供应商和质量最好、价格合理的产品的一种采购方式。全球采购在地理位置上拓展了采购范围，因此成为大型企业全球化战略的必然要求。全球采购模式能够充分发挥现代物流、信息流的功用，力图在全球范围内形成以供应链管理为基础的分工合理、运作有序、管理严密的企业网络，从而实现投资、开发、生产和销售的最优化。一般来说，全球采购能够得到比国内采购更高的附加价值。许多利益因素正在推动着越来越多的企业实施全球采购战略。

目前，全球供应和全球采购已经成为许多企业的主要战略。在全球范围的竞争环境下，产能过剩、企业并购、压缩费用等压力都使得全球采购成为影响企业生存的关键因素。通过利用更为廉价的劳动力、成本更低的物流网络和管制更少的市场环境，可以帮助企业获取更多的利润并保持在市场中的立足之地。与此同时，全球物流容量的增长和通信能力的提高将进一步削减产品的单位成本，成为全球采购发展的动力之一。

12.2.2　全球采购的特点

全球采购与国内采购相比有其特殊性，全球采购的特点主要体现在以下几个方面。

1. 全球范围内采购

采购范围扩展到全球，不再局限于一个国家、一个地区，企业可以在世界范围内配置自己的资源。因此，企业应充分和善于利用国际市场、国际资源。国内物流是国际物流的一个环节，企业要从国际物流的角度来处理物流具体活动。

2. 采购地距离遥远，程序比较复杂

由于全球市场采购一般距离比较远，企业对货源地市场情况不易了解清楚，给选择供应商造成一定困难，并且供应物流的过程也比较复杂。因此，企业需要了解许多国际贸易专业知识，才能顺利完成采购任务。

3. 全球采购的风险比较大

由于全球采购时间长、距离远，又涉及外汇汇率的变化，企业在运输、收货和结算等方面都面临很大的风险。

4. 采购价格相对较低

企业可以在全球配置资源，可以通过成本比较寻找物美价廉的产品。

5. 选择供应商的条件严格

全球采购的供应商来源广，所处环境复杂。因此，企业应制定严格的标准去遴选和鉴别供应商。

6. 渠道比较稳定

虽然供应商来源广，全球采购线长、面广、环节多，但由于供应链管理理念的兴起，采购方与供应商可建立战略合作伙伴关系，采购供应渠道相对比较稳定。

12.2.3　全球采购的原因

企业开展全球采购有许多原因，总结起来，主要有以下几点。

1. 优惠的采购价格

价格是企业开展全球采购的主要原因。在当今经济全球化的时代,全球已经形成一个大市场,企业可以在这个大市场中进行生产经营活动。由于历史和地理的原因,各国在劳动力成本、汇率、生产效率、产品垄断程度方面存在差别,再加上信息和运输技术的进步,企业可以在国外市场寻找到价格更低的商品。

2. 拓宽产品供应范围

对于有些产品,企业在国内可能无法买到,或者能买到但产品质量较低劣,而海外购买可满足企业的购买需求,从而增强企业的竞争力。对于新兴企业,通过全球采购,可大大降低启动资本,远远低于投资建厂的成本。

3. 质量因素

企业选择全球采购在质量方面的考虑主要有以下几个方面:某些国外产品的性能是国内同类产品达不到的;某些国外供应商的产品质量稳定性以及技术革新能力更强。

4. 竞争与战略考虑

为了向国内供应商施加压力,企业有时可引进国外供应商形成竞争。这样做,一方面,可以促使国内供应商不断提高生产效率,以保持国际先进水平;另一方面,企业可以向国内供应商施加压力,以获得价格或其他方面的让步。此外,有些企业为了保证供给也会在国外开辟采购来源,这是一种采购战略措施。

5. 全球采购环境的好转

全球采购环境的好转促进了全球采购的发展。现代技术的发展降低了电子通信的成本,特别是近几年来互联网的迅速发展,使通信更加简单、低廉。采用ISO9000标准后,有了统一的国际采购质量标准。虽然大规模的地区贸易壁垒还存在,但在局部范围内降低关税和放宽政府管制已经成为可能。

12.2.4 全球采购的流程

全球采购通常遵循一定的流程,如图12-1所示。

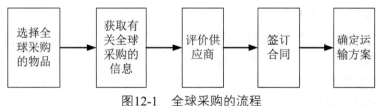

图12-1 全球采购的流程

1. 选择全球采购的物品

对于那些不熟悉全球采购的企业来讲,第一次进行全球采购是一个学习的过程。企业应该选择质量好、成本低、便于装运且无风险的商品进行采购。以下是一些全球采购的参考方法。

(1) 选择对现存操作并不重要的产品,如日用品或具有多种采购来源的产品。积累足够的经验后,就可以进行其他种类产品的全球采购。

(2) 选择标准化产品或者说明书易懂的产品。
(3) 选择购买量大的产品来检验全球采购的效果。
(4) 选择能够使企业从长期采购中获得利益的产品。
(5) 选择那些生产设备标准化的产品。
(6) 识别那些在成本或质量等绩效标准方面不具备竞争力的产品。

2. 获取有关全球采购的信息

在确定需要全球采购的产品之后，企业要收集和评价潜在供应商的信息或者识别能够承担该任务的中介公司。如果企业缺乏全球采购经验，与外界联系较为有限或获得的信息有限，那么获取有关全球采购的信息可能就比较困难。企业可以参考国际工业厂商名录作为确定潜在供应商或中间商的最初途径，工业厂商名录是产业供应商或者区域供应商信息的一个主要来源，它可以帮助企业识别潜在的供应商。

3. 评价供应商

无论是采购方企业还是外国代理机构进行全球采购，评价国外供应商的标准都应该与评价国内供应商的标准相同。

4. 签订合同

确定了合格的供应商之后，企业就要征求供应商的建议书。如果国外供应商并不具备竞争力(通过评价建议书来确定)，那么企业就会选择国内供应商；如果国外供应商能够满足企业的评价标准，那么企业就可以与供应商磋商合同条文。无论与哪个供应商合作，企业都要在合同的有效期内对供应商进行持续的绩效考察。

5. 确定运输方案

在采购品和供应商都确定之后，企业应确定货物的运输方案。由于国际运输距离远且具有复杂性，运输所需时间和费用都远高于国内采购。因此，采购方必须选择合理的运输方式，制定经济有效的运输方案，将采购品运送到指定地点，满足生产和经营的需要。

12.2.5 全球采购的风险及防范措施

1. 全球采购可能遇到的风险

在全球采购中可能遇到许多潜在的问题，采购方必须认识这些风险，从而采取措施将这些问题的影响降低到最小。在全球采购实施过程中，采购方可能遇到下面几方面风险。

(1) 供应商的选择风险。选择高效、负责的供应商是采购成功的关键。选择国外供应商的方法基本上和选择国内供应商的方法相同。为获取更多可靠的背景资料，采购方最好到供应商所在地进行实地考察。但是对国外供应商进行这种评估既耗时又耗力，采购方对当地很不熟悉，因此很容易上当受骗。比如，如果一家企业拟购买价值几百万美元的汽车生产设备，采购主管就会花上其工作时间的30%以上去供应商所在地进行调查，并与潜在和正在供货的供应商进行磋商。

(2) 隐含成本风险。采购方比较国内采购和全球采购时，往往会忽略全球采购中的某些成本。比如，有时会出现一些突发事件使采购成本增加，这些成本属于全球采购的隐含成本。全球采购的隐含成本包括：采购方所在国货币表示的价格、支付给报关行的佣金、支付方式费用及财务费用、供应商所在国征收的税金、额外存货及其储存成本、额外的劳动力和货运单据带来的费用、商务考察费用、包装和集装箱的费用、咨询费用、检验费用、保险费用、报关费用、进口税率，以及应对突发事件的风险费用等。

(3) 交货时间风险。虽然随着运输和通信的发展，全球采购的交货时间得以缩短，但还有一些因素会延长采购的交货时间。例如，海外采购路途遥远，货物在途运输时间较长；不同国家地区的通关时间不一致，会造成一定程度的延误；国外港口作业有规定的工作时间，装卸货物速度受限。

(4) 汇率的波动风险。采购方必须对货币的种类进行选择。如果交款时间比较短，就不会出现汇率波动问题。但是如果交款时间比较长，汇率就会产生比较大的变动，交货结算时的价格相对签订合同时的价格就会有很大的出入。

(5) 政治因素风险。供应商所在国家的政治问题可能会导致供应中断。比如，供应商所在国发生战乱或暴动等。采购方必须对这些风险做出估计。如果风险过高，采购方必须采取一些措施监视事态的发展，以便及时对不利事态做出反应并寻找替代办法。

(6) 文本工作费用风险。文本工作费用是全球采购中的一个主要问题，在全球采购中最困难的工作就是简化办理国际运输手续。这项工作各国都在努力，但目前仍有待改善。

(7) 付款方式风险。以企业的观点来说，最佳的付款方式是在验收货物之后付款。然而，许多国家的惯例是必须先预付款项以支付前置作业所需的费用，但这样做会占用采购方资金。与国内采购相比，全球采购在付款方式上有很大差异。国际转账有一定的困难，也会产生一定的费用。和采购方已经建立长期合作关系的供应商可能同意提前发货，但供应商一般不会在货款未付前转让货物的所有权。

(8) 法律问题风险。当进行全球采购时，要确定出口国的法庭、进口国的法庭以及第三方的法庭在发生争执时是否有法律权限。国际惯例、国际贸易法规、国际公约和国际条约对国际贸易行为有不同的规定，只要企业进行全球采购，就必须遵照执行。全球采购引起的起诉费用昂贵并且浪费时间，越来越多的合同纠纷倾向于由国际仲裁机构来解决。

(9) 语言与宗教文化差异风险。在不同的语言环境下，相同的词会有不同的含义，同一个英语单词在美国、英国或者南非，其含义会大相径庭。即使语言相同，不同地区文化形成的方言和俚语也都有不同的含义。宗教差异往往体现在沟通方式和对事物的价值判断上，不同的宗教文化会存在不同的禁忌。这些差异会成为全球采购活动中谈判和业务沟通的障碍，有时甚至是成本、质量和时间等风险乃至采购失败的根源。因此，很多企业会让经常与非本语种国家的供应商打交道的采购管理人员进行语言培训，以便与国外供应商进行商务谈判。

2. 防范全球采购风险的措施

(1) 做好货币风险控制。全球采购人员必须做好货币选择、汇率预测等工作，并开展外汇保值措施，确保货币风险得到有效控制。一般情况下，货币风险控制措施包括：①合理选择货币；②根据汇率变化影响因素预测汇率，明确采购实施期间本国货币与供应商所属国货币汇率变化的方向；③签约时，双方把签订合同之日的汇率固定下来，实际付款时仍用此汇率，注明若汇率发生变动应重新调整货价，使双方分摊风险。

(2) 严格审核合同，加强全球采购合同管理。采购部应做好以下工作，对合同风险加以控制，确保全球采购工作的顺利开展：①签订合同前，应对供应商进行资信调查，如政策资金、财政收支状况、负债情况和签约履历等；②合同标的与内容必须合法，同时确保条款严密，要明确责任，保证双方权利和义务对等，对一些有歧义、不合理的条款要和供应商落实清楚；③合同中的技术标准应尽量采用国际通用标准，便于验收，减少分歧；④规范采购合同范本，设定合同保护性条款，加强合同审查工作。

(3) 加强全球供应商管理。采购部应做好全球供应商的管理工作，具体措施包括：①采购部应当了解供货进度，监督供货过程，以防止意外情况的发生；②采购部应及时询问备货情况，并提醒供应商需要注意的相关事项；③建立供应商档案，对供应商的履约能力进行全面评价，从质量、服务、技术、价格、信誉和企业内部管理等方面对供应商进行全面考核。

(4) 加强货物国际运输管理。货物运输管理是全球采购最重要的环节之一，采购人员应选择合理的运输方式，确保及时、安全地接收货物。一般情况下，国际运输风险的控制措施包括：①选择合适的运输方式和运输路线，在保证顺利送达的前提下，控制采购成本；②及时为全球采购物资办理合适的国际货运保险，以分摊运输风险；③要求供应商依据合同规定包装物资，以降低运输风险；③当物资数量较少时，可以拼单，降低运输费用。

(5) 加强货物通关管理。报关是履行海关进出境手续的必要环节之一。报关是指进出境运输工具的负责人、货物和物品的收发货人或其代理人，在通过海关监管口岸时，依法进行申报并办理有关手续的过程。

▶相关资料：全球采购成败在于供应链管理

随着全球采购的发展，供应链发生了变化。制定应对全球采购导致供应链延长和复杂的措施，保证全球采购的成功开展是至关重要的。

一、全球采购使供应链延长

全球采购的优势是减少寻货(sourcing)环节、降低采购成本。但全球采购会使供应链延长并且变得复杂，导致费用增加和风险加大。跨国企业为了预防市场与经营环境的变化，一般会在其供应链各个环节囤积额外的货物，以备不时之需。也就是说，全球采购可能会使供应链的供货时间更长，迫使企业储备更多的存货，这直接导致成本上涨，同时过多存货本身就是风险。

另外，当生产向低成本国家和地区转移时，采购方可能没有考虑这些低成本国家或地区缺少配套的运输基础设施，因而限制了物流和仓储，结果造成交货不及时。

二、供应链管理是全球采购成功的关键

全球采购延长了供应链，但许多跨国企业忽视了供应链风险，无法应对这一转变造成的供应链变化。因此，了解供应链各环节潜在的风险，正确估计风险的爆发点和制定对应的预防措施非常重要。

三、管理全球供应链风险与降低采购成本

在全球采购中，供应链存在许多特殊问题。由于企业之间相距很远，国际供应链的执行周期相对较长；各企业在语言、政治和法律体系上存在诸多差异，决定了运作方式与国内供应链管理有许多不同，这对管理工作提出了更高的要求。供应链管理的目标是降低交易的总次数(principie of minimum total transactions，总交易次数最小原则)。全球采购的主要意义是减少寻货环节，降低采购成本。交易次数减少确实会降低采购成本，但供应链延长则会增加成本与风险。

12.3 战略采购

为了保持竞争力，企业在采购中应协调好与企业组织目标有关的活动和流程，从而为企业盈利做贡献。企业确立战略目标后，就可以着手制定策略。随着企业经营环境的变化、管理理论的发展，采购管理正成为企业管理的战略性工作。因此，采购必须注重战术和战略决策。

12.3.1 战略采购的定义

战略采购又称为双赢采购，它是一种新兴的在合作关系与竞争性关系之间寻求平衡的采购模式，它以最低采购总成本为目标。

战略采购是一种系统性的、以数据分析为基础的采购方法，着眼于降低企业采购成本。它要求企业确切了解外部供应市场状况及内部需求，通过对供应商生产能力及市场条件的了解，企业可以战略性地将竞争引入供应机制和体系以降低采购费用。另外，战略采购能够协助企业更加明确内部需求模式，从而有效控制需求。通过深入的价值分析，企业甚至能比供应商更清楚供应商的生产过程和成本结构。采用这种以数据分析为基础的方法，企业在供应商选择、谈判及关系维持管理方面能够获得很大支持。同时，战略采购使企业重新定义如何与供应商交易，从而确保成本降低。对很多企业而言，外部采购占企业平均费用的60%～80%，所以这部分支出哪怕只是微量减少，都将对企业盈利带来重大的影响。

▶ **相关资料：战略采购的产生**

战略采购诞生于20世纪80年代的美国，美国经济快速增长之后，领先企业开始寻找提高股东价值的方法。在改进销售和客户服务之后，人们的注意力转移到如何通过资产合理化、日常经营和机构重组来实现内部成本的降低。当时，作为在业务运营管理方面领先的咨询公司——科尔尼公司指出：内部花费和成本通常占企业总支出的20%～30%，其余部分(外部采购支出)却被普遍忽视了。科尔尼公司推出了战略采购方法论，用以帮助客户更加有效地管理外部采购。通过战略采购使成本大大降低、收益巨额增长，那些迫切想提高竞争力的企业很快就将战略采购作为新的关注点，以及创造股值增长的新源泉。

战略采购首先在美国得以应用，然后被迅速传至欧洲和世界其他地方。跨国企业开始在海外实行战略采购，后来通过全球采购将各种采购活动整合起来。电子时代的革命为战略采购提供了一个新契机。科尔尼公司意识到，信息电子传送将使战略采购的作用更加强大，因此很快改进了公司的产品设计。现在，科尔尼公司为客户提供了一个具有网上采购和拍卖功能的产品(e-Breviate)，这个产品已经使不少客户节约了更多的成本，并实现了更多的收益。

12.3.2 战略采购的原则

战略采购能够平衡企业内外部优势资源，以降低整体成本。战略采购涵盖整个采购流程，实现了从需求描述到付款的全程管理。企业实施战略采购要遵循以下几项原则。

1. 考虑总成本

不论是现代采购还是传统采购，成本最低都是企业追求的目标之一。但是成本最低往往被许多企业管理者误解为价格最低，很少考虑使用成本、管理成本和其他无形成本。采购的决策依据就是单次购置价格。例如，购买一台复印机，采购决策者如果忽略了采购过程中发生的电话费、交通费、日后维护保养费、硒鼓纸张等消费品情况、产品更新淘汰等因素，而只考虑价格，采购总成本实际上没有得到控制。采购决策影响后续的运输、调配、维护乃至产品的更新换代，因此必须考虑总体成本，必须对整个采购过程中涉及的关键成本环节和其他相关的长期潜在成本进行评估。

2. 在事实和数据信息基础上进行协商

战略采购过程是一个商业协商过程。协商的目的不是压价，而是基于对市场的充分了解和企业自身长远规划进行双赢沟通。在这个过程中，企业需要通过总体成本分析、第三方服务供应商评估、市场调研等，为协商提供有利的事实和数据信息，帮助企业认识自身的议价优势，从而把控整个协商进程，掌握主动权。

3. 采购的终极目标是建立双赢的战略合作伙伴关系

双赢理念一般很少用在采购中，企业管理者更喜欢"单赢"。事实上，双赢是"放之四海而皆准"的真理。许多发展势头良好、起步较早的企业一般都建立了供应商评估与激励机制，通过与供应商长期稳定的合作，确立双赢的合作基础，取得了非常好的效果。在现代经济条件下，任何一家企业都不能在市场上通吃，企业应运用"服务、合作、双赢"的模式，互为支持，共同成长。

4. 制衡是双方合作的基础

企业和供应商本身存在一个相互比较、相互选择的过程，双方都有其议价优势。如果对供应商所处行业、运作模式、经营状况等有充分的了解和认识，企业会更容易发现机会，在双赢的合作中找到平衡。现在，已有越来越多的企业在关注自身所在行业发展的同时，开始关注第三方服务供应商相关行业的发展，考虑如何利用供应商的技能来降低成本，增强自己的市场竞争力，以满足客户需求。

12.3.3 实施战略采购的基础

企业要采用新的采购模式需要实施变革，包括流程变革、组织变革以及其他支持性技术的变革。首先，采购流程的重点必须从交易性业务转向战略性事务。其次，用以提高和改善采购职能的组织要向战略性管理转变。最后，应用信息技术，为战略采购提供必要的支持工具。

1. 对业务流程的影响

企业业务流程包括创新、交付和控制。创新流程确定新思想并将它们转化为具有竞争优势的产品和服务。交付流程的重点是提供用户满意的产品或服务。控制流程包括一切能使企业盈利的管理活动。这三个流程都涉及供应商及采购活动。许多组织中，采购活动还处在以交易为主的管理水平上，而战略采购要求高瞻远瞩，因此采购流程必须要从交易层面提高到战略管理的高度。

例如，传统的报价流程常被称作"价比三家"，现在已经发生了巨变。企业采用电子报价系统后，不仅能询问零件的价格，还能了解新供应商的竞争力，以及供应商对特定零部件的生产水平(如在一次锻造中需要打击的次数)。该系统已应用于具有世界级成本管理水平的企业。

2. 改变组织需求

由于战略采购要求企业对整个组织进行变革，采购职能不是唯一受影响的领域。例如，针对战略采购中的"利用供应商进行创新"，就要重新定义如何进行产品开发，因此也要相应地重新定义设计人员的作用。设计人员并不需要了解某种特定零部件的详细知识，而是应该应用系统工程师的思维方式，致力于系统间的整合，而细节方面的内容由供应商负责提供，如零部件加工公差等。

在高层管理的支持下，大多数企业向战略采购转变的动力来自采购部门。例如，本田在企业内部建立起"采购校友录"，以广泛地建立采购关系。本田还经常与已进入其他公司和行业的采购"校友"(即本田原来的员工)进行交流，以便了解其他企业的进展。

3. 信息技术的作用

ERP系统能促进传统采购向战略采购的转变。ERP系统可以使事务性处理流程化，让采购人员能有更多的时间进行战略性思考。同时，它还改进了用于计划的数据的准确性。然而，ERP系统还是以事务性处理为主，而不是以战略性管理为主。

据研究，以下三种信息技术的应用可以支持战略采购的逐步实现：电子商务(electronic commerce，EC)；产品信息系统(product information system，PIS)；决策支持系统(decision support system，DSS)。

其中，电子商务是支持战略采购的一种信息技术。电子商务使企业在下订单、物料跟踪和资金转移等事务上的管理更为流畅。

产品信息系统包含采购信息数据库和数据采集维护程序，该系统提供的主要信息是一些内生数据(如从ERP系统中总结得出的反映采购历史趋势的数据)和供应商在原料质量和交付可靠性方面的历史统计数据。现在，采购信息越来越多地来自外部数据，如由政府机构提供的经济指标或由供应商所在行业提供的生产能力数据等。

决策支持系统是一种分析工具，它将数据转化成有用的信息，并且在有经验的分析员的控制下，再将信息转化为决策依据。

12.3.4 战略采购的实施方式

1. 集中采购

企业通过集中采购量来提高议价能力，降低单位采购成本，这是一种基本的战略采购方式。虽有企业建立集中采购部门进行集中采购规划和管理，以期减少采购物品的差异性，提高采购服务的标准化，减少后期管理的工作量，但很多企业在发展初期因采购量和种类较少而无法进行集中采购，而随着企业的集团化发展，还会出现分公司采购时"各自为政"的现象，在很大程度上影响了采购优势。因此，坚持集中采购方式是企业经营的根本原则之一。

2. 扩大供应商选择范围

通过扩大供应商选择范围引入更多的竞争、寻找上游供应商等来降低采购成本是非常有效的战略采购方法，它不仅可以帮助企业找到最优的资源，还能保证资源的最大化利用，提升企业的水准。跨国企业纷纷涉足中国，将中国作为原料采购中心和制造中心，就是一个例证。

3. 优化采购业务流程

制定明确的采购流程有助于企业实现对采购的控制，通过控制环节(要素)避免漏洞，从而实现战略采购的目的。优化流程的方法有以下几种：货比三家引入竞争，发挥公开招标中供应商间的博弈机制，选择最符合自身成本和利益需求的供应商；通过电子商务方式降低采购处理成本(通信、运输等费用)；通过批量计算合理安排采购频率和批量，降低采购费用和仓储成本；对供应商提供的服务和产品进行"菜单式"购买。

需要注意的是，供应商提供的任何服务都是有价格的，只不过是通过直接或间接的形式包含在价格中。企业可以通过"菜单式"购买，选择所需的产品或服务，往往这种办法更能有效降低整体采购成本。

4. 产品、服务的统一

采购产品差异性所造成的无形成本往往被企业忽略，采购人员在采购时应充分考虑未来储运、维护、消耗品补充、产品更新换代等环节的运作成本，提高产品和服务的统一程度，减少差异性带来的后续成本。这是技术含量更高的一种战略采购，是整体采购优化的充分体现，这需要企业决策者做好战略规划，也需要采购部门加强采购执行连贯性。

5. 建立长期供应关系

长期供应关系是指在未来较长一段时间内(比如3年以上)，选择供应商并与供应商保持合作关系。如今，利用长期供应关系越来越重要，很多企业都通过签订长期合同以求得长期合作关系的延续。

企业应寻找拥有杰出业绩或具备独特技术的供应商企业，以建立长期合作关系，这些企业包括那些极少数为企业提供关键的高价值产品和服务的供应商。建立长期的供应关系有助于买卖双方共同开发产品、共同分担开发成本和共享知识专利。

6. 供应商提前参与设计

供应商应在新产品的概念提出阶段或者前期设计阶段就参与进来，提早参与越来越多地发生在跨职能产品的开发团队中。这一策略认为，合格的供应商所做出的贡献，远远不只是提供满足设计规格的产品。供应商提早参与设计有助于买卖双方同步技术运用，有助于企业利用供应商设计能力的优势，寻求利益最大化。

7. 所有权的总成本

所有权的总成本是指单位价格、运输以及加工之外的成本，包括其他与采购产品相关的可变成本。这要求业务单元界定并考核与所采购产品相关的可变成本的组成部分。大多数情形下，这些成本包括由延期交付货物、产品质量不合格或者其他供应商表现不合格等原因形成的成本。明确所有权的总成本可以帮助企业做出更好的决定，因为它明确了所有有关采购决定的成本以及有关供应商欠佳表现的成本。企业需要对按计划产生的结果和成本变量进行分析，以确定变化的起因，及时纠正行为，避免问题发展。

战略采购是企业采购的发展方向和必然趋势。随着市场竞争逐步向供应链竞争的模式转变，企业采购管理将发展为供应管理，并最终过渡到供应链管理，采购将在企业中扮演更为重要的角色，战略采购将成为企业供应链管理的重要内容。

12.4 供应链采购

供应链管理是一种先进的管理思想，是企业管理思想发展的主流方向，成功的供应链管理能够协调并整合供应链中所有的活动，最终使这些活动成为无缝衔接的一体化过程。在供应链管理模式中，采购管理是供应链上游控制的主导环节，因此，建立完善的供应链采购管理模式，有助于企业全面提高市场竞争力。

12.4.1 供应链采购的定义

供应链是围绕核心企业，通过对信息流、物流、资金流的控制，从采购原材料开始，制成中间产品以及最终产品，最后由销售网络把产品送到消费者手中，将供应商、制造商、分销商、零售商直到最终用户连成一个整体的功能网链结构模式。它不仅是一条连接供应商到用户的物料链、信息链、资金链，而且是一条增值链，物料在供应链上因加工、包装、运输等过程而增加价值，给相关企业带来收益。

供应链采购是指供应链内部企业之间的采购，即供应链内部的需求企业向供应商企业订货，供应商企业将货物供应给需求企业。在传统采购中，采购重点通常放在如何与供应商进行商业交易上，即重视交易过程中供应商价格的比较，通过供应商的相互竞争选择价格最低的作为合作者。在供应链采购模式下，采购方和供应商是合作伙伴关系，采购工作是在一种友好合作的环境中进行的，因此采购的理念和操作流程都发生了很大的改变。传统采购与供应链采购的区别如表12-1所示。

表12-1 传统采购与供应链采购的区别

项目	传统采购	供应链采购
基本性质	➢ 基于库存的采购 ➢ 需求方主动，需求方全流程采购 ➢ 竞争型采购	➢ 基于需求的采购 ➢ 供应方主动，需求方无采购操作 ➢ 合作型采购
采购环境	➢ 对抗的竞争环境	➢ 友好的合作环境
信息关系	➢ 信息不畅、保密	➢ 信息传输、共享
库存关系	➢ 需求方管理库存 ➢ 需求方设仓库、高库存	➢ 供应方管理库存 ➢ 需求方可无仓库、零库存
送货方式	➢ 大批量、少批次进货	➢ 小批量、多频率连续补货
双方关系	➢ 供需关系对立 ➢ 责任自负、利益此消彼长、互相竞争	➢ 供需关系友好 ➢ 责任共担、利益共享、协调配合
采购质量	➢ 严格验收、质检	➢ 前端质量控制、免检

12.4.2 供应链采购的优势

供应链内部企业之间的采购活动比一般的采购活动更能给企业带来优势,这种优势源于供应链上下游企业对彼此需求的了解程度更深,由于双方建立了比一般买卖关系更为紧密的合作关系,在响应需求、降低采购成本、加速资金周转及改善企业管理等方面更具有优势。

1. 实现成本控制

降低原料成本可直接提高企业利润率。例如,在总成本中,某企业的采购成本占50%,人力成本占20%,管理费用占20%,利润为10%。显然采购是成本控制中最有效的部分。在供应链环境下,这种采购的利润杠杆效应更为明显。一方面,买卖双方已经建立了合作伙伴关系,在供应链采购中,双方可以节省大量的交易成本,降低采购中烦琐的行政管理工作产生的费用;另一方面,双方形成了较为稳定的供需关系,合同周期长,长期的规模经济效益明显,并且降低了企业因采购不当带来的其他成本,如质量成本等。

2. 提高资金周转率

供应链管理的主要目标之一就是加快物料和信息的流动,提高资金周转率。作为供应链的重要一环,优化采购管理是保证供应链通畅必不可少的条件。例如,100元的资金投入经过采购、制造和销售过程可产生10元的利润,假设一个周转期是一个月,一年可以周转12次,那么每年的利润是12×10=120(元)。如果这个周期缩短至一半,那么年利润也将翻倍,达到240元。提高生产效率,降低每个周期所需投资,也可达到提高资金周转率的效果。在供应链采购中,企业可以依靠采购的力量,增强与同链条中的供应商的协作来达到这个目的。企业可帮助供应商提高适应性、可靠性,缩短交货周期,保证质量,还可以实施供应链准时化采购。这些措施可以使企业缩短生产周期,提高生产效率,减少库存,同时增强市场应变能力。

3. 帮助企业改革经营模式

积极的、专业化的供应商管理会对企业的经营及生产模式产生重大影响。现代企业发展的一个趋势是将注意力和资源集中到可保持长期竞争优势的少数核心业务上,而将不能达到行业领先水平的、非核心的活动转包给供应商,这样可降低企业成本,提高整体质量,缩短交货时间,提高相对竞争力。另外,通过与供应商建立战略伙伴关系,企业还可在不直接投资的情况下,利用供应商的资源来开发产品。这样可节省资金,降低成本,并达到迅速形成规模生产、提高生产能力的目的。在供应链采购中,供应商可以按照采购方的需求特征设计自己的供应系统,可以参与到客户的设计中,这种量身定制的优势更有利于双方互相适应,取得双赢的结果。

12.4.3 供应链采购管理的实施要点

1. 转变指导思想

供应链采购是对传统采购方式的一场变革,无论是在观念上还是在做法上都发生了革命性的变化。具体来说,供应链采购要实现以下转变。

(1) 从为库存而采购向为需要而采购转变。传统采购是为库存而采购,采购回来的物资用以填充库存。这一方面造成超量库存,增加了库存成本;另一方面又不能完全满足需要,产生缺货,影响生产,还会把生产活动和采购活动中的一些不合理且低效率的环节掩盖起来,降低生产效率,增加生产成本,降低经济效益。

供应链采购是为需求而采购,企业采购回来的物资直接用来满足需要,而不是放到仓库里,提高了采购效率,降低了库存,实现了节约生产。

(2) 从采购管理向外部资源管理转变。传统采购立足于企业内部,目的是从采购中获取效益,但自己的力量毕竟是有限的,其实企业可以调动供应商的积极性,着眼于企业外部、着眼于供应链管理,如此才能实现从采购管理向外部资源管理的转变。

供应链采购的实质是充分利用企业的外部资源和供应商来完成企业的采购工作。让供应商对自己的产品负责,对物资的供应负责。供应链采购实现了无采购操作的采购,避免了烦琐、费力的采购工作,既降低了成本,又提高了效率,实现双赢。

(3) 从一般买卖关系向战略伙伴关系转变。传统采购活动中,买方和卖方之间存在一种对抗性的买卖关系;而供应链采购把企业与供应商的对抗关系转变成一种战略伙伴关系,只有把供应商看成自己的合作伙伴,建立友好合作关系,企业才能够实现供应链采购。

企业要与供应商建立友好合作关系需要做大量的工作,包括建立信息系统、实现信息共享和信息沟通、实现责任共担和利益共享等。

(4) 从买方主动型向卖方主动型转变。传统采购是买方主动型,效率低;供应链采购需要转变成卖方主动型,即由供应商主动为采购方供应物资。采购对于供需双方都有利益:买方获得物资,保障生产;卖方销售货物,获得利润。

所以,既然买方可以主动,卖方也可以主动。而这两者比较起来,卖方的主动更有效率和效益。因为它不但为买方减少了采购工作,而且自己主动调整生产计划和送货计划有助于实现节约生产,真正实现了供需"双赢"。

因此,买方要转变观念,卖方也要转变观念,才能实现供应链采购。

2. 做好基础建设

为了实现供应链采购,还要做一些基础建设工作。

(1) 信息基础建设。企业要建立内部网和外部网,并且和互联网相连;开发信息管理系统,建立电子商务网站,建设信息传输系统;进行标准化、信息化的基础建设,配套POS系统、EDI系统或其他数据传输系统、编码系统等。

(2) 供应链系统基础建设。企业要通过扎实稳妥的工作逐步建立供应链系统,加强业务联系,加强供应链企业的沟通,逐渐形成供应链各个企业的业务协调和紧密关系,要逐渐建设责任共担、利益共享机制。另外,还要促进各个企业的内部基础建设,实现信息化、规范化、有关业务协调化,为建立一条完善的供应链做准备。在条件成熟以后,企业应及时建成供应链,实施供应链管理。

(3) 物流基础建设。物流基础建设包括供应链各个企业内部和企业之间的物流基础建设,如仓库布点、仓库管理、运输通道、运输工具、搬运工具、货箱设计、物流网络等;还包括一些物流技术的运用,如条码系统、自动识别、计量技术、标准化技术等。

(4) 采购基础建设。采购基础建设包括供应商管理库存、连续补充货物、数据共享机制、自动订货机制、准时化采购机制、付款机制、效益评估和利益分配机制、安全机制等方面。

通过这些基础建设，形成一定的规范，就可能建立起一个完善的供应链系统，实现供应链采购。

12.5 可持续采购

可持续采购是企业履行社会责任的体现，可以最大化地提升采购对经济、环境和社会的正面影响，帮助企业实现可持续发展。可持续采购推动实现物有所值、降低成本，同时保护环境，能带来更广泛的社会效益，已成为公共采购政策的国际新风向。

12.5.1 可持续采购的定义

可持续采购是指在全生命周期内对环境、社会和经济产生最为有利的影响同时又能最大限度地减少不利影响的采购活动，也就是采购部门在采购自身需要的货物、服务和工程时，在全生命周期内充分考虑采购活动对经济、社会和环境的影响，以确保整个企业及其生态的高效和可持续发展。

2002年，联合国可持续发展首脑峰会基于"可持续生产与消费"观念提出了可持续公共采购(sustainable public procurement，SPP)的概念。联合国环境规划署将可持续公共采购定义为：机构为满足其对工程、货物、服务和公用事业上的需求而进入采购程序，这个程序需要在采购的全生命周期内符合物有所值原则，项目不仅受益于采购机构，还需实现社会与经济价值，同时最大限度地减少对环境的伤害。伴随着采购理念和实践的进步，可持续公共采购已成为当今公共采购制度的政策新趋向。

12.5.2 可持续采购与绿色采购的区别

可持续采购兼顾环境、经济和社会3个要素，绿色采购则更多地关注环境保护方面的问题。因此，可持续采购比绿色采购的范围更宽泛。可持续采购是与社会责任、经济发展与环境影响密切联系的良好实践。同时，可持续采购还强调与企业战略目标的一致性，注重采购活动对于企业可持续发展目标的积极贡献。简而言之，可持续采购是将可持续性要求融入供应商的甄选和实施过程，不仅使可持续性成为影响采购结果的重要因素，也使采购的货物、工程或服务符合可持续性要求，更使得可持续采购成为企业在供应链环节推进可持续性目标实现的重要手段。

12.5.3 可持续采购的原则

可持续采购应遵循以下几项原则。

1. 可问责原则

组织应对其对社会、经济和环境造成的影响负责。就采购而言，问责制具体指的是在商品和服务的生命周期内对社会、经济和环境造成的影响负责，以及对组织的供应链造成的影响负责。

2. 透明化原则

组织应使其对社会、经济和环境造成影响的决策与活动透明化。就采购而言，透明化具体指的是组织应使其采购决策与采购活动透明化，同时需要鼓励供应商满足透明化相关要求。透明化是各利益相关方进行对话与协作的根基。

3. 合乎道德的行为原则

组织的行为应当符合道德规范要求，并在整个供应链中提升道德行为。

4. 充分和公平的机会原则

组织应在所有的采购决策活动中防止出现偏见，包括本地供应商、中小型组织(SMOs)在内的所有供应商应在充分和公平的基础之上相互竞争。

5. 尊重利益相关方的利益

组织应当尊重、考虑受采购活动影响的利益相关方的利益，并对其利益诉求做出响应。

6. 尊重法律制度和国际行为规范原则

组织应努力关注整个供应链中任何与法律制度和国际行为规范相悖的行为。组织应积极鼓励供应商遵守相关法规，并根据形势发展需要对遵法情况进行评估，解决发现的问题。

7. 尊重人权原则

组织应尊重国际公认的人权。

8. 创新方案原则

组织应寻求实现其可持续性目标的方案，并鼓励创新采购实践，从而在整个供应链范围内实现更多的可持续性成果。

9. 关注需求原则

组织应进行需求评估，按需购买并寻求更多的可持续性替代方案。

10. 整合原则

组织应确保将可持续性纳入其现有的全部采购实践之中，使可持续成果最大化。

11. 全成本分析原则

组织应考虑生命周期内产生的成本、货币性价比以及采购活动对社会、环境和经济造成的影响。

12. 持续改进原则

组织应对其可持续性实践及成果进行持续改进，并鼓励其供应链范围内的各个组织进行持续改进。

12.5.4 可持续采购的发展及意义

1. 可持续采购的发展

可持续采购在促进经济发展、社会进步和环境保护方面发挥着越来越重要的作用，很多国家和地区都越来越重视可持续采购的发展政策。例如，欧盟在绿色采购的基础上开始大力发展可持续采购。2012年，联合国正式提出了"全球可持续公共采购计划"，将各国(地区)各级政府、商界及公民代表聚集起来，推动主要利益相关方积极参与，以使经济增长与环境恶化和资源利用脱钩，从而增加经济活动对消除贫困和社会发展的净贡献。2013年，法国组建了"可持续采购标准化工作项目委员会"(ISO/PC277)，并于2017年成功发布可持续采购指南国际标准。同时，中国标准化研究院作为国内技术对口单位，从2013年开始，持续参加ISO/PC277会议，并主持编写国家标准《可持续采购指南》(GB/T 41835—2022)。

2. 可持续采购的意义

可持续采购有其自身的价值和意义，它将可持续发展理念贯穿到公共采购的发展过程中，在全生命周期内实现经济进步、社会发展和环境保护，将对国家或地区的发展产生深远影响。实现可持续采购有利于实现"以人为本"。"以人为本"要求人类社会的一切政策、法律、制度等，都应当从人出发，都是为人而存在的，都是为人服务的。以人为中心，把经济发展建立在人的发展的基础上，寻求经济增长、社会进步、环境保护和人的全面发展的协调一致。

在经济方面，可持续采购的直接经济影响包括助力中小企业可持续发展以及支持当地企业的发展。

在社会方面，可持续采购有助于社会问题的解决，诸如增加劳动就业机会、为残疾人等弱势群体创造平等的就业机会、保障人权等。可持续采购在很大范围内实现了社会方面的可持续，有助于社会发展和进步。例如，法国《公共采购法》鼓励企业雇佣残疾人，创造的就业岗位逐年增加，在促进经济增长的同时，有利于社会问题的解决，保障了弱势群体的权益。

在环境保护方面，可持续采购在全生命周期内对环境产生积极影响，能够减少环境污染和资源浪费。可持续采购通过对采购需求的控制来减少采购数量，发展节能和环保产品，提倡回收和重复利用，节约水资源，禁止过度包装等。近年来，世界上许多国家和地区通过发展可持续采购实现了经济发展和环境保护"双赢"。

近年来，可持续采购越来越受关注，人们越来越重视采购对环境的影响。中国近几年在节能减排方面做了很多努力，未来希望看到更多的节能减排产品中标公共采购项目，而从各国发展的经验看，这需要政府发挥很好的引导作用。

▶ 案例分析12-2："互联网+"与政府采购

众所周知，电商平台在价格竞争力、商品种类及配送服务等方面优势明显，对于日益年轻化、对电商服务有较高认知度的政府采购人员有着巨大的吸引力。随着电商商品更多地进入政府采购平台，采购人员可以在线比较商品质量及价格，向电商推送订单，享受快速配送服务，并在交易完成时刷公务卡进行结算，使采购效率大幅提升。同时，引入电商交易也能不断强化政府采购市场化行为，促进市场充分竞争，提升采购人员的购物体验。

近年来，上海大力推行政府采购电子集市建设，并已实现了全市一体化电子采购。与此同时，也面临协议供货模式相对封闭、商品资源有待优化和价格监管缺乏联动机制等问题。国内各大电商迅速崛起，丰富的商品和优质的服务也为改革完善电子采购工作提供了新的探索方向。逐步实现政府采购平台与电商的对接，让更优质的市场资源满足政府采购需求已成为必然趋势。

随着国家大力推进"互联网+"计划，对实施政府采购电子化工作提出了新的要求，国务院常务会议确定了一系列加快发展电子商务的措施。2015年3月1日起施行的《中华人民共和国政府采购法实施条例》中，明确提出要推动利用信息网络进行电子化政府采购活动。政府需要进一步大力推行电子采购模式，突出电子采购的需求导向作用，不断推动政府采购阳光、规范、高效运行。

案例思考题：

(1) 结合案例内容分析"互联网+"对于政府采购有哪些影响。

(2) 结合所学知识分析政府采购在发展过程中需要注意哪些问题。

本章小结

经济全球化给企业带来了新挑战，企业要在一个快速变化的新经济秩序中求发展，采购职能已经成为企业的重大战略之一。本章主要介绍了现代采购管理的新模式、新趋势，包括政府采购、全球采购、战略采购、供应链采购及可持续采购，分别介绍了几种采购模式的定义、特点及实施流程，并针对采购管理的发展趋势进行了分析和阐述。

复习思考题

一、单项选择题

1. ( )是指在紧急情况下，采购单位通过与多个供应商进行谈判，确定最优供应商的一种采购方式。

    A. 招标采购　　　　　　　　B. 单一来源采购

    C. 竞争性谈判采购　　　　　　D. 两阶段招标采购

2. 政府采购的( )有助于防止采购机构及其上级主管做出随意性或不正当的行为或决定，从而增强潜在投标人的信心。

    A. 物有所值原则　　　　　　　B. 有效竞争原则

    C. 公平性原则　　　　　　　　D. 公开性原则

3. 不同国家的法律、风俗、语言和政策可能存在较大的差异，这会给全球采购带来较大的风险，这种全球采购风险是( )。

    A. 隐含成本风险　　　　　　　B. 语言与宗教文化差异风险

    C. 法律风险　　　　　　　　　D. 付款方式风险

4. 下列对供应链采购模式的优点描述错误的是( )。

    A. 提高双方谈判能力　　　　　B. 有效控制采购成本

    C. 提高资金周转率　　　　　　D. 改革企业经营模式

二、多项选择题

1. 下列对政府采购实施的范围说法正确的是( )。
   A. 政府采购的资金只包括预算内资金
   B. 政府出资修建的公共设施和安全工程属于政府采购的范畴
   C. 凡是吃"皇粮"的单位都应纳入政府采购之列
   D. 国有企业不应在政府采购的范畴内
   E. 政府的日常办公用品、办公设备都属于政府采购的范畴

2. 选择全球采购的原因包括( )。
   A. 价格因素　　　　　　　　B. 质量因素
   C. 竞争因素　　　　　　　　D. 扩大供应基地
   E. 全球采购环境的好转

3. 战略采购又称为双赢采购,在实施的时候要遵循( )原则。
   A. 考虑总成本　　　　　　　B. 在事实和数据信息基础上进行协商
   C. 建立合作伙伴关系　　　　D. 提高资金周转率
   E. 制衡是双方合作的基础

三、判断题

1. 政府采购中,竞争性谈判采购方式要求至少两家以上供应商参加投标。( )
2. 企业成功实施全球采购的首要条件是选择合适的供应商。( )
3. 战略采购又称为双赢采购,是一种新兴的在合作关系与竞争性关系之间寻求平衡的采购模式,它以最低采购总成本为目标。( )
4. 可持续采购是指在全生命周期内充分考虑采购活动对经济、社会和环境的影响,以确保整个企业及其生态的高效和可持续发展。因此,可持续采购就是绿色采购。( )
5. 供应链采购是指供应链内部企业之间的采购,即供应链内部的需求企业向供应商企业订货,供应商企业将货物供应给需求企业。( )

四、思考题

1. 简述政府采购的定义与特点。
2. 简述政府采购的模式及其影响因素。
3. 简述全球采购的定义与特点。
4. 分析选择全球采购的影响因素。
5. 分析实施全球采购过程中的风险及防范措施。
6. 简述战略采购的内涵及原则。
7. 什么是供应链采购?供应链采购有哪些优势?
8. 分析可持续采购的内涵及原则。

▶实训题:全球采购调查报告

1. 实训目的
(1) 加深对全球采购的认识,了解未来采购的发展趋势。

(2) 了解全球采购的各个环节及注意事项。

(3) 掌握实施全球采购的关键因素。

(4) 探讨企业实施全球采购的策略和方法。

2. 实训组织及要求

(1) 在教师的指导下，对班级学生分组，每组为10人左右，组员合理分工，每组选定1名组长。

(2) 对企业相关人员进行问卷调查，由教师指导，各组将收集的问卷调查表进行整理分析，最后得出关于全球采购现状的结论。

(3) 以小组为单位组织研讨、分析，在充分讨论的基础上，形成小组调研报告。

3. 实训题目

在通过调查获得相关资料后，以小组为单位设计调查问卷，通过汇总调查数据，以小组为单位完成调研报告。

(1) 设计全球采购调查问卷，可参考网上已经存在的相关调查表设计相关内容。

(2) 分析相关资料，提炼调查指标，如对全球采购的认可程度、企业实施全球采购的领域、影响全球采购的因素等。

(3) 尽量让每个人都提出一个调查项目，最后对调查数据进行整理分析并形成一份完整的关于全球采购现状的调研报告。

附：全球采购调查问卷(教师可根据实际情况和教学任务增加问卷内容)

全球采购调查问卷
单位名称： 单位性质： 主要产品： 联系人： 联系电话： 传真： 电子邮件(必填)： 1. 你所在企业是否已经开展全球采购(　　)? 　　A. 是　　　　　　　B. 否 2. 你对企业全球采购现状的评价是(　　)。 　　A. 非常满意　　　　B. 满意　　　　　　　C. 一般　　　　　　　D. 差 3. 你所在企业实施全球采购的比例为(　　)。 　　A. 10%左右　　　　B. 20%~30%　　　　　C. 30%~40%　　　　　D. 50%以上 4. 你认为全球采购存在的主要问题是(　　)。(多项选择题) 　　A. 手续烦琐　　　　B. 语言不通　　　　　C. 使用成本高　　　　D. 汇率波动 　　E. 采购员对全球采购认识不够　　　　　　　F. 付款方式不同　　　G. 政治因素 　　H. 供应商的选择 5. 你认为企业实施全球采购存在的主要困难是(　　)。(多项选择题) 　　A. 现行法律不健全　B. 缺乏技术支持　　　C. 安全性问题 　　D. 前置时间较长　　E. 缺乏资金 6. 结合你所在的企业情况谈谈对全球采购的看法。

4. 实训考核

实训成绩根据个人表现和团队表现进行综合评定,考评内容包含以下几项。

(1) 相关资料是否通过实地调查获得,调查资料是否翔实、准确、具体。

(2) 全球采购调查问卷设计是否合理,量表指标是否具有可操作性。

(3) 针对全球采购发展提出的改进措施或方案是否有实践价值。

(4) 小组内部分工是否明确,组员是否有协作精神,由组长根据个人任务完成情况进行评分。

(5) 小组总结汇报思路是否清晰、内容是否充实、重点是否突出,由教师对小组进行评分。

(6) 实训报告是否按规范格式完成,由教师对个人报告和小组报告进行评分。

(7) 根据个人得分和小组综合评分最终确定每个学生的实训成绩。

参考文献

[1] 罗伯特·B. 汉德菲尔德，罗伯特·M. 蒙茨卡，拉里·C. 吉尼皮尔，等. 采购与供应链管理[M]. 6版. 北京：清华大学出版社，2021.

[2] 彼得·斯皮勒，等. 麦肯锡采购指南[M]. 周云，译. 北京：机械工业出版社，2016.

[3] 梁军，张露，徐海峰. 采购管理[M]. 4版. 北京：电子工业出版社，2019.

[4] 丁宁，宋莺歌，吕振君. 采购与供应商管理[M]. 北京：清华大学出版社，2012.

[5] 徐杰，卞文良. 采购管理[M]. 4版. 北京：机械工业出版社，2022.

[6] 陈利民. 采购管理实务[M]. 2版. 北京：机械工业出版社，2020.

[7] 张诚，周湘峰，刘美玲. 物流与供应链管理理论精要与实践案例[M]. 北京：经济管理出版社，2018.

[8] 李荷华，郭磊，谌伟. 采购与供应管理[M]. 西安：电子科技大学出版社，2017.

[9] 王炬香，温艳，王磊. 采购管理实务[M]. 3版. 北京：电子工业出版社，2016.

[10] 伍蓓. 采购与供应管理[M]. 北京：中国财富出版社，2011.

[11] 陈宁. 采购管理[M]. 北京：中国财富出版社，2018.

[12] 刘华，宋鹏云，等. 物资采购管理[M]. 3版. 北京：清华大学出版社，2021.

[13] 王皓，肖炜华，邓光君. 采购管理[M]. 武汉：华中科技大学出版社，2020.

[14] 骆建文. 采购与供应管理[M]. 2版. 北京：机械工业出版社，2016.

[15] 潘波，田建军. 现代物流采购[M]. 2版. 北京：机械工业出版社，2019.

[16] 王为人. 采购管理案例分析[M]. 北京：机械工业出版社，2013.

[17] 梁雪贤. 现代采购管理实务[M]. 北京：科学出版社，2011.

[18] 马士华. 供应链管理[M]. 6版. 北京：机械工业出版社，2020.

[19] 宋玉卿，沈小静，杨丽. 采购管理[M]. 2版. 北京：中国财富出版社，2018.

[20] 符胜利. 优秀采购员工作手册[M]. 北京：化学工业出版社，2015.

[21] 王为人. 采购与供应商管理案例[M]. 北京：中国水利水电出版社，2020.

[22] 蔡改成，李虹. 采购管理实务[M]. 北京：人民交通大学出版社，2008.

[23] 肖剑. 采购管理必备制度与表格范例[M]. 北京：企业管理出版社，2019.

[24] 李严锋，罗霞，等. 物资采购管理[M]. 北京：科学出版社，2011.

[25] 郑时勇. 采购与成本控制与供应商管理[M]. 北京：化学工业出版社，2015.

[26] 刘宝红. 采购与供应链管理[M]. 北京：机械工业出版社，2015.

[27] 肯尼斯·莱桑斯，布莱恩·法林顿. 采购与供应链管理[M]. 8版. 莫佳忆，等，译. 北京：电子工业出版社，2014.

[28] 毛敏，王坤. 供应链管理理论与案例解析[M]. 成都：西南交通大学出版社，2017.

[29] 崔忠付，晏庆华，韩东亚. 中国物流与采购信息化优秀案例集[M]. 北京：中国财富出版社，2018.

[30] 滕宝红. 从零开始学做采购经理[M]. 北京：人民邮电出版社，2016.

[31] 卡洛斯·梅纳，罗姆科·范·霍克，马丁·克里斯托弗. 战略采购和供应链管理：实践者的管理笔记[M]. 张凤，樊丽娟，译. 北京：人民邮电出版社，2016.

[32] 王槐林，刘昌华. 采购管理与库存控制[M]. 北京：中国物资出版社，2013.

[33] 戴小廷. 物资采购管理[M]. 北京：机械工业出版社，2016.

[34] 约瑟夫·L. 卡维纳托，拉尔夫·G. 考夫曼. 采购手册——专业采购与供应人员指南[M]. 吕一林，等，译. 北京：机械工业出版社，2001.